전도자의 질문, 전도서의 해답

왕대일의 전도서 강해설교

전도자의 질문,
전도서의 해답

| 왕대일 지음 |

kmc

머리말

　전도서는 설교하기가 쉽지 않은 책입니다. 글이 어려워서가 아닙니다. "헛되고 헛되다 모든 것이 헛되다"는 전도자의 푸념이 믿음으로 살아가는 삶을 북돋우어야 할 강단의 언어로는 적합하지 않기 때문입니다. 전도서가 잠언과 더불어 구약의 지혜를 대표하는 책이면서도 목회자들에게 외면 받는 이유가 여기에 있습니다. 전도서가 풍기는 세상살이에 대한 비관적인 풍조에 목회자들이 선뜻 발을 들여놓기가 어려웠던 것입니다.

　안식년을 맞아서 그 동안 틈틈이 마주 대했던 전도서를 꼼꼼히, 다시, 거듭 읽었습니다. 마침 회갑(回甲)을 맞는 시기였기에 저에게는 전도자의 음성이 더없이 진중하게 다가왔습니다. 삶에 대한, 삶을 향한 전도자의 기대가 무엇이었는지를 붙들기를 원했습니다. 그래서 전도자의 속내를 묻고 불리고 풀고 새기는 해석의 사다리를 오르내리기에 열심을 다하였습니다. 전도서 해석을 강해 형태로 풀었습니다. 그 강해를 설교 방식으로 전달하였습니다. 처음에는 제가 전도서를 읽었지만 이내 전도서가 저를 읽어가는 감동을 누리게 되었습니다. 세상을 닫으면 하늘이 열리는 감격이 전도자의 안내로 들어서는 말씀의 세계에서도 함께하였습니다. 『전도자의 질문, 전도서의 해답』은 그런 감동을 글말로 적어간 결과입니다.

　설교자는 두 세계 사이에 서 있습니다. 텍스트와 콘텍스트가 그것입니다. 해석의 여정은 텍스트와 주고받는 만남에서 이루어집니다. 그 만남이 콘텍스트에서 적용되고 실천될 때 성경해석은 비로소 설교의 옷을 입게 됩니다. 텍스트에만 충실해서는 설교가 설교다워지지가 않습니다. 콘텍스트에만 매달려서는 설교가 설교다울 수가 없습니다. 목회자의 강단에 해석이 있는 설교, 설교를 낳은 해석이 있어야 할 까닭이 여기에 있습니다.

『전도자의 질문, 전도서의 해답』은 제가 지난 몇 해 동안 교회강단에서 선포하였던 말씀을 책으로 엮은 열매입니다. 전도서는 모두 합쳐 12개 장(章)밖에 되지 않는 짧은 경전입니다. 하지만 그 안에는 수없이 많은 단락들이 있습니다. 지혜의 글답게 짤막한 형태의 경구(警句)들이 숨 가쁘게 이어지고 있습니다. 그 단락 하나 하나를 설교본문으로 삼았습니다. 그것을 회중의 눈높이에 맞춰 전도서가 외치는 바른 소리, 복된 소리로 들었습니다.

이 자리를 빌려 지난 시간 저와 함께 전도서 사색의 길을 함께 걸어준 여러 목회자들에게 감사합니다. 전도서 강해설교를 한 권의 책으로 만드는 수고를 아낌없이 베풀어 주신 감리회 본부 출판국(도서출판 kmc)의 손인선 목사님에게 감사합니다. 살면서 감사한 것은 동반자가 있다는 사실입니다.『전도자의 질문, 전도서의 해답』은 그런 동반자가 있었기에 한 권의 책이 될 수 있었습니다. 사실, 말을 글로 옮기는 과정은 지루합니다. 생각을 글말로 펼치는 여정은 힘이 듭니다. 그 지루한 과정을 옆에서, 곁에서 묵묵히 지켜보며 지지해주는 가족이 없었다면 집필하는 열정은 책을 낳은 여정이 될 수가 없었습니다. 그런 여정을 함께해 준 둘째 아들 은성이에게 고마운 마음을 전합니다. 그리고 무엇보다도, 누구보다도 저를 교회를 섬기는 신학자의 길을 걷도록 함께 해주는 아내 이경숙 목사에게 감사합니다. 그의 기도와 성원이 저의 삶을 지탱하는 힘이 되었고, 회갑을 맞는 이 해에 이 책 『전도자의 질문, 전도서의 해답』을 낳는 모판이 되었습니다.

"…네가 사랑하는 아내와 함께 즐겁게 살지어다 그것이 네가 평생에 해 아래에서 수고하고 얻은 네 몫이니라"(전 9:9).

2014년 6월
우장산 서재에서 왕 대 일

차례

머리말 • 4

01 "다윗의 아들 예루살렘 왕 전도자의 말씀이다", 전도서의 표제 / 본문 1:1 • 9
전도서를 읽는 독법 · 10 | 전도자, 다윗의 아들 · 15 | 전도자, 예루살렘 왕 · 19 | 전도서, 전도자의 말씀 · 24

02 "'해 아래에서' 살아가다 보면" / 본문 1:2-18 • 29
모든 것이 헛되다고 말하지만(1:2-3) · 31 | 해 아래 세상만 보았기에(1:4-11) · 37 | 이익만 추구하는 인생이었기에(1:12-14) · 44 | 진리를 알기 전까지는(1:15-18) · 49

03 "나만을 위한 인생이었기에" / 본문 2:1-26 • 57
전도자의 참회록(2:1) · 59 | 어떻게 살고자 했기에(2:2-10) · 63 | 나만을 위한 인생이었기에(2:11) · 69 | 무덤 앞에서 얻는 지혜로는(2:12-17) · 73 | 수고하는 것과 누리는 것(2:18-26) · 77

04 "하나님이 모든 것을 때를 따라 아름답게 하셨고" / 본문 3:1-22 • 81
천하만사에 하나님의 지문이 묻어 있기에(3:1) · 82 | 모든 벽은 문이다(3:2-8) · 86 | 일등이 아니라 일류(3:2-8) · 90 | 하나님의 시간표(3:9-10) · 94 | 하나님이 모든 것을 때를 따라 아름답게 하시기에(3:11) · 98 | 별을 보려면 밤이어야 되듯이(전 3:12-22) · 102

05 "세 겹줄은 쉽게 끊어지지 않는다는데" / 본문 4:1-16 • 107
사람을 찾습니다(4:1) · 108 | "더불어 있음"을 잃어버린 세상(4:1-3, 4-6, 13-16) · 109 | 동료가 되어주는 삶(4:7-12) · 117 | 빈 수레가 아닌 짐수레(4:11) · 122 | 세 겹줄의 은혜(4:12) · 125

06 "하나님의 집에 들어갈 때에" / 본문 5:1-20 • 129
말씀의 수(繡), 말씀의 꼴(5:1-20) · 131 | 들음이 드림을 완성하기에(5:1) · 134 | 기도가 시(詩)가 되어야 하는 까닭은(5:2-3) · 138 | 소원과 서원(5:4-7) · 142 | 난 사람이 아니라 된 사람(5:8-9) · 146 | 크리스천 오블리주(5:10-17) · 150 | 주일을 넘어 일상으로(5:18-20) · 155

07 "무엇이 사람의 마음을 무겁게 하는가" / 본문 6:1-12 • 161
역(逆)방향에서 순(順)방향으로(6:1) · 162 | 누리게 하소서(6:2-6) · 165 | 비워서 얻는 것, 채움으로 버리는 것(6:7-9) · 171 | 인생의 넓이, 인생의 깊이(6:10-12) · 176

08 "현실, 전도자의 속앓이" / 본문 7:1-29 • 183

지혜, 삶을 낯설게 하기(7:1-4) ·185 | 마음과 대화하기(7:5-10) ·189 | 지혜의 그늘, 돈의 그늘(7:11-12) ·193 | 직선과 곡선(7:13-14) ·198 | 화이부동(和而不同)(7:15-18) ·204 | 동이불화(同而不和)(7:19-22) ·210 | 사람에 대한 절망, 하나님을 향한 희망(7:23-29) ·213

09 "세속 속의 크리스천" / 본문 8:1-17 • 221

사람을 찾습니다(8:1) ·223 | 두 왕국 사이에서(8:2-8) ·227 | 업 사이드 다운(up side down 8:9-14) ·235 | 어떤 길을 가든지 리더의 길을 가십시오(8:15-17) ·243

10 "하나님이 주신 최고의 선물" / 본문 9:1-18 • 249

모두 다 하나님의 손 안에 있으니(9:1) ·251 | 죽음, 인간이 누리는 평등한 운명(9:2-6) ·256 | 일상, 인생의 해답(9:7-10) ·261 | Why me? Why not me! (9:11-12) ·266 | 우리가 만들어가야 할 희망(9:13-18) ·272

11 "세상이 당신을 힘들게 하여도" / 본문 10:1-20 • 281

사람은 날지 않으면 길을 잃는다!(10:1) ·283 | 다시 새기는 인문(人文), 사람살이의 발자취(10:2-11) ·287 | 숨겨진 진실(10:12-15) ·291 | 아무데나 없는(no where), 바로 지금 여기에 있는(now here)(10:16-20) ·295

12 "네 떡을 물 위에 던져라" / 본문 11:1-8 • 301

문화의 오역(11:1-2) ·303 | 알 수 없는 세상이지만(11:3-6) ·306 | 네 떡을 물 위에 던져라(11:1) ·309 | 떡의 전쟁(11:7-8) ·314 | 소유에서 존재로(11:7-8) ·317

13 "흔들리지 않고 피는 꽃이 어디 있으랴" / 본문 11:7-12:8 • 323

존재, 이어짐(11:7-8) ·325 | 흔들리지 않고 피는 꽃이 어디 있으랴(11:9-10; 12:1-2) ·330 | 늙지 말고 익어가십시오(12:3-7) ·336

14 "신념에서 신앙으로" / 본문 12:9-14 • 343

전도자, 그가 말한 것(12:9-10) ·345 | 공부하는 인간(*Homo Academicus*)(12:11-12) ·349 | 신념에서 신앙으로(12:13) ·353 | 천망회회(天網恢恢)(12:14) ·357

전 도 서 강 해 설 교

01

"다윗의 아들 예루살렘 왕 전도자의 말씀이다", 전도서의 표제

본문 전도서 1:1

어니스트 헤밍웨이(Ernest M. Hemingway, 1899-1961)는 우리에게 『노인과 바다』(The Old Mand and the Sea, 1952년)로 잘 알려진 작가입니다. 헤밍웨이의 소설 『무기여 잘 있거라』(A Farewell to Arms, 1929년)나 『누구를 위하여 종은 울리나』(For Whom the Bell Tolls, 1940년)는 우리 귀에 친숙합니다. 헤밍웨이는 1954년 노벨문학상을 받았습니다. 그 헤밍웨이가 맨 처음 발표했던 소설이 있는데, 『태양은 다시 떠오른다』(The Sun Also Rises, 1926년)는 제목을 달고 출판된 소설입니다. 이 "태양은 다시 떠오른다"는 타이틀은 헤밍웨이가 전도서 1:5의 첫 문장(The sun also rises, and the sun goes down, KJV)에서 따온 구절입니다. 어니스트 헤밍웨이가 전도서의 영향을 받았던 작가이었다는 소리입니다.

전도자의 질문, 전도서의 해답 9

헤밍웨이만 그런 것은 아닙니다. 우리에게 『모비 딕』(백경, *Moby Dick*)으로 잘 알려진 미국을 대표하는 또 한 사람의 작가 헤르만 멜빌(Herman Melville, 1819-1891)도 전도서에 심취한 사람이었습니다. 그가 자기 작품 중에 전도서를 가리켜서 이렇게 말한 적이 있습니다. 전도서야말로 "책 가운데 가장 솔직한 책"(the truest of all book)이다![1]

전도서는 팝송에도 영향을 끼쳤습니다. 1950년대 후반에 유행했던 노래 가운데 피트 시거(Pete Seeger)가 불렀던 "Turn, Turn, Turn"이라는 노래가 있습니다. "돌아서라, 돌아서라, 돌아서라, 모든 것은 때가 있다"로 시작하는 이 노래가 바로 전도서 3:1-8에 곡을 붙인 음악입니다. 이 노래는 1960년대 포크락 밴드그룹 '버즈'(Byrds)에 의해 세계적으로 유명해졌고, 1994년 상업적으로 크게 성공하였던 영화 『포레스트 검프』(Forrest Gump)에 다시 삽입되면서 더욱 세간의 주목을 받았습니다.

전도서는 이처럼 한 시대의 문화를 읽는 코드로 작용했던 성경입니다. 인생살이에서 겪는 시련에 대해서 전도서만큼 솔직하게 토로하는 책은 없습니다. "헛되고 헛되다"는 전도자의 절규가 전도서의 브랜드이기 때문입니다. 그렇습니다. 전도서는 인생에 관한 책입니다. 인생살이의 현실에 관한 책입니다. 인생살이의 쓰라림에 관한 책입니다. 하지만, 전도서를 비극(悲劇)으로만 대하지 마십시오. 전도서는 인생살이 중에 하나님이 주시는 것보다는 세상이 주는 것을 선택했던 자들에게 무슨 일이 있을지를 경고하는 책입니다. 물론 한 편에서는 전도서가 세상살이에 대해서 비관적인 소리를 늘어놓습니다. 그렇지만 다른 한 편에서는 세상살이의 현실에 대해서 대안을 제시하려고 합니다.

전도서를 읽는 독법

전도서의 문제는 그 시대에만 해당되던 것은 아닙니다. 그 문제는 지금 우리도 당면하고 있습니다. 아니, 인생이라는 이름으로 사람들이 살아가는 동안에는 전도서의 문제는 줄곧 가슴앓이해야 할 문제입니다. 사람은 누구나 나서 살다가 죽는 궤도를 따라갑니다. 어느 누구도 이 궤도에서 예외일 수는 없습니다. 어느 누구도 이 궤도를 두 번 밟지는 못합니다. 인생(人生)을 가리켜 일생(一生)이라고 하지 않습니까! 인생에는 복습이나 예습은 없습니다. 인생에는 녹화나 편집도 없습니다. 인생은 항상 '라이브'(live)입니다.

전도서는 먼저 인생을 살아본 자가 인생을 살아갈 시간이 아직 많이 남아 있는 자에게 주는 충고로 읽어야 합니다. 앞서 간 자가 뒤따라오는 자에게 앞서 살면서 겪었던 시행착오를 솔직하게 털어놓는 반성문으로 읽어야 합니다. 그런 점에서 전도서는 전도자의 회고록일 수 있습니다. 요즈음 용어로 말한다면 인생 내비게이션(navigation)입니다. 사람은 태어난다고 해서 저절로 사람이 되지 않습니다. 태어나는 순간부터 누군가가 붙들어주어야 합니다. 키워야 합니다. 다듬어주어야 합니다. 돌보아주어야 합니다. 이끌어주어야 합니다.

오늘 아침 신문에 신생아의 장래 건강은 탯줄을 자르는 시점과 연관된다는 기사가 실렸습니다. 엄마 뱃속에 있던 신생아가 태어날 때 그 신생아의 탯줄을 나오자마자 자르느냐, 아니면 1분쯤 있다가 자르느냐에 따라서 신생아의 장래 건강이 달라진다는 것입니다. 이처럼 사람은 태어나서 죽을 때까지 사람으로 살아가기 위해서는 누군가에게 의지해야 합니다. 누군가와 함께해야 합니다. 게다가 많은 것이 필요합니다. 건강해야 하고, 배워야 하고, 돈이 있어야 하고, 직업이 있어야 합니다. 가정이 있어야 하고 가족이 있어야 하고 친구나 동료가 있어야 합니다. 그런데 그 많은 것 중에서도 가장 소중한 것을 하나만 꼽으라고 한다면 그것이 무엇일까요? 전도서는 바로 이 질문에 대해서 진지하게 고민하는 책입니다.

구약성경에는 여러 형식의 말씀이 나옵니다. 계시도 나오고 역사도 나오고 시와 기도도 나옵니다. 노래와 이야기도 있습니다. 모세가 전하는 하나님말씀도 있고 다윗이 전하는 신앙고백도 있습니다. 이에 비해 전도서는 삶에 이르는 지혜를 가르치는 경구(警句) 형태의 말씀입니다.

삶에 이르는 지혜를 가르쳐주기는 잠언도 마찬가지입니다. 그러나 전도서는 잠언과는 다른 각도에서 인생살이를 이야기합니다. 잠언이 삶에 대해서 긍정적이라면 전도서는 회의적입니다. 잠언이 인간의 행실에 대해서 낙관적이라면, 전도서는 인간의 능력에 대해서 비관적입니다. 잠언이 하나님이 이끄시는 세상 이치에 대해서 적극적이라면 전도서는 보다 소극적입니다. 이처럼 잠언에 비해 소극적이고, 비관적이고, 회의적인 전도서가 그 첫 문장을 다음과 같이 소개하고 있습니다.

다윗의 아들 예루살렘 왕 전도자의 말씀이라(전 1:1).

전도서의 첫 문장은 전도서가 누구 입에서 나온 말인지를 소개하는 글로 시작됩니다. 전도서 1:1은 전도서의 제목입니다. 제목이라고는 하지만, 요즈음 책에서 보는 것과 같은 타이틀은 아닙니다. 전도서의 표제로 일컬어지는 전도서 1:1은 전도서에서 말하는 자가 누구인지를 알려주는 구절입니다. 전도서를 해석해가는 여정에서 전도서 1:1은 중요합니다. 전도자가 인생길을 알려주는 길잡이 역할을 하듯 전도서 1:1은 전도서 안에 수록되어 있는 거칠고 투박한(?) 소리를 바로 새겨주는 역할을 합니다. 전도서 1:1을 바로 새겨야 전도서의 세계에 제대로 발을 들여놓을 수 있습니다.

전도서 1:1은 누구에 대해서 말하고 있습니까? 아니, 무엇에 대해서 말하고 있습니까? "다윗의 아들 예루살렘 왕 전도자의 말씀이다"라고 말하고 있습니다. 이상하지 않습니까? 표제라고는 하지만 전도서 1:1에는 저자의 이름이 실명(實名)으로 나오지는 않습니다. 실명 대신 "다윗의 아들 예루살렘 왕 전도자"라고만 밝히고 있습니다. 교회는 전통적으로 이 구절에 근거하여 전도서의 "전도자"를 다윗의 아들 솔로몬이라고 풀었습니다. 자신을 "다윗의 아들"이라고 밝히고 있기 때문입니다. 다윗의 아들 가운데 지혜의 글을 남긴 자가 누구입니까? 이스라엘 역사에 의하면 솔로몬이 바로 그런 사람입니다(왕상 4:32).

그러나 솔로몬이라는 이름은 전도서 본문에는 나오지 않습니다. 그냥 "다윗의 아들 예루살렘 왕 전도자"라고만 말합니다(전 1:1, 12). 아니면, "전도자"라고만 소개됩니다(전 1:2; 12:9, 10). 또는 예루살렘에서 살던 자로만 표현됩니다(전 1: 16; 2:7, 9). 전도서는 모세나 다윗이 가르치는 말씀이 아닙니다. 그냥 "전도자"(코헬레트)라고 불리는 자가 토로하는 고백입니다. 전도자가 자기를 '나'로 지칭하면서 '너'라고 불리는 독자들을 향해 말을 걸고 있는 말씀입니다. 그것도 어떻게 믿을까에 대해서보다는 어떻게 살까에 대해서 가르칩니다.

전도서의 말씀이 언제 글로 기록되었는지에 대해서는 학자들에 따라서 생각의 편차가 심합니다. 전도서의 시대나 배경, 전도서가 글과 책으로 이루어지던 환경에 대해서는 관점에 따라서 솔로몬 시대나 포로기 이전 왕국시대부터 시작하여 히브리어가 아람어의 영향을 받던 시절, 유대인들이 페르시아의 통치를 받던 시기, 유대인들이 헬라철학·헬라사상에 도전을 받던 시절에 이르기까지 그 추측의 폭이 무척 차이가 많이 납니다.[2] 분명한 것은 포로기 이전 예루살렘에는 왕이 있었지만, 포로기 이후에는 예루살렘에 왕이 없었다는 사실입니다. 왕의 존재 유무에 따라서 포로기 이전의 예루살렘과 포로기 이후의 예루살렘이 구별된다는 점입니다. 전도서는 예루살렘에 왕이 있었던 시절의 기억을 담고 있습니다.

그러나 굳이 전도자가 누구인지를 캐기 위해서 그 실명을 거론하려고 애쓸 필요는 없습니다. 전도서가 그렇게 하지 않기 때문입니다. 전도서는 그냥 전도자라고만 부릅니다. 전도서에서 이 전도자는 살 만큼 산 뒤에,

해볼 만큼 해본 뒤에, 권세를 휘두를 만큼 휘두른 뒤에, 삶에 대하여 반성하는 사람입니다. 그가 어느 시대의 사람이냐는 것보다 중요한 것은 그가 무엇을, 어떻게 말하고 있느냐는 점입니다. 전도서에서 전도자가 죽음과 관련해서 참으로 많은 말을 늘어놓고 있다는 것도 우연이 아닙니다(전 2:16; 3:19-21; 4:2; 6:3; 9:3-5; 12-7-8). 그는 지금 죽음을 멀지 않는 현실로 받아들이고 있는 인생입니다. 전도서의 대단원(전 11:9-12:8)을 "육체가 원래 왔던 흙으로 돌아가고, 숨이 그것을 주신 하나님께로 돌아가기 전에, 네 창조주를 기억하라"(전 12:8) 하며 끝내는 것도 예사롭지 않습니다.

이런 전제에서 "다윗의 아들 예루살렘 왕 전도자"라는 표제를 다시 한 번 새겨보시기를 바랍니다. 여러분은 이 전도서 1:1을 읽으면서 어떤 생각이 드셨습니까? 저는 이 표제를 여러 차례 묵상하면서 전도자가 살아온 삶의 무게를 느끼기를 원했습니다. 전도서 1:1이 말하려는 의도가 거기에 있다는 생각이 들었습니다.

어느 등산복 제품을 선전하는 광고가 생각납니다. 겨울철 산에 오를 때 입어야 하는 방한복을 소개하는 광고입니다. 방한복이라면 보온성과 실용성과 방풍성이 있어야 하는데 이 회사가 만든 제품은 거기에다가 스타일까지 갖춘 제품이라고 소개합니다. 그러면서 세계 최단 기간 히말라야 14좌 무산소 등정의 쾌거를 이룬 김창호 대장의 사진을 광고에 실었습니다. 거기에 이런 말이 나옵니다. "'8,848미터 정상. 영하 30도, 풍속 초속 20미터, 산소 33퍼센트. 숨.을.쉴.수.가. 없다' 산은 높이가 아니라 무게다!" 아! 그렇습니다. 삶은 길이가 아니라 무게입니다. 여러분, 전도서 1:1의 "다윗의 아들 예루살렘 왕 전도자"라는 설명에서 전도자가 살아온 삶의 무게를 느끼실 수 있습니까?

왜 전도서 1:1에는 전도자의 실명이 드러나지 않는 것일까요? 누가 어떤 사람인지를 알려고 할 때 이름보다 중요한 것은 그의 됨됨이입니다. 생각해보십시오. 만약 누군가가 '하나밖에 없는 삶은 이렇게 살아야 한다'라는 주제로 인생강연을 하게 된다면, 그 사람은 두말할 나위 없이 인생을 살 만큼 산 사람이어야 합니다. 그 사람의 이름보다도, 그 사람의 지위보다도, 그 사람의 연륜이 청중에게 다가가는 척도가 됩니다. 인생에 대한 이야기는 나이 든 사람이 해야 무게가 있고 깊이가 있기 때문입니다. 아직 제대로 살아보지 못한 젊은이가 인생강연을 하는 자리에 연사로 나설 수가 있겠습니까?

전도서 1:1도 이런 맥락에서 살펴보아야 합니다. "다윗의 아들 예루살렘 왕 전도자"도 나이 든 사람입니다. 전도서가 언제 기록되었느냐는 문제보다도, 전도서의 시대가 언제이냐는 추정보다도, 전도서가 전도자를 어떤 인물로 소개하고 있는지를 깨닫는 일이 더 중요합니다. 거기에서 전도서를 읽는 독법이 열리게 됩니다.

전도서에는 평생을 왕으로 살았던 사람이, 그 인생 후반부에 가서야 비로소 깨닫게 되었던 삶에 대한 진술한 통찰이 담겨 있습니다. 아쉬움, 반성, 회한이 담겨 있습니다. 한평생 누구보다도 존경받았고, 누구보다도 많이 누렸고, 누구보다도 힘이 세었던 전도자가 그 인생의 막바지 단계에 가서 자기가 후회하고 있는 삶의 스토리를 후세대에게, 젊은 사람들에게 전해주고자 나선 말씀이 전도서라는 것입니다. 그 긴 스토리를 단 한 구절로 요약하고 있는 구절이 바로 전도서 1:1입니다.

전도자, 다윗의 아들

이제 전도서가 소개하고 있는 전도자에 대해서 살펴보십시다. 다시 한 번 전도서 1:1을 읽어봅니다. 전도자가 누구라고 소개되고 있습니까? 전도자를 누구라고 소개합니까?

다윗의 아들 예루살렘 왕 전도자의 말씀이라(전 1:1).

전도서는 전도자를 다윗의 아들이라고 소개합니다. 전도자가 누구인지, 그 이름은 나오고 있지 않지만, 전도자가 어떤 사람인지, 그 가정배경은 소개되고 있습니다. 그런데 왜 다윗의 아들이라는 사항을 맨 먼저 끄집어내는 것일까요?

사업하는 사람들의 모임에 참석한 적이 있습니다. 비즈니스 하는 사람들은 처음 대면하는 자리에서는 으레 명함부터 먼저 교환합니다. 자기가 어떤 사람인지를 밝히면서 상대방이 무엇을 하는 사람인지를 처음 만나는 자리에서부터 분명하게 확인합니다. 그래서 서로 명함을 건네면서 인사하게 됩니다. 그런 명함에는 으레 명함을 건네는 사람의 이름과 직책, 직위가 표시되어 있습니다. 직책이나 직위로 자기 신분을 밝히는 것입니다.

일본 동경신학교의 교수 한 분이 우리 학교에 와서 제 클래스에서 특강을 하신 적이 있습니다. 그분이 오셔서 자기를 소개할 적에도 처음 만나는 제게 명함을 꺼내서 건넸습니다. 일본 사람들은 명함을 주고받을 적에 상대방이 명함을 주면 습관적으로 그것을 두 손으로 받고 한참 동안 들여다봅니다. 그것이 에티켓입니다. 저는 그전까지는 제 명함에 대해서 별로 신경을 쓰지 않았습니다. 제대로 된 명함이 없었을 뿐만 아니라 귀찮아서 가지고 다니지 않았습니다. 그 일본 교수님이 제게 명함을 건넸을 때에도 제게는 명함이 없었습니다. 그래서 그 일본 교수님의 명함을 받았는데, 저는 그분에게 제 명함은 건네주지 못했습니다. 제가 그때의 경험을 다른 사람에게 이야기하니까 제 옆에 있던 학생이 그 말을 듣고 제게 이렇게 말하였습니다. "교수님은 교수님 자체가 명함이에요!"

여러분, 처음 만나는 사람끼리 명함을 주고받는 문화에서 보면 전도서 1:1은 조금 이상합니다. 전도자를 소개하는 네임카드에 전도자의 이름은 빠지고 전도자의 아버지 이름만 표시되어 있기 때문입니다. 여러분이 지금 누군가를 만나서 그에게 여러분을 소개한다고 가정해보십시다. 어떻게 자기 자신을 설명하시겠습니까? 우리는 대개 자신의 직업, 직위, 직책

등을 설명함으로 자신을 소개합니다. 내 아버지가 누구인지, 내 집안이 어떤 집안인지를 명함에 적어서까지 건네는 사람은 아무도 없습니다. 혹, 내가 누구의 아들인지를 설명한다고 해도, 그것은 어디까지나 나중에 주고받는 대화에서 자연스럽게 드러나는 것이지, 처음부터 그렇게 하는 법은 결코 없습니다.

그런데 전도서 1:1은 조금 엉뚱합니다. 전도자를 설명하면서, "다윗의 아들"이라는 사실부터 소개합니다. 당사자는 어디론가 사라지고 없고 그 아버지 이름만 크게 거론되고 있습니다. 이상하지 않습니까? 왜 전도자를 향한 설명이 그가 누구의 아들이라는 것부터 나오는 것입니까?

다윗 하면, 떠오르는 이미지가 많습니다. 무엇보다도 다윗은 어릴 적부터 믿음의 사람입니다. 다윗이 골리앗을 물맷돌로 쓰러뜨린 사건은 유명합니다(삼상 17). 골리앗은 블레셋의 장군입니다. 다윗은 유다의 목자이지요. 목동입니다. 다윗은 어린아이였습니다. 골리앗은 엄청난 장신입니다. 사울이 막 왕이 되었을 무렵 블레셋 군대가 이스라엘을 침범해 들어왔을 때입니다. 아무도 골리앗과 싸우려고 하지 않았을 때에 다윗이 겁 없이 나서지 않았습니까! 다윗은 목동이기에 물맷돌을 가지고서 골리앗에게 나아가면서 이렇게 외쳤습니다. "너는 칼과 단창으로 내게 나아오거니와 나는 만군의 여호와의 이름 곧 네가 모욕하는 이스라엘 군대의 하나님의 이름으로 네게 나아가노라"(삼상 17:45).

다윗은 어떤 사람이었습니까? 다윗이 어떤 사람이었는지를 파악할 때에라야 전도서 1:1이 전도자를 다윗의 아들로 소개하고 있는 이유가 드러납니다. 다윗과 골리앗의 이야기에서 우리가 깨닫는 진리가 무엇입니까? 다윗은 자기 스스로 강해지려고 하지 않고 하나님이 자기를 통해서 드러나시도록 애쓴 사람이었다는 것입니다. 다윗이 "나는 만군의 여호와의 이름으로 네게 나아간다"라고 소리치지 않았습니까!

살다 보면 나 스스로 강해지려고 할 때가 있습니다. 내 힘으로, 내 앎으로, 내 경험으로, 내 손으로 모든 것을 이루겠다고 덤빌 때가 있지 않습니까? 그런데 다윗은 그렇게 살지를 않았습니다. 내가 강해지려고 하지 않고 하나님이 나를 통해 일하시도록, 하나님이 나를 통해 드러나시도록, 하나님의 도구가 된 사람이 바로 다윗이었습니다. 전도자를 소개할 때 그를 가리켜 다윗의 아들이라고 거론하는 이유가 여기에 있습니다. 전도자는 다윗이 그랬듯이 자기 능력을 과신하는 사람이 아니었다는 것입니다. 전도자의 뿌리가 다윗이었다는 것입니다.

전도서의 말씀은 겉으로만 보면 다분히 세속적입니다. 세속적일 뿐만 아니라 회의주의적입니다. 세상살이가 헛되다고 처음부터 막 소리칩니다. 전도서 1:2, 3을 읽어보십시오. 뭐라고 말합니까? "전도자가 이르되 헛되고 헛되며 헛되고 헛되니 모든 것이 헛되도다. 해 아래에서 수고하는 모든 수고가 사람에게 무엇이 유익한가"라고 막 외치지 않습니까!

전도서의 내용은 세상적인 일상으로 채워져 있습니다. 세상적인 이야기를 할 뿐만 아니라, 세속적인 이야기를 합니다. 세속적인 이야기를 할 뿐만 아니라 세상사가 모두 다 허무하다고 단정합니다. 신앙인이라면 어떻게 그렇게 말할 수가 있습니까?

이 질문에 답하기 위해서는 전도서 1:1의 표제를 다시 새겨보아야 합니다. 전도서의 전도자는 다른 사람이 아니라 다윗의 아들입니다. 겉으로 보기에는 세상 이야기를 하는 것 같고, 인생이 허무하다고 이야기하는 것 같지만, 속으로는 인생살이 속에서 하나님이 일하시는 방식을 깨닫고자 한다는 것입니다. 전도서의 말씀을 대하는 자는 늘 전도서 1:1의 표제를 염두에 두어야 합니다. "모든 것이 허무하다," 이렇게 말하는 것 같지만, 그러나 그 소리가 다윗의 아들 전도자의 입에서 나왔다고 생각한다면, 그 소리 안에는 무엇인가 중요한 것이 담겨 있다는 암시가 됩니다. 다윗의 아들이 그렇게 말했다면, 다윗의 신앙과 사상을 이어받은 자가 그렇게 말했다면, 모든 것이 허무하다고 외치는 소리를 그냥 스쳐 지나가는 소리로 들어서는 안 된다는 암시가 거기에 담겨 있는 것입니다. 허무하다고 소리치는 전도자의 말글에서 붙들어야 하는 진리와 교훈이 있다는 것입니다. 그것을 에둘러 전하는 말이 이것입니다. "다윗의 아들 전도자의 말씀이다!"

여기에 전도서를 바로 읽는 태도가 갖춰집니다. 전도자가 전도서에서 토로하는 고백 속에서 내 힘으로는 안 되고 하나님의 은총으로 살아야 된다는 솔직한 간증을 들을 수 있어야 합니다. 허무하게 보이는 세상살이 한복판에서 오히려 하나님의 손길을 발견하는 은총을 누리고자 기대해야 한다는 것입니다. 그렇게 할 때 전도서는 그의 이야기가 아니라 우리의 이야기가 됩니다. 그때 전도서는 그가 한 고백이 아니라 오늘 우리가 하는 고백이 됩니다.

전도자, 예루살렘 왕

전도서는 누구의 말씀입니까? 전도서 1:1을 다시 한 번 읽어봅니다.

다윗의 아들 예루살렘 왕 전도자의 말씀이라(전 1:1).

전도서 1:1은 처음에는 전도자를 다윗의 아들이라고 소개하였습니다. 이제는 전도자를 예루살렘 왕이라고 소개하고 있습니다. 예루살렘 왕! 교회는 바로 이 예루살렘 왕을 솔로몬으로 읽었습니다. 그렇게 볼 수 있습니다. 그러나 간과하지 말 것은 본문에는 솔로몬이라는 실명이 나오고 있지 않다는 사실입니다. 본문에서 그는 정녕 "예루살렘 왕"이라고만 소개되고 있습니다. 왜 전도서 1:1은 굳이 실명을 회피한 채 전도자를 가리켜 예루살렘 왕이라고 소개하는 것일까요?

왕은 다스리는 사람입니다. 정치가입니다. 예루살렘은 전도자의 시대부터 오늘에 이르기까지 참 소란스런 도시입니다. 오늘날 예루살렘에 가보면 도시의 구간이 인종적으로 나뉘어져 있는 것을 알 수 있습니다. 도시의 구간이 종교적으로 구분되어 있습니다. 도시의 구간이 사회적으로도 구별되어 있습니다. 유대인과 팔레스타인 사람, 아랍인과 기독교인이 섞여 사는 도시가 예루살렘입니다. 그만큼 복잡합니다. 복잡할 뿐만 아니라 소란스럽기까지 합니다.

역사적으로 예루살렘은 다윗이 정복한 도성이었습니다(삼하 5:6-10). 그 도성의 원래 이름은 여부스였습니다. 여부스였을 시절이나, 다윗이 그 여부스를 이스라엘의 정치·종교·사회의 중심지로 삼았을 시절이나, 지금처럼 아랍계 팔레스타인 거주민과 유대계 이스라엘 사람들 사이에 갈등과 긴장이 현존하는 시절이나, 예루살렘은 무척 소란스런 도시이었습니다. 그런 예루살렘을 가장 평화롭게 다스렸던 왕이 있었는데 그가 바로 솔로몬 왕입니다.

본문에서 전도자를 가리켜서 예루살렘 왕이라고 소개했을 때 본문이 거론하는 예루살렘은 그런 소란스런 정치·사회적 도성이 아닙니다. 전도서에서 예루살렘은 혼란스럽기 짝이 없던 도시 이미지와는 거리가 멉니다. 이스라엘 역사에서 솔로몬은 예루살렘 도시 한복판에 정의와 평화를 이루었던 지혜의 왕으로 일컬어집니다. 전도서 1:1이 말하는 "예루살렘 왕"이라는 표현의 이면에는, 전도서 1:1이 전도자를 가리켜 "예루살렘 왕"이라고 소개한 표현의 이면에는, 지혜로 평화를 구축했던 사람에 관한 기억이 아로새겨져 있습니다.

솔로몬은 지혜의 왕으로 일컬어집니다. 명절날 많은 사람들이 예루살렘에 모였던 적이 있었습니다. 그때 마침 갓난아기를 안고 온 엄마 둘이 한 방에 자게 되었는데 자다 보니까 한 아이가 그만 깔려 죽는 참사가 일어났습니다. 세상에 그런 미련한 엄마가 어디 있겠습니까? 그러나 그런 일이 벌어졌다는 것입니다. 아침에 눈 떠보니까 아이 하나가 죽어 있었습니다.

그래서 무슨 일이 벌어졌습니까? 살아 있는 아이 하나를 두고서 두 엄마가 서로 다투었습니다. "이 아이가 네 아이이고 이 아이가 내 아이다"(왕상 3:21-22).

갓 태어난 여러 아이들을 본 적이 있으시지요? 산부인과를 방문하다 보면 신생아들이 유리 저편 침대에 누워 있는데 어느 아이가 누구의 자식인지 그 모습을 겉으로는 구별하기 어렵습니다. 신생아들의 모습은 다 엇비슷합니다. 난 지 사흘밖에 되지 않은 아이였다고 한다면 누가 누구의 자식인지 겉으로 봐서는 알기 어려웠을 수도 있습니다. 그래서 싸움판이 벌어졌습니다. 그 싸움의 재판을 솔로몬이 맡았습니다. 솔로몬이 어떻게 재판했습니까? "아이를 갈라서 공정하게 나누어주어라, 서로 공평하게!"(왕상 3:25). 그 판결에 거짓 엄마는 찬성하였습니다. 하지만, 진짜 엄마는 그렇게 하지 않았습니다. 그가 뭐라고 왕에게 읍소하였습니까? "청하건대 내 주여 산 아이를 그에게 주시고 아무쪼록 죽이지 마옵소서"(왕상 3:26). 그 말을 들었을 때 솔로몬이 어떻게 판결했습니까? "산 아이를 저 여자에게 주고 결코 죽이지 말라 저가 그의 어머니이니라"(왕상 3:27).

전도서 1:1에 나오는 "예루살렘의 왕 전도자의 말씀이다" 하는 말 속에는 한 나라를 공정하게, 공평하게, 평화롭게 다스렸던 사람에 대한 기억이 새겨져 있습니다. 하나님의 손에 붙들린 도구였던 사람의 경륜이 본문 안에 담겨 있다는 것입니다. 전도서의 전도자를 예루살렘 왕으로 부르고자 했던 까닭이 여기에 있습니다. 전도자는 지혜로 평화를 이루었던 사람이었다는 것입니다. 공의로웠던 사람이었다는 것입니다. 세상살이의 시시비비를 제대로 판결할 줄 알았던 사람이었다는 것입니다. 솔로몬이 왕이 되고 나서 하나님께 제일 먼저 드렸던 기도가 무엇입니까? 솔로몬은 자기에게 부를 달라고 기도하지 않았습니다. 힘을 달라고 기도하지 않았습니다. 무엇을 달라고 기도했습니까? 선과 악을 판단하는 지혜로운 마음을 달라고 기도하였습니다(왕상 3:9). 전도자에게 바로 그런 선과 악을 판단하는 지혜로운 마음이 있었다는 것입니다.

선과 악을 분별하는 지혜로운 마음이란 하나님의 다스림을 드러내는 통로가 되려는 마음입니다. 장대한 도구가 되지는 못할지라도, 아니, 내가 막대기일지언정, 하나님의 뜻을 드러내는 도구가 되겠다는 마음입니다. 주여! 나로 하여금 하나님의 손에 붙들린 막대기가 되게 하옵소서! 이런 기도가 진정 선과 악을 분별하는 지혜를 구하는 기도입니다. 전도서 1:1의 "예루살렘 왕 전도자의 말씀이다"라는 표현 속에는 하나님 나라의 도구로 쓰임 받으려고 했던 한 통치자의 자세가 새겨져 있습니다.

서울 은평구 불광동에서 목회하는 신학교 동기 목사님이 새 성전 건축 봉헌 예배를 드린다기에 그 예배에 참석한 적이 있습니다. 그 예배 시간 중 축사하시는 분 가운데 구청장으로 수고하시던 분이 계셨습니다. 이제 막 퇴임을 앞둔 분이었는데, 퇴임 직전에 그 목사님 교회의 성전봉헌 예배에서 축사 시간을 빌려 간증을 하셨습니다. 그분은 구청장으로 10년간 재직하셨다고 자신을 소개했습니다. 보궐선거를 통해서 2년 하시고, 4년 임기를 두 번 채우셔서 10년 동안 구청장으로 지역사회를 섬기시다가 이제 공직에서 물러나시는 분이었습니다. 그분이 이렇게 말씀하셨습니다.

"구청장이 돼서 한 일 중 보람된 일을 하나 꼽으라면 십 년간 재직하면서 제가 섬기던 지역사회가 뉴타운으로 재개발된 것입니다. 저는 진정 동네가 달라지고 마을이 달라지고 주민들의 주거 환경이 달라지는 일을 소신껏 추진하였습니다. … 그 과정 중에 하나님은 저에게 여러 교회를 새로 짓거나, 다시 짓거나 하는 일에 쓰임 받는 은혜를 주셨습니다. …"

사실, 도시마다 안고 있는 어려움 중 하나가 주거환경 리모델링(remodelling)입니다. 매스컴이 보도하듯이 그 과정이 참으로 어렵고 소란스럽고 때로는 불미스럽습니다. 기존에 있던 낡은 건물들을 허물고, 구획을 정리하고, 새 건물을 짓고 하는 과정 중에 이런저런 불상사가 참 많이 생기는 모양입니다. 그 구청장님은 그렇게 어려운 과정 중에 자신이 교회를 몇 개나 새로 짓도록 도와주었는지를 되돌아보았습니다. 그랬더니 15개나 되더라는 것입니다. 15개의 교회를 건축해서 봉헌할 수 있도록 도왔다는 것입니다. 오늘 와서 축사하는 교회가 그 14번째 교회라고 했습니다. 아쉽게도 15번째 교회는 봉헌식 날짜가 자기의 퇴임 후에 잡혀 있어서 구청장 신분으로 가서 하는 축사는 오늘이 마지막이 된다고 했습니다.

그분은 구청장이라는 공직자이었지만, 한 사람의 크리스천으로서 지역사회에 흩어져 있는 여러 교회들을 향한 소망을 품고 있었습니다. 구청장의 신분으로 있을 때 산꼭대기에 있는 교회나 동네 구석에 있는 교회들을 보면서 그 교회들이 모두 다 번듯한 건물을 갖게 되었으면 하는 기대를 품었다고 합니다. 그래서 교회를 교회답게 세우는 일에, 할 수만 있으면 자기가 기꺼이 도구가 되어서 쓰임 받기를 원했다고 합니다.

그분의 간증이 제게 무척 도전이 되었습니다. 그래서 저도 이렇게 기도했습니다. 우리 젊은 세대가, 우리의 딸과 아들이 저 사람과 같은 공직자의 삶을 살게 하소서! 우리 다음 세대가 크리스천 마인드를 가지고 사회 구석구석에서 하나님의 일에 쓰임 받는 도구가 되게 하소서! 그런 자들이 있는 곳에 지혜가 드러나고, 공의가 실현되고, 평화가 이뤄지고, 하나님의 영광이 드러나게 하옵소서!

그렇습니다. "예루살렘 왕 전도자의 말씀이다"는 표제 속에는 하나님의 손에 붙들려 살고자 했던 한 지혜자의 경륜이 담겨 있습니다. 하나님의 손에 붙들린 도구가 되어서 지혜롭게 인생을 살고자 했던 사람의 간증과 고백이 담겨 있습니다. 그와 똑같은 고백과 간증이 오늘 우리 인생의 간증과 고백이 되기를 바랍니다.

전도서, 전도자의 말씀

전도서 1:1을 한 번 더 읽어봅니다. 무엇을 말씀하고 있습니까?

다윗의 아들 예루살렘 왕 전도자의 말씀이라(전 1:1).

전도서는 전도자의 말씀입니다. 우리말 번역에 나온 순서대로라면, 전도서는 전도자를 처음에는 다윗의 아들이라고 소개했다가, 나중에는 예루살렘의 왕이라고 소개했다가, 이번에는 전도자라고 소개합니다. 전도서를 전도자의 말씀이라고 소개합니다.

전도서는 말씀(드바림)입니다. 원문으로 읽어보면 "전도자의 말씀"(디브레 코헬게트)이라는 말이 맨 먼저 나옵니다. 원문에서 전도서 1:1은 "전도자의 말씀, 다윗의 아들, 예루살렘 왕"(디브레 코헬레트 벤 다비드 멜렉 비예루살라임)입니다. 성경에는 여러 종류의 말씀이 있습니다. 이야기도 있고, 설교도 있고, 교훈도 있고, 법률도 있습니다. 그중에서도 전도서는 가르침 형식의 말씀입니다. 어떻게 살아야 제대로 사는 것인지를 가르쳐주는 전도자의 경구(警句)입니다.

전도자라는 단어는 번역하기가 쉽지 않은 말입니다. 원문에서는 이 단어가 "코헬레트"입니다. 이 말의 원래 뜻은 '모임'일 수도 있고 '모음'일 수도 있습니다. '모음'이라고 하게 되면 글을 모은 사람이 되고, '모임'이라고 하면 사람을 모으는 사람, 집회를 여는 사람이 됩니다.

전도서를 영어로는 Ecclesiastes라고 합니다. 이 용어는 교회를 뜻하는 헬라어 에클레시아(ekklesia)에서 온 말입니다. 헬라어 에클레시아는 교회 건물을 의미하지 않고 교회에 모이는 회중을 의미합니다. 하나님을 예배하기 위해서 부름 받아서 모인 사람들의 모임이 에클레시아입니다. 그런데 에클레시아는 히브리어 'qoheleth'를 번역한 말입니다. 그러니까 코헬

레트는 에클레시아에서 외치는 사람을 가리키는 명칭이 됩니다.[3)]

한편 전도자라는 단어는 조금 다른 시각에서도 볼 수 있습니다. 전도서의 표제(전 1:1)에 나오는 전도자라는 용어를 반드시 사람을 모으는 사람이라는 의미로만 단정할 수는 없습니다. 원래 표제란 본문의 내용을 함축적으로 담고 있는 말이지 않습니까? 책의 제목을 보면 대충 그 책의 내용이 어떤 것인지를 짐작할 수 있지 않습니까? 그런 의미에서 본다면 "전도자의 말씀이라"라는 표제는 전도서의 내용을 요약해서 담고 있는 제목이 된다고 생각해야 합니다. 전도서의 서두에 등장하는 "전도자의 말씀"에서 전도자라는 단어는 사람을 모으는 자나 집회를 여는 사람이라기보다는 지혜를 모으는 사람으로도 읽을 수 있습니다. 전도서가 전반적으로 지혜를 다루고 있기 때문입니다. 전도서의 첫 장인 1:12-13과 전도서의 끝에 첨부된 12:9-10을 읽어보십시오.

> 나 전도자는 예루살렘에서 이스라엘 왕이 되어 마음을 다하며 지혜를 써서 하늘 아래에서 행하는 모든 일을 연구하며 살핀즉 이는 괴로운 것이니 하나님이 인생들에게 주사 수고하게 하신 것이라(전 1:12-13).

> 전도자는 지혜자이어서 여전히 백성에게 지식을 가르쳤고 또 깊이 생각하고 연구하여 잠언을 많이 지었으며 전도자는 힘써 아름다운 말들을 구하였나니 진리의 말씀들을 정직하게 기록 하였느니라(전 12:9-10).

전도자가 모은 것이 무엇입니까? 사람입니까? 아닙니다. 지혜입니다! 전도서의 전도자는 사람이 아니라 지혜를 모았습니다. 어떻게 지혜를 모았습니까? "하늘 아래에서 행하는 모든 일을 연구하며 살피며" 모았습니다(전 1:13). 거기에서 깨달음을 얻었습니다. 그렇게 해서 얻은 깨달음을 모았습니다. 그 속에 인생살이의 진한 반성이 담겨 있습니다. 아쉬움이, 솔직한 자기반성이 담겨 있습니다.

어릴 적에는 저도 인생이 마냥 푸르른 줄로만 알았습니다. 그런데 어느 순간 나이를 먹은 사람이 되었습니다. 아무리 건장한 사람이라도 나이가 들면 몸매가 예전만 못하게 됩니다. 배도 나오고, 키가 줄어들기도 하고, 어깨나 허리가 굽어지기도 하고, 힘도 떨어지고, 근육도 약해지고, 이런저런 성인병에 시달리기도 하고. 그렇지만 나이 든 사람들이 젊은 사람들보다 훨씬 더 나은 것이 있습니다. 그것이 무엇입니까? 나이가 들면 예전에는 미처 헤아리지 못했던 삶의 깊이에 도달하게 됩니다. 그래서 제가 늘 주창하는 말이 이것입니다. "늙지 말고 익어 가자!"

여기에 전도자의 말씀이 드러내는 지혜가 있습니다. 나이가 들면서 사람들은 대체로 젊은 시절의 잘잘못을 회상하게 됩니다. 전도자의 말씀도 그런 시각에서 엿볼 수 있습니다. 그렇게 본다면 전도서에 담긴 "다윗의 아들 예루살렘 왕 전도자의 말씀이다"라는 문장은 전도자의 참회록이 됩니다. 전도자의 고백록이 됩니다. 인생살이는 그 마디마디마다 하나님이 주시는 은혜가 있다는 것이지요. 똑똑한 것이 지혜가 아닙니다. 살면서 당하는 희로애락 속에서 하나님의 손길을 붙잡는 처세가 진정 지혜입니다.

전도자는 설교자이기도 합니다. 자기가 깨달은 지혜를 큰소리로 외치는 사람입니다. 자기가 얻은 은총을 공개적으로 고백하는 사람입니다. 그러니 여러분, 믿는 자로만 머물지 말고 삶의 희로애락 속에서 깨달은 하나님의 섭리를 간증하고 고백하는 전도자가 되십시오. 거기에서 어제의 전도자가 오늘의 전도자로 계승되는 길이 열립니다.

수요일 오후에 교회로 오면서 극동방송을 청취하였습니다. 청담대교를 건너서 가락시장 쪽으로 내려오는 데 7시가 조금 넘었습니다. 그때 들은 극동방송의 찬양 프로그램에 이런 가사가 제 귀를 때렸습니다. "God will make a way where there seems to be no way!"(길이 없는 것처럼 보이는 곳에서라도 하나님은 길을 내신다)는 찬양이었습니다. 사막에 길을 내듯이 너를 위해 길을 내신다는 찬양이었습니다. 와! 제가 답답하고 힘들어서 찬양을 듣고자 극동방송을 틀었는데 그런 방송이 나오는 것이었습니다. 저의 기도에 하나님이 즉각 응답하시는 감동을 느꼈습니다. 물론 시간대가 우연히 맞았던 결과이었겠지요.

하지만 여러분, 세상 사람들은 우연이라고 해도 기도하는 사람에게는 그것이 우연한 것이 아니라 기도의 응답입니다. 제가 답답해서 '주님, 어떻게 해야 되나요?'라고 물었는데 주님은 그 방송을 통해서 제게 "길이 없는 것처럼 보이는 곳에서라도 하나님은 너를 위해서 길을 내신다."라고 말씀하셨던 것입니다. 그 찬양에 제가 얼마나 큰 소리로 아멘(!) 했는지 모릅니다. "길은 내가 내는 것이 아니다. 길은 하나님이 내신다. 하나님이 길을 내시는데 그 하나님과 나를 연결하는 것, 그것이 바로 믿음이다!" 그렇습니다. 전도서에는 길은 내가 내는 것이 아니라 하나님이 내신다는 것을 일깨우려는 고백이 담겨 있습니다.

이렇게 전도서를 읽을 때 전도자는 어제의 전도자로 그치지 않습니다. 전도자는 오늘의 전도자로도 이어져야 합니다. 어떤 사람이 전도자입니까? 지혜를 모으는 사람입니다. 은혜를 체험한 사람입니다. 바르게, 옳게, 공평하게, 평화롭게 인생살이를 이루어가는 사람입니다. 살다 보면 우거쌈을 당하는 일이 얼마나 많은 줄 모릅니다. 그렇지만 기쁠 때에는 기쁜 방식대로, 슬플 때에는 슬픈 모양대로, 좋을 때에는 좋은 대로, 안타깝고 답답할 때에는 곱씹고 인내하면서 하나님의 손길에 붙들려 살아가는 사람이 진정 지혜 있는 사람입니다.

> 누가 우리를 그리스도의 사랑에서 끊으리요 환난이나 곤고나 박해나 기근이나 적신이나 위험이나 칼이랴 … 그러나 이 모든 일에 우리를 사랑하시는 이로 말미암아 우리가 넉넉히 이기느니라(롬 8:35, 37).

전도자의 외침을 들으면서 사도 바울의 고백을 상기하게 됩니다. 전도서의 전도자는 다른 사람이 아닙니다. 우리 자신이 오늘의 전도자가 되어야 합니다. 거기에 전도자의 가르침이 우리 자신의 고백록이 되고 참회록이 되는 길이 열리게 됩니다. 전도서의 타이틀을 "전도자의 말씀"이라고 적어 놓은 이유가 여기에 있습니다.

---

1) Hernan Melville, *Moby Dick* (Boston: C. H. Simonds Co., 1892), 400, Philip G. Ryken, *Ecclesiastes: Why Everything Matters* (Wheaton, Illinois: Crossway, 2010), 14에서 중인.
2) Martin Shields, *The End of Wisdom: A Reappraisal of the Historical and Canonical Function of Ecclesiastes* (Winona Lake, Indiana: Eisenbrauns, 2006), 22-27; Choon-Leong Seow, *Ecclesiastes* (AB 18C; New York: Doubleday, 1997), 15-16.
3) Ryken, *Ecclesiastes*, 16.

전 도 서 강 해 설 교
02

"'해 아래에서' 살아가다 보면"

본문 전도서 1:2-18   **요절** 전도서 1:12-14

카를로 치폴라(Carlo M. Cipolla, 1922-2000)라는 분이 있습니다. 경제사학자이자 역사학자로 이탈리아 사람입니다. 그가 쓴 책 중에 『시계와 문명』이라는 책이 있습니다.[1] "1300-1700년 유럽의 시계는 역사를 어떻게 바꾸었는가"라는 부제가 거기에 딸려 있습니다.

우리는 흔히 산업혁명 하면, 18세기 중반에서 19세기 초반 영국에서 일어난 산업혁명을 떠올립니다. 제임스 와트(James Watt, 1736-1819)가 발명한 증기기관을 산업혁명의 원동력으로 생각합니다. 치폴라 교수는 이런 우리 생각을 수정합니다. 산업혁명은 18세기보다 훨씬 이전에 일어났다는 것입니다. 역사를 바꾼 것은 증기기관이 아니라 시계였다는 것입니다.

시계는 14세기 유럽에서 처음 만들어졌습니다. 처음으로 시계를 만들었던 사람들은 쇠를 녹여서 대포를 만들었던 장인들입니다. 대포를 만들던 기술자들이 그 기술을 활용하여 시계를 제작하여 공공장소에 설치하였습니다. 그것으로 그 지역 수공업자들의 기술력을 사방에 과시하고자 하였습니다. 당시 유럽에 닥친 흑사병은 사람의 노동력을 기계의 힘으로 대체하도록 이끌었기에 시계의 발명은 기계의 힘을 이용한 산업의 발달을 일으킨 계기가 되었다는 것입니다.

물론 시계는 그 이전에도 있었습니다. 해시계·물시계가 있었습니다. 그러나 해시계·물시계는 정확한 시간을 알려주는 데에는 한계가 있었습니다. 게다가 이런저런 한계를 가지고 있었습니다. 유럽에서 제작된 기계시계는 이런 불편함이나 부정확함을 단번에 해결해버린 시대를 열었습니다. 광장 같은 곳에 정성껏 만든 기계시계를 전시해놓고 그 시계가 알려주는 시각에 맞춰서 그 지역에서 살던 사람들의 일상을 움직여 가는 세상을 만들었습니다.

초기의 시계는 시각을 재는 기계이었습니다. 그러나 차츰 시각만 아니라 분과 초를 재는 기계가 됩니다. 처음에는 공공장소에 설치해야만 했던 커다란 기계였는데, 기술이 발달하면서 마침내 사람의 손목에 차는 기계가 되었습니다. 인류역사가 시계 까닭에 달라졌다는 치폴라 교수의 말은 이런 점에서 공감을 불러일으킵니다.

하지만 치폴라 교수의 글을 읽다가 이런 생각이 들었습니다. 시계가 편리하기는 하지만, 시계가 필요하기는 하지만, 어이없게도 시계 때문에 시간에 매여 사는 문명이 초래하게 된 것은 아니었을까! 시계는 해의 리듬을 알려주는 기계입니다. 사람의 기술이 얼마나 좋은지를 보여주는 기계입니다. 그런데 시계에 붙들려 살다가, 시간에 매여 살다가, 시간을 누리는 삶이 아니라 시간에 매여 지내는 삶으로 돌변하고 말았다는 것입니다. 구약성경의 전도서가 바로 이런 인생살이의 문제를 다룹니다.

전도서는 구약성경에서 제대로 대접을 받지 못하는 책입니다. 전도자가 외치는 헛되다는 소리 탓에 염세주의적인 글로 몰리는 책입니다. 전도서를 그렇게만 읽어서는 안 됩니다. 전도서는 '어떤 인생을 살 것인가, 인생을 어떻게 살 것인가?'라는 질문 앞에서 인간의 한계를 토로하는 말씀입니다.[2] 인간의 가능성에 대해서 무한히 예찬하는 지혜에 제동을 거는 말씀입니다. 그런 점에서 전도서는 잠언의 지혜에 대안을 제시하는 지혜입니다.[3] 전도서는 하나님을 떠난 인간의 수고란 덧없다고 외치는 말씀입니다. 전도서는 인간의 한계를 감추지 않고 드러냅니다. 인간에 대한 절망을 숨기지 않고 드러냅니다. 시간에 매여 사는 오늘의 우리에게 구약의 전도자는 인생이란 무엇인가를 캐묻는 질문의 숲으로 인도하고 있습니다.

모든 것이 헛되다고 말하지만(1:2-3)

전도서 본문은 "헛되고 헛되며 헛되고 헛되니 모든 것이 헛되도다"(전 1:2)로 시작합니다. 표제(전 1:1)에 이어 나오는 전도서 1:2-3은 전도서에서 가장 유명한 말씀입니다. 흔히 이 구절을 전도서 전체의 주제로 보기도 합니다. 그만큼 유명합니다. 그만큼 전도자의 가슴앓이를 요약해놓았습니다. 그 구절이 무엇입니까?

> 전도자가 이르되 헛되고 헛되며 헛되고 헛되니 모든 것이 헛되도다 해 아래에서 수고하는 모든 수고가 사람에게 무엇이 유익한가(전 1:2-3).

"헛되고 헛되며 헛되고 헛되니 모든 것이 헛되도다"(전 1:2)! 전도서 1:2의 짧은 한 절 속에 "헛되다"는 단어가 5번이나 연속으로 반복되어 나옵니다. 원문은 그 분위기가 약간 다릅니다. 히브리어 철자의 순서와 악센트를 따라서 끊어 읽으면 본문은 "헛되고 헛되다, 전도자가 말한다, 헛되고 헛되다. 모든 것이 헛되다"(하벨 하발림, 아마르 코헬레트. 하벨 하발림, 하콜 하벨)로 되어 있습니다.

원문의 분위기를 감안해서 전도서 1:2를 읽으면 본문이 강조하는 것은 "헛되고 헛되다"(하벨 하발림)입니다. "헛되고 헛되다"는 말이 두 번 반복됩니다. "헛됨"(헤벨)이란 명사를 연결형으로 이어서 말합니다. 단수형(하벨)에 이어 복수형(하벨림)을 이어가고 있습니다. 그것이 영어로는 "Vanity of vanities"입니다. 그 뜻을 한마디로 요약한 문장이 "모든 것이 헛되도다"(하콜 하벨)입니다.

전도서는 "헛되고 헛되며 헛되고 헛되니 모든 것이 헛되도다"는 말로 우리를 당혹스럽게 합니다. 전도서의 서두에서만 "헛되다"는 말이 나오는 것은 아닙니다. 전도서는 그 글이 끝날 때까지 "헛되다"는 소리를 되풀이합니다. 글의 마디마디마다, 문장의 매듭 매듭마다, 모든 것이 헛되다는 소리를 후렴구처럼 외칩니다(전 1:14; 2:11, 17, 23, 26; 3:19; 4:4, 8, 16; 6: 2, 9; 8:10, 14; 11:8, 10; 12:8).

"헛되다"는 말은 히브리어로는 "헤벨"입니다. "헤벨"은 숨(breath), 바람(wind), 수증기(vapor)를 뜻합니다. 유진 피터슨(Eugene Peterson)은 그의 책 『메시지』에서 이 "헤벨"을 "연기"(smoke)로 풀이하였습니다. 숨은 볼 수가 없습니다. 바람은 잡을 수가 없습니다. 수증기는 곧 사라지고 맙니다. 잡을 수 없거나 곧 사라지고 마는 것은 연기도 마찬가지입니다. 구약성경에 73번가량 나오는 "헤벨"은 볼 수 없는 것, 잡을 수 없는 것, 사라지고 마는 것을 가리키는 용어입니다.[4] "헤벨"은 거짓이라는 말과 함께 쓰이기도 하고(렘 16:19; 슥 10:2), 덧없음을 가리키기도 하며(욥 7:16), 소용없는 짓을 나타내기도 합니다(신 32:21; 왕상 16:13, 26 등). 그중 13번은 우상을 가리키는 말로도 사용됩니다.[5]

무엇보다도 "헤벨"은 전도서의 언어입니다. 전도서에서만 38번 나타납니다. 주목할 것은 전도서에서는 "헤벨"이라는 단어가 "바람을 잡는 것"(레우트 루아흐)이라는 말과 병행한다는 사실입니다(전 1:14; 2:11, 17, 26; 4:4; 6:9).

"바람을 잡는다"는 말은 호세아 12:1에서는 "바람을 먹으며"로도 나옵니다. "헤벨"이란 "바람을 먹고 사는 것과 같다"는 소리입니다. 사람은 바람을 먹고 살 수는 없습니다. "헤벨"은 그만큼 무모합니다. 무의미합니다. 잡을 수 없습니다. 덧없습니다. 무모합니다. 가치가 없습니다. 그런 무모함, 허망함, 쓸쓸함, 덧없음 등이 모여서 "모든 것이 헛되다"는 말로 압축되었습니다. "보라 모두 다 헛되어 바람을 잡으려는 것이로다!"로 표현되었습니다(전 1:14; 참조, 2:11, 17, 26; 4:16).

왜 전도자는 전도서의 첫 소절부터 헛되다고 외치고 있습니까? 이 질문에 답하기 위해서는 전도서 1:2를 1:3과 함께 생각해보아야 합니다. 전도자가 "모든 것이 헛되다"(전 1:2)라고 말할 때 그 "모든 것"은 전도서 1:3에 의하면 "해 아래에서 수고하는 모든 수고"입니다. "해 아래에서 수고하는 모든 수고"가 아무 유익이 없다는 것입니다. 전도서 1:3은 이런 식으로 전도자가 모든 것이 헛되다고 소리치는 이유를 지적하고 있습니다.

전도서 1:3을 직역하면 본문은 이렇게 옮겨집니다. "사람에게 무엇이 유익한가, 해 아래에서 수고하는 그의 모든 수고가"(마-이트론 라아담 베콜-아말로 쉐야아몰 탁하트 핫쉐메쉬)! 이 말에는 무엇이 전도자를 괴롭히는지를 짐작하게 해주는 핵심적인 단어가 세 개 나옵니다. 하나는 "해 아래에서"(탁하트 핫쉐메쉬), 다른 하나는 "(해 아래에서) 수고하는 수고(아말)", 나머지 하나는 "(그것이) 사람에게 무엇이 유익한가"(마-이트론)입니다. 전도자가 무엇을 가리켜 무의미하다고 말하고 있습니까? 무엇을 가리켜 덧없다고 말하고 있습니까? 무엇을 가리켜서 "헛되다"고 이야기하고 있습니까?

전도자는 해 아래에서 땀 흘리는 수고가 사람에게 무슨 "유익"(이트론)이 있겠느냐고 묻고 있습니다. "유익"으로 번역된 히브리어 "이트론"은 상거래에서 남긴 이익을 가리킵니다. 땀 흘리며 애쓴 "수고"(아말)의 대가로 얻는 순익이 어떤 것이냐고 묻고 있습니다. 전도자는 지금 해 아래에서 벌어지는 세상살이에서 얻게 되는 이익이 어떤 것인지를 손익계산서로 따지고 있다는 것입니다. 세상살이를 아무리 요란하게 해도 남는 것은 아무것도 없다는 소리입니다.

여기에서 주목할 것은 "해 아래에서"(탁하트 핫쉐메쉬)라는 구절입니다. 해 아래에서 일어나는 일이 지금 전도자의 관심사입니다. 전도서 1장에서 전도자는 세상살이가 전개되는 무대를 "해 아래에서"라고 부르기도 하고(전 1:3, 9, 14), "하늘 아래에서"(탁하트 핫샤마임)라고 부르기도 합니다(전 1:13). 전도서를 주석하는 사람들은 "해 아래에서"라는 말을 대체로 "시간의 제약 속에 사는 현 세상"을 가리키는 말로 봅니다.[6] 이에 비해 "하늘 아래에서"는 사람 모두가 다 같이 사는 공간을 지칭한다고 봅니다. 그러기에 "해 아래에서"는 공간적이기보다는 시간적인 개념으로 보아야 한다는 것입니다.

그러나 저는 "해 아래에서"라는 말을 단지 시간의 제약을 받는 인생살이로만 이해하려고 하지 않습니다. "해 아래에서"는 구절은 말 그대로 해의 통제를 받는 세상을 가리킵니다.[7] "…아래에서"라는 말은 대체로 "…의 지배"를 받는다는 뜻으로 쓰이지 않습니까! "해 아래에서"란 해의 지배를 받는 세상을 가리킨다는 것입니다.

여기에서 "해 아래에서"라는 말을 좀 더 묵상해보십시오. 이 표현은 하나님 없이 해만을 따라가며 사는 세상을 가리킵니다. 해를 지으신 하나님을 따라가는 삶이 아니라 하나님이 지으신 해를 따라가며 사는 삶을 가리킵니다. 그러니까 "해 아래에서"는 눈에 보이는 현상에 매인 인생을 가리킵니다. 근본은 눈에 보이지 않습니다. "해 아래에서"는 근본이 아닌 눈에 보이는 현상에 저당 잡힌 삶을 가리킵니다. 하나님 없이 세상의 시공간만 붙들고 살다 보면 아무리 애를 써보아도 사람의 세상살이란 결국은 허망할 뿐이라는 것을 전도자가 말하고자 한다는 것입니다.

2010년 7월 12일 「뉴욕타임스」에 '중력이란 없다'라는 기사가 실렸습니다. 중력(gravity)이 무엇입니까? 물체들 사이에 작용하는 끌어당기는 힘입니다. 지구 위의 물체가 지구 중심으로부터 받는 힘입니다. 지구 밖 우주를 떠돌던 인공위성 쓰레기가 지구 대기권으로 떨어지는 것도 중력 때문입니다. 그런데 이 보도에 따르면 네덜란드 암스테르담 대학의 물리학과 교수인 에릭 페를린데(Erik Verlinde) 박사가 「중력의 기원」이라는 논문에서 중력(당기는 힘)이란 자연계에 원래부터 존재하는 힘이 아니라 우주의 다른 작용으로부터 생겨나는 현상이라고 주장하였습니다. 중력이란 없다는 것입니다. 자료를 찾아보니까 페를린데 박사는 만물의 최소 단위를 입자가 아니라 진동하는 끈으로 보아야 한다고 주장하는 물리학계의 대가입니다.[8]

물리학에 대해서 문외한인 저로서는 그가 한 주장을 제대로 이해하지 못합니다. 다만, 한 가지 제 귀에 들어오는 소리가 있습니다. 중력이란 자연에 원래부터 존재하는 힘이 아니라, 보다 근본적인 우주의 법칙(그는 그것을 열역학 법칙을 따른 '엔트로픽 힘'(entropic force) 중 하나라고 말합니다)에 의해 나타나는 현상일 가능성이 크다는 것이었습니다. 쉽게 말해 본질과 현상이 있는데 중력이란 본질이 아니라 현상에 해당한다는 것이었습니다.

우리가 아는 지식은 불완전한 것입니다. 한때 정설로 인정된 것도 시간이 지나면 언제라도 뒤집힐 수 있습니다. 본질이 아닌 현상에 매달린 관찰은 늘 그러한 한계를 연출합니다. 아무리 과학적이라고 해도, 아무리 논리적이라고 해도, 뿌리를 보지 못하고 겉으로 드러난 현상만 보면 사물의 본질을 다 이해할 수가 없습니다.

전도서 1:2-3에서 전도자가 제기한 문제가 여기에 있습니다. 사람들의 세상살이가 현상에만 매달려 있다는 것입니다. 해 아래 세상이라는 현상에 매달려 있는 채로는 세상에서 아무리 수고하여도 그것은 결국 헛된 것으로 그치고 만다는 것입니다.

현상과 본질을 구분할 수 있어야 합니다. 해 아래와 해 위를 구분할 수 있어야 합니다. 전도자가 말하는 해 아래 세상은 본질이 아니고 현상입니다. 실체가 아니고 그림자라는 의미입니다. 해 아래에서 벌어지는 그림자만을 관찰하였기에 본질을 잃어버린 삶에 봉착했다는 것입니다.

전도자만 그런 함정에 빠지게 된 것은 아닙니다. 구약성경의 욥도 어느 날 느닷없이 덮친 시련과 고통의 늪에서 그렇게 행동하였었습니다. 욥은 자기가 당한 고난의 수수께끼를 푸는 지혜를 어디에서 풀려고 하였습니까? 땅에서 찾으려고 하였습니다. 땅속에서 찾으려고 하였습니다. 바닷속에서 찾으려고 하였습니다. 그가 무엇이라고 탄식하고 있습니까?

> 그러나 지혜는 어디서 얻으며 명철이 있는 곳은 어디인고 그 길을 사람이 알지 못하나니 사람 사는 땅에서 찾을 수가 없구나 깊은 물이 이르기를 내 속에 있지 아니하다 하며 바다가 이르기를 나와 함께 있지 아니하다 하느니라(욥 28:12-13).

욥은 지혜를 땅에서만 찾았습니다. 땅속을 뒤져 온갖 보석은 찾았으면서도 정작 지혜를 찾지 못했던 이유가 여기에 있습니다(욥 28:15-19). 하늘 아래에서만 찾았기 때문입니다. 욥의 문제는 하늘의 하나님이 그를 찾아 오시면서 풀어집니다(욥 38:1-42:6).

욥만 그런 것은 아닙니다. 오늘 여기에 있는 우리도 마찬가지입니다. 우리도 전도자처럼, 욥처럼, 눈에 안 보이는 뿌리보다도 눈에 보이는 줄기에만 매달리기 일쑤입니다. 머리를 써서 공부하고, 눈을 뜨고 관찰하지만, 언제나 우리가 하는 것은 하늘 아래서, 해 아래서 벌어지는 일일 뿐입니다. 잘못된 학습을 하고 있다는 것입니다. 사람을 가리켜 이성적인 존재라고 하지만, 하늘 아래서, 해 아래서 벌어지는 일에 대해서만 이성적이라는 것입니다.

해 아래 세상만 보았기에 (1:4-11)

　전도서 1:4-11은 전도자가 보았던 해 아래 세상이 어떤 것이었는지를 소개합니다. 전도서 1:4-11은 "세대"로 시작해서 "세대"로 끝나는 단락입니다. "한 세대는 가고 한 세대는 오되 땅은 영원히 있도다"(전 1:4)에서 시작해서 "이전 세대들이 기억됨이 없으니 장래 세대도 그 후 세대들과 함께 기억됨이 없으리라"(전 1:11)로 그칩니다. 이런 모습을 문학용어로는 인클루지오(inclusio, 수미쌍관首尾雙關)라고 부릅니다. 처음과 끝을 같은 글이나 말로 장식해 놓았다는 것입니다. 처음과 끝에 반복되는 용어나 주제는 그 안에 담긴 내용을 안고 있는 틀(프레임)이라는 것입니다.

　전도서 1:4-11은 세대라는 말로 시작해서 세대라는 말로 끝나고 있습니다. 세대는 오고 가는데 땅은 그대로 있다고 지적합니다. 그런 틀 속에서 해 아래 세상사에는 새 것이 없다고 말합니다. 전도자가 무엇을 보았기에 그렇게 말하게 되었습니까? 전도자가 본 것이 무엇입니까?

> 한 세대는 가고 한 세대는 오되 땅은 영원히 있도다 해는 뜨고 해는 지되 그 떴던 곳으로 빨리 돌아가고 바람은 남으로 불다가 북으로 돌아가며 이리 돌며 저리 돌아 바람은 그 불던 것으로 돌아가고 모든 강물은 다 바다로 흐르되 바다를 채우지 못하며 강물은 어느 곳으로 흐르든지 그리로 연하여 흐르느니라 모든 만물이 피곤하다는 것을 사람이 말로 다 할 수는 없나니 눈은 보아도 족함이 없고 귀는 들어도 가득 차지 아니하도다 이미 있던 것이 후에 다시 있겠고 이미 한 일을 후에 다시 할지라 해 아래에는 새 것이 없나니 무엇을 가리켜 이르기를 보라 이것이 새 것이라 할 것이 있으랴 우리가 있기 오래 전 세대들에도 이미 있었느니라 이전 세대들이 기억됨이 없으니 장래 세대도 그 후 세대들과 함께 기억됨이 없으리라(전 1:4-11).

　전도서 1:4-11은 1:3이 제기한 질문에 대한 해답입니다. "해 아래에서 수고하는 모든 수고가 사람에게 무엇이 유익한가"라고 묻지 않았습니까? 이 질문에 대한 대답이 전도서 1:4-11입니다. 이 해답은 둘로 구성됩니다. 인생살이에서 얻는 이익이 무엇인지를 놓고 하나는 자연에서(전 1:4-7), 다른 하나는 사람들의 경험에서 그 해답을 찾고 있습니다(전 1:8-11). 어디에서 해답을 찾든 그 결과는 뻔합니다. 해(전 1:5), 바람(전 1:6), 강물과 바다(전 1:7)는 언제나 그대로이지 변화하는 것이 없다는 것입니다. 세상의 모습은 늘 되풀이될 뿐 새로운 것이 없다는 것입니다.

세상의 모습만 그런 것은 아닙니다. 모든 만물이 다 마찬가지입니다. "만물이 다 지쳐 있음을 사람이 말로 다 나타낼 수 없다"(전 1:8, 새번역)라고 말하지 않습니까! 개역개정의 "모든 만물이 피곤하다"는 말은 "모든 일들이 다 지쳐있다"(콜-하드바림 예게임)는 소리입니다. 사람들이 진보를 외치지만, 그때뿐, 잠시 지나면 세상만사는 언제나 제자리걸음을 하고 있다는 것입니다. 정치발전을 외치고, 경제성장을 부르짖고, 과학기술의 혁신을 주장하지만, 따지고 보면 이 세상에서 얻을 수 있는 새것이란 어디에도 없다는 것입니다. "이미 있던 것이 훗날에 다시 있을 것이며, 이미 일어났던 일이 훗날에 다시 일어날 것"(전 1:9, 새번역)이기에 세상 만물에서, 세상만사에서 얻을 이익이란 아무것도 없다고 전도자가 지금 소리치고 있습니다. 해 아래 세상에는 "이것이 새 것이라 할 것"이 없다는 것입니다(전 1:10).

전도서 1:4-11에서 전도자가 문제 삼는 것은 사람은 오고 가지만 사람살이의 터전인 땅은 그 자리에 영원히 있다는 사실입니다. 땅은 그대로 있지만, 그 땅에 왔다 가는 사람은 한 세대만 지나면 다 잊히고 만다는 사실입니다(전 1:10). 이 사실을 두고 제롬(Jerome)은 이렇게 말했습니다. "헛된 것보다 더 헛된 것이 무엇인가? 그것은 사람을 위해서 만들어졌던 땅은 여전히 그 자리에 있는데, 땅의 주인인 사람은 어느 날 갑자기 흙으로 사라져버리고 만다는 사실이다!"[9] 무슨 말입니까? 사람은 나서 살다가 죽지만 자연계는 그냥 그대로 버티고 있다는 사실이 전도자의 마음을 힘들게 하고 있다는 것입니다. 사람은 살다가 죽게 되지만 왜 땅은, 땅에 자리 잡은 세상은, 그대로 그 자리에 버티고 있는 것이냐고 묻고 있습니다.

원래 구약성경은 인생살이를, 세상사를 전도자처럼 헛되다고 보지 않았습니다. 창조신앙은 인생살이를 아주 적극적으로 설명하였습니다. 전도서처럼 인생을 부정적으로, 회의적으로 대한다면, 그것은 성경말씀의 주류에서 크게 벗어나는 태도가 됩니다. 창세기 1장은 사람을 가리켜 하나님의 형상을 지닌 존재라고 소개하지 않았습니까(창 1:26)! 사람은 하나님의 작품입니다. 하나님이 사람을 지으시고 사람을 향해서 "생육하고 번성하여 땅에 충만하라"고까지 말씀하셨습니다(창 1:28). 요즈음에는 "생육하고 번성하여 땅에 충만하여라"는 창세기 1:28을 인간 중심적인 자연착취의 근본 원인이 된다고 지적합니다만, 이 하나님의 명령에는 사람이 일구는 문화와 문명, 일과 노동에 대한 긍정적인 신념이 담겨 있습니다.

기억하십시오. 구약의 창조신앙은 사람과 사람의 일생을 결코 부정적으로 보지 않았습니다. 창조신앙은 인생살이를 아주 긍정적으로 대하고 있습니다. 그렇다면 전도자는 도대체 무슨 근거로 전도서 1장의 첫 단락에서 세상살이의 모든 것이 다 덧없다고 외치게 된 것일까요? 무슨 까닭으로 세상사란 "모두 다 헛되어 바람을 잡는 것이다"라고 외치게 된 것일까요?

전도서 1:12-14는 이런 맥락에서 전도서의 수수께끼를 풀어주는 열쇠 역할을 합니다. 특히 전도서 1:12-13a는 전도자의 정체성을 밝혀줍니다. 거기에 전도자의 말씀이 추구하려던 목적이 무엇이었는지가 드러납니다.

> 나 전도자는 예루살렘에서 이스라엘 왕이 되어 마음을 다하여 지혜를 써서 하늘 아래에서 행하는 모든 일을 연구하며 살핀즉(전 1:12-13a).

"나 전도자는 예루살렘에서 이스라엘 왕이 되어!" 본문에서 전도자는 예루살렘에서 이스라엘을 다스리는 왕이었습니다. 그런 왕이 자기를 가리켜 "전도자"(코헬레트)라고 부릅니다. "나 전도자는 예루살렘에서 이스라엘을 다스리는 왕이었다"(아니 코헬레트 하이이티 멜렉 알-이스라엘 비에루살라임, 전 1:12)라고 말합니다. 히브리어 "코헬레트"는 설교자이기도 하고, 신앙공동체의 인도자이기도 하고, 지혜를 모으는 수집가이기도 합니다. 전도서 1:12-13a가 말하는 것은 전도자가 왕이 되어 힘을 썼던 것은 세상을 지배하는 것이 아니었다는 소리입니다. 돈을 모으는 것이 아니었습니다. 명성을 쌓은 것도 아니었습니다. 무슨 소리입니까? 전도자가 왕이 되어 힘을 썼던 것이 나라를 통치하는 것이 아니었다는 것입니다. 세도를 펴는 자가 이스라엘을 다스렸던 것이 아니라는 것입니다. 왕이 되어 주력했던 일은 세상사의 이치를 탐구하는 일이었다는 것입니다. 세상사의 의미를 캐보았다는 것입니다. 인생살이의 의미에 대해서 알기를 원했다는 것입니다.

전도서 1:13a는 전도자가 왕이 되어 "마음을 다하여 지혜를 써서 하늘 아래에서 행하는 모든 일을 연구하며 살폈다"고 전합니다. "마음을 다하여"(나타티 에트 리비)! NIV 성경은 이 구절을 이렇게 읽습니다. "I applied my heart to seek and to search out by wisdom…" 전도자가 그 마음을 어디에 쏟았습니까? 그 마음을 어디에 두었습니까? 탐구하는 일에, 연구하는 일에 쏟았습니다. 이 시대의 용어로 말하면 삼권(三權)을 모두 자기 손에 쥐고 휘두르던 사람이 "마음을 다하며 지혜를 써서 하늘 아래에서 행하는 모든 일을 연구하며 살폈다"는 것입니다. 왕이 되어서 한 일이 세상을 통치하는 것이 아니라 세상살이의 이치를 연구하며 살폈다는 것입니다.

전도서를 가리켜 모든 것이 헛되다고 가르치는 책이라고만 설명할 수 없는 이유가 여기에 있습니다. 전도자가 모든 것이 헛되다고 이야기하기 전에 먼저 세상 이치를 살피고자 노력한 사람이었다는 것에 주목해야 합니다. 전도서 1:12-13a이 그것을 힘주어 말합니다. 특히 1:13의 "연구하며 살피다"(리드로쉬 베라투르)라는 말은 '어느 하나를 쉬지 않고 추구하면서도'(다라쉬) '사방을 조심스럽게 관찰하였다'(투르)는 뜻입니다. 히브리어로 "다라쉬"는 깊이 있게 추구하는 연구입니다. 요즈음 말로 하면 주석하기를 말합니다. "투르"는 폭넓게 살피는 연구입니다. 깊게(연구하다), 넓게(살피다)! 깊이 보기도 하고, 넓게 보기도 하고! 그러니까 여기 "연구하며 살폈다"는 말은, 다른 말로 하면, 마치 하나님의 말씀을 주석하듯이 전도자가 세상사를 꼼꼼히, 다방면으로 조사하고 살폈다는 것입니다.

전도자는 연구하는 사람, 살피는 사람, 공부하는 사람, 머리를 쓰는 사람, 세상 모든 이치를 알고자 온갖 지혜를 다 동원한 사람입니다. 그러나 전도서의 전도자 소개는 여기에서 그치지 않습니다. 전도서는 전도자가 연구하며 살피는 노력만으로는 세상사의 이치를 다 이해할 수 없었다는 것도 동시에 깨우쳐줍니다. 인간의 한계를 여실히 드러내려고 합니다. 이해하기를 원하는 믿음이지만, 머리만으로는 다 믿을 수 없다는 사람의 한계를 낱낱이 파악하고 있습니다. 그것이 바로 전도자의 입에서 나오는 탄식입니다. 전도자는 마음을 다하고 지혜를 다해서 하늘 아래에서 벌어지는 모든 일을 연구하며 살폈습니다. 그 결과가 무엇입니까? 그것이 바로 전도서 1:13b입니다.

이는 괴로운 것이니 하나님이 인생들에게 주사 수고하게 하신 것이라(전 1:13b).

"이는 괴로운 것이니!" 원문에서는 "이는 쓰디쓴 작업이니!"(후 인얀 라)! 또는 "불행한 일"이니! 나쁘다는 것입니다. 마음을 다하며 지혜를 써서 하늘 아래에서 행하는 모든 일을 연구하며 살펴보았지만, 그 결과가 참 어처구니없이 무용하다는 것입니다. 학교에서 쓰는 용어로 말하면 애를 써서 공부했지만 성적은 F(낙제, fail)였다는 것입니다. 하늘 아래에서 되어가는 온갖 일을 살펴서 알아내는 것은 괴로운 일이라는 것입니다. 하나님이 왜 사람을 이런 수고스런 일에다가 얽어매어 꼼짝도 못하게 하시는지 모르겠다는 것입니다.

전도자의 탄식은 아는 것이 힘이라고 소리치는 우리의 세상살이에 무엇이 문제인지를 숨기지 않고 고발합니다. 그의 고발을 들으면 우리 사회의 지나친 교육열이 떠오릅니다. 사람에게는 지성이 있어야 합니다. 인생살이를 슬기롭게 하려면 머리가 필요합니다. 좋은 학교를 나와야 합니다. 그러나 거기에만 매달려 있다면 인생은 망가지고 맙니다. 전도자가 외치는 탄식이 무엇입니까? 알려고 하는 노력이라는 것도 결국 바람을 잡는 헛된 시도에 지나지 않는다는 소리 아닙니까?

사람은 자라면서 쉬지 않고 알기를 원합니다. 아이가 부모에게 쉴 새 없이 던지는 질문이 무엇입니까? '이게 뭐야?'라는 질문입니다. 모든 것이 생소하기에, 모든 것을 처음 보게 되기에, 모든 것을 알아야 되겠기에, 아이는 순간순간 부모에게 쉴 새 없이 물어봅니다. '엄마, 이게 뭐야?', '아빠, 이게 뭐야?' 그런 식으로 사람은 사물을 하나씩 알고 배워가는 여정에 들어섭니다. 그러다 보면 어느 때인가 모든 것을 다 아는 것처럼 우쭐대는 시기가 옵니다. 하지만 그 순간이 지나면 인간은 누구나 내가 알고 있는 것보다 알지 못하는 것이 훨씬 더 많다는 사실 앞에서 겸손하게 됩니다. 전도서가 바로 그렇습니다. 머리만으로는 다 알지 못한다는, 연구하며 살피는 것만으로는 다 이해하지 못한다는 인간의 한계를 지적하려고 합니다. 그래서 전도서는 아는 것으로는 결코 신앙의 경지에 다다르지 못하는 인간 현실을 고발하는 말씀이 됩니다. 그래서 하는 말이 이것입니다.

> 내가 해 아래에서 행하는 모든 일을 보았노라 보라 모두 다 헛되어 바람을 잡으려는 것이로다(전 1:14).

"해 아래에서 행하는 모든 일을 보았노라!" 그런데 "모두 다 헛되어 바람을 잡으려는 것이로다!" 전도자가 또다시 "해 아래에서"라고 이야기합니다. "해 아래에서"라는 말이 전도서에서 사용되는 쓰임새에 대해서는 이미 앞에서 설명하였습니다. 전도서 1장에서는 이 "해 아래에서"라는 구절이 세 번 반복됩니다(전 1:3, 13, 14). 전도서 전체에서는 모두 28번이나 반복됩니다.[10] 묻습니다. 전도자가 왜 허무하다고 소리치게 되었습니까? 왜 "마음을 다하며 지혜를 써서" 연구하고 살핀 뒤에 "모두 헛되어 바람을 잡으려는 것이다"라고 소리치게 되었습니까? 해 아래에서 벌어지는 일만을 바라보았기 때문입니다. 하늘 아래에서 벌어지는 일만 살폈기 때문입니다.

전도서의 브랜드는 "헛되다"가 아닙니다. 전도서의 가르침을 대표하는 브랜드는 "해 아래에서"입니다. 이 "해 아래에서"라는 말이 전도서에서 가장 주목해야 할 용어입니다. "해 아래에서 수고하는 모든 수고가 사람에게 무엇이 유익한가"라고 묻지 않았습니까? 전도자는 하늘 아래에서 벌어지는 일만 바라보았지, 하늘 위에서도 일이 벌어지고 있다는 생각은 전혀 하지 못했습니다. 전도자는 그 사실을 애써 감추려하지 않았습니다. 해 아래만 살폈지 해 위를 바라보려고 하지 않았다는 것을 숨기지 않았습니다. 전도자는 해 아래 땅만 살폈지 해 위에 계시는 하나님을 바라보려고 하지 않았다는 것입니다. 거기에 전도자의 문제가 있었습니다. 거기에 인생의 문제가 있었습니다.

비행기를 타고 여행하다 보면 압니다. 장마철이 되어 소나기가 내려도 비행기가 활주로에서 이륙하여 구름을 벗어나면 그 하늘 위에는 비가 내리지 않습니다. 구름 밑의 세계와 구름 위의 세계가 전혀 다릅니다. 오늘 본문에서 전도자가 모든 것이 헛되다고 말하게 된 것은 그가 하늘 아래에서 벌어지는 가시적인 세계만을 관찰하였기 때문입니다.

이익만 추구하는 인생이었기에 (1:12-14)

전도자의 문제는 "해 아래에서만"이라는 구절에만 있지 않습니다. 전도자의 문제는 해 아래에서 수고하는 모든 수고가 "보라 모두 다 헛되어 바람을 잡으려는 것"과 같다고 말하는 데에도 있습니다. 전도서 1:14b가 그것을 지적하고 있습니다.

"보라 모두 다 헛되어 바람을 잡으려는 것이로다"(힌네 학콜 헤벨 우레우트 루아흐)! 바람(루아흐)은 원래 잡는(레우트) 대상이 아닙니다. 바람은 결코 손으로 움켜쥘 수가 없습니다. 해 아래에서 행하는 모든 일이 다 그렇게 헛되다는 것입니다.

여기에서 주목해야 할 단어는 "움켜쥔다"(레우트)라는 동사입니다. 이 말은 무엇인가를 붙들고자 치열하게 노력하는 자세를 나타내는 동사입니다. 삶의 여정을 암시합니다. 노동의 목적을 암시합니다. 땀 흘리고 애쓰는 수고를 암시합니다. 그런데 그 수고의 대상이 전도서에서는 바람입니다. 그 노력의 대상이 바람 잡기입니다. 그만큼 허망합니다. 그만큼 허무합니다. 그만큼 무모합니다.

전도서 1:4-11에서 전도자는 자연세계의 대표적인 네 주자, 해와 바람과 강과 바다를 살펴보았습니다. 전도자 눈에 비친 자연현상은 단조롭기 그지없었습니다. 해가 뜨고 해가 지지만 결국은 제자리로 돌아가고, 바람이 남으로 불다가 북으로 부는 것 같지만 결국은 제자리로 돌아가고, 강물은 늘 흐르는 것 같지만 언제나 바다를 채우지 못한다는 것입니다. 그런 세상의 모습이 참 허망하다고 이야기하였습니다.

이제 전도자는 그가 관찰한 세상살이가 왜 헛된 것으로 그치고 말았는지를 눈치채게 해주는 또 하나의 이유를 제시합니다. 그것은 그가 삶의 목표를 이익을 추구하는 인생에 두었다는 것이었습니다. 전도서 1:12-14를 다시 한 번 읽어보십시오. 해 아래 세상에서 행하는 모든 수고가 다 바람을 잡으려는 것과 같다고 외치고 있지 않습니까!

> 나 전도자는 예루살렘에서 이스라엘 왕이 되어 마음을 다하며 지혜를 써서 하늘 아래에서 행하는 모든 일을 연구하며 살핀즉 이는 괴로운 것이니 하나님이 인생들에게 주사 수고하게 하신 것이라 내가 해 아래에서 행하는 모든 일을 보았노라 보라 모두 다 헛되어 바람을 잡으려는 것이로다(전 1:12-14).

전도서 1:14 "해 아래에서 행하는 모든 일"이 "다 헛되어 바람을 잡으려는" 것과 같다는 말은 전도서 1:3과 더불어서 읽어야 합니다. 전도서 1:3은 "해 아래에서 수고하는 모든 수고가 사람에게 무엇이 유익한가"라고 물었습니다. 전도서 1:14가 말하는 바람을 잡으려는 것과 같은 수고는 전도서 1:3이 물었던 유익한 것이 하나도 없는 수고를 지칭합니다.

우리말에서 '유익'과 '이익'은 다릅니다. 이익이라는 말에는 금전적인 의미가 있습니다. 유익이란 말은 꼭 그렇지가 않습니다. 새번역대로 한다면, 유익이란 말은 보람이라는 말로 바꿔 쓸 수도 있습니다. 그러나 "유익"으로 번역된 원문의 "이트론"은 엄밀히 말하자면 금전적인 이익입니다. 장사해서 남은 이익을 가리킵니다. 총매출액에서 원가, 비용, 임금, 감가상각비, 세금 등을 빼고 남은 순이익을 가리킵니다. 무슨 소리입니까? 전도자가 해 아래에서 수고하는 일의 목적을 이익을 얻는데, 돈을 버는 데 두었다는 소리입니다. 그랬기에 전도자는 지금 땀 흘리며 노동했는데 그 노동에 대한 보상으로 자기가 얻게 된 이익이 얼마이냐고 묻고 있는 것입니다.

전도서 1:14의 인생살이가 "바람을 잡으려는" 것과 같다고 말하는 자조적인 평가 속에는 전도자가 반성하는 인생 가치관이 서려 있습니다. 어떤 인생관을 반성하려고 합니까? 삶의 의미를 소유로 단정하는 가치관입니다. 삶의 목적을 가지고, 차지하고, 얻는 것으로 단정하는 가치관입니다. 이 가치관에 따르면 인생살이가 제대로 되려면 재산을 가져야 됩니다. 재산을 넓혀야 됩니다. 재산을 쌓아야 됩니다. 재산을 모으는 여정을 가리켜서 삶이라고 단정하는 겁니다. 만약 그런 재산을 잃어버리게 된다면, 그런 재산을 두고 가게 된다면, 불안해지는 겁니다. 안타까운 겁니다. 그래서 외치게 됩니다. 헤벨! '이익을 좇아서 살다보니까 남은 것이란 아무것도 없구나' 그렇게 된다는 것입니다.

2010년 10월 7일 행복 전도사라 불리던 최윤희 씨가 자살하였습니다. 1947년생이니까 당시 63세였습니다. 한 모델에서 지병을 비관하면서 남편과 동반 자살하였습니다. 저는 우연한 기회에 한 방송의 대담 프로에 출연하여 자신을 '웃음 비타민'이라고 소개하는 최윤희 씨의 강연을 들은 적이 있습니다. 그랬던 그가 자기 인생을 자살로 마감하고 말았습니다. 왜 그랬을까요?

고인은 남편의 사업이 기울어지자 행복을 파는 카피라이터로 자신의 얼굴을 세상에 알린 사람입니다. 서울의 모 대학 국문학과를 나온 재원입니다. 1999년에 처음 선을 보인 그의 책 『행복, 그거 얼마예요』가 사람들의 주목을 끌면서 인기강사가 되었습니다. 그때부터 스스로 목숨을 끊을 때까지 그는 행복에 관한 책을 여러 권 집필하면서 수많은 사람들에게 행복론을 강의하였습니다. 우리 사회가 자살 열풍에 휩싸여 있을 때 그는 "자살의 반대말은 살자다"라고 소리 높여 외쳤습니다. "아무리 굶더라도 희망은 굶어서는 안 된다"고도 했습니다. 삶에 지친 사람들에게 고인은 그야말로 행복을 파는 전도사였습니다.

그렇지만 그의 내면은 겉보기와는 달랐던 모양입니다. 그가 남긴 유서의 일부가 매스컴에 소개되었습니다. 자살하기 2년 전쯤부터 극심한 육체적 고통에 시달렸다고 했습니다. 700군데나 아프다고 하였습니다. 희귀성 난치병인 루프스로 온 사지가 가시에 찔리는 극심한 아픔에 시달렸다는 것이었습니다. 그러면서 도리어 세상 사람들에게 자신의 고통을 이해해 달라는 부탁을 남겼습니다. 그가 했던 말을 들춰보았습니다. "웃음이 헤픈 여자가 성공한다"고 말했었습니다. "웃음으로 펀(fun) 지수를 높이자"고 외쳤었습니다. "딸들아, 일곱 번 넘어지면 여덟 번 일어나라"고 소리쳤었습니다. 그렇게 말하던 사람이 정작 자기 자신의 고통은 극복하지를 못했습니다. 다른 사람들한테는 행복하게 살아야 된다고 외치면서도, 자기 자신은 그만 불행의 늪에서 헤매고 있었습니다.

여러분, 무엇이 우리의 삶을 행복하게 합니까? 자살한 최윤희 씨가 자신이 당하는 고통을 차라리 숨기지 않은 채, '나는 이렇게 육체적으로 고통스러운 처지에 빠져 있지만, 그래도 인생은 살만한 가치가 있는 것이라고 말하고 다녔더라면 어땠을까?'라는 상상도 해보았습니다. 여러분, 여쭈어 봅니다. 무엇이 우리 인생을 행복하게 합니까?

여기, 전도자가 외쳤던 해 아래 세상에서 똑같이 살아갔던 사람이 있습니다. 전도자가 읊었듯이 그 사람에게도 해는 뜨고 집니다. 바람은 불다가 제자리로 돌아갑니다. 강물은 흐르다가 바다에 도달합니다. 그렇지만 그는 그 세상을 전도자처럼 덧없는 것이라고 우기지 않습니다. 대신 이렇게 외칩니다. 시편 19:5입니다.

> 해는 그의 신방에서 나오는 신랑과 같고 그의 길을 달리기 기뻐하는 장사 같아서(시 19:5).

전도자는 세상의 흐름이란 참 덧없는 것이라고 주장하였습니다. 전도서는 날마다 반복되는 해돋이, 해넘이를 가리켜 덧없다고 했었습니다. 그런데 시편 19:5는 해가 움직이는 모습을 가리켜 신방에서 나오는 신랑 같다고 묘사하고 있습니다. 전도자와는 너무도 다르게 세상을 묘사하고 있습니다.

세상은 그 모습을 어떻게 바라보느냐에 따라서 덧없는 것이 되기도 하고 찬양이 되기도 합니다. 신랑이 신부를 맞이하러 나오는 모습이 어떤 모습입니까? 덧없는 모습입니까? 아닙니다, 기뻐하며 설레는 모습입니다! 같은 태양을 보면서도 전도서 1:5는 덧없다고 생각했지만 시 19:5는 "그의 길을 달리기 기뻐하는 장사 같다"고 생각합니다. 왜 이런 차이가 생겼습니까? 시편의 시인은 해 아래에 있지 않고 해를 쳐다보았습니다. 해를 지으신 하나님을 바라보았습니다.

바람 부는 세상도 마찬가지입니다. 전도자는 불다가 제자리로 돌아가는 바람을 보면서 참 허탈한 것이라고 쓴웃음을 지었었습니다(전 1:6). 그런 바람을 시편 104:2-4는 전혀 다르게 관찰하고 있습니다.

주께서 옷을 입음 같이 빛을 입으시며 하늘의 휘장 같이 치시며 물로 자기 누각의 들보를 얹으시며 구름으로 자기 수레를 삼으시고 바람 날개로 다니시며 바람을 자기 사신으로 삼으시고 불꽃으로 자기 사역자를 삼으시며(시 104:2-4).

보십시오. 전도자에게 바람은 불다가 제자리로 돌아가고 마는 덧없는 대상이지만, 시편 104편에서 바람은 하나님이 타고 다니시는, 주님이 타고 다니시는 "사신"(말아크)으로 불립니다. "사신"이란 주님이 쓰시는 도구라는 뜻입니다. 전도자에게 바람은 덧없는 것에 지나지 않았지만, 시인에게 바람은 하나님이 쓰는 도구로 비쳐집니다. 왜 이런 차이가 생겼습니까?

해 위를 볼 줄 알아야 합니다. 해를 만드시는 분을 볼 줄 알아야 합니다. 해를 다스리는 분을 볼 줄 알아야 합니다. 해 위에 계시는 창조주 하나님을 볼 줄 알아야 합니다. 하나님의 영이 우리 안에 있을 때 세상을 보는 눈이 달라집니다. 세상을 사는 의미가 달라집니다. 세상에서 땀 흘리는 목적이 달라집니다. 어떻게 해야 해 위에 계시는 하나님을 바라볼 수 있습니까?

현상을 보는 것은 사람의 능력입니다. 뿌리를 보는 것은 하나님의 은총입니다. 사람의 이성이나 지성으로는 해 위에 계시는, 해를 다스리시는 하나님을 바라보지 못합니다. 하늘 위의 것을 보지 못합니다. 우리의 앎, 우리의 배움, 우리의 지식, 우리의 능력으로는 하늘 아래에서 벌어지는 일만 살필 수 있지 하늘 위의 세계를 살필 수가 없습니다. 여기에 전도서의 말씀이 우리에게 남기는 과제가 있습니다. 전도자의 탄성을 들으면서 우리 마음속에 새겨야 할 음성이 하나 있습니다. '주여 우리로 해 아래의 세계만을 관찰하지 말게 하소서! 해 위에 계시는, 해를 다스리는 하나님을 경배하는 길을 열어주소서! 해 위에 계신 하나님께 이르는 은총의 사다리를 허락하여 주옵소서!'

진리를 알기 전까지는(1:15-18)

전도자가 인생살이를 가리켜 헛되다고 외치게 된 이유는 전도서 1:15-18에서도 찾을 수 있습니다. 전도서 1:15-18이 설명하는 전도자는 지성적인 인물입니다. 머리를 쓰는 존재입니다. 이해하기를 원하는 존재입니다. 지혜도 많고 지식도 넘치는 사람입니다. 얼마나 알기를 원했으면, 땅에서 벌어지는 모든 일을 알고자 하였겠습니까? 심지어는 "미친 것들과 미련한 것"까지도 알고자 심혈을 기울였습니다(전 1:17). 그랬던 그가 지금 무엇이라고 말하고 있습니까?

> 구부러진 것도 곧게 할 수 없고 모자란 것도 셀 수 없도다 내가 내 마음 속으로 말하여 이르기를 보라 내가 크게 되고 지혜를 더 많이 얻었으므로 나보다 먼저 예루살렘에 있던 모든 사람들보다 낫다 하였나니 내 마음이 지혜와 지식을 많이 만나 보았음이로다(전 1:15-16).

전도자는 당당합니다. "나보다 더 많이 아는 사람을 만나보지 못했다. 나보다 더 많이 지혜로운 사람을 만나보지 못했다. 나보다 더 많이 지식을 쌓은 자를 만나보지 못했다"(전 1:16)! 전도자는 지금 자신만만합니다.

지식의 세계에서 자기보다 더 나은 사람을 만나보지 못했다고 소리칩니다. 본문의 전도자는 아주 뛰어난 사람입니다. 오늘날의 기준으로 보면 지혜 분야의 전문가입니다. 그런데 그가 지금 무엇이라고 한탄하고 있습니까? "구부러진 것도 곧게 할 수 없고 모자란 것도 셀 수 없도다"(전 1:15)!

구부러진 것도 곧게 할 수 없고, 모자란 것도 셀 수 없다는 말은 유대인의 속담입니다. 그 뜻이 무엇입니까? 요즈음 우리는 100세 시대를 살고 있습니다. 의학의 발달도 이런 시대적 환경을 조성하는 일에 크게 한몫합니다. 그런데 아무리 의학과 과학이 발달했다 하더라도 우리는 결코 생명체를 만들 수는 없습니다. 살아 있는 생명체를 관리하거나 치료하거나 돌볼 능력은 있지만, 생명 자체를 만들어내는 능력은 없습니다. 날아다니는 파리라도 숨이 끊어지면 되살릴 방도가 우리에게는 없습니다. 사랑하는 사람을 먼저 잃은 자의 아픔이 여기에 있습니다. 아무리 울어도 사랑했던 사람이 다시 살아나지 않기 때문입니다.

사람은 목숨이 끊어지고 나면 시체이지 사람이 아닙니다. 우리의 지식, 우리의 지혜, 우리가 쌓은 배움과 경륜은 그 사람을 다시 살아나게 할 수가 없다는 것입니다. 전도서 1:15의 "구부러진 것은 곧게 할 수 없다"는 말이 바로 그런 뜻입니다. 우리 지식의 한계가 무엇인지를 새삼 일깨워주고 있습니다.

스마트폰을 써보니 참 편리합니다. 통신 수단인 것은 말할 것도 없고 가지고 다니는 컴퓨터입니다. 어디에서나 인터넷을 사용할 수 있습니다. 해상도가 뛰어난 동영상도 보고, 사진기 못지않게 사물을 촬영합니다. 궁금한 것, 모르는 것, 알고 싶은 것이 있으면, 어디에서나 찾아볼 수 있습니다. 누구와도 소통할 수 있습니다. 외국에 여행 가서도 국내 TV와 신문의 뉴스들을 실시간으로 확인할 수 있습니다. 얼마나 실생활에 도움이 되는지 모릅니다.

우리는 지금 컴퓨터가 없으면 아무것도 못 합니다. 모든 것은 컴퓨터에 저장되어 있습니다. 모든 것은 컴퓨터로 합니다. 그런데 여기에도 한계가 있습니다. 쓰고, 기억하고, 만들고, 분류하고, 정리하고, 보전하고, 알려주고, 보여주고, 전달하는 일 등은 컴퓨터가 다 할 수 있습니다. 그런데 컴퓨터가 하지 못하는 일이 한 가지 있습니다. 그것이 무엇입니까? 가치판단입니다. 가치판단을 못 합니다. 뛰어난 지식과 정보와 경험이 컴퓨터에 차곡차곡 쌓여 있고 정리되어 있지만, 컴퓨터 스스로는 도덕적인 판단을 하지 못합니다. 그건 컴퓨터를 사용하는 우리가 해야 할 일입니다. 컴퓨터는 우리가 미리 입력해놓은 프로그래밍에 따라 움직일 뿐입니다. 컴퓨터가 스스로 알아서 선과 악을 구분하고, 의로운 것과 불의한 것을 구별하지는 못합니다.

"구부러진 것도 곧게 할 수 없고 모자란 것도 셀 수 없다"(전 1:15)는 말씀은 이런 맥락에서 살펴야 합니다. 본문의 전도자는 알고, 배우고, 익히고, 훈련받은 지식인입니다. 유능한 사람입니다. 유식한 사람입니다. 유익한 사람입니다. 하지만 그는 구부러진 것을 곧게 할 수는 없습니다. 없는 것은 셀 수 없습니다. 한 번 사라지고 만 생명체의 영을 육체에다가 다시 채워 넣을 수는 없습니다. 그 한계를 깨닫게 되었기에 소리치는 것입니다.

이제 우리는 삶의 목표를 수정해야 합니다. 알고, 배우고, 익히고, 쌓고, 출세하고, 높아지는 것만으로는 우리는 결코 행복한 삶을 이룰 수가 없습니다. 앎이 나쁘다는 것이 아닙니다. 앎만으로는 이룰 수 없는 것이 인생이라는 것입니다. 이성과 지성에 머무르는 삶만으로는 인본주의에 그치고 맙니다. 하나님 앞에서 인간 만세를 외치게 만듭니다. 그런데 거기에만 매달려 있으면 어떻게 되겠습니까? 전도서 1:17-18이 그것을 보여줍니다.

> 내가 다시 지혜를 알고자 하며 미친 것들과 미련한 것들을 알고자 하여 마음을 썼으나 이것도 바람을 잡으려는 것인 줄을 깨달았도다 지혜가 많으면 번뇌도 많으니 지식을 더하는 자는 근심을 더하느니라(전 1:17-18).

"지혜가 많으면 번뇌도 많으니 지식을 더하는 자는 근심을 더하느니라" (전 1:18). 사람의 지식으로는 번뇌만 많게 됩니다. 사람의 지혜로는 근심만 더하게 됩니다. 사람의 지혜와 지식으로는 모든 것을 다 제대로 이해할 수 없습니다. 아니, 이해하기보다는 오해를 낳을 때가 얼마나 많은지 모릅니다.

어느 전당대회에서 당 대표를 선출하는 과정에서 이런 말다툼이 있었다고 합니다. 두 분의 후보자 사이에 심한 말다툼이 있었습니다. 한 후보자가 상대방을 가리켜서 이렇게 비난하였습니다. "이 사람은 옆집의 개가 짖는다고 옆집 이웃을 고소한 사람입니다!" 그 말에 절로 수긍이 갔습니다. 어떻게 옆집의 개가 짖어 시끄럽게 한다고 옆집 이웃을 고발할 수 있겠습니까? 그럴 정도라면 국민과 소통할만한 자질이 없는 사람임이 분명합니다. 그렇게 생각하고 있는데, 그때 비난받은 상대방이 이렇게 대꾸하였습니다. "그 옆집이 개를 11마리나 기르고 있었습니다! 더구나 그때 우리 아이는 고등학교 3학년이었습니다!" 11마리나 되는 개가 짖어대니까 너무 시끄러워서 어쩔 수 없이 고발했다는 것입니다.

이해는 소통을 낳고, 오해는 고통을 낳습니다. 소통의 반대말은 불통이 아니라 고통입니다. 전도서 1:18이 바로 그것을 가르치고 있습니다. 잘못된 지식이 고통을 일으킵니다. 잘못된 지혜가 번뇌를 낳습니다. 쓸데없는 걱정이 근심과 번뇌를 쌓이게 합니다. 무엇을 알아야 하겠습니까? 어떻게 알아야 하겠습니까? 예수께서는 이렇게 말씀하십니다.

> 그러므로 예수께서 자기를 믿은 유대인들에게 이르시되 너희가 내 말에 거하면 참으로 내 제자가 되고 진리를 알지니 진리가 너희를 자유롭게 하리라(요 8:31-32).

여러분, 전도서 1:18과 요한복음 8:32가 정반대되는 소리를 내고 있습니다. 전도서 1:18은 "지혜가 많으면 번뇌도 많고 지식을 구하는 자는 근심도 구한다"고 했는데 요한복음 8:32는 "진리를 알지니 진리가 너희를 자유롭게 하리라"고 말합니다. 정반대입니다. 왜 이런 일이 벌어집니까?

지식·지혜와 진리는 서로 다른 것이기 때문입니다. 지식은 사람 머리에 쌓인 것입니다. 지혜는 사람 경험에 쌓인 것입니다. 진리는 사람이 쌓는 것이 아닙니다. 진리는 사람에게 주어지는 은총입니다. 지식은 현상을 설명하지만, 진리는 본질을 붙들게 합니다. 헛된 지식에 매달릴 때 우리 삶은 허무한 데 이르고 맙니다. 쓸데없는 지혜가 우리를 근심에 쌓이게 합니다. 그러나 진리를 알면, 진리가 우리를 자유롭게 해줍니다. 무엇이 진리입니까? 예수 그리스도입니다. "너희가 내 말에 거하면 참으로 내 제자가 되고"라고 하지 않으셨습니까?

현상이 아닌 본질을 붙들어야 합니다. 그림자가 아닌 실체를 깨달아야 합니다. 해 아래 세상이 아닌 해 위에 계시는 하나님을, 해를 다스리시는 하나님을, 경외해야 합니다. 현상에서 본질로 가게 돕는 사다리가 바로 예수 그리스도입니다. 우리가 예수 그리스도 안에 있을 때 우리는 비로소 자유인이 됩니다. 예수 그리스도가 우리 안에 있을 때 우리는 하나님의 지혜에 붙들리게 됩니다. 하나님의 지혜는 앎으로 터득하는 대상이 아닙니다. 우리는 믿음으로 하나님의 지혜에 붙들리게 됩니다. 그 지혜에 붙들리게 될 때 만물을 보는 눈이 달라집니다.

> 깊도다 하나님의 지혜와 지식의 풍성함이여, 그의 판단은 헤아리지 못할 것이며 그의 길은 찾지 못할 것이로다 … 이는 만물이 주에게서 나오고 주로 말미암고 주에게로 돌아감이라 그에게 영광이 세세에 있을지어다 아멘(롬 11:33, 36).

예를 하나 더 들어봅니다. 전도자는 강물을 보면서 늘 바다로 흘러가지만 한 번도 바다를 채우지 못하는 덧없는 사물이라고 평하였습니다. 그런 강물을 시편 46:4는 전혀 다르게 보았습니다.

한 시내가 있어 나뉘어 흘러 하나님의 성 곧 지존하신 이의 성소를 기쁘게 하도다(시 46:4).

아! 시인에게 강은 하나님의 성소를 기쁘게 하는 대상입니다. 덧없는 대상이 아니라 아주 소중한 피조물입니다. 왜 이런 차이가 생겼습니까? 왜 전도자와 시인은 다 같은 사람이면서도 그 입에서 나오는 말은 이처럼 차이가 납니까? 어째서 이런 차이가 생겨났습니까?

전도자가 본 세상이 "해 아래에"(전 1:3) 있는 세상이기 때문입니다. "해 아래"(under the sun) 세상에만 집착하고 만다면 인생은 무너지고 맙니다. "해 위에"(above the sun) 하나님이 계신다는 것을 깨달을 때 우리 눈에 비친 세상살이의 풍경은 전혀 다르게 됩니다. 눈으로만 보기에는, 이성으로만 관찰하기에는, 해 아래에서는 결코 새로울 것이 없습니다. 그러나 내 안에 영성이 있다면, 내 안에 주님의 사랑이 있다면, 내 안에 주님의 은혜가 있다면, 세상은 전혀 다른 모습으로 우리에게 다가옵니다.

미국 오하이오(Ohio) 주 라이트주립대(Wright State University) 음대교수인 한국인 지휘자 차인홍 교수에 대한 이야기를 들었습니다.[11] 그는 휠체어를 탄 지휘자입니다. 바이올린 교수 겸 오케스트라 지휘자입니다. 그의 고향은 대전입니다. 그는 1958년생입니다. 날 때부터 소아마비가 되어 두 발로 걸을 수가 없었습니다. 9살 때 학교 대신 기독교재활원에 들어갔습니다. 24살 될 때까지 초등학교 외에는 학교에 다녀보지 못했습니다. 그것이 그를 좌절의 늪으로 이끌어갔습니다. 하지만 그 재활원에서 바이올린을 가르쳐주신 선생님을 만났습니다. 어둠의 감옥 속에 있었던 자기를 찾아오신 예수 그리스도를 만나게 됩니다. 가파른 인생길을 가고 있을 때 아내가 된 여자를 만났습니다. 아내의 사랑으로 육체적인 장애, 마음의 장애를 극복하게 되었습니다. 힘겨운 유학길에 올라 바이올리니스트가 되었습니다. 2000년 4월, 83:1의 경쟁을 뚫고 음대교수가 되었습니다. 그는 지금 예수 그리스도와의 만남이 자기 삶을 역전시켰다고 고백합니다. 주님과 만날 수 있었기에 역전하는 인생을 지휘할 수 있는 오늘의 자기가 되었다고 간증하고 있습니다.

그렇습니다. 해와 바람과 강을 만드신 하나님이, 십자가의 사랑으로 우리에게 오신 예수 그리스도가 우리 인생을 새롭게 하십니다. 성령 하나님이 우리 삶을 새롭게 하십니다(엡 4:24). 내 안에 주님이 계셔야 합니다. 내 안에 하나님의 영이 계셔야 합니다(겔 36:26). 내 안에 예수 그리스도가 계실 때에 우리가 바라보는 세상은, 우리가 관찰하는 만물은 덧없는 자연 현상이 아니라, 하나님의 솜씨를 마음껏 감상하게 하는 무대가 됩니다. 그것을 사도 요한이 이렇게 말하지 않았습니까!

보좌에 앉으신 이가 이르시되 보라 내가 만물을 새롭게 하노라…(계 21:5).

내 안에 주님이 계실 때, 주님이 만물을 "새롭게" 하십니다. 그렇습니다. 지성이 아니라 영성이 해답입니다. 전도서 1장의 교훈이 여기에 있습니다. 내가 해 아래 세상에만 매달려 있으면, 내 삶에 이익만 쌓여 있다면, 내 안에 지식만 쌓여 있다면, 내 안에 사람의 지혜만 가득하다면, 내 삶이 세상만 따라간다면, 아무리 신앙인으로 살았다고 하더라도, 내 인생 결산서에는 남는 것이 없습니다. 허무한 것, 허망한 것, 허탄한 것만 남습니다. 하지만 내가 붙드는 지성이 아니라 나를 붙잡아주는 영성은 우리를 전혀 다른 새로운 세계로 인도합니다. 거듭남의 비밀이 여기에 있습니다. 한평생 성경학자로 살았던 사도 바울이 예수 그리스도를 만나고 난 뒤에 이렇게 고백하지 않았습니까! "누구든지 그리스도 안에 있으면 새로운 피조물이라 이전 것은 지나갔으니 보라 새 것이 되었도다"(고후 5:17).

만물이 새롭게 보이는 비결이 여기에 있습니다. 인생을 보람차게 살아가는 비결이 여기에 있습니다. 해 아래 세상 안에서만 살아가지 마십시오. 세상의 가치만 따라가지 마십시오. 세상의 사람들이 가는 길로만 가지 마십시오. 영원한 생명을 위해서 살아야 합니다. 해 아래 세상만 보지 마십시오. 세상 중심으로 살지 말고 하나님 중심으로 살아가십시오. 그때 우리 인생은 비로소 새로운 의미로 채워집니다. 우리가 변하여 새 사람이 되면 세상은 날마다 새로운 무대가 됩니다. 거기에서 우리 인생은 날마다 찬란한 은총을 살아가는 하나님의 작품이 됩니다. 주여, 우리로 주님의 은총 안에서 살아가는 인생을 펼치게 하소서!

---

1) Carlo M. Cipolla, *Clocks and Culture*, 최파일 옮김, 『시계와 문명』 (서울: 미지북스, 2013).
2) Stephan de Jong, "God in the Book of Qohelet: A Reappraisal of Qohelet's Place in Old Testament Theology," *VT* 47/2 (1997), 154-167.
3) 배정훈, "전도서에 나타난 잠정적인 지혜", 『구약논단』 42(2011), 10-32.
4) Martin A. Shields, *The End of Wisdom: A Reappraisal of the Historical and Canonical Function of Ecclesiastes* (Winona Lake, Indiana: Eisenbrauns, 2006), 112. *BDB*, 210b-211a; 홍성혁, "전도서 속에 나타난 '헤벨'의 아이러니와 그 수사적 기능", 『구약논단』 42 (2011), 33-56.
5) 신 32:21; 왕하 17:15; 시 31:7; 57:13; 렘 2:5; 8:19; 10:8, 15; 14:22; 16:19; 51:18; 욘 2:8; 슥 10:2.
6) C. L. Seow, *Ecclesiastes* (AB 18C; New York: Doubleday, 1997), 105.
7) J. Gerald Janzen, "Qohelet on life 'under the sun'" *CBQ* 70/3(2008), 465-483; Michael V. Fox, *A Time to Tear Down and a Time to Build Up: A Rereading of Ecclesiates* (Grand Rapids: Eerdmans, 1999), 333-350.
8) Erik P. Verlinde, "On the Origin of Gravity and the Laws of Newton," blog.naver.com/PostView.nhn?
9) J. L. Crenshaw, *Ecclesiastes*(OTL; Philadelphia: Westminster, 1987), 63에서 중인.
10) 전 1:3, 9, 14; 2:17, 18, 19, 20, 22; 3:16; 4:1, 3, 7, 15; 5:13, 18; 6:1, 12; 8:9, 15[x2], 17; 9:3, 6, 9[x2], 11, 13; 10:5.
11) m.cafe.daum.net/JDPhoto/M6Br

전 도 서 강 해 설 교

03

"나만을 위한 인생이었기에"

본문 전도서 2:1-26   요절 전도서 2:1-11

　노자(老子)의 『도덕경』(道德經)은 동양 삼국(한국, 중국, 일본)의 마음 바탕에 있는 형이상학에 관한 고전입니다. 『도덕경』이라는 명칭 때문에 도덕이나 윤리를 가르치는 한문 경전이라고 착각하지만, 『도덕경』은 도(道)와 덕(德)에 대해서 가르치는 동양고전입니다. 그 『도덕경』 7장에 이런 말이 나옵니다.

　하늘과 땅은 영원하다.
　하늘과 땅이 영원한 까닭은
　자기 스스로를 위해 살지 않기 때문이다.
　이것이 하늘과 땅이 영원할 수 있는 비결이다.[1]

하늘과 땅은 영원합니다. 자기 스스로를 위해서 존재하지 않기 때문입니다. "천장지구"(天長地久)! 하늘 천(天), 길 장(長), 땅 지(地), 오랠 구(久). "하늘과 땅은 영원하다!"는 말은 사실 전도서 1:3에도 나옵니다. "사람들은 가고 오지만, 땅은 언제나 그대로이다"라고 말하지 않았습니까? 왜 땅은 언제나 그대로일까요? 도덕경의 말을 빌리면, 땅과 하늘은 스스로를 위해서 존재하지 않기 때문입니다.

하늘은 하늘을 위해서 존재하지 않습니다. 땅도 땅을 위해서 존재하지 않습니다. 하늘은 하늘 아래에서 살아가는 인생을 위해서 존재합니다. 땅도 땅 위에서 살아가는 인생을 위해서 존재합니다. 하늘과 땅의 이런 모습은 하늘 아래에서, 땅 위에서 살아가는 우리 인생들에게 무엇이 참된 인생인지를 일깨워줍니다. 참된 삶이란 자기중심적이지 않아야 한다는 것이지요. 나를 위해서 살지 않고 남을 위해서 사는 삶! 이기적인 삶이 아니라 이타적인 삶! 거기에 참된 삶이 지속되는 비결이 열린다는 것입니다. 좀 어려운 말로 "에고 너머의 삶"(living beyond ego)에 진정한 인생살이의 길이 열린다는 것입니다.[2] 그렇게 볼 때 "천장지구"라는 말은 성경적 인생관으로 향하는 디딤돌이 됩니다.

여러분은 지금 어떻게 살고 계십니까? 무엇을 위해서 살고 계십니까? 누구를 위해서 살고 계십니까? 예수 그리스도는 "예수 따르미"들에게 누구를 위해서 살아야 한다고 말씀하고 계십니까?

전도서 2장은 이런 문제의식에서 읽을 수 있습니다. 전도서 2장에는 나를 위해서 산 인생, 나만을 위해서 살아온 인생, 나를 만족시키기 위해서 땀 흘린 인생이 소개되고 있기 때문입니다. 나만을 위해서 살다가 "이것도 헛되다"고 소리치게 된 전도자의 고백이 전도서 2장을 시종일관 장식하고 있기 때문입니다.

전도자의 참회록(2:1)

전도서는 전도자의 참회록입니다. 전도서의 분위기는 인생 반성문입니다. 오랫동안 인생길을 걸어온 자가 지금까지 걸어온 삶의 여정을 돌이켜보는 회고록 같은 분위기가 전도서에 담겨 있습니다. 특히 전도서 2장이 그런 정서를 드러냅니다. 지금까지 살아온 인생길을 되돌아보는 회고담이 전도서 2장에 강하게 드러납니다.

전도서 2장을 묻고, 풀고, 새길 때 다음 세 구절에 주목해야 합니다. 전도자는 전도서 2장의 서두에서 이렇게 말합니다. "나는 내 마음에 이르기를 자, 내가 시험삼아 너를 즐겁게 하리니"(2:1)! 그리고 난 뒤 한 참 있다가 또 이렇게 말합니다. "내가 돌이켜 지혜와 망령됨과 어리석음을 보았나니"(2:12)! 그리고 또 마지막으로 이렇게 말합니다. "내가 해 아래에서 내가 한 모든 수고를 미워하였노니"(2:18)! "내가 시험삼아," "내가 돌이켜," "내가 미워하였노니." 이런 말들과 함께 전도서 2장은 전도자가 걸어온 발자취를 되새겨보고 있습니다. 그러니 '전도서는 모든 것이 헛되다고 가르치는 책이다'라고 단정하지 마십시오. 전도서는 전도자의 고백록이라는 시각에서 읽어야 합니다. 전도자가 털어놓은 인생회고담에서 하늘의 소리를 듣게 되는 깨달음이 있어야 합니다.

전도서 2장을 해석할 때 무엇보다 눈여겨보아야 할 구절은 2장의 첫 구절입니다.

나는 내 마음에 이르기를 자, 내가 시험삼아 너를 즐겁게 하리니 너는 낙을 누리라 하였으나 보라 이것도 헛되도다(전 2:1).

우선, "나는 내 마음에 이르기를"이라는 구절에 주목해보십시오. 전도서 2:1은 "나는 내 마음에 이르기를"이라는 말로 말문을 엽니다. "나는 혼자서 이런 생각도 해 보았다"(새번역)는 것입니다. 전도자가 스스로 혼자서 한 번 생각해보았다는 것입니다. 전도자가 자기 스스로에게 말걸기를 하였다는 것입니다. 이 구절은 이렇게도 직역할 수 있습니다. "내가 말하였다. 바로 내가. 내 마음속에다가"(사역).

전도서 2:1의 서두는 짤막한 소절인데도 "내가"라는 단어를 세 번씩이나 거듭 사용합니다. "내가, 바로 내가, 말하였다(아마르티 아니), 내 마음속에다가(벨립비)!" 자기가 자기 마음에다가 하는 말을 가리켜 무엇이라고 부릅니까? 고백이나 독백이지 않습니까!

전도서 2장에서 두드러지는 말투는 "나" 1인칭입니다. 물론 전도서 2장에서만 전도자의 말이 일인칭 "나"로 나오는 것은 아닙니다. 전도서에서는 전도자의 말이 삼인칭으로 소개되기도 하고, 일인칭으로 거론되기도 합니다. 그렇지만 전도서 2장에서는 전도자가 일인칭으로 하는 말이 두드러지게 나타납니다. 전도서 2장에서는 "내가"가 글말의 주인공입니다.

전도서 2장을 쭉 읽어보십시오. "내 마음"(1, 3, 10[x2], 15[x2], 20절), "내 육신"(3절), "내 사업"(4절), "내 지혜"(9절), "내 눈"(10절), "내 수고"(10, 11, 18절), "나를 위하여"(4, 6, 7절), "내가 시험삼아"(1절), "내가 어떻게 하여야"(3절), "내가 이같이"(9절), "내가 돌이켜"(12절), "내가 해 아래에서"(20절) 등 쉴 새 없이 "내가"가 이어지고 있습니다. 무슨 뜻입니까? 전도서 2장은 나만을 위해서 살아온 인생을 보여주고 있다는 것입니다. 나만을 위해서 살다 보니, 나만을 위해서 살아왔기에 뼈저리게 느끼게 된 인생살이의 허망함이 전도서 2장에는 여지없이 드러나고 있습니다. 그런 점에서 전도서 2:1은 전도자의 참회록을 들여다보는 창문입니다. 자신을 가리켜 '나'라고 소개하고 있는 사람이 과거 인생을 어떻게 살아왔는지를 들여다보게 하는 열쇠가 전도서 2:1에 담겨 있습니다.

이제 전도서 2:1의 "자, 내가 시험삼아"라는 구절을 살펴봅니다. 전도자가 혼자서 이런 생각을 해보았다는 것입니다. "자, 내가 시험삼아 너를 즐겁게 하리니!" 새번역은 이 구절을 이렇게 옮겼습니다. "내가 시험삼아 너를 즐겁게 할 것이니 너는 네 마음껏 즐겨라." 자기가 자기를 시험 삼아서 자신을 즐겁게 해보고자 했다는 것입니다. 시험 삼아서 인생을 즐기는 일에 나서보았다는 것입니다. 이 시도는 전도서 1장이 소개하였던 허무한 인생살이를 극복하기 위한 노력입니다. 어떻게 해야 헛된 세상살이를 제대로 극복할 수 있을까에 대한 해답으로 자기 인생을 시험해보는 시도에 나섰다는 것입니다. 인생살이를 한 번 즐겨봄으로 인생살이의 헛됨을 돌파해보고자 시도하였다는 것입니다. 헛된 인생살이를 극복하는 삶의 대안이 어떤 것인지를 시험해보았다는 것입니다.

여기에 나오는 "내가 시험삼아 너를"(아낫세카)이라는 표현을 지나쳐서는 안 됩니다. "내가 너를 시험삼아"(I will test you), 이 구절에서 "너"는 전도자 자신을 가리키는 인칭대명사입니다. 전도자가 혼자서 스스로에게 말을 걸고 있는 장면입니다. 자기가 자신을 가리켜 "너"라고 부릅니다. 이 말의 의미는 권유형입니다. 자기가 자기 마음을 달래는 형식입니다. 인간이 자기의 가능성을 검증해보겠다는 방식입니다. 인간살이의 문제가 코앞에 닥쳐 있는데, 그 문제를 극복하는 수단으로 인간의 가능성을 검증해보겠다는 형식입니다. 그래서 전도자가 자기 자신을 달래보는 것입니다. 내가 나를 시험해보리라는 것입니다.

전도서 2:1에 나오는 시험은 자기가 자기 자신을 대상으로 벌이는 시험입니다. "내가 시험삼아 너를 즐겁게 하리니!" 내가 나를 테스트해보겠다는 것입니다. 내가 나를 시험의 대상으로 삼겠다는 것입니다. 여기에 인생에 대한 전도자의 오해가 있습니다. 여러분, 어떻게 인생을 시험의 대상으로 삼을 수 있습니까? 어떻게 인생살이를 '아니면 말고' 식으로 실험해볼 수 있겠습니까?

지난 시간에도 말씀드렸습니다만 인생은 항상 생방송입니다. 인생은 녹화된 화면을 편집하고 재구성해서 내보내는 TV드라마와 같지 않습니다.

방송은 녹화방송도 있고, 재방송도 있지만, 인생살이에는 녹화방송도 없고 재방송도 없습니다. 인생은 항상 생방송입니다. 인생은 한 번 시험해볼 수 있는 대상이 결코 아닙니다. 인생은 한 살이입니다. 생명(生命)이란 "살라고"(生) 받은 "명령"(命) 아닙니까! 살라는 명령은 누가 내리신 것입니까? 하나님이 내리셨습니다. 창조주 하나님이 살아보라고 우리를 이 땅에 보내셨습니다. 그런데 그 삶의 기회는 단 한 번입니다. 그 한 번밖에 없는 인생을 어떻게 헤쳐나가야 하겠습니까?

시험은 해보다가 실패할 수도 있습니다. 해보다가 중단할 수도 있습니다. 해보다가 '아니면 말고' 식으로 포기할 수도 있습니다. 그러나 인생은 결코 해보다 말 수 있는 시험대상이 아닙니다. 인생살이는 해보다가 중단하거나, 포기해버려도 되는 시험대상이 아닙니다. 어떻게 태어난 인생인데, 함부로 시험 삼아서 살아보겠다고 말할 수가 있습니까?

살아가기는 쉽지 않습니다. "생"(生)이라는 글자가 소(牛)가 외줄(一)을 타는 모양새라는 지적은 그래서 나왔습니다. 인생살이를 시험, 실험, 경험의 대상으로 삼아서는 안 됩니다. 하나님 없는 인생살이라면, 아무리 시험하고 실험하고 경험해도 그 인생살이는 후회만 남길 뿐이라는 것을 기억하십시오. 내가 지금 당하는 인생문제의 해답을 나에게서 찾지 마십시오. 인생살이의 어려움은 생명의 주인 되시는 하나님을 찾게 하는 디딤돌이 된다는 것을 잊지 마십시오. 그 진리를 사도 바울이 이렇게 전합니다.

> 우리가 이 보배를 질그릇에 가졌으니 이는 심히 큰 능력은 하나님께 있고 우리에게 있지 아니함을 알게 하려 함이라 우리가 사방으로 우겨쌈을 당하여도 싸이지 아니하며 답답한 일을 당하여도 낙심하지 아니하며 박해를 받아도 버린바 되지 아니하며 거꾸러뜨림을 당하여도 망하지 아니하고 우리가 항상 예수의 죽음을 몸에 짊어짐은 예수의 생명이 또한 우리 몸에 나타나게 하려 함이라(고후 4:7-10).

우리 인생은 질그릇에 불과합니다. 인생살이, 세상살이의 도전을 이기는 능력은 하나님에게서 나는 것이지 질그릇에 지나지 않는 우리 인생에 있지 않습니다. 세상살이를 이겨보겠다고 내가 나를 의지하는 시험에 나서지 마십시오. "수고하고 무거운 짐 진 자들아 다 내게로 오라 내가 너희를 쉬게 하리라"(전 11:28)라고 우리 주님께서 말씀하시지 않았습니까! 그러니 이렇게 기도하셔야 합니다. 주여! 우리가 지금 당하는 인생의 걸림돌이 주님을 만나는 디딤돌이 되게 하소서!

어떻게 살고자 했기에(2:2-10)

전도서는 참회록입니다. 전도서는 고백록입니다. 전도서는 반성문입니다. 어떻게 살고자 했기에 마지막에 남는 것은 후회뿐이었다고 고백하게 되었을까요? 전도서 2:1을 다시 한 번 읽어봅니다.

> 나는 내 마음에 이르기를 자, 내가 시험삼아 너를 즐겁게 하리니 너는 낙을 누리라 하였으나 보라 이것도 헛되도다(전 2:1).

전도자가 지금 무슨 독백을 하고 있습니까? 시험 삼아서 인생의 즐거움을 경험해보려고 시도해보았다는 것입니다. 즐겁게 사는 인생을 시도해보았다는 것입니다! 즐거움에 빠져보는 인생을 시도해보았다는 것입니다. 헛됨을 극복하는 대안으로 즐거움에 빠져보는 인생살이를 한 번 시험해보았다는 것입니다. 즐겁게 사는 인생이 어떤 것이었는지를 테스트해보았다는 것입니다. 낙(樂)을 추구하는 인생을 살아보고자 했다는 것입니다.

그런데 이 구절의 세미한 의미를 붙들기 위해서는 본문을 직역해보아야 합니다. 이 구절은 이렇게도 읽을 수 있습니다.

> 내가 내 자신에게 말하였다. "내가 너를 즐거움에 빠지게 해볼 것이다. 그러니 행복에 빠져 지내보아라." 그러나 이것도 헛되다(전 2:1, 사역).

어디에 주목해야 합니까? "빠진다"는 말에 주목해야 합니다. 우리말 성경, "내가 시험삼아 너를 즐겁게 하리니 너는 낙을 누리라 하였으나"(개역개정)나, "내가 시험삼아 너를 즐겁게 할 것이니 너는 네 마음껏 즐겨라"(새번역)는 모두 원문이 묘사하려는 세미한 장면을 놓치고 있습니다. 히브리어 원문(2:1a)에서 주목하게 되는 단어는 "…안에"(베)라는 전치사입니다. "즐거움에"(베심하), "행복에"(베토브)이기보다는 "즐거움 안에", "행복 안에"입니다. 즐거움에, 쾌락에 빠지는 것을 시험해보겠다는 소리입니다.

여러분은 지금 어디에 빠져 사십니까? 일에 빠져 있습니까? 돈에 빠져 있습니까? 운동에 빠져 있습니까? 놀이에 빠져 있습니까? 요즈음 청소년들은 온통 컴퓨터 게임, 인터넷 게임에 빠져있습니다. 청소년들만 그러는 것은 아닙니다. 지하철을 타고 가다 보면 수없이 많은 승객들이 스마트폰에 열중하는 모습을 어렵지 않게 볼 수 있습니다. 마치 사회가 온통 스마트폰에 빠져 있는 듯 서울 지하철의 풍속도는 완전히 인터넷 천지가 되었습니다.

오늘 전도서 2:1의 고백이 가슴 아리게 다가오는 것도 전도자가 즐거움에 빠져보는 삶에 나서보겠다고 소리치기 때문입니다. 행복에 빠져보는 경험을 해보겠다고 소리치기 때문입니다. 헛된 삶을 극복하는 처방으로 쾌락에 빠지는 인생을 실험해보고자 했다는 것입니다. 그러니까 전도서 2:2-10은 이런 의도에서 전도자가 시도해본 인생실험입니다.

전도자가 무슨 실험을 해보았습니까? 전도자가 빠져보리라고 소리쳐본 즐거움은 어떤 것입니까? 전도서 2:2는 그것을 이렇게 전합니다.

> 내가 웃음에 관하여 말하여 이르기를 그것은 미친 것이라 하였고 희락에 대하여 이르기를 이것이 무슨 소용이 있는가 하였노라(전 2:2).

전도자는 즐거운 인생살이의 수단으로 무엇보다도 먼저 "웃음"(세호크)에 빠져보고자 했습니다(전 2:2a). 그런데 전도서 2:2a가 말하는 "웃음"은 그냥 "웃음"이 아닙니다. '웃는 짓, 웃게 하는 짓'으로 보아야 합니다. 히브리어 "세호크'에 조롱소리, 비웃음, 농담이란 뜻이 있다는 것도 우연이 아닙니다.

웃으며 사는 일이 잘못된 것은 아닙니다. 문제는 어떻게 해서 얻은 웃음이냐는 데 있습니다. 무엇이 우리 삶에 웃음을 가져다줍니까? 무엇이 우리 삶에 쾌락을 가져다줍니까? 무엇이 우리 삶에 즐거움을 가져다줍니까? 무엇이 우리를 기쁘게, 유쾌하게 만드는 겁니까?

어느 모임에 참석했다가 이런 이야기를 들었습니다. 매 주일 예배에 출석하는 부부 이야기입니다. 어느 주일에 남편이 교회를 가지 못했습니다. 그런데 주일예배를 다녀온 아내가 남편 뒤를 졸졸 따라다니면서 마주칠 때마다 이렇게 말했습니다. "여보, 당신을 사랑합니다." 남편 되는 사람이 처음에는 그 소리를 듣고 좋았답니다. 그런데 주일 오후 내내 아내 되는 사람이 남편 뒤를 졸졸 따라다니면서 마주치기만 하면 "사랑합니다, 사랑합니다"라고 하니까 이상한 생각이 들었습니다. 그래서 남편이 아내에게 물어보았습니다. "아니, 주일예배 설교시간에 목사님께서 뭐라고 말씀하셨기에 당신이 이렇게 변했나?" 하지만 아내는 그 말에 아무런 대꾸도 하지 않았습니다.

그 남편은 자기 아내가 뜬금없이 자기를 보기만 하면 사랑한다고 고백하는 이유가 무엇인지 몹시 궁금하였습니다. 그래서 그다음 주일 어느 때보다도 일찍 교회에 갔습니다. 그리고 목사님을 보자마자 목사님께 이렇게 물어보았습니다. "목사님 지난 주일에 교인들에게 뭐라고 설교하셨기에, 저희 집사람이 저를 졸졸 따라다니면서 저만 보면 '여보 당신을 사랑합니다. 사랑합니다'라고 고백하게 되었습니까?" 그 말을 들은 목사님이 고개를 갸우뚱하면서 이렇게 말합니다. "글쎄요. 지난 주일에 제가 원수를 사랑하라고 설교하였는데요!"

　웃는 것이 잘못된 것은 아닙니다. 그러나 웃음을 좇아 사는 삶이 인생의 해답은 아닙니다. 그래서 전도자가 소리칩니다. 즐거움에 매달려 사는 웃음이란 "미친 것"(메홀랄, 2절)이라는 것입니다. "어리석은 짓"(메홀랄)이라는 것입니다. 웃음을 좇는 인생경험이 인생의 허무함을 극복하는 해답은 되지 못합니다. 웃기는 짓으로 얻는 즐거움이란 찰나에 불과하다는 것입니다. 그래서 전도자가 스스로 고백합니다. "알고 보니 웃는 것은 '미친 짓'이고, 즐거움은 '쓸데없는 것'이다"(새번역)!

　여기에서 전도서 2:2가 특히 "웃음"을 가리켜 "그것은 미친 것이다"(메홀랄)라고 평가하고 있는 것을 눈여겨보아야 합니다. "웃는 짓"을 가리켜서 한 마디로 "어리석은 짓"(it is mad, 메홀랄)이라고 잘라 말하고 있습니다. 주목하실 것은 히브리어 "메홀랄"의 뿌리말인 "할랄"이 하나님을 찬양하다는 말의 어근도 된다는 사실입니다. 똑같은 히브리어 철자가 그 형태를 달리해서 "야훼를 찬양하다"(할렐루-야, 피엘형)라는 말로도 쓰이고 "어리석음을 나타내 보이다"(메홀랄, 포알형)라는 말로도 쓰인다는 것입니다. 철자는 같지만 글자의 형식이 다르기에 그 뜻이 정반대가 되어버렸습니다. 무슨 소리입니까? 하나님을 찬양하는 데 사용되던 말이 오히려 하나님을 조롱하는 수치스런 말로 변질되고 말았다는 지적입니다. 한 입술에서 서로 다른 두 종류의 말이 튀어나오고 있다는 것입니다. 그것이 바로 웃음의 문제입니다. 쓸데없이 웃다 보면 하나님께 영광을 돌리는 말이 자신의 어리석음을 드러내는 말로 전락되어 버릴 수 있다는 것입니다. 전도자가 웃음에 관하여 말할 때 그것은 "수치스런 것"이라고 중얼거리는 까닭이 여기에 있습니다.

　이어지는 전도서 2:3-10은 전도자가 쾌락을 얻고자, 그래서 행복해지고자 시도했던 또 다른 경험 리스트입니다. 그가 즐거움을 얻고자, 행복을 얻고자 시도한 경험들이 무엇입니까? 웃음 다음에 그가 빠지고자 했던 경험은 술에 빠져 시간을 보내는 삶이었습니다.

> 내가 내 마음으로 깊이 생각하기를 내가 어떻게 하여야 내 마음을 지혜로 다스리면서 술로 내 육신을 즐겁게 할까 또 내가 어떻게 하여야 천하의 인생들이 그들의 인생을 살아가는 동안 어떤 것이 선한 일인지를 알아볼 때까지 내 어리석음을 꼭 붙잡아 둘까 하여(전 2:3).

어떻게 살아야 짧은 한평생을 즐겁게 살 수 있겠습니까? 전도자가 즐겁게 살기 위해서, 기쁘게 살기 위해서, 쾌락을 얻고자 기울였던 노력은 술로 자기 육신을 즐겁게 달래는 삶이었습니다. 그런데 그것이 참으로 어리석은 짓이었다는 것을 깨닫는 데에는 시간이 그리 오래 걸리지 않았습니다. 그래서 전도자는 또 다른 새로운 경험에 도전합니다. 그것이 바로 일에 빠져 사는 인생이었습니다.

> 나의 사업을 크게 하였노라 내가 나를 위하여 집들을 짓고 포도원을 일구며 여러 동산과 과원을 만들고 그 가운데에 각종 과목을 심었으며 나를 위하여 수목을 기르는 삼림에 물을 주기 위하여 못들을 팠으며 남녀 노비들을 사기도 하였고 나를 위하여 집에서 종들을 낳기도 하였으며 나보다 먼저 예루살렘에 있던 모든 자들보다도 내가 소와 양 떼의 소유를 더 많이 가졌으며 은 금과 왕들이 소유한 보배와 여러 지방의 보배를 나를 위하여 쌓고 또 노래하는 남녀들과 인생들이 기뻐하는 처첩들을 많이 두었노라(전 2:4-8).

전도자가 "술 마시며 즐겨보았지만, 이것도 헛된 일이다, 이것도 어리석은 일이다"라는 것을 깨달은 다음에 시도해본 도전은 사업입니다. 비즈니스입니다. 전도서 2:4-8이 그것을 말합니다. "나의 사업을 크게 하였노라." 사업을 넓히는 일이었습니다. 집을 짓고, 포도원을 짓고, 동산을 짓고, 과원을 짓고, 과목을 심고, 남녀노비를 사고, 종들도 낳고, 소와 양떼 소유를 많이 늘려가는 방식으로 사업에 '올인'해본 것입니다. 요즈음 식으로 말하면, 전도자는 바로 '워커홀릭'(workaholic)에 빠졌었습니다. 일에 매여 사는 사람, 사업에 매여 사는 사람이 되었다는 것입니다! 그 결과 전도자의 삶이 어떻게 되었습니까? 전도서 2:9-10이 그것을 전합니다.

> 내가 이같이 창성하여 나보다 먼저 예루살렘에 있던 모든 자들보다 더 창성하니 내 지혜도 내게 여전하도다 무엇이든지 내 눈이 원하는 것을 내가 금하지 아니하며 무엇이든지 내 마음이 즐거워하는 것을 내가 막지 아니하였으니 이는 나의 모든 수고를 내 마음이 기뻐하였음이라 이것이 나의 모든 수고로 말미암아 얻은 몫이로다(전 2:9-10).

전도자는 그 누구보다도 큰 세력을 얻었습니다. 더 큰 부자가 되었습니다. 더 큰 명성을 얻었습니다. 더 높은 지위를 누렸습니다. 전도자는 당시 자기가 살던 세상에서는 그 누구보다도 출세한 사람이 되었습니다. 그 결과 그는 무엇이든 누리고 싶은 낙은 다 누릴 수가 있었습니다.

지금까지 살펴본 전도서 2:2-10을 곰곰이 새겨보면 전도자가 체험해보려고 했던 인생의 즐거움이 무엇인지를 짐작할 수 있습니다. 본문에 의하면 "나"라고 하는 사람은 유쾌·상쾌·호쾌해지고자 일부러 웃음에도 빠지고(2절), 술에도 빠지고(3절), 사업에도 빠지고(4-6절), 재물에도 빠지고(7-8a절), 여인들에게도 빠져보았습니다(8b절). 그 결과 세상에서 아주 돋보이는 세력가가 되었습니다(9-10절).

본문이 전하는 전도자의 경험에는 어떤 흐름이 있습니다. 한 번의 시도가 마음에 차지 않자 그다음 시도로 넘어가는데, 그 경험의 깊이가 조금씩, 조금씩 더 강해지는 것을 알아챌 수 있습니다. 그런데 2절, 3절에서 10절에 이르는 동안 전도자의 생각이 점점 더 나쁜 쪽으로 발전하고 있는 것도 눈치채야 합니다. 그 결과가 무엇입니까?

그 후에 내가 생각해 본즉 내 손으로 한 모든 일과 내가 수고한 모든 것이 다 헛되어 바람을 잡는 것이며 해 아래에서 무익한 것이로다(전 2:11).

이런 이야기를 들었습니다. 33년 동안 공직에 매여 살던 어느 남자가 은퇴한 뒤 겪은 마음고생입니다. 그 남자는 그야말로 일에만 매달려 살았습니다. 공직에 있었기에 자기 삶의 모든 시간을 공적인 일에 쏟아부어야만 했습니다. 그리고 나서 어느 날 은퇴하였습니다. 집으로 돌아가서는 아내와 아이들을 뒷바라지하면서 그전에 하지 못했던 가정생활에 충실해보겠다고 생각했습니다. 그런데 막상 은퇴하고 보니 가정은 그런 그를 반기지 않았습니다. 자녀들을 잘 키우고 교육해서 결혼시켰지만, 그러다 보니 자녀들은 이미 미국으로, 일본으로 나가서 살고 있고, 집에는 두 내외만 달랑 남았습니다. 이름 하여 '삼식이!' 신세가 되어버린 것입니다. 옛날에는 일 마치고 돌아오면 "오셨어요" 하며 마중해주던 아내가 이제는 "알아서 밥 차려 먹어요" 하면서 외출해버립니다. 그러기에 그의 입에서 이런 노래가 자주 오르내린다는 것이었습니다. "인생, 그 쓸쓸함에 대하여!" 전도서 2:11은 그처럼 쓸쓸함만 남은 전도자의 인생 뒤안길을 보여주고 있습니다.

나만을 위한 인생이었기에(2:11)

전도자의 인생이 왜 그렇게 허무하게 되었습니까? 한 마디로 나만을 위해서 살았기 때문입니다. 내 즐거움만을 위해서 살았기 때문입니다. 자기 행복만을 좇아서 살았기 때문입니다.

여기에서 전도서 2:1이 말하던 즐거움을 찾는 인생이 어떤 것인지를 다시 확인해야 합니다. 전도자가 찾고자 했던 즐거움은 단순한 즐거움, 기쁨, 행복이 아닙니다. 본문이 말하는 즐거움(심하)이나 낙(토브)은 건강한 기쁨이기보다는 쾌락(快樂)입니다. 쾌할 쾌(快), 즐길 락(樂)! 쾌락에 빠져보고자 했다는 것입니다. 웃어보고자 했던 것도, 술에 빠져보고자 했던 것도, 사업에 몰두해보고자 했던 것도, 은금을 쌓아두면서 처첩들을 거느려보고자 했던 것도 다 쾌락을 좇고자 해서 벌였던 일들입니다. 쾌락을 누리는 일이라면 안 해본 것이 없었다는 소리입니다. 욕망을 채우는 삶을 살아왔다는 것입니다. 그런데 그렇게 살아보았던 결과가 무엇입니까? 그가 고백합니다.

> 그 후에 내가 생각해본즉 내 손으로 한 모든 일과 내가 수고한 모든 것이 다 헛되어 바람을 잡는 것이며 해 아래에서 무익한 것이로다(전 2:11).

"그 후에 내가 생각해본즉!" 무슨 뜻입니까? 욕망을 좇아가기를 그만두고 멈춰 서서 자신을 바라보았다는 뜻입니다. 그랬더니 무엇을 발견했습니까? 채우고자 했지만 채우지 못했다는 것입니다. 좇고자 했지만 붙잡지 못했다는 것입니다. 그래서 그가 하는 말입니다. "내 손으로 한 모든 일과 내가 수고한 모든 것이 다 헛되어 바람을 잡는 것이었다!" 쾌락에 빠지는 삶을 경험해보았지만, 자기 손으로 성취한 모든 일과 이루려고 애쓴 수고를 돌이켜보니 세상 모든 것은 결국 헛되고 바람을 잡으려는 것과 같고 아무런 보람이 없는 것이었다는 것입니다. 전도자의 이 고백에서 전도서 2:1-11은 전도자의 참회록인 것이 확인됩니다. 전도서 2:1-11의 처음(2, 3절)과 나중(11절)에 쾌락을 추구하는 삶이란 바람을 잡는 것과 같이 헛되다고 말하고 있습니다.

여기에 전도서 2장이 말하려는 가르침이 있습니다. 나만을 위해서 살아온 삶은 무익합니다. 욕망을 채우기 위해서 살아온 삶은 바람을 잡으려는 것과 같습니다. 전도서 2:11은 진정 보람 있는 삶이란 나만을 위해서 애쓰는 삶이 아니라는 것을 보여줍니다. 그렇다면 도대체 어떻게 살아야 합니까? 우리는 전도서 2:11이 토로하는 헛되다는 탄식을 복음을 듣게 되는 토대로 삼아야 합니다. 그럴 때 전도자가 토로하는 허무함은 우리를 복음의 진리 앞으로 인도하는 관문이 됩니다. 자기를 비우지 못했기에 무익한 삶을 살고야 말았다면, 보람 있는 삶을 이루기 위해서는 자기를 비우는 길을 걸어야 된다는 것입니다. 자기를 부정함으로 참된 삶을 누릴 수 있습니다. 예수님께서 제자들을 부르실 때 하신 말씀이 무엇입니까?

> 누구든지 나를 따라오려거든 자기를 부인하고 자기 십자가를 지고 나를 따를 것이니라 누구든지 제 목숨을 구원하고자 하면 잃을 것이요 누구든지 나를 위하여 제 목숨을 잃으면 찾으리라(마 16:24-25).

전도서 2장 강해를 시작하면서 서두에서 밝힌 "천장지구"(天長地久)의 가르침도 이 진리를 더불어 확인합니다. 자신을 비움으로서 사람은 비로소 자기 인생을 성취할 수 있다고 가르칩니다.

> 성인도 마찬가지,
> 자기를 앞세우지 않기에 앞서게 되고,
> 자기를 버리기에 자기를 보존합니다.
> 나를 비우는 것이
> 진정으로 나를 완성하는 것 아니겠습니까?[3]

하늘과 땅이 영원히 그 자리에 있는 것은 스스로를 위해서 존재하지 않는 이치에 있다고 말씀드렸던 것을 기억하십시오. 이 이치를 인생살이에서도 품어야 합니다. 이 이치를 예수 그리스도의 복음에서 되새겨야 합니다. 참된 삶이란 무엇입니까? 자기를 버리기에 자기를 보존하는 삶입니다. 나를 비움으로 나를 완성하는 삶입니다. 십자가를 지고자 자기를 내려놓는 삶입니다. 거기에 진정 허무하고 허망한 삶을 극복하는 길이 열립니다. 사도 바울도 그런 삶을 살았습니다.

> 나는 팔일 만에 할례를 받고 이스라엘 족속이요 베냐민 지파요 히브리인이요

율법으로는 바리새인이요 열심으로는 교회를 박해하고 율법의 의로는 흠이 없는 자라 그러나 무엇이든지 내게 유익하던 것을 내가 그리스도를 위하여 다 해로 여길뿐더러(빌 3:5-7).

"내게 유익하던 것을 내가 그리스도를 위하여 다 해로 여겼다!" 사도 바울은 출신 배경에서 대단한 사람이었습니다. 유대인이자 로마 시민이었습니다. 바리새인이었습니다. 성경학자이었습니다. 율법을 지키고자 최선을 다했던 사람이었습니다. 성경말씀에 대해서 정통했던 학자이었습니다. 그가 예수 그리스도를 만나기 전에는 교회를 박해하는 일에도 열심이었던 종교인이었습니다. 그러니까 사도 바울은 족보로 따지든, 배경으로 따지든, 교육으로 따지든, 출신 성분으로 따지든 완전한 사람이었습니다. 그랬던 그가 예수 그리스도를 만난 이후에는 어떻게 변했습니까? 그는 이렇게 고백합니다. "내게 유익하던 것을 내가 그리스도를 위하여 다 해로 여겼습니다!"

여기에 나오는 "해"라는 말은 배설물이라는 뜻입니다. 내게 유익하다고 생각하는 모든 것을 예수 그리스도를 위하여 배설물로 여겼다는 것입니다. 자기를 부정함으로, 자기를 비움으로, 자기를 버림으로 자기를 완성하는 삶을 살았다는 것입니다. 나를 위한 삶에서 그리스도 예수를 위한 삶으로 삶의 방향이 조종될 때에 비로소 인생살이는 새로운 의미를 얻을 수 있다는 것입니다. 전도서 2:1-11의 참회록이 깨우쳐 주려는 가르침이 여기에 있습니다.

기억하십시오. 나를 위해 기뻐하고, 나의 쾌락을 위해 땀 흘리고, 나의 즐거움 위해서 애쓰고, 내 업적을 위해 사업을 하던 그 인생에서 예수 그리스도를 위한 삶으로, 하나님 나라를 위한 헌신으로, 하늘의 이치를 닮아가는 순종으로 삶의 축이 옮겨 가는 순간, 인생은 진정 새로워짐의 은혜를 얻을 수가 있습니다.

인생에서 중요한 것은 방향입니다. 속도보다 방향입니다. 그러므로 다짐하십시다. 크리스천은 어떤 사람입니까? 어떻게 살아야 크리스천이 됩니까? 나를 위한 삶이 아니라, 이웃을 위한 삶을 계획하십시오. 내게 필요한 삶이 아니라 나를 필요로 한 삶을 실천하십시오. 주 예수 그리스도를 위해서 나를 내려놓을 줄을 아는 삶을 살게 될 때에 아쉬움보다는 보람을, 후회보다는 감사를, 안타까움보다는 찬양을 드높이는 하나님의 사람들이 될 것입니다.

나를 위하여가 아닙니다, 너를 위하여! 나를 위하여가 아닙니다, 예수 그리스도를 위하여! 나를 위하여가 아닙니다, 주님의 나라를 위하여! 그렇게 할 때 전도서 2장의 참회록은 우리를 참된 인생살이로 안내하는 도약대가 될 것입니다.

무덤 앞에서 얻는 지혜로는(2:12-17)

전도서 2장에서 2:12-17은 절망에서 소망으로 나아가는 과도기에 해당됩니다. 전도자의 인생회고가 헛됨에서 보람됨으로 넘어가는 자그마한 계기를 보여줍니다. 그 계기는 지혜가 어리석음보다 낫다는 사실에 전도자가 눈을 뜨게 되면서 찾아옵니다. "무엇이 슬기로운 일이며, 무엇이 얼빠지고 어리석은 일인지 알려고 애를 써" 본 뒤에야 "빛이 어둠보다 낫듯이, 슬기로움이 어리석음보다 더 낫다"는 것을 눈치채게 됩니다(전 2:12b-13, 새번역). 그것을 전도자는 이렇게 말합니다.

> 내가 보니 지혜가 우매보다 뛰어남이 빛이 어둠보다 뛰어남 같도다(전 2:13).

전도자가 지금 지혜(호크마)와 우매(어리석음, 시클루트)를 비교해보고 있습니다. 지혜와 어리석음의 차이를 빛(오르)과 어둠(호세크)의 차이에 견주고 있습니다. 그러면서 말합니다. 빛이 어둠보다 낫듯이 지혜가 어리석음보다 낫다!

전도자가 여기에서 하는 말은 전도서 1장에 비해서는 상당히 진보된 안목입니다. 전도서 1장에서는 사람이 아무리 지혜롭다고 해도 "구부러진 것도 곧게 할 수 없고 모자란 것도 셀 수 없다"(전 1:15)고 우겼었습니다. "지혜가 많으면 번뇌도 많으니 지식을 더하는 자는 근심을 더하느니라"(전 1:18)고 주장했었습니다. 그랬던 그가 지금에 와서는 무엇이라고 말합니까? 빛이 어둠보다 낫듯이 지혜가 어리석음보다 낫다고 말합니다. 밝은 데 있는 것이 어두운 데 있는 것보다 낫듯이 슬기로움이 어리석음보다 낫다고 말합니다. "슬기로운 사람은 제 앞을 보지만, 어리석은 사람은 어둠 속에서 헤멘다"(전 2:14a, 새번역)라고 말합니다. 이렇게만 본다면 전도자의 생각에 상당한 진전이 있었다고 말할 수 있습니다. 지혜의 가치를 인정하기 시작한 것이라고 볼 수 있습니다.

그러나 아직은 아닙니다. 아직은 전도자의 생각이 여전히 공리적인 데에 머물러 있습니다. 무엇을 얻으려는 도구로 지혜를 활용하려고 하기 때문입니다. 왜 그렇게 보아야 합니까? 전도서 2:13을 다시 한 번 읽어봅니다.

> 내가 보니 지혜에서 얻는 것이 어리석음에서 얻는 것보다 많다. 빛에서 얻는 것이 어둠에서 얻는 것보다 많듯이(전 2:13 사역).

전도자는 지금 무엇을 얻는 것(이트론)에 관심이 있습니다. 그냥 지혜가 어리석음보다 낫다는 것이 아닙니다. 지혜에서 얻는 것이 어리석음에서 얻는 것보다 더 많다는 사실에 관심이 있습니다. 지혜자의 관심이 여전히 '이익'에 머물러 있습니다. 손익계산서에 머물러 있습니다. 삶을 장사의 영역으로만 간주합니다. 장사를 해서 이익을 남겨야 되듯이 삶에서도 어떤 이익이 있느냐를 따지고 있습니다. 그렇기에 제가 전도서 2:13을 새기면서 눈치채게 됩니다. 전도자의 생각에 변화가 일어납니다. 아직은 미세한 것이지만.

이익을 셈하는 인생살이의 결과가 무엇입니까? 전도서 2:14가 그것을 대변합니다. 슬기로운 사람이나 어리석은 사람이나 죽음을 당한다는 운명 앞에서는 서로 다를 바가 없다는 것입니다.

> 지혜자는 그의 눈이 그의 머리 속에 있고 우매자는 어둠 속에 다니지만 그들 모두가 당하는 일이 모두 같으리라는 것을 나도 깨달아 알았도다 내가 내 마음 속에 이르기를 우매자가 당한 것을 나도 당하리니 네게 지혜가 있었다 한들 내게 무슨 유익이 있으리요 하였도다 이에 내가 내 마음속으로 이르기를 이것도 헛되다 하였도다(전 2:14-15).

아! 여기에서 전도서 2장이 주창하는 지혜의 현주소가 어디인지 드러납니다. 전도자가 지금 말하고 있는 지혜는 무덤 앞에서 얻은 지혜입니다. 사람은 누구나 죽고 만다는 운명 앞에서 건져 올린 지혜입니다. 이 지혜만으로는 세상살이의 아름다움을 얻을 수 없습니다. 이 세속적인 지혜로는 인생을 제대로 감상할 수가 없습니다.

사람은 누구나 죽습니다. 나이가 많다고 죽는 것은 아닙니다. 나이가 어리다고 오래 사는 것도 아닙니다. 다만, 사람은 누구나 죽는다는 운명을 비껴갈 수는 없습니다. 전도서 2:14-16이 이 문제와 씨름합니다. 어쩌면 전도자는 죽음을 가리켜 모든 사람을 평등하게 만드는 과정이라고 여기는지도 모릅니다. 죽음이라는 운명에서는 지혜로운 자나 어리석은 자가 모두 다 똑같은 존재라고 말하고 있는지도 모릅니다.

전도서에서 죽음의 문제가 2장에서만 거론되는 것은 아닙니다. 전도서에서 인간이 당하는 죽음은 지혜자가 풀어야 할 인생살이의 과제입니다(전 3:18-21; 6:3-6; 9:3-5). 다만, 전도서 2:12-17은, 특히 14-16절은 지혜 있는 사람이나 어리석은 사람이나 죽음 앞에서는 별 차이가 없다는 사실을 내세우는 데 치중합니다.

알렉산더 대왕(Alexander the Great, 주전 356-323년)은 세계 정복을 통

해서 마케도니아를 거대한 제국으로 일으켜 세운 사람입니다. 그가 활동했던 동시대에 디오게네스(Diogenes, 주전 412-323년)라는 철학자가 있었습니다. 어느 날 알렉산더가 들판에 홀로 서서 산더미처럼 쌓여 있는 뼈 무더기를 세심하게 관찰하고 있는 디오게네스를 보았습니다. 알렉산더가 물었습니다. "친구여, 무엇을 하고 있는가?" 디오게네스가 대답합니다. "나는 지금 자네 아버지 필립 왕의 뼈를 찾고 있는 중이네, 그런데 자네 아버지의 뼈가 노예들의 뼈와 어떻게 다른지 영 구별할 수가 없네그려!"[4]

죽음이라는 인생의 종착역 앞에서는 왕이나 노예나, 지혜 있는 자나 어리석은 자나, 배운 자나 그렇지 못한 자나 서로 다르지 않습니다. 그러기에 전도자가 괴로워하는 것입니다. 그래서 전도자의 입에서 나오는 말이 이것입니다. 지혜 있다고 하는 것이 무슨 소용이 되겠는가?

전도서 2:12-17은 슬기로움도 어리석음도 다 헛되다고 주장합니다. 지혜가 우매보다 삶에 더 보탬이 된다는 사실을 무시하지는 않습니다. 그러나 지혜자나 우매자나 죽음 앞에서는 서로 차이가 없다는 사실을 문제 삼고 있습니다.

> 지혜자도 우매자와 함께 영원하도록 기억함을 얻지 못하나니 후일에는 모두 다 잊어버린 지 오랠 것임이라 오호라 지혜자의 죽음이 우매자의 죽음과 일반이로다(전 2:16).

사람은 누구나 죽고 나면 똑같습니다. 죽고 나면 잊혀집니다. 지혜자나 우매자나 죽음이라는 종착역을 향하고 있다는 것은 마찬가지입니다. 그래서 전도자가 괴로워합니다. 그래서 그가 입 밖으로 소리칩니다. "이러므로 내가 사는 것을 미워하였노니"(전 2:17)! 사는 것을 미워한다는 것입니다. 삶을 싫어한다는 것입니다. 산다는 것이란 덧없다는 것입니다. 인생살이란 결국 괴로움일 뿐이라는 것입니다.

이런 전도자의 탄식에서 두 가지 사실을 마음에 품게 됩니다. 한편에서는 그의 생각에 공감합니다. 전도자가 깨달은 것이 무엇입니까? 인생은 한 번밖에 없다는 사실입니다. 인생살이에는 재수(再修)가 없다는 것을 깨달았습니다. 인생은 한 번밖에 없다는 것입니다. 두 번째 기회가 있지 않다는 거예요. 생명이란 오로지 한 번밖에 없는 기회라는 것입니다. 그러나 다른 한편에서는 그의 생각에 공감하지 못합니다. 그가 말하는 지혜가, 그가 깨달은 무덤 앞에서의 지혜가 너무나 세속적인 차원에 머물러 있기 때문입니다. 이 땅에서 얻는 지혜만으로는 인생살이를 미워하게 될 수밖에 없습니다. 해 아래 세상에서 얻는 지식과 지혜만으로는 인생의 문제를 온전히 풀어갈 수가 없습니다. 어떻게 해야 이런 한계를 넘어설 수가 있습니까? 해 아래 땅에서 얻는 지혜가 아니라 해 위 하늘로부터 오는 지혜를 깨달아야 합니다! 거기에서 우리는 생사(生死)의 문제를 제대로 풀어갈 수가 있습니다. "인생관이 다르면 시비(是非)도 달라진다"고 하지 않았습니까?[5] 사람의 지혜가 아니라 하나님의 지혜입니다. 사람의 슬기가 아니라 그리스도의 슬기입니다. 무덤에서 얻는 지혜로는 세상을 제대로 살아갈 수가 없습니다. 무덤 너머에서 오는 지혜로만 세상을 이길 수가 있습니다.

> 그러므로 너희가 그리스도와 함께 다시 살리심을 받았으면 위의 것을 찾으라 거기는 그리스도께서 하나님 우편에 앉아 계시느니라 위의 것을 생각하고 땅의 것을 생각하지 말라 이는 너희가 죽었고 너희 생명이 그리스도와 함께 하나님 안에 감추어졌음이라 우리 생명이신 그리스도께서 나타나실 그 때에 너희도 그와 함께 영광중에 나타나리라(골 3:1-4).

수고하는 것과 누리는 것(2:18-26)

전도서 2:18-26은 전도서 2장의 터닝 포인트(turning point)입니다. 여태껏 전도자는 무덤에서 얻은 지혜로 사는 것을 관망하였었습니다. 그 결과 사는 것을 미워하게 되었습니다. "내가 미워한다, 사는 것을! 왜냐하면 해 아래에서 이뤄지는 일이 내게는 괴로운 것이기 때문이다"(전 2:17, 사역)라고 외쳤습니다. "사는 것"(하하이임)을 "미워한다"(사네)라고 소리쳤던 것입니다. 그런데 그와 비슷한 말이 전도서 2:18에도 등장합니다.

> 내가 해 아래에서 내가 한 모든 수고를 미워하였노니 이는 내 뒤를 이를 이에게 남겨 주게 됨이라(전 2:18).

전도서 2:18-23은 아예 해 아래에서 이뤄지는 모든 수고를 미워한다고 단정합니다. 이 말도 "내가 미워한다"(사네티)로 시작합니다(전 2:18). "미워한다"(사네)는 단어가 앞(전 2:17) 뒤(전 2:18)로 사용되고 있습니다. 다만 그 미워하는 대상이 앞에서는 "사는 것"이었는데 이번에는 "내가 해 아래에서 한 모든 수고"입니다.

전도자가 지금 왜 땀 흘리며 일하는 수고를 미워한다고 말합니까? 내가 수고해서 얻은 것들을 내가 누리지 못하고 "내 뒤에 올 사람에게 물려주어야 되기" 때문입니다. 지금까지 좀 더 많이 가지고자, 좀 더 높아지고자, 좀 더 나아지고자 땀 흘리며 수고하였는데, 정작 그 열매를 누리지 못하고 다른 사람에게 물려주어야 된다고 생각하니, 이 세상에서 애쓰는 수고도 결국은 헛되고 말뿐이라는 것입니다(전 2:19-21). 그래서 수고를 저주합니다. 노동을 저주합니다. 일을 저주합니다. 직업을 저주합니다. "일평생에 근심하여 수고하는 것이 슬픔뿐이라"(전 2:23)라고 탄식합니다.

전도자의 탄식을 어떻게 받아들이시겠습니까? 살다 보면 돈을 벌기 위해 수고한 어버이보다도 한참이나 모자란 자식들을 보게 되는 경우가 많습니다. 성경에도 그런 예가 나옵니다. 솔로몬 왕은 그 아들 르호보암에게 광대한 국토를 유산으로 남겨주었습니다. 그러나 르호보암은 그 많은 국토 가운데 10/12을 잃어버렸습니다(왕상 12). 물론, 그 반대 경우도 있습니다. 어버이가 남긴 가업을 이어받은 후손이 선조 때보다 훨씬 더 번창하는 기업을 일으켜 세우기도 하지 않습니까.

전도자가 여기에서 말하려는 것은 누리지 못하고 매여 살았던 삶에 대한 진한 아쉬움입니다. 수고하여 얻은 열매를 누리지 못할 것이 뻔한데도 그런 열매를 얻겠다고 땀 흘리며 살았던 지난날에 대한 아쉬움이 있습니다. 그런 아쉬움이 어디 전도자만의 것이겠습니까? 우리 모두에게도 그런 아쉬움이 다 있지 않습니까? 그러기에 여태껏 내가 한 수고를 미워한다고 소리치는 전도자의 말을 곱씹으면서 이런 기도를 저절로 하게 되었습니다. 주여, 매이지 말고 누리게 하소서!

그랬던 전도자의 말씀이 2:24에 이르러 그 분위기가 갑자기 달라집니다. 전도서 2:24에 비로소 "하나님" 자(字)가 거론됩니다. 이제부터 전도자는 삶의 자리를 하나님 없는 세상에서 하나님 앞에서 사는 세상으로 옮겨가고 있습니다. "사람이 해 아래에서 행하는 모든 수고와 마음에 애쓰는 것이 무슨 소득이 있으랴"라고 말하던 인생이 하나님 앞에 서게 될 때 어떤 변화를 겪게 되는지를 극적으로 보여줍니다. 그 변화의 증거가 바로 그 입에서 나오는 환호성입니다.

> 사람이 먹고 마시며 수고하는 것보다 그의 마음을 더 기쁘게 하는 것은 없나니 내가 이것도 본즉 하나님의 손에서 나오는 것이로다 아, 먹고 즐기는 일을 누가 나보다 더 해 보았으랴(전 2:24-25).

지금까지 전도자는 자기 손으로 번 소득에 대해서 말했습니다. 자기가 땀 흘리며 모은 수고의 열매가 다른 사람에게 저절로 넘어가고 만다는 사실에 대해서 안타까워했습니다. 그랬던 전도자의 말이 극적으로 달라집니다. 수고하는 것에서 기쁘게 하는 것으로 넘어갑니다. 자기가 애썼던 수고에서 하나님이 주시는 선물로 넘어갑니다. 그러면서 그가 외칩니다. "그 분께서 주시지 않고서야, 누가 먹을 수 있으며, 누가 즐길 수 있겠는가"

(전 2:25, 새번역).

　이 말씀을 "오늘을 즐기자"(carpe diem)는 소리로 듣지 마십시오. 본문은 사람이 먹고 마시며 수고하는 것이 하나님이 주시는 선물인 것을 알아챌 때 인생의 깊이가 달라진다는 것을 깨우쳐주고 있습니다. 땅에서 얻는 수고와 노력으로 주어진 보람만을 기대하던 인생에게 위로부터 채워주시는 은총으로 얻는 기쁨의 세계가 있음을 깨닫게 합니다. 내 힘으로 이루는 삶이 아니라 하나님이 이루어주시는 삶이 있음을 깨닫게 합니다. 그렇습니다. 사람은 땅이 주는 기쁨이 아니라 성령이 주시는 기쁨으로 살아가야 합니다. 그 기쁨을 알 때 일의 가치가 달라집니다. 노동의 가치가 새로워집니다. 직업의 본질이 변화됩니다. 인생은 믿음으로 사는 것입니다.

　예수께서 이르시되 나의 양식은 나를 보내신 이의 뜻을 행하며 그의 일을 온전히 이루는 이것이니라(요 4:34).

---

1) "天長地久, 天地所以能長且久者, 以其不自生, 故能長生." 노자의 도덕경 풀이는 오강남, 『도덕경』 (서울: 현암사, 2010), 47-50을 참조. 오강남은 위 글 가운데 "故能長生"을 "그러기에 참삶을 사는 것이다"라고 풀었지만, 필자는 "그것이 (하늘과 땅이) 장생할 수 있는 비결이다"라고 옮겼다. 원문이 말하는 "장생(長生)"은 말 그대로 "길고 오랜 삶"이다. 그것을 오강남은 단순히 영원한 삶이라기보다는 질적으로 새롭게 된 참삶을 뜻한다고 보았다.
2) Wayne W. Dyer, Change Your Thoughts, Change Your Life (2007), 신종윤 옮김·구본형 해제, 『서양이 동양에게 삶을 묻다』 (서울: 나무생각, 2010), 63-67.
3) "是以聖人, 後其身而身先, 外其身而身存, 非以其無私邪, 故能成其私." 오강남, 『도덕경』, 47.
4) John Blanchard, Where Do We Go from Here? (Darlington, UK: Evangelical Press, 2008), Ryken, Ecclesiastes, 63에서 중인.
5) 다석학회 엮음, 『다석강의』 (서울: 현암사, 2006), 508-541.

전 도 서 강 해 설 교

04

"하나님이 모든 것을 때를 따라 아름답게 하셨고"

본문 전도서 3:1-22   요절 전도서 3:10-11

　2010년 8월 11일 매스컴에 한 할머니 이야기가 실렸습니다. 운전면허 시험 960번 만에 자동차면허증을 땄다는 차사순 할머니(69세) 이야기였습니다. 차사순 할머니는 지난 2009년에 950번 도전 끝에 마침내 학과시험을 통과하였고 2010년에 들어서서는 실기시험에서 기능 5번, 도로주행 5번 만에 합격하면서 2010년 4월에 드디어 운전면허증을 따게 되었다는 것입니다. 참으로 끈질긴 도전입니다. 운전면허시험을 960번 시도한 뒤에 통과하였더니 생각지도 않은 행운을 얻었습니다. 자동차회사에서 자동차 한 대를 선물로 주었습니다. 자동차 회사 CF에도 출연하였습니다.

　보기에 따라서는 70세를 코앞에 둔 사람이 자동차 운전면허를 취득하여 운전하는 일을 놓고 비판적으로 볼 수도 있습니다. 주책이라는 것이지요. 사람이 나이 70을 넘게 되면 아무래도 지각능력이 떨어지고 반사신경이나 운동능력이 저하됩니다. 우리나라에는 운전면허 시험 응시 상한선이 없지만, 가까운 일본만 해도 70세 이상 운전자에게는 운전면허증 반납을 권유한다고 하지 않습니까?

그러나 그보다는 실망하지 않고 꾸준히 도전해서 자기가 원했던 목표를 이룬 삶의 모습이 참 아름답다는 생각이 더 들었습니다. 요즈음 젊은이들은 대학을 졸업하고서도 직장을 얻기가 쉽지 않기에 쉽게 좌절하곤 하는데, 차사순 할머니의 소식은 그런 젊은이들에게도 좋은 도전이 되지 않겠습니까! 차사순 할머니 이야기는 '때'가 되기를 기다리는 삶이 어떤 것인지를 보여줍니다. '때'를 이루는 삶이 어떤 것인지를 보여줍니다. 전도서 3장이 바로 그것을 다루고 있습니다.

천하만사에 하나님의 지문이 묻어 있기에(3:1)

세상에서 이뤄지는 일에는 모두 때가 있습니다. 기한이 정해져 있습니다. 해 아래 세상에서 누리며 살기 위해서는 이 기한과 때를 알아야 합니다. 기한과 때를 알아야 이른바 성공할 수 있습니다. 그 말씀의 시작이 전도서 3:1입니다.

> 범사에 기한이 있고 천하만사가 다 때가 있나니(전 3:1).

해 아래 세상에서 벌어지는 모든 일에는 다 기한과 때가 있습니다. 세상을 바르게, 제대로 살려면 이 기한과 때를 알아야 합니다. 사실, 삶의 성공에 대한 가르침은 구약 잠언에 집중되어 있습니다. 잠언의 경구와 격언은 행복한 삶을 성취하려고 하는 자들에게 주는 가르침입니다. 잠언의 지혜란 바르게, 복되게, 건강하게 살아가는 처방을 담고 있습니다. 잠언의 처방은 가령 다음과 같은 말로 요약됩니다. 부지런히, 열심히, 땀 흘려야!

내가 게으른 자의 밭과 지혜 없는 자의 포도원을 지나며 본즉 가시덤불이 그 전부에 퍼졌으며 그 지면이 거친 풀로 덮였고 돌담이 무너져 있기로 내가 보고 생각이 깊었고 내가 보고 훈계를 받았노라 네가 좀 더 자자, 좀 더 졸자, 손을 모으고 좀 더 누워 있자 하니 네 빈궁이 강도 같이 오며 네 곤핍이 군사 같이 이르리라(잠 24: 30-34; 비교, 6:6-11; 10:4-5).

잠언이 전하는 지혜로운 삶은 계절에 따라, 계절에 맞추어 부지런히 살아가는 삶입니다. 사람은 누구나 지혜로운 것과 어리석은 것, 둘 중 하나를 선택하며 살아가는데, 그런 선택을 잘해야 행복한 삶에 다다를 수 있다고 가르칩니다. 게다가 그 선택이 하나님 신앙 안에서 이루어질 때 삶이 행복해진다고 가르칩니다. 하나님 앞에서 겸손해야 그 인생이 비로소 제대로 여물게 된다는 것입니다. 그래서 이렇게 말합니다. "너의 행사를 여호와께 맡기라 그리하면 네가 경영하는 것이 이루어지리라"(잠 16:3). "사람이 마음으로 자기의 길을 계획할지라도 그의 걸음을 인도하시는 이는 여호와시니라"(잠 16:9). "사람의 걸음은 여호와로 말미암나니 사람이 어찌 자기의 길을 알 수 있으랴"(잠 20:24).

잠언에 따르면 사람은 누구나 신앙 안에서 부지런히 살기만 하면 풍요한 삶을 누릴 수가 있습니다. 하나님이 이끄시는 계절의 리듬에 맞추어 바르게 살면 행복한 삶을 누릴 수가 있습니다. 삶은 하기 나름이라는 것입니다. 노력 여하에 따라서 '잘 살고, 못 살고'가 결정된다는 것입니다. 사람의 가능성에 무한히 갈채를 보냅니다. 하나님을 경외하는 삶은 이런 리듬을 이끌어가는 이정표가 됩니다.

그러나 전도서 3장, 특히 3:1-8은 이런 식의 인생 가이드에 정면으로 도전합니다. 삶은 결코 하기 나름이 아니라고 소리칩니다. 노력한다고 해서 부를 얻는 것이 아니라는 것입니다. 지혜로운 선택을 한다고 해서 풍요롭게 되는 것이 아니라는 것입니다. 부지런히, 열심히, 땀 흘린다고 해서 인생살이가 곧장 성공을 보장하는 것은 아니라고 소리칩니다. 왜 그렇습니까?

전도자는 잠언과는 전혀 다른 관점에서 세상을 봅니다. 전혀 생소한 시각에서 인생살이를 풀어가고 있습니다. 세상사에는 모두 다 정해진 때가 있다고 주장합니다. 전도서 3:1-8이 그것을 소개하는 본문입니다. 그 단락의 첫 구절이 바로 이것입니다.

범사에 기한이 있고 천하만사가 다 때가 있나니(전 3:1).

새번역은 이 구절을 이렇게 옮겨놓았습니다. "모든 일에는 다 때가 있다. 세상에서 일어나는 일마다 알맞은 때가 있다."(전 3:1, 새번역). 이 구절은 이렇게도 읽혀집니다. "모든 것에는 정해진 시간이 있다. 해 아래에서 벌어지는 모든 일에는 다 적합한 때가 있다."(전 3:1, 사역). 두 마디에 주목하십시오. "기한"과 "때"입니다.

여기 "기한"(즈만)은 계절을 가리킵니다. 영어의 'season'에 해당하는 용어입니다. 여기 시즌은 흔히 프로야구 시즌, 프로농구 시즌이라고 말할 때 거론되는 그 '시즌'입니다. "때"(에트)란 용어는 적합한 시기를 가리킵니다. 알맞은 시기를 말합니다. 흘러가는 시간(*chronos*)이 아니라 특정한 시간, 그래서 특별한 의미가 있는 시간(*kairos*)을 말합니다. 기회라고도 말할 수 있습니다.

전도자에 따르면 계절이나 때는 사람이 정하는 것이 아닙니다. 태어날 때, 죽을 때를 비롯해서 세상에서 일어나는 모든 일에는 다 정해진 시간이 있습니다. 세상사는 다 그렇게 되도록 정해진 시기가 있다는 것입니다. 어찌 보면 이런 생각은 운명론(fatalism)이나 결정론(determinism)에 가깝습니다. 인생살이란 정해진 기한이나 정해진 때대로 되는 것이지 사람이 할 수 있는 것이란 아무것도 없다고 볼 수 있기 때문입니다. 실제로 많은 사람들이 전도서 3장을 그런 식으로 읽고 있습니다. 전도자의 하나님을 가리켜 사람들과는 상관없는 독단적인 분이라고 부르기도 합니다. 그러나 꼭 그렇게만 볼 수는 없습니다.

천하만사가 다 정해진 기간이나 알맞은 때에 따라 움직인다는 소리는 세상사를 하나님의 섭리 안에서 깨달으려는 시도이기도 합니다. 하나님은 해 아래 세상사들이 다 제시간대로 움직이도록 작정하셨다는 것입니다. 기한과 때를 정하신 분이 하나님이시기 때문입니다. 계절에 따라 달라지는 세상의 풍경은 우연히 그렇게 되는 것이 아니라 하나님이 연출하시는 결과이지 않습니까! 세상만사에는 하나님의 뜻이 담겨 있습니다. 세상만물에는 다 하나님의 지문이 묻어 있습니다. 그러니 전도서 3:1, 2-8의 말씀을 운명론적으로만 읽지 마십시오. 세상만사가 기한과 때에 맞춰 움직인다고 전도자가 말하는 이면에는 세상만사가 그렇게 되도록 하나님이 연출하신다는 기대가 담겨 있습니다.

나무는 겨울을 맞이하기 전에 옷을 벗습니다. 잎사귀마다 낙엽이 지고 그 낙엽이 땅에 떨어진 이후에야 나무는 겨울을 맞습니다. 날씨가 추워지면 사람들은 옷을 껴입습니다. 그래야 추운 겨울을 날 수가 있습니다. 나무는 정반대입니다. 옷을 벗은 채로 겨울을 납니다. 하나님이 나무더러 그렇게 살아가게 하셨습니다. 그래야 새봄을 맞이할 수가 있습니다. 그래야 새봄에, 새잎을 낼 수가 있습니다. 나목(裸木)이 되어 계절을 맞는 나무의 모습은 우리 인생들에게도 큰 교훈이 됩니다. 우리도 벗어야 될 때가 있다는 것을 깨닫게 합니다. 우리도 내려놓아야 할 때가 온다는 것을 깨닫게 합니다. 그런 깨달음을 기독교 신앙의 언어로 풀이하면, 이른바 일반계시입니다.

일반계시란 자연이 주는 신앙적 교훈입니다. 예수 그리스도의 십자가가 보여주는 하나님의 사랑은 특수계시입니다. 예수 그리스도의 십자가를 통해서만 깨닫게 되는 하나님의 공의와 사랑은 특수계시입니다. 창조세계의 이런저런 모양을 보면서 세상을 지으시고 다스리시는 창조주 하나님의 솜씨를 깨닫는 것은 일반계시입니다. 세상은 하나님의 솜씨를 드러내는 무대입니다. 하나님의 섭리를 드러내는 무대입니다. 하나님의 계시를 확인하게 되는 무대입니다. 세상사는, 세상만물은, 세상에 존재하는 모든 것들은 다 창조주 하나님의 솜씨를 드러냅니다. 그렇기에 천하만사에는 다 하나님의 지문이 묻어 있습니다.

천하만사가 다 하나님의 섭리를 드러내는 무대라면 사람은 어떤 존재입니까? 사람은 그 무대에서 주인공으로 살도록 섭외된 주인공입니다. 창세기 1장에서 하나님이 사람에게 주셨던 말씀이 그것을 일깨워줍니다. 하나님이 사람을 지으신 뒤 생육하고 번성해서 땅을 돌보는 주역이 되라고 말씀하시지 않았습니까(창 1:28)! 우리는 세상이라는 무대에서 주인공답게 살아가는 하나님의 작품이 되어야 합니다. 기한이 정해져 있고 주어진 때가 있는 세상사에서 창조주 하나님의 기대에 부응하는 피조물로 살아가야 합니다. 그것이 기한과 때가 정해져 있다는 천하만사에서 하나님의 섭리를 소망하여 살아가는 방식입니다.

모든 벽은 문이다(3:2-8)

전도서 3:2-8이 거론하는 "때"는 모두 14쌍으로 되어 있습니다. 14쌍은 7×2쌍입니다. 이 14쌍이 "…때가 있고, …때가 있으며"라는 식으로 줄곧 반복되면서 일정한 운(韻)을 자아내고 있습니다. 게다가 성경에서 숫자 7이 완전수이기에 14쌍이라는 것은 세상에서 일어나는 모든 일을 지칭하는 숫자입니다. 전도서 3:2-8은 이런 식으로 우리가 경험하는 세상사를 설명하고 있습니다.

> 날 때가 있고 죽을 때가 있으며 심을 때가 있고 심은 것을 뽑을 때가 있으며 죽일 때가 있고 치료할 때가 있으며 헐 때가 있고 세울 때가 있으며 울 때가 있고 웃을 때가 있으며 슬퍼할 때가 있고 춤출 때가 있으며 돌을 던져 버릴 때가 있고 돌을 거둘 때가 있으며 안을 때가 있고 안는 일을 멀리 할 때가 있으며 찾을 때가 있고 잃을 때가 있으며 지킬 때가 있고 버릴 때가 있으며 찢을

때가 있고 꿰맬 때가 있으며 잠잠할 때가 있고 말할 때가 있으며 사랑할 때가 있고 미워할 때가 있으며 전쟁할 때가 있으며 평화할 때가 있느니라(전 3:2-8).

전도서 3:2-8에서 눈여겨보아야 할 것은 본문이 14쌍, 28개의 "때"를 지적하고 있다는 사실입니다. 이 14쌍, 28개의 "때"는 세상 처음부터 세상이 끝나는 순간까지 어김없이 지속되는 일정한 시간입니다. 날 때와 죽을 때, 심을 때와 심은 것을 뽑을 때 등은 세상이 존재하는 한 늘, 한결같이, 반복될 현실입니다. 본문이 말하고자 하는 것은 운명론 같은 인생 이해가 아닙니다. 본문이 말하려고 하는 것은 세상사가 모두 일정한 시간표에 따라 움직이고 있다는 사실입니다.[1]

게다가 전도서 3:2-8에 따르면 세상사의 시간표에는 긍정적인 것과 더불어 부정적인 것이 함께 거론됩니다. 두 개의 서로 다른 때가 한 쌍으로 묶여져서 소개됩니다. 아침이 있고 저녁이 있다는 것입니다. 밤이 있고 낮이 있다는 것입니다. 기쁠 때와 슬플 때, 좋을 때와 나쁠 때가 같이 소개됩니다. 마냥 좋은 때만 있다는 것이 아닙니다. 좋을 때도 있지만 세상살이에서는 그렇지 않을 때도 있다는 것입니다.

아침과 저녁이, 밤과 낮이, 기쁠 때와 슬플 때가, 사랑할 때와 미워할 때 등이 한 쌍으로 같이 소개된다는 것은 무엇을 말합니까? 좋은 때와 어려울 때가, 기쁠 때와 슬플 때가 세상살이에는 공존(共存)한다는 사실입니다. 공존할 뿐만 아니라 각각의 때가 그렇게 되도록 하나님이 정하셨다는 사실입니다. 서로 상반되는 이 두 때가 세상살이 안에 공존하도록 알맞게 정하셨다는 것입니다. 그것이 바로 하나님이 정하신 시간의 질서라는 것입니다. 마치 동전의 양면처럼 인생사에는 좋은 것과 나쁜 것이 함께, 더불어 있다는 것입니다.

생각해보십시오. 우리 삶에 햇빛만 비치고 비가 내리지 않는다면 우리가 사는 곳은 사막이 되고 맙니다. 비만 내리고 햇빛이 비추지 않는다면 우리 환경은 음습한 늪지가 되고 맙니다. 하나님이 정하신 세상의 이치에는 서로 다른 두 풍경이 공존합니다. 그러니 서로 다른 두 때를 공존하게 하시는 하나님의 의도를 알아채야 합니다. 거기에서 헛된 세상에서 복되게 살아가는 길이 열립니다.

흔히 우리는 살면서 좋은 일만 생기기를 바랍니다. 돈 많이 벌고, 하는 일마다 잘되고, 자녀들 잘되고, 높아지고, 유명해지고, 오래오래 건강하게 살게 되기를 바랍니다. 우리 삶의 뜨락에 오로지 햇빛만 들기를 바랍니다. 그런 바람이 잘못된 것은 아닙니다. 그러나 그것이 바른 태도는 못됩니다. 하나님이 정하신 일상의 현실에서는 햇빛이 비칠 때와 비가 내릴 때가 공존합니다. 아니, 공존하도록 하나님이 정하셨습니다. 그것이 우리가 사는 현실의 실상입니다. 전도자가 전도서 3:2-8에서 지적한 사실이 바로 그것입니다.

왜 하나님은 우리 삶에 울 때와 웃을 때가 함께 있도록 하셨을까요? 왜 하나님은 우리 인생에 슬퍼할 때와 춤출 때가 더불어 있도록 하셨을까요? 생각해보십시오. 살면서 마냥 웃기만 한다면, 매일 춤출 일만 있다면, 날마다 햇빛만 비춘다면 우리 삶이 어떻게 되겠습니까? 그렇게만 된다면 우리 삶은 황폐해지고 말 것입니다. 사막이 되고 맙니다. 기쁨과 슬픔이, 보람과 아쉬움이, 즐거움과 안타까움이 우리 삶에 고루 있기에 우리 인생은 여물어갈 수가 있습니다.

전도서 3:2-8의 가르침은 여기에서 그치지 않습니다. 전도서 3:2-8은 하나님이 정하신 세상사의 리듬은 서로 상반되는 것들이 한데 공존하게 되어 있다는 것만 말하지는 않습니다. 전도자의 사색은 여기에서 한 발 더 앞으로 나아갑니다. 전도서 3:2-8이 외치는 현실을 하나님이 지으시고 이끄신 천지창조의 이치에서 되새겨보기를 바랍니다. 전도서 3:2-8의 기한과 때를 창세기 1장이 선포하는 천지창조의 질서에서 되새겨보기를 바랍니다.

하나님은 천지를 창조하실 때에 빛과 어두움을 나누어놓으셨습니다. 빛만 있게 하시고 어두움을 없애버리지 않으셨습니다. 빛을 낮이라고 하시고 어두움을 밤이라고 하셨습니다. 그러면서 창조세계의 이치가 어두움에서 빛으로 가게끔 작정하셨습니다. 창조세계가 저녁에서 아침으로 가도록 이끄셨습니다.

> 하나님이 이르시되 빛이 있으라 하시니 빛이 있었고 빛이 하나님이 보시기에 좋았더라 하나님이 빛과 어둠을 나누사 하나님이 빛을 낮이라 부르시고 어둠을 밤이라 부르시니라 저녁이 되고 아침이 되니 이는 첫째 날이니라(창 1:3-5).

"저녁이 되고 아침이 되니!" 무슨 소리입니까? 저녁은 아침으로 가는 출입구라는 것입니다. 저녁이 있어야 아침이 온다는 것은, 저녁이란 아침으로 가는 문이라는 것입니다. 그것이 창조세계의 질서라는 것입니다. 어디, 창조질서만 그렇습니까? 기독교 복음의 이치가 그러합니다. 복음의 본질이 십자가의 고난에서 부활의 승리로 가지 않습니까!

창세기 1장 본문에 거론된 저녁은 빛이 사라져가는 어두운 밤을 가리킵니다. 그러나 그 저녁은 동시에 우리 앞을 가로막고 있는 장애물을 암시하기도 합니다. 살면서 우리가 부딪치게 되는 벽을 가리키기도 합니다. 저녁 없는 하루가 어디에 있습니까? 벽 없는 인생살이가 어디에 있습니까? 장애물 없는 인생살이가 어디에 있습니까? 그러나 기억하십시오. 성경은 약속합니다. 저녁이 되고 아침이 되듯이, 우리에게 닥친 벽은 우리 삶을 새로운 곳으로 인도해주는 문이 될 수가 있습니다. 장애물이 변하여 디딤돌이 될 것입니다.

전도서 3:2-8에서 거론되는 울 때, 슬퍼할 때, 흩어버릴 때, 포기할 때, 찢을 때, 미워할 때, 전쟁을 치를 때는 각각 웃을 때, 기쁠 때, 모을 때, 찾을 때, 꿰맬 때, 사랑할 때, 평화할 때로 나아가는 문이 됩니다. 하나님이 정하신 시간이 저녁에서 아침으로 가듯이, 세상만사는 모두 다 울 때에서 웃을 때로, 슬퍼할 때에서 기쁠 때로, 흩어버릴 때에서 모을 때로, 찢을 때에서 꿰맬 때로, 미워할 때에서 사랑할 때로, 전쟁할 때에서 평화할 때로 나아가게 되어 있다는 것입니다. 벽이 문이 되는 은혜가 여기에 있습니다. 벽으로 하여금 문이 되게 하는 하나님의 섭리가 여기에 있습니다. 그러니 기대하십시다. 벽이 문이 되는 기쁨을 누리게 하소서! 우리 삶의 자리가 벽에서 문으로 나아가는 설렘으로 채워지기를 소망합니다.

일등이 아니라 일류(3:2-8)

전도서 3:2-8은 또 우리에게 때를 아는 삶을 이루라고 가르칩니다. 지금이 어느 때인지를 알아야 된다고 가르칩니다. 지금이 어느 때인 줄 알고, 그때에 맞는 살아가기를 실천해야 된다고 가르칩니다. 말하자면 삶에는 '타이밍'(timing)이 요청된다는 것입니다. 그 '타이밍'에 적합한 행동을 해야 된다는 것입니다.

여기에서 기억할 것은 이 '때'가 사람이 조종할 수 있는 것이 아니라는 사실입니다. 전도서 3:2-8이 거론하는 때는 모두 주어진 때입니다. 정해진 때입니다. 사람이 수정하거나 조절할 수 있는 때가 아닙니다. 태어날 때를 정해놓고 나서 태어난 사람이 있습니까? 죽을 때를 정해놓고 그때에 맞춰 죽는 사람이 있습니까? 아닙니다. 우리는 태어날 때도, 숨을 거두고 이 땅을 떠날 때도 우리 마음대로 할 수 없습니다. 이런 때는 모두 정해져 있습니다. 하나님이 정해놓으신 때가 있습니다. 인생살이가 바로 되려면 지금이 어떤 때인지를 먼저 알아야 된다는 것입니다. 지금이 땀 흘려야 되는 때인지, 아니면 기다려야 되는 때인지, 그때를 알아채고 거기에 맞춘 일상을 살아야 된다는 것입니다. '재(財)테크라는 말이 있듯이 '시(時)테크'를 하라는 것입니다. 가령 4절 말씀을 다시 한 번 읽어봅니다.

울 때가 있고 웃을 때가 있으며 슬퍼할 때가 있고 춤출 때가 있으며(전 3:4)

무엇이 '시테크'입니까? 모두가 울 때 나도 울 수 있는 삶! 그것이 때를 아는 인생이라는 것입니다. 모두가 웃을 때 나도 웃으며 함께하는 삶! 그것이 인생이라는 것입니다. 슬퍼할 때 슬퍼할 줄 알고, 춤출 때 춤출 줄 아는 삶! 그것이 인생이라는 것입니다. 지금이 무슨 때인지, 그때를 바로 알고, 그때에 맞춰 살아가는 지혜가 있어야 한다는 것입니다.

이런 지혜는 잠언에서도 강조되었습니다. 가령 일해야 되는 때 손을 부지런히 돌리는 자는 부하게 되지만, 손을 게으르게 놀리는 자는 가난하게 된다고 하였습니다(잠 10:4-5). 그런 지혜가 잠언에서는 크게 들렸다면, 전도자의 소리는 다소 냉소적이라는 차이가 있을 뿐입니다. 그러나 웃어야 할 때 웃을 줄 아는 것! 울어야 할 때 울 줄 아는 것! 그것이 사람됨의 본분입니다. 나는 지금 울 수밖에 없는데, 그런 나를 보면서 '헤헤거리며' 웃는 자가 있다면 그런 자는 한참 잘못된 사람입니다. 이런 세상사의 '때'를 따라가면서 우리가 해야 하는 기도가 있습니다. "때를 따라 돕는 은혜를 얻게 하소서"(히 4:16)!

사람만 때에 맞춰 살아야 되는 것은 아닙니다. 사업체도 때를 타야 합니다. 때에 맞는 상품을 출시해야 합니다. 사회도, 국가도 지금이 어떤 때인지를 바로 알아야 합니다.

이런 이야기가 우리 입에 오르내린 적이 있습니다. 이웃나라를 가리켜 한 이야기였습니다. '그 나라가 일등 국가인지는 모르지만, 일류 국가는 아니다'라는 쓴소리이었지요. 경제적으로 부를 쌓아서 그 나라가 세계에서 일등 가는 반열에 들어서 있는지는 모르지만, 그것이 곧 일류 국가를 나타내는 것은 아니라는 일침이었습니다.

우리말에서 '등'(等)은 순위를 가리킵니다. 일등, 이등, 삼등… 하지 않습니까? '등'은 등급을 가리킵니다. '류'(類)는 종류를 가리킵니다. 일류·이류·삼류는 일등·이등·삼등하고는 그 뜻이 전혀 다릅니다. 성공의 단위가 순위(등수)라면, 인생의 가치는 순위가 아니라 위치(류)입니다. 무조건

으뜸가는 삶을 지향해서는 안 됩니다. 가치 있는 삶을 지향해야 합니다. 일등이 아니라 일류가 되어야 합니다. 우리 교육이 앓고 있는 병이 무엇입니까? 가치를 무시하고 순위에만 매달려 있는 병이 아닙니까!

폴란드 아우슈비츠에는 나치독일에 의해서 무참하게 희생되었던 600만 유대인의 아픔을 잊지 않으려는 관광객들이 지금도 끊이지 않습니다. 제가 갔을 때에도 수많은 관광객들이 줄 지어서 유대인들이 감금당했던 막사, 유대인들이 끌려갔던 독가스실, 유대인들의 시신을 화장(火葬)시켰던 화덕 같은 시설 등을 둘러보고 있었습니다. 그곳은 여느 관광지와는 달리 웃고 떠드는 소리를 들을 수 없는 현장입니다.

아우슈비츠를 찾는 사람들은 누구나 2차 세계대전 당시 인간이 인간에 대해서 이처럼 잔혹할 수 있었을까, 사람이 사람에 의해서 이처럼 끔찍하게 학살당할 수 있었을까를 끝없이 되뇌게 됩니다. 그런데 제가 그 아우슈비츠 수용소를 들러보다가 관광가이드에 소개되어 있는 한 통계표를 보고 깜짝 놀란 적이 있습니다. 여러분, 아우슈비츠를 찾는 관광객들 가운데 어느 나라 사람들이 제일 많은 줄 아십니까? 바로 독일 사람들입니다! 독일에서 온 사람들이 제일 많았습니다! 가해자였던 독일에서 온 관광객들이 피해자였던 이스라엘에서 온 사람들보다 훨씬 더 많았습니다. 왜 그랬을까요? 잊지 않기 위해서입니다. 역사의 교훈을 잊지 않기 위해서입니다. 저는 거기에서 그곳을 찾은 독일 사람들이야말로 일류 시민이라는 생각이 절로 들었습니다.

아우슈비츠에서는 울어야 합니다. 슬퍼해야 합니다. 반성해야 합니다. 참회해야 합니다. 그런데 울어야 할 그곳에서 울지 않는다면, 반성하지 않은 채 변명을 한다면, 참회하지 않은 채 목청만 높인다면, 그는 제대로 된 인간이 아닙니다. 울어야 할 사람이 울어야 할 곳을 찾지 않는다면, 참회해야 할 사람이 참회해야 할 곳을 찾지 않는다면, 일등은 될 수 있을지 모르지만 일류는 되지 못합니다.

전도자만 때를 알아야 한다고 외친 것은 아닙니다. 예수님도 때를 알아야 한다고 가르치셨습니다. 예수님께서 명절을 지키시기 위해서 예루살렘으로 올라가실 때 있었던 일입니다. 예수님을 잡고자 하는 무리가 있었습니다. 그러나 아무도 예수님이 가시는 걸음을 강제로 붙들 수가 없었습니다. 그 모습을 보면서 요한이 이렇게 말합니다.

> 그들이 예수를 잡고자 하나 손을 대는 자가 없으니 이는 그의 때가 아직 이르지 아니하였음이러라(요 7:30).

"그의 때가 아직 이르지 아니하였다!" 예수님도 때에 맞춰 사셨습니다. 예수님은 가장 적합한 때에 맞춰 이 세상에 오셨습니다. 가장 적합한 때에 맞춰 구원사역을 이루셨습니다. 가장 적합한 때에 맞춰 고난당하시고 부활·승천하셨습니다. 예수님이 이루신 모든 일이 다 하나님이 정하신 때에 맞춰 이루어졌습니다. 그런 예수님을 기억하면서 사도 바울이 이렇게 고백하였습니다.

> 때가 차매 하나님이 그 아들을 보내사 여자에게서 나게 하시고 율법 아래에 나게 하신 것은 율법 아래에 있는 자들을 속량하시고 우리로 아들의 명분을 얻게 하려 하심이라(갈 4:4-5).

"때가 차매!", "기한이 찼을 때에"(새번역)! 그렇습니다. 예수 그리스도는 때에 맞춰 사신 분이었습니다. 하나님이 그렇게 하셨습니다. 하나님이 때가 되었을 때에 그 아들을 우리에게 보내셨습니다.

때를 알아야 합니다. 때에 맞춰야 합니다. 때를 살려야 합니다. 그래야 사람다운 사람이 될 수 있습니다. 그 "때"에 따르는 삶을 일구어가는 인생이 제대로 된 인생입니다. 여러분의 때는 지금 어느 때입니까?

하나님의 시간표(3:9-10)

전도자가 외치는 "때"는 하나님이 정하신 세상사의 시간표를 알려줍니다. 전도서 3:2-8은 우리로 하여금 하나님의 시간표에 맞춰 살도록 요청합니다. 그런데 만약 지금이 그 "때"가 아니라면 어떻게 해야 할까요? 전도서 3:9-10은 바로 이 점에 주목합니다.

> 일하는 자가 그의 수고로 말미암아 무슨 이익이 있으랴 하나님이 인생들에게 노고를 주사 애쓰게 하신 것을 내가 보았노라(전 3:9-10).

> 사람이 애쓴다고 해서, 이런 일에 무엇을 더 보탤 수 있겠는가? 이제 보니, 이 모든 것은, 하나님이 수고하라고 지우신 짐이다(전 3:9-10, 새번역).

하나님이 정하신 때를 모른다면, 아니, 아직 하나님이 정하신 때가 이르지 않았다면, 사람이 해 아래에서 수고하며 애쓴들 그 인생에 무슨 이익이 있겠느냐고 전도자가 자문자답하고 있습니다. "일하는 자가 그의 수고로 말미암아 무슨 이익이 있으랴"(전 3:9)!

이런 식의 질문은 전도서에 모두 세 번 나옵니다(전 1:3; 3:9; 5:16). 세 구절 모두 세상에서 땀 흘리며 수고한들 무슨 유익이 있는가, 하고 묻습니다. 이익을 좇는 세태를 반영하는 질문입니다. 벌고, 쌓고, 모아야 되는 쓰디쓴 현실을 반영하는 질문입니다.

정호승 시인의 시 중「내가 사랑하는 사람」이라는 시가 있습니다. 거기에 이런 유명한 구절이 나옵니다. "나는 그늘이 없는 사람을 사랑하지 않는다 / 나는 그늘을 사랑하지 않는 사람을 사랑하지 않는다." 이것을 어떤 사람이 다음과 같이 패러디했습니다. "나는 돈이 없는 사람을 사랑하지 않는다 / 나는 돈을 사랑하지 않는 사람을 사랑하지 않는다!" 우리는 전도서 3:9-10의 탄식을 이익을 좇아 살아야만 하는 오늘의 현실에서 새길 수 있습니다. 그러나 전도자의 이 탄식은 전도서 3:9-10 뒤에 이어지는 전도서의 복음에서 그 의미가 제대로 드러납니다. 전도서 3:11에서 전도자는 무엇이라고 외치고 있습니까?

> 하나님이 모든 것을 지으시되 때를 따라 아름답게 하셨고 또 사람들에게는 영원을 사모하는 마음을 주셨느니라 그러나 하나님이 하시는 일의 시종을 사람으로 측량할 수 없게 하셨도다(전 3:11).

"하나님이 모든 것을 지으시되 때를 따라 아름답게 하셨고!" 하나님이 모든 것을 때를 따라 아름답게 하셨다는 말씀의 빛에서 3:9-10의 탄식을 되새김질해야 합니다. 사람이 답답해하는 것은 하나님이 정하신 때가 어느 때인지를 정확하게 알 수 없기 때문입니다. 사람은 하나님이 하시는 일을 처음부터 끝까지 다 알 수가 없습니다. 다 알지 못하도록 하나님이 정해놓으셨습니다. 오직 알 수 있는 것 한 가지! 그것은 하나님이 모든 것을 제때에 알맞게 일어나도록 만드셨다는 확신입니다.

시간에 매이면, 기다림에 매이면, 인생살이의 수고에는 아무 유익이 없습니다. 그러나 시간을 누리면, 기다리게 하시는 기간을 누리면, 인생살이는 하나님이 이루시는 아름다운 열매를 기대하는 설렘으로 가득 차게 됩니다. 여러분에게 묻습니다. 시간에 매이는 삶을 살아가야 할까요, 아니면 시간을 누리는 삶을 펼쳐가야 할까요?

시간을 누리는 삶을 사셔야 합니다. 전도자는 우리에게 때가 아직 아니라면, 기다리라고 말합니다. 내 시간표가 아니라 하나님의 시간표에 맞추어야 한다고 말합니다.

내 삶의 일정표를 하나님의 시간표에 맞춘다는 것은 무엇을 뜻합니까? 하나님이 정하신 시간을 기다린다는 것은 무엇을 의미합니까? 바로, 하나님을 소망한다는 뜻입니다. 하나님을 기다린다는 뜻입니다. 하나님이 일하시기를 기대한다는 뜻입니다.

시간만 바라보면 지치고 맙니다. 시간만 기다리면 좌절하고 맙니다. 그러니 시간을 보지 말고 시간의 주인이신 하나님을 바라보십시오. 시간이 오기를 기다리지 말고 하나님의 역사하심을 소망하십시오. 그럴 때 우리는 시간을 누릴 수 있습니다. 그럴 때 우리는 기한과 때에 매이지 않고 기한과 때를 누리는 하나님의 사람이 될 수 있습니다. 그 감격을 주전 6세기 바벨론 땅에서 해방의 때를 기다리던 유다사람들에게 선지자 이사야가 이렇게 외치지 않았습니까!

> 오직 여호와를 앙망하는 자는 새 힘을 얻으리니 독수리가 날개치며 올라감 같을 것이요 달음박질하여도 곤비하지 아니하겠고 걸어가도 피곤하지 아니하리로다(사 40:31).

오직 여호와를 소망하는 자는 새 힘을 얻을 것입니다. 하나님께 소망을 두어야 합니다. 하나님이 하실 일을 기도하면서, 기대하면서, 기다려야 합니다. 거기에서 아무 유익이 없다고 탓하는 현실을 이겨가는 길이 열리게 됩니다.

한국 사람들의 특징은 "빨리빨리"입니다. 그 "빨리빨리" 덕분에 우리 사회가 이뤄놓은 성과가 있습니다. 그러나 그 "빨리빨리" 덕분에 우리가 맛보아야 하는 쓴 열매도 있습니다. 인생이 여물어지려면 기다릴 줄 알아야 합니다. 인내할 줄 알아야 합니다.

하나님이 정하신 세상 이치는 "빨리빨리"가 아닙니다. 자연에서는 모든 것이 빨리 이루어지지 않습니다. 봄에 씨를 뿌리고 여름 내내 가꾸어야 가을이 되어 거둘 수 있습니다. 짐승들의 새끼는 태어나자마자 곧장 걷는다고 하지만, 그것은 어디까지나 사람의 처지와 비교해서 하는 이야기이지, 그들도 자세히 들여다보면 태어난 새끼가 장성할 때까지 상당한 시간이 걸립니다. 그 기간 동안 어미가 돌보는 사랑이 극진합니다. 새끼들은 어미의 돌봄을 받아야 커지게 되고 힘을 쓰게 됩니다. 때에 맞추어 사십시오. 때가 오기를 기다리십시오. 그러나 그때는 내가 정한 때가 아닙니다. 하나님이 정하신 때입니다. 그러므로 우리는 이렇게 기도하여야 합니다.

> 나의 앞날이 주의 손에 있사오니 내 원수들과 나를 핍박하는 자들의 손에서 나를 건져 주소서(시 31:15).

"나의 앞날이 주의 손에 있사오니!" 기다리지만, 기다려야 하지만, 나의 앞날이 주의 손에 달려 있다는 것을 믿으십시오. 시간을 기다리지 말고 시간의 주인 되시는 하나님을 소망하십시오. 믿음으로 사는 자의 삶은 주님의 손에 달려 있음을 잊어서는 안 됩니다.

이런 이야기를 들었습니다. 기네스북에 오른 프랑스 여배우였던 잔 칼망(Jeanne Louise Calment, 1875-1997)에 대한 이야기입니다. 잔 칼망이 90세가 되던 해에 이런 일이 있었습니다. 이웃에 살던 47세 난 사람이 할머니를 찾아와서 계약을 하자고 했습니다. 할머니가 살아 계시는 동안 매달 40만 원(당시 2,500프랑)씩을 지불할 테니 할머니가 돌아가시면 할머니 집의 소유권을 자기에게 넘겨달라는 제안이었습니다. 그 사람은 계약대로 매달 40만 원씩 할머니에게 드렸습니다. 그러면서 속으로 생각하였습니다. '90세 되신 분이니 이제 곧 돌아가시겠지… 1년 안에 별세하면 4백만 원에 저 좋은 집을 얻게 된다… 2년 사신다 해도 800만 원이면 된다… 그리고 적어도 이 할머니가 10년 안에는 죽을 테니까 결국 이익은 자기가 보게 된다…' 그런데 그 할머니는 100세가 되어도 돌아가시지 않았습니다! 110세가 되어도 돌아가시지 않았습니다. 120세가 되어도 돌아가시지 않았습니다. 계약이 체결되고 난 뒤 30년이 지났어도 할머니는 돌아가시지 않았습니다. 도리어 할머니와 계약을 맺고 할머니가 돌아가시기만을 기다리던 그 이웃이 먼저 77세가 되던 해에 세상을 떠났습니다! 그 사람은 자기 돈만 날렸습니다. 물론 할머니가 사시던 집도 소유하지 못했습니다. 잔 칼망 할머니는 세계 최고령으로 살다가 122세가 되던 1997년 8월 4

일 임종하였습니다.

　사람이 죽고 사는 것은 하나님이 정하신 때에 가서야 이루어집니다. 사람은 누구나 때를 알아야 합니다. 그때는 사람의 노력으로 조종할 수 있는 것이 아닙니다. 세상사는 하나님이 정해놓으신 시간표에 따라서 움직여지고 있습니다. 그러니 어떻게 해야 합니까? 하나님의 시간표에 자기 삶을 맡기십시오. 하나님의 때에, 하나님의 뜻에, 하나님의 섭리에 순종하십시오. 예수님도 그렇게 기도하시지 않았습니까! 내 뜻대로 마옵시고, 아버지의 뜻대로 하옵소서! 하나님의 뜻을 이루기 위해서 하나님을 소망하는 믿음! 바로 거기에서 인생살이는 새로운 면면을 펼쳐가게 될 것입니다.

하나님이 모든 것을 때를 따라 아름답게 하시기에(3:11)

　이런 흐름에서 전도서 3:11을 들여다봅니다. 전도서 3:11은 세상만사의 기한과 때에 대한 말씀의 결론입니다. 전도서 3:11은 전도서 전체에서 요절과도 같은 역할을 합니다. 오래전 유명한 구약학자 크렌쇼(J. L. Crenshaw)는 이 구절을 가리켜 '영원한 복음'(eternal Gospel)이라고까지 불렀습니다.[2]

> 하나님이 모든 것을 지으시되 때를 따라 아름답게 하셨고 또 사람들에게는 영원을 사모하는 마음을 주셨느니라 그러나 하나님이 하시는 일의 시종을 사람으로 측량할 수 없게 하셨도다(전 3:11).

　전도서 3:11은 읽기에 쉽지 않습니다. 말이 어려워서가 아닙니다. 말의 뜻이 와 닿지 않아서 그렇습니다. 하나님이 사람들에게 "영원을 사모하는 마음을 주셨다"고 하면서도 "그러나 하나님이 하시는 일의 시종을 사람으로 측량할 수 없게 하셨다"고 지적하기에 그렇습니다. 이 두 구절이 서로 매끄럽게 이어지지 않는다고 보아서 그렇습니다. 그래서 원문번역을 놓고 이런저런 의견이 많습니다. 하나님이 사람들에게 주셨다는 "영원을 사모하는 마음"에 대해서도 논란이 있습니다. 새번역 성경은 이 구절을 이렇게 옮겼습니다.

> 하나님은 모든 것이 제때에 알맞게 일어나도록 만드셨다. 더욱이 하나님은 사람들에게 과거와 미래를 생각하는 감각을 주셨다. 그러나 사람은, 하나님이 하신 일을 처음부터 끝까지 다 깨닫지는 못하게 하셨다(전 3:11, 새번역).

개역개정판 성경이 "(하나님이 사람들에게는) 영원을 사모하는 마음을 주셨다"고 한 것을 새번역은 "더욱이 하나님은 사람들에게 과거와 미래를 생각하는 감각을 주셨다"고 풀어놓았습니다. 개역성경의 "영원을 사모하는 마음"이나 새번역의 "과거와 미래를 생각하는 감각"은 모두 히브리어 "하올람"에 대한 우리말 번역입니다. 여기 히브리어 '올람'을 꼭 시간적인 의미인 '영원'(eternity)으로 읽어야 되는지도 궁금합니다.[3] 우리말 번역에서 전도서 3:11의 후반 절 앞 문장과 그 뒤 문장을 연결하는 접속사 "그러나"(미블리 아쉐르)도 반드시 "그러나"로 옮겨야 되는 지도 문제가 됩니다. 그래서 전도서 3:1을 "하나님이 사람들의 마음속에 영원을 사모하는 마음을 주셨는데, 그것이 없이는 누구도 하나님이 하시는 일을 처음부터 끝까지 깨달을 수 없다"(NKJV)라고 고쳐서 읽기도 합니다.[4] 그러나 본문은 이렇게 읽어야 합니다.

> 하나님은 모든 것이 제때에 아름답게 되도록 만드셨다. 더욱이 사람들의 마음속에 영원을 심어놓으셨다. 하지만 사람은 하나님이 하시는 일을 처음부터 끝까지 다 깨달을 수는 없다(전 3:11, 사역).

"하나님은 모든 것이 제때에 아름답게 되도록 만드셨습니다!" 게다가 하나님은 사람들의 마음속에 영원(하올람)을 심어놓으셨습니다. 사람들의 마음속에 영원을 사모하는 마음을 갖게 해주셨습니다. 그랬기에 사람들은 해 아래 세상에서 살면서도 때가 되면 해를 지으시고 해를 다스리시는 해 위에 계시는 하나님을 사모하게 됩니다.

하지만 사람들이 영원을 사모하는 마음을 지니고 있다고 해서 하나님과 똑같은 존재는 아닙니다. 무슨 소리입니까? 사람은 "때"와 "영원" 사이에서 살아가는 피조물이라는 것입니다. 이 세상에서의 "때"와 영원한 나라에서의 "때" 사이를 걸어가는 피조물이라는 것입니다. 씨 에스 루이스(C. S. Lewis)는 전도서 3:11을 읽으면서 이렇게 말했습니다. "만약 내 안에 이 땅에서 얻는 경험으로는 만족할 수 없는 욕구가 있다면, 그것은 내가 이 세상이 아닌, 다른 세상을 위해서 만들어졌기 때문일 것입니다."[5]

기억할 것은 하나님이 모든 것을 제때에 알맞게 아름답게 하신다는 사실입니다. 세상사는 내가 아름답게 하는 것이 아닙니다. 하나님이 아름답게 하십니다. 하나님이 때를 따라서 아름답게 하시는 것입니다. "때를 따라 아름답게 하셨고!" 따라 해보세요. 얼마나 소중한 말씀인지 모릅니다. 조금 부족해도, 조금 모자라도, 조금 아쉬워도, 조금 안타까워도 하나님은 마침내 모든 것을 때를 따라 아름답게 만드신다는 것입니다.

살다 보면 아쉬울 때가 있지 않습니까? 안타까울 때가 있지 않습니까? 속상할 때가 있지 않습니까? 기다리다가 보면 지칠 때가 있지 않습니까? 그러나 기억하십시오. 하나님은 모든 것이 제때가 되면 아름답게 되도록 다듬고 계십니다. 사람이 한다면 아무리 제때가 되었어도 아름답게 되지 않을 수 있습니다. 사람의 능력만으로는 만사가 제 시간표대로 움직인다고 해도 아름답게 될 수가 없습니다. 하나님이 하시기에 모든 것이 제때에 아름답게 된다는 것을 믿으시기를 바랍니다.

"What a Wonderful World"라는 노래가 있습니다. 이 노래의 가사는 다음과 같습니다.

나는 푸른 나무와 빨간 장미를 바라봅니다.
그 나무와 꽃이 당신과 나를 위해 피어나고 있습니다.
그래서 나 혼자 생각해봅니다. 이 얼마나 멋진 세상인가.

나는 푸른 하늘과 하얀 구름을 바라봅니다.
눈이 부시게 축복받은 낮, 어둡고 귀한 밤
그래서 나 혼자 생각해봅니다. 이 얼마나 멋진 세상인가.

……..

나는 아기들이 우는 소리를 듣습니다. 그들이 자라는 것을 지켜봅니다.
그들은 내가 알려고 하는 것보다도 훨씬 더 많은 것들을 배우게 될 것입니다.
그래서 나 혼자 생각해봅니다. 이 얼마나 멋진 세상인가.

그래요. 나 혼자 생각해봅니다. 이 얼마나 멋진 세상인가.

이 노래를 부른 사람은 루이 암스트롱(Louis Armstrong, 1901-1971)이라는 흑인입니다. 암스트롱은 미국 뉴올리언스의 가난한 가정에서 태어났습니다. 배고픔을 견디다 못해 열세 살 때 공중에다 대고 총질을 해서 소년원에 붙들려갑니다. 거기에서 먹거리를 해결하게 됩니다. 소년원에서 트럼펫 부는 것을 배우게 됩니다. 출소 후 밴드를 조직하고 흑인들의 아픔을 노래로 승화시키는 재즈 음악의 달인이 됩니다. "What a Wonderful World"라는 노래는 그런 질고의 삶을 살았던 자신을 향한 노래입니다. 그 자신이 세상을 보는 방식을 노래하고 있습니다. 세상을 이겨가던 방식을 노래하고 있습니다. 뭐라고 노래합니까? "이 얼마나 아름다운 세상인가"(What a Wonderful World)!

세상을 보는 방식을 새롭게 해야 합니다. 하나님이 때를 따라 아름답게 하시기에 세상은 참으로 멋진 세계(Wonderful World)입니다. 하나님은 때를 따라 우리의 삶을 아름답게 만드십니다. 이 깨달음을 얻는 것이 살아 있는 믿음입니다. 그것이 바로 신앙인이 보는 세상이어야 합니다.

별을 보려면 밤이어야 되듯이(3:12-22)

"하나님이 모든 것을 때를 따라 아름답게 하신다"는 진리를 터득한 자는 어떻게 살아야 합니까? 먹을 수 있고, 마실 수 있고, 수고할 수 있는 일상을 기쁘게 살아야 합니다(전 3:12-14). 무엇을 지님으로 행복해지는 것이 아닙니다. 돈을 벌고, 이익을 내고, 재산을 늘려가는 것이 행복의 비결이 아니라는 것입니다. 내가 어떻게 살아가는지에 따라서 행복의 척도가 달라진다는 것입니다. 무슨 소리입니까? 삶의 기준을 소유에서 존재로 바꿔가라는 것입니다. 소유함으로 만족하는 인생이 아니라 하나님이 기뻐하시는 존재가 됨으로 보람찬 인생이 되어야 한다는 것입니다.

> 사람들이 사는 동안에 기뻐하며 선을 행하는 것보다 더 나은 것이 없는 줄을 내가 알았고 사람마다 먹고 마시는 것과 수고함으로 낙을 누리는 그것이 하나님의 선물인 줄도 또한 알았도다(전 3:12-13)

"하나님이 모든 것을 때를 따라 아름답게 하신다"는 깨달음을 얻은 자는 어떻게 살아야 합니까? 아는 것만으로는 안 됩니다. 깨닫는 것만으로도 안 됩니다. 믿어야 합니다. 하나님을 경외하여야 합니다(전 3:14-15). 하나님이 하시는 일은 한결같습니다. 지금 있는 것도 이미 있던 것이고, 앞으로 있을 것도 이미 있는 것이라는 본문말씀을 너무 부정적으로 듣지 마십시오. 그 말은 한결같다는 뜻입니다. 변함이 없다는 뜻입니다. 영원하다는 뜻입니다.

사람은 시간과 공간의 한계 속에 삽니다. 하나님은 그런 한계 너머에서 일하십니다. 하나님이 이끄시는 세상사가 영원히 지속되는 것도 이 때문입니다. 사람은 유한합니다. 하나님은 무한합니다. 유한한 사람은 무한한 하나님을 붙들어야 합니다. 한계 속에 있는 사람은 영원을 사모해야 합니다. 하나님은 "사람들에게 영원을 사모하는 마음을 주셨다"고 하지 않았습니까!

"하나님이 모든 것을 때를 따라 아름답게 하신다"는 것을 깨달은 사람은 어떻게 살아야 합니까? 최후의 심판이 있다는 것을 다짐하고 살아야 합니다. 세상사는 때로는 뒤집혀져 있습니다. 전도서 3:16이 그것을 고발합니다.

> 또 내가 해 아래에서 보건대 재판하는 곳 거기에도 악이 있고 정의를 행하는 곳 거기에도 악이 있도다(전 3:16).

하나님은 때가 되면 모든 것을 아름답게 하시지만, 지금 당장 눈에 비친 세상사는 그렇지가 않습니다. 아름답다는 것은 균형이 잡혀 있다는 뜻입니다. 공평하고, 공정하다는 뜻입니다. 그런데 지금 해 아래 세상은 그렇지가 않습니다. 가장 정의가 실천되어야 할 재판정에서조차 불의가 득세하는 어처구니없는 일이 벌어지고 있습니다. 전도서 3:17-22는 그런 안타까운 형편에 대한 전도자의 판단을 보여줍니다.

> 내가 내 마음속으로 이르기를 의인과 악인을 하나님이 심판하시리니 이는 모든 소망하는 일과 모든 행사에 때가 있음이라 하였으며 내가 내 마음속으로 이르기를 인생들의 일에 대하여 하나님이 그들을 시험하시리니 그들이 자기가 짐승과 다름이 없는 줄을 깨닫게 하려 하심이라 하였노라(전 3:17-18).

본문에는 "내가 내 마음속으로 이르기를"이라는 구절이 두 번 나오고 있습니다. 의가 불의가 되고 불의가 의처럼 판치는 현장을 겪으면서 전도자에게 두 가지 생각이 들었다는 것입니다. 그가 속으로 생각한 것이 무엇입니까? 의인도 악인도 때가 되면 하나님이 심판하신다는 것입니다(전 3:17). 재판정은 이 땅에만 있는 것이 아니라 하늘에도 있다는 것입니다. 재판정은 이 세상에만 있는 것이 아니라 죽은 다음에도 있다는 것입니다. 이 세상에서 활개 치는 악인이나 그 앞에서 숨도 제대로 못 쉬는 의인뿐만 아니라 내 삶도 때가 되면 하나님의 법정 앞에 서게 된다는 것입니다.

그가 또 속으로 생각한 것이 무엇입니까? 그 어떤 인생도 모두 죽음에 다다르게 된다는 사실입니다(전 3:18). 인생살이의 종점이 죽음이라는 점에서는 그 처지가 짐승과 크게 다를 바가 없다는 것입니다. 무슨 소리입니까? 죽음이 있음을 알고 살자는 것입니다. 아무리 힘이 센 사람도, 아무리 떵떵거리며 살았던 사람도 언젠가는 이 세상을 떠날 때가 있다는 것을 잊지 말고 살아야 한다는 것입니다. 잘난 사람도 죽고, 못난 사람도 죽기는 마찬가지입니다. 힘센 자도 죽고 힘없는 자도 죽기는 마찬가지입니다. 죽음 앞에서는 모두가 다 평등할 수밖에 없다는 것입니다.

그래서 전도자가 얻은 결론이 무엇입니까? 전도서 3:22가, 특히 22절의 전반 절이 인생살이의 험한 여정, 인생살이의 냉혹한 현장을 성찰하면서 전도자가 내린 결론입니다.

> 그러므로 나는 사람이 자기 일에 즐거워하는 것보다 더 나은 것이 없음을 보았나니 이는 그것이 그의 몫이기 때문이라(전 3:22a).

삶에서 가장 소중한 것, 그것은 자기가 하는 일을 즐거워하는 것입니다. 자기가 하는 일에서 보람을 느끼는 것입니다. 지금 내가 하는 일을 내 삶의 몫으로 기뻐하는 것입니다. 남에게 보여주기 위한 삶이 아니라 내 인생을 사는 것입니다.

무엇이 진정 복된 삶입니까? 무엇이 행복한 삶입니까? 무엇이 보람을 누리는 삶입니까? 공의가 뒤집혀져 있는 것처럼 보이는 세상이라도 남에게 보여주기 위한 삶이 아니라 나만의 삶을 살아가십시오. 별을 보려면 어두워야 하듯이 혼탁한 세상에서 지혜로운 사람으로 살아가십시오.

삶에서 소중한 것은 하나님을 경외하는 삶입니다. 기쁘게 사는 것, 선하게 사는 것, 날마다의 일상을 하나님의 선물로 감사하는 것, 이 모든 실행의 모판은 하나님을 경외하는 것입니다. 기억하십시오. 하나님이 모든 것을 지으시되 때를 따라 아름답게 하시는 까닭은 사람들로 하여금 하나님을 경외하게 하고자 하심입니다. 이 진리가 예수님의 말씀에서 분명해집니다.

> 공중의 새를 보라 심지도 않고 거두지도 않고 창고에 모아들이지도 아니하되 너희 하늘 아버지께서 기르시나니 너희는 이것들보다 귀하지 아니하냐(마 6:26).

"너희는 이것들보다 귀하지 아니하냐!" 우리에게 날마다의 일상을 선물로 주시는 하나님을 찬양합니다. 이런 찬양을 하는 자만이 오늘 우리가 사는 세상을 진정 '얼마나 멋진 세상인가'(What a Wonderful World)라고 고백하게 될 것입니다.

---

1) Ryken, *Ecclesiastes*, 81; Shields, *The End of Wisdom*, 139.
2) Crenshaw, *Ecclesiastes*, 97-98.
3) Seow, *Ecclesiastes*, 163.
4) 전도서 3:11은 이렇게도 번역된다. "He has made everything in their hearts, except that no one can find out the work that God does not from beginning to end"(NKJV). "He has made each thing appropriate in its time. He has also placed eternity in their hearts, without which people could not discover the work that God has done from beginning to end." Shield, *The End of Wisdom*, 139, 142.
5) C. S. Lewis, *Mere Christianity* (New York: Macmillan, 1952), 120.

전 도 서 강 해 설 교

05

"세 겹줄은 쉽게 끊어지지 않는다는데"

본문 전도서 4:1-16   요절 전도서 4:7-12

제주도 서귀포시에는 이중섭 미술관이 있습니다. 원산에 살던 이중섭의 가족이 한국전쟁과 함께 월남하여 제주도 서귀포시에서 살았던 인연이 있기 때문입니다. 이중섭은 소 그림으로 유명합니다. 황소, 흰소 같은 유화가 우리에게 널리 알려져 있습니다. 그러나 그가 남긴 그림들 가운데 많은 분량이 가족과 아이들을 그린 그림입니다. "춤추는 가족", "길 떠나는 가족"이 그런 그림들입니다. 월남한 그는 극심한 가난으로 고생하였습니다. 그는 일본 여인과 결혼하였습니다. 그러나 한국전쟁 후 너무 가난하고 힘이 들었기에 1952년 아내와 두 아들을 일본으로 보냅니다. 그리고 1956년 40세 나이에 갑작스럽게 죽음을 맞을 때까지 그는 단 한 차례 일본에 가서 가족을 만나고 온 것 빼고는 혼자서 외롭게 지냈습니다.

이중섭의 그림들 가운데는 일본으로 건너간 아내와 두 아이에게 보낸 엽서에 그린 그림들이 있습니다. 아이들 그림을 많이 그렸는데, 그 모습 하나하나가 이별의 외로움, 보고 싶은 아이들에 대한 사무침, 아내에 대한 그리움으로 가득 차 있습니다. 이중섭은 혼자 외롭게 살다가 쓸쓸하게 병상에서 죽음을 맞았습니다. 그가 남긴 그림들을 보면서 생각해보았습니다. 사람들에게 가정은 무엇인가? 가정은 어떻게 세워지는가? 가정(home)과 집(house)은 어떻게 다른가?

사람을 찾습니다(4:1)

전도서 4장은 얼핏 서로 다른 여러 짤막한 교훈들이 그냥 나열되어 있는 것처럼 보입니다. 그러나 세심하게 읽어보면 전도서 4장은 전도자가 관찰한 세상의 모습을 전하고 있는 것을 알 수 있습니다. 우선 전도서 4장은 이렇게 시작됩니다. "내가 다시 해 아래에서 행하는 모든 학대를 살펴보았도다 보라 학대 받는 자들의 눈물이로다…"(전 4:1a). 전도서 4장에서 주목하게 되는 단어는 "보다"(라아)라는 동사입니다. "내가 보다"(에르에)나 "내가 보았다"(라이티)는 말입니다(전 4:1, 4, 7, 15).

성경에서 "보았다"(라아)는 말은 여러 가지 의미로 사용됩니다. 눈으로 보는 행동을 가리킵니다. 눈으로 보고 인식하는 과정을 지칭합니다. 눈으로 보고 마음으로 품는 비전을 나타냅니다. 관찰하다는 뜻으로도 쓰이고, 발견하였다는 의미로도 사용됩니다. 전도서 4장에서 "보다", "보았다"는 단어가 여러 차례 사용되고 있다는 것은 전도서 4장의 분위기가 전도자가 관찰한 세상사라는 것을 암시합니다. 한 번만 본 것이 아닙니다. 여러 차례 보았습니다. 주의 깊게 보았습니다. 예리하게 보았습니다. 그러니까 전도서 4장은 전도자가 보고, 또 본 세상의 모습이라고 말할 수 있습니다.

전도서 4장에서만 "내가 보았다"는 말이 두드러지는 것은 아닙니다. 전도서 전체에서 "내가 보니"로 시작되는 글을 어렵지 않게 만나게 됩니다. 전도서가 해 아래 세상을 관찰한 결과를 다루고 있기 때문입니다. 전도자가 보는 세상의 모습은 4장 이전에도 나왔습니다. "또 내가 해 아래에서 보건대 재판하는 곳 거기에도 악이 있고 정의를 행하는 곳 거기에도 악이 있도다"(전 3:16)라고 말한 적이 있습니다. 그러니까 전도서 3:16부터 4장에 이르는 말씀(3:16-4:16)이 모두 전도자가 살던 시대를 조망한 글이라고 말할 수 있습니다.

이처럼 전도서 3:16-4:16에서 두드러지는 단어는 "보았다"입니다. "또 내가 해 아래에서 보건대"(전 3:16), "내가 다시 해 아래에서 행하는 모든 학대를 살펴보았도다"(4:1), "내가 또 본즉"(4:4), "내가 또다시 해 아래에서 헛된 것을 보았도다"(4:7), "내가 본즉"(4:15). 이 "보았다"는 말과 함께 전도서 4장은 전도자가 관찰한 세상사를 고발하고 있습니다. 이 "보았다"는 말에다가 "…보다 더 복되다"(4:2, 3), "더 낫다"(4:6, 9, 13)는 설명이 첨가되면서 전도서 4장은 세상에 있어야 할 인물이 어떤 존재인지를 파악하고 있습니다. 세상살이를 할 때 진정 있어야 될 사람이 누구인지를 정하고 있습니다. 그 사람이 누구입니까? 바로 동료입니다. 이웃입니다. 도우(道友)입니다. 도반(道伴)입니다. 함께하는 사람입니다. 같이 가는 사람입니다. 전도서 4장은 바로 이런 친구가 필요한 세상을 부르짖고 있습니다. 그런 까닭에 전도서 4장의 주제를 "사람을 찾습니다"로 붙일 수 있습니다.

"더불어 있음"을 잃어버린 세상(4:1-3, 4-6, 13-16)

전도서 4:1-3은 전도서 4장에서 전도자가 묘사하는 세상사의 첫 장면입니다. 전도서 4장은 전도자가 관찰한 세상입니다. 그 세상은 억누르는 사람이 있고 억눌리는 사람이 있는 세상입니다. 힘(power)에만 의지하는 사람들이 판을 치는 세상입니다. 그런 까닭에 전도자의 눈에 비친 세상은 평안하지 않습니다. 억누르는 사람, 억눌린 사람만 있지, 서로 돕고 서로 나누는 사람들은 눈에 보이지 않습니다.

전도서 4:1-3에서 들리는 소리는 탄식입니다. 억압을 당하는 자들의 입에서 나오는 한탄입니다. 전도서 4:1-3에서 크게 보이는 것은 눈물입니다. 억눌리는 사람들의 눈에서 펑펑 쏟아지는 눈물입니다.

> 내가 다시 해 아래에서 행하는 모든 학대를 살펴보았도다 보라 학대 받는 자들의 눈물이로다 그들에게 위로자가 없도다 그들을 학대하는 자들의 손에는 권세가 있으나 그들에게는 위로자가 없도다(전 4:1).

전도자가 세상에서 본 것은 무엇입니까? 세상에서 벌어지는 "모든 학대"(콜-하아슈킴)입니다. "온갖 억압"(새번역)을 보았습니다. 학대 받는 자들이 흘리는 "눈물"(딤아)을 보았습니다. 학대나 억압이란 단어는 더불어 있음을 잃어버린 말입니다. 더불어 삶을 잊어버린 말입니다. 쉬운 말로 공동체가 파괴되었다는 소리입니다.

전도자의 눈에 비친 세상이 얼마나 모질었는지, 전도서 4:1은 짧은 한 구절 속에 "학대"(아슈킴)라는 단어를 3번이나 반복합니다. 반복한다는 것은 강조한다는 뜻입니다. 두드러지게 보이게 한다는 뜻입니다. 더불어 살고자 했던 이스라엘 사회의 전통은 보이지 않고 힘 있는 자와 힘없는 자 사이에 자리 잡은 갈등만 보인다는 것입니다.

전도서 4:1 본문에서는 "학대"라는 말도 단수형이 아니라 복수형입니다. 그만큼 많다는 뜻입니다. 그만큼 빈번하다는 뜻입니다. 게다가 그 글의 꼴은 분사 형태입니다. 이전에 한 번 있었던 일이 아니라 지금도 여전히 진행되고 있는 사태라는 암시가 이 형태 속에 새겨져 있습니다. 전도서 4:1은 그런 글꼴로 세상에는 그만큼 억눌린 자들이 많다는 것을 풍자하고 있습니다. 다른 사람을 억누름으로 살아가는 자들이 많다는 것을 암시하고 있습니다.

세상에서 벌어지는 온갖 억압에 대해서는 전도서 3:16-22에서도 지적하였습니다. 그러나 관점이 다릅니다. 전도서 3장은 "공의가 있어야 할 곳에 악이 있는"(전 3:16) 세상을 고발하였습니다. 불의를 문제 삼았습니다. 전도서 4장은 그런 불의로 고통당하는 사람들이 있는 세상을 클로즈업시키고 있습니다. 전도서 4장의 문제는 사람입니다. 불의가 문제라기보다는 불의 탓에 고통당하는 사람들이 있다는 현실이 전도서 4장의 문제입니다. 고통당하는 사람에게는 누가 필요합니까? 억압에 눌려 사는 자들에게는 무엇이 있어야 합니까?

이스라엘 신앙은 전통적으로 하나님은 공의로우시며 억압당하는 자의 편을 드시는 분이라고 가르쳐 왔습니다. 하나님을 인생길의 동반자로 삼았습니다. 하나님을 과부와 고아와 나그네의 소리에 귀 기울이는 분으로 소개하였습니다. 가령 이스라엘의 시인은 하나님에 대해서 무엇이라고 가르쳤습니까?

여호와는 천지와 바다와 그 중의 만물을 지으시며 영원히 진실함을 지키시며 억눌린 사람들을 위해 정의로 심판하시며 주린 자들에게 먹을 것을 주시는 이시로다 여호와께서는 갇힌 자들에게 자유를 주시는 도다 여호와께서 맹인들의 눈을 여시며 여호와께서 비굴한 자들을 일으키시며 여호와께서 의인들을 사랑하시며 여호와께서 나그네들을 보호하시며 고아와 과부를 붙드시고 악인들의 길은 굽게 하시는도다(시 146: 6-9).

하나님은 이 땅에 공의가 이루어지기를 기대하십니다. 공의가 이루어지도록 그때나 지금이나 일하십니다. 그 공의는 억눌린 사람들에게 위로가 됩니다. 제대로 보지 못하고 온전히 듣지 못하는 자들에게 위로가 됩니다. 자기들을 지켜줄 울타리가 없는 자들에게 위로가 됩니다. 사람들이 뒤집어놓는 공의를 하나님이 바로잡으신다고 믿기 때문입니다. 그것이 바로 이스라엘의 시인이 노래하는 찬양입니다.

그런데 지금 전도자의 눈에는 그런 하나님의 공의가 뒤집혀져 있습니다. 전도서 4:1이 무엇이라고 고발합니까? "보라 학대 받는 자들의 눈물이로다!" 무엇을 보라고 소리칩니까? 학대 받는 자들의 눈물입니다! 전도자가 지금 세상을 보면서 왜 안타까워합니까? "그들에게 위로자(메낙헴)가 없도다!" 위로자가 누구입니까? 눈물을 닦아주는 사람입니다. 고통을 함께 느껴주는 사람입니다. 하소연을 들어주는 사람입니다. 마음의 상처를 치료해주는 사람입니다. 격려해주는 사람입니다. 힘과 소망을 불어넣어주는 사람입니다. 그런데 그런 위로자가 이 세상에는 없다는 사실에 전도자가 분노합니다. 하나님을 잊고 사는 세상이기에 위로자가 없다는 현실이 전도자의 고민거리가 되고 있습니다.

전도자는 지금 세상에는 억누르는 사람과 억눌리는 사람만 있지, 서로 돕고 의지하는 사람들이 없다는 사실을 지적하고 있습니다. 힘으로 누르려고만 하지, 버텨주고, 버팀목이 되어주는 사람들이 없다는 사실을 고발합니다. 그래서 전도서 4:1은 짧은 구절인데도 두 번에 걸쳐 억눌린 자들에게 위로해주는 자가 없다고 한탄하고 있습니다. 학대하는 자들의 손에는 권세가 있으나 학대 받는 자들의 곁에는 위로자가 없는 현실에 가슴 아파합니다. 오죽했으면 살아 있는 자들보다 죽은 자들이, 숨 쉬는 자들보다 아직 태어나지 않은 자들이 더 복되다고 우기고 있겠습니까(전 4:2-3)! 왜 그렇게 우기게 되었습니까? 해 아래 세상에서 저질러지는 온갖 못된 일을 보지 못한 사람들이 더 낫다고 판단하고 있는 것입니다.

왜 이렇게 되었습니까? 모두가 "권세"(코아흐, 전 4:1b)만을 쥐려고 하기 때문입니다. "힘"(코아흐)에만 의지하려고 하기 때문입니다. 세상살이의 법도를 "권력"(코아흐)에서 찾는 자들이 득세하기 때문입니다. 그러다 보니 다른 사람은 안중에도 없습니다. 그러다 보니 더불어 산다는 것은 안중에도 없습니다. 그러다 보니 힘에 밀려서, 힘에 눌려서 숨도 제대로 못 쉬는 자들만 거리로 밀려나고 말았습니다. 그래서 나오는 말입니다. 세상에는 위로해주는 사람이 없구나! 세상에는 사람다운 사람이 없구나!

왜 세상에는 사람이 없습니까? 서로 경쟁만 하기 때문입니다. 전도서 4:4-6이 그런 세상사를 지적합니다. 세상살이가 힘든 것은 불의한 자들이 판치기 때문만은 아닙니다. 세상살이가 힘든 것은 이웃끼리 서로 경쟁하기 때문입니다. 서로 시기하기 때문입니다. 서로 많이 가지려고 갈등하고 긴장하기 때문입니다. 세상살이의 노력과 성취는 다 생존경쟁에서 비롯된 것이라는 것입니다.

> 내가 또 본즉 사람이 모든 수고와 모든 재주로 말미암아 이웃에게 시기를 받으니 이것도 헛되어 바람을 잡는 것이로다 우매자는 팔짱을 끼고 있으면서 자기의 몸만 축내는도다 두 손에 가득하고 수고하며 바람을 잡는 것보다 한 손에만 가득하고 평온함이 더 나으니라(전 4:4-6).

이 본문의 첫 구절(전 4:4)은 다시 읽어야 합니다. "온갖 노력과 성취는 바로 사람끼리 갖는 경쟁심에서 비롯되는 것임을 나는 깨달았다"(새번역)는 것입니다. 여기 "노력"(아말)은 땀 흘리는 노동을 말합니다. 여기 "성취"(키쉬론)는 보수를 많이 받아서 이룬 번영을 말합니다.[1] 성공이나 출세를 가리킵니다. 그런데 이런 노력과 성취가 다 따지고 보면 "경쟁심"(키느아트-이쉬 메레에후)에서 비롯되었다는 것입니다. 이웃끼리 서로 "시기하고 질투하는 열심"(킨아)이 약육강식의 세상을 빚어냈다는 것입니다. 그래서 "자기 몸을 축내는"(문자적으로는 "자기 몸을 먹는") 어리석은 사람들만 득실거리는 세상이 되어 버렸다는 것입니다. 그래서 하게 되는 말이 이것입니다. "적게 가지고 편안한 것이 많이 가지려고 수고하며 바람을 잡는 것보다 낫다"(전 4:6 새번역)!

주목할 것은 시기와 질투가 보통 사람들 사이에만 있지 않다는 사실입니다. 지위가 높은 사람들 사이에서도 시기와 질투는 마찬가지입니다. 아니, 지위가 높은 자들일수록 시기와 질투는 더 거칠고 모집니다. 한 나라를 다스리는 왕이라고 해도 시기와 경쟁심에서 자유로울 수는 없습니다. 전도서 4:13-16이 바로 그것을 전해줍니다. 왕이라고 해도 경쟁심에 사로잡혀서 누가 더 백성들의 칭송을 받는가를 두고 질투하고 따지는 일로 세월을 보낸다는 것입니다.

> 한 나라의 가난한 집안에서 태어나서 젊어서 감옥살이를 하다가 임금 자리에 오를 수 있다. 내가 보니, 세상에서 살아 움직이는 모든 사람이 왕의 후계자가 된 젊은이를 따른다. 한 왕이 다스리는 백성의 수가 셀 수 없이 많다 하여도, 그가 물러나면 어느 누구도 그의 업적을 찬양하지 않으니 왕으로서 통치하는 것도 헛되며 바람을 잡으려는 것과 다를 바 없다(전 4:14-16, 새번역).

이스라엘 신앙에서 왕은 하나님의 뜻을 이 땅에 펼치는 일꾼입니다(신 17:14-20). 그런데 지금 전도자의 눈에 비친 왕은 백성의 지지를 왕도의 기준으로 삼는 사람입니다. 누가 더 많은 지지를 받느냐를 두고 왕과 왕자 사이에, 선왕과 그 후계자 사이에 경쟁이 펼쳐지는 세상이라는 것입니다.

사실, 전도서 4:14-16은 해석하기에 쉽지 않은 구절입니다. 14-16절과 그 바로 앞에 있는 13절을 서로 이어서 읽기가 쉽지 않습니다. 우리말 성경(개역개정판)에서도 드러나듯이 이 두 부분을 같이 읽을 때 본문이 젊은이와 노인을 비교하는지, 가난한 자와 부자를 비교하는지, 지혜로운 자와 어리석은 자를 비교하는지가 분명하지 않습니다. 저는 이 이야기를 출신배경이 천한 자로 마침내 왕좌에 오른 인물과 왕족의 후손으로 왕좌에 올랐던 자 사이에 있었던 경쟁관계를 전하는 말씀으로 읽으려고 합니다.[2] 그러면서 둘 중 누가 더 백성들에게 인기가 있었는지를 비교하는 이야기로 삼아보려고 합니다.

전도자는 지금 선왕과 선왕의 뒤를 잇는 후계자 사이에서 일어난 경쟁구도를 이야깃거리로 삼고 있습니다. 누가 더 백성들의 칭송을 받는가를 두고 선왕과 그 후계자 사이에 경쟁이 일고 있다는 것입니다. 그런데 재미있는 것은 선왕이 죽고 나면 어느 누구도 선왕의 업적을 칭송하지 않게 되는 현실을 전도자가 비웃고 있다는 사실입니다. 그러니까 세상에는 누가 더 인기가 있는가를 놓고 벌이는 대결과 경쟁이 있지만, 따지고 보면 이런 것도 다 부질없는 짓이라는 것입니다. 그렇게 부질없는 일에만 몰두하다 보니까 공동체를 다져야 할 국가가 공동체를 허물어버리는 비극을 불러일으키고야 만다는 것입니다.

어째서 세상이 이렇게 어지러워지고 말았습니까? 세상은 원래 하나님이 보시기에 아름다웠던 집(오이코스)이었습니다. 헬라어 "오이코스"에서 함께하는 세상을 가리키는 "오이쿠메네"라는 헬라어가 나왔습니다. 하나님이 사람들에게 살라고 주신 창조의 세상은 서로 돕고, 서로 나누고, 서로 이웃이 되어주는 커다란 집이었습니다. 사람과 사람 사이만 이웃이 되는 세상은 아닙니다. 사람과 동식물 사이에도 함께 사는 세상이 되어야 한다고 보았습니다. 그런 세상을 가리켜서 "오이쿠메네"라고 불렀습니다. 그 "오이쿠메네"가 바로 우리가 회복해야 할 생태환경(ecology)입니다.

하나님이 우리에게 주신 세상은 본래 모두가 더불어서 함께 살아가는 생명의 마당이었다는 것입니다. 그런데 그토록 더불어 살도록 창조되었던 세상이 무슨 이유로 이렇게 혼란스러워졌습니까? 전도자에 따르면 그 원인 중 하나는 힘을 내세우는 사람들에게 있습니다(전 4:1). 다른 하나는 서로 경쟁하는 풍토 탓에 그렇게 되었다고 탄식합니다(전 4:4, 15-16).

2014년에 들어서면서 우리나라의 주소 적는 방식이 바뀌었습니다. 동네 이름과 땅에 매긴 순서(地番)에 따라서 적는 주소가 아니라 길을 따라서 주어진 숫자에 따라 주소가 정해지는 방식으로 바꾸었습니다. 그러다 보니 이런저런 혼란이 일어났습니다. 옛 주소와 새 주소 중에서 어느 것이 더 편리한지를 묻고자 이런 이야기를 꺼내는 것은 아닙니다. 마을(洞)에 살던 사람들이 갑자기 길(路) 위에 사는 처지가 되고 말았다는 아쉬움이 들어서 이런 말씀을 드립니다. 굴(동굴)에서, 골(골짜기)에서, 동네에서 살던 사람들이 갑자기 거리에서 사는 신세가 된 것 같은 생각이 든다는 것입니다. 이것을 두고 우리 시대의 사상가 김우창 선생은 이렇게 꼬집었습니다. "도로명 주소는 사람의 이름을 숫자로 바꾼 것과 같다!"[3]

이런 생각이 전도서 4장에서도 들게 됩니다. 전도자의 눈에 비친 세상은 공동체가 아니라는 것입니다. 더불어 있음을 잃어버린 세상이 지금 전도자의 눈에 비치고 있기 때문입니다. 세상이 온통 힘과 부(富)가 달음질하는 거리가 되어 버렸기 때문입니다. 사람들이 하나님이 주신 마을(에덴)에서 살지 않고 거리(에덴의 동쪽)로 뛰쳐나가 살고자 하기 때문입니다.

여기에서 다시금 전도서 4:4에 주목해 봅니다. 전도서 4:4가 지적하는 "시기심"(킨아)은 잘못된 열정을 가리킵니다. 잘못된 성향을 가리킵니다. 잘못된 자세를 가리킵니다. 사람이 그 이웃에 대해서 갖는 잘못된 열정을 말합니다. 세상을 사는 자들이 서로서로 이기려고만 한다는 것입니다. 그러다 보니 세상에는 이웃이 없어지고 말았다는 것입니다.

전도서 4장이 지적하는 시기와 질투를 창조신앙에서 되짚어보면 그 말은 '누구처럼 되려는 욕정'을 가리킵니다. 하나님이 아담과 하와에게 들어가 살라고 주신 에덴동산에서 아담과 하와는 왜 쫓겨나게 되었습니까? 그들이 하나님처럼 되고자 했기 때문입니다.

> 뱀이 여자에게 이르되 너희가 결코 죽지 아니하리라 너희가 그것을 먹는 날에는 너희 눈이 밝아져 하나님과 같이 선악을 알 줄 하나님이 아심이니라(창 3:4-5).

여기에서 중요한 구절은 "하나님과 같이"라는 말입니다. "너희가 하나님과 같이 되리라"는 지적입니다. 이 말은 뱀이 사람들에게 건넨 말입니다. "너희가 그것을 먹는 날에는 너희 눈이 밝아져서 하나님과 같이 되리라!" 여기에서 전도자가 말하는 시기, 질투, 경쟁심의 본질이 무엇인지가 드러납니다. 시기와 질투는 누구처럼 되려고 하는 열정입니다. 누구에 못지않 겠다는 욕망입니다. 누구에게 지지 않겠다는 욕심입니다. 그런 열정과 욕망의 결과가 무엇입니까? 파멸입니다! 서로 파멸하게 되는 것뿐입니다. 자신도 망가지고 이웃도 망가집니다. 사람의 바탕을 망치게 하고 나아가 공동체의 바탕을 허물어 버리고 맙니다. 다석 유영모 선생이 이렇게 말한 적이 있습니다. "시픔이 없어지면 시름이 없어진다!" 욕망(시픔)을 내려놓으면 시름(걱정)이 없어진다는 것입니다. 한 사람의 시픔이 더불어 사는 마당을 무너뜨린다는 것입니다. 그러니 다짐합시다. 시픔이 없어지면 시름이 사라집니다!

동료가 되어주는 삶(4:7-12)

이제 전도자는 소란스런 세상에서 혼자 살아가는 사람들이 있는 현실로 그 시야를 돌립니다. 전도서 4:7-12가 그 문제를 풀어갑니다. 어떻게 보면 이들은 공동체가 사라진 현실에서 혼자서 싱글(single)로 지내겠다는 사람들일 수 있습니다. 서로 짓누르고 다투고 시기하는 현실이 싫어서 혼자서 살아보겠다고 나섰던 사람일 수 있습니다. 하지만 그마저도 전도자의 눈에는 또 하나의 헛된 짓으로 비쳐집니다(전 4:7). 그 이야기는 이렇게 시작합니다.

> 어떤 사람은 아들도 없고 형제도 없이 홀로 있으나 그의 모든 수고에는 끝이 없도다 또 비록 그의 눈은 부요를 족하게 여기지 아니하면서 이르기를 내가 누구를 위하여는 이같이 수고하고 나를 위하여는 행복을 누리지 못하게 하는가 하여도 이것도 헛되어 불행한 노고로다(전 4:8).

평생 혼자서 살아가는 어떤 사람이 있었습니다. 본문에 나오는 이 "어떤 사람"은 아내도 없고, 아들도 없고, 형제도 없이 평생 동안 살았습니다.

그러나 열심히 살았습니다. 혼자서 사는 것이 편하다는 생각이 들기도 했습니다. 나름대로 상당한 재산도 모았습니다. 그러다가 어느 날 문득 그에게 '내가 무엇 때문에 사는가'라는 회의가 들었습니다. 그 사람에게 아들과 형제가 없다는 지적은 재산을 모아도 물려주거나 나눠줄 상대가 없다는 소리가 됩니다. 그는 나눔의 기쁨을 몰랐습니다. 그는 더불어 사는 즐거움에서 격리되어 있었습니다. 그는 철저하게 혼자였습니다. 요즈음 말로 하면 싱글이었습니다. 그 싱글의 삶이 한계에 도달했을 때 마침내 그가 소리를 지르게 됩니다. 왜 나는 행복을 누리지 못하는가?

전도서 4:8이 질문이라면 그 뒤에 이어지는 전도서 4:9-11은 그 질문에 대한 해답입니다. 우리는 흔히 전도서 4:9-11을 부부생활에 대한 가르침으로 생각합니다. 전도서 4:9-11이 결혼의 소중함에 대해서 말하지 않는 것은 아닙니다. 그러나 전도서 4:9-11은 남녀의 결혼생활을 다루려는 의도로 주어진 말씀이 아닙니다. 문자적으로만 보면 이 본문은 혼자서 살아온 사람에게 둘이 힘께 사는 생활의 가치를 깨우쳐 주려는 말씀입니다.

> 두 사람이 한 사람보다 나음은 그들이 수고함으로 좋은 상을 얻을 것임이라 (전 4:9).

무엇을 말합니까? 둘이 함께 애쓰면 더 좋은 상을 얻게 된다는 것입니다. 본문은 "두 사람이 함께 일할 때에, 더 좋은 결과를 얻을 수 있기 때문이다."(새번역)라고도 읽을 수 있습니다. 더 좋은 상(사카르)을 받으려면, 더 나은 결과(사카르)를 얻기 위해서라면, 일할 때 혼자가 아니라 둘이 서로 힘을 모아야 한다는 것입니다. 땀 흘리는 노동의 결과로 좋은 보상(사카르)을 얻으려면 혼자서 하기보다는 둘이 같이해야 된다는 것입니다. 우리말 속담에도 "백지장도 맞들면 낫다"고 하지 않았습니까!

하지만 이 말은 광야에서 맞이하는 밤을 어떻게 보내야 했는지를 일러

주는 경험에서도 살필 수 있습니다. 유다 광야에서는 한낮에 그토록 뜨겁던 기온이 밤이 되면 사람의 몸을 얼게 할 정도로 급강하합니다. 그렇게 어려운 환경이다 보니 광야에서는 동료와 함께 지내지 않으면 한밤중에 동사(凍死)할 수도 있습니다. 두 사람이 한 사람보다 낫다는 말은 이런 맥락에서 살펴야 된다는 것입니다.

그러나 저는 이 말을 세상살이에는 친구가 필요하다는 소리로 읽으려고 합니다. 본문이 말하는 "두 사람"은 서로 일을 거드는 사람입니다. 두 사람이 함께 작업하는 현장을 상상해보십시오. 한 사람이 일을 하고 있었는데 다른 한 사람이 그 현장에 들어왔습니다. 처음에는 이 두 사람 사이가 서로 일을 거드는 사이이었습니다. 그러나 일을 하면서, 일을 거듭하면서, 이 두 사람 사이는 일이 아니라 사람을 거드는 사이로 익어갑니다.

본문을 이렇게 읽을 때 본문에서 들어야 되는 소리가 무엇입니까? 일을 돕는 사람입니까? 아닙니다. 사람을 돕는 사람입니다. 전도서 4:9가 말하는 이 "두 사람"은 그중에 누가 더 힘이 센지, 누가 더 힘이 부족한지가 드러나지 않습니다. 누가 누구에게 경쟁심을 가지고 있는지도 드러나지 않습니다. 그냥 서로가 서로에게 힘이 되어주는 사이라고만 표시되고 있습니다. 그런 뜻에서 "두 사람이 한 사람보다 낫다"는 말을 읽어야 합니다.

세상살이에는 도반이 있어야 합니다. 동반자가 있어야 합니다. 길벗이 있어야 합니다. 친구, 도반, 벗은 이익보다는 의리로 맺어진 사이입니다. 이익을 따지기보다는 신의를 지키는 사이가 도반이요 친구입니다. 우리나라 사람들은 흔히 동업을 하면 실패한다고 합니다. 신의보다 이익을 앞세우기 때문이랍니다. 그렇지만 이웃나라 사람들은 동업을 하면 크게 성공한다고 합니다. 이익보다 신의를 지켜주기 때문이랍니다.

전도서 4:9가 말하고자 하는 것도 그것입니다. 서로 신뢰하는 두 사람이 힘을 모은다면 더 좋은 결과를 얻을 수 있다는 것입니다. 그러기에 본문이 말하고자 하는 것은 삶에는 동료가 필요하다는 사실입니다. 삶에는 콤페니온(companion)이 있어야 한다는 것입니다. 영어 "콤페니온"은 빵을 함께 먹는 사람들을 가리킵니다. 인생살이에는 말이 통하고, 뜻이 통하고, 정이 오가고, 함께 먹거리를 나누는 동료가 있어야 합니다.

부모가 자식에게 동료가 되어주어야 합니다. 자식이 부모에게 동료가 되어주어야 합니다. 남편이 아내에게, 아내가 남편에게 서로 동료가 되어야 합니다. 교인과 교인 사이가 더불어 삶을 나누는 동료가 되어야 합니다. 목회자와 성도가 서로 콤페니온이 되어야 합니다. 세상살이에는 동료가 필요합니다. 아니, 내가 너에게 동료가 되어야 합니다.

동료가 있다면 어떤 점에서 도움이 됩니까? 아니, 삶에서 요청되는 동료란 어떤 사람입니까? 전도서 4:10이 그것을 정의합니다. 동료는 붙들어주는 사람입니다. 옆 사람이 넘어지면 그를 붙들어 일으켜주는 사람이 동료라는 것입니다.

> 혹시 그들이 넘어지면 하나가 그 동무를 붙들어 일으키려니와 홀로 있어 넘어지고 붙들어 일으킬 자가 없는 자에게는 화가 있으리라(전 4:10).

친구가 있다는 것은 내가 흔들릴 때 나를 붙잡아줄 사람이 있다는 뜻입니다. 우리는 전도자가 말하는 동료의 예를 사도행전 9장에서 찾아볼 수 있습니다. 사도행전 9장에는 "살기가 등등한"(행 9:1) 한 청년이 나옵니다. 사울입니다. 사울은 신념에 가득 찬 사람입니다. 예루살렘에서 다메섹까지 가서 예수 그리스도의 도를 믿는 자들을 자기 손으로 잡아서 데려오겠다고 대번에 나선 사람입니다.

사울은 자신만만한 사람이었습니다. 홀로 그 일을 이루고자 예루살렘에서 그 먼 다메섹까지 선뜻 나섰다는 사실이 바로 그런 모습을 보여줍니다. 그랬던 그가 다메섹으로 향하는 길에서 도중에 부활하신 주님을 만나게 됩니다. 그때 그는 그 자리에서 "땅에 엎드러지고"(행 9:4) 맙니다. 간신히 일어났지만 앞을 보지 못하는 장애인이 되고 말았습니다. 사흘 동안이나 먹지 못하고, 마시지 못하고 보지 못하는 암흑시절을 겪게 됩니다. 다메섹으로 길을 가다가 쓰러지고 만 것입니다. 아니, 인생길을 살다가 넘어지고 만 것입니다. 자기 신념을 붙잡고 살아가다가 뜻하지 않는 일로 도중에 쓰러지고 만 것입니다. 그런 사울의 곁에 누가 있었습니까?

성경에 보면 그때 주님은 사울에게 아나니아를 보내십니다(행 9:10). 아나니아에게 인생길을 가다가 쓰러지게 된 사울을 붙잡아주라고 말씀하십니다. 넘어지고 쓰러지고 망가진 사울을 붙들어주라고 아나니아를 보내십니다. 아나니아 자신은 그 길을 가기를 원하지 않았습니다. 아나니아가 원해서 사울을 만나러 갔던 것은 아닙니다. 주님이 아나니아더러 바울의 동료가 되어주라고 명령하셨습니다. 그랬기에 아나니아는 사울을 찾아간 것입니다. 그러자 사울에게 무슨 일이 일어났습니까?

> 아나니아가 떠나 그 집에 들어가서 그에게 안수하여 이르되 형제 사울아 주 곧 네가 오는 길에서 나타나셨던 예수께서 나를 보내어 너로 다시 보게 하시고 성령으로 충만하게 하신다 하니 즉시 사울의 눈에서 비늘 같은 것이 벗어져 다시 보게 된지라 일어나 세례를 받고 음식을 먹으매 강건하여지니라(행 9:17-19a).

아나니아가 사울에게 손을 얹고 기도하였을 때 사울의 눈에서 비늘이 벗겨져서 다시 보게 되었습니다(행 9:18). 사울이 바울이 되는 결정적인 순간에 아나니아라는 사람이 사울 옆에 있었다는 이야기입니다. 아나니아가 사울의 동료가 되어주었다는 것입니다. 사울이 사도 바울이 될 수 있었던 것은 사울이 인생길에서 쓰러졌을 때 사울을 붙잡고 그를 위해서 기도해주고자 찾아간 사람이 있었다는 이야기입니다.

어떻게 해야 이 혼란스런 세상을 아름답게 살아갈 수 있습니까? 내가 먼저 너를 위한 동료가 되어주는 삶이 그 해답입니다. 예수 그리스도가 죄인의 친구로 이 세상을 찾아오시지 않았습니까(마 11:19; 눅 7:34)! 하나님은 오늘 우리에게도 아나니아 같은 동료가 되라고 말씀하십니다. 아나니아가 바울의 동료가 되었듯이, 그래서 바울의 눈에서 비늘 같은 것이 벗겨지게 되었듯이, 그래서 바울이 주님의 종으로 쓰임 받게 되었듯이, 오늘 우리도 누군가의 동료가 되어주어야 한다고 말씀하십니다.

그 사람이 먼저 나의 동료가 되어주기를 기대하지 마십시오. 내가 먼저 그 사람의 동료가 되어주어야 합니다. 내가 먼저 우리 옆에 있는 이웃의 동료가 되어주어야 합니다. 내 가족 식구의 눈을 뜨게 해주는 역할을 내가 앞서 맡아야 합니다. 내가 먼저 친구의 시야를 밝게 해주는 도반이 될 수 있어야 합니다. 내가 먼저 교우들을 위한 디딤돌이 되어야 합니다. 그것이 전도자가 내뿜는 소망입니다. 그것이 바로 우리 주님이 우리에게 걸고 계시는 기대입니다.

빈 수레가 아니라 짐수레(4:11)

그렇지만 동료가 되어주는 삶은 말처럼 그리 쉽지 않습니다. 동료가 되어주기 위해서는 감당해야 할 희생이 있습니다. 감내해야 할 손해가 있습니다. 전도자는 그것을 가리켜 콤페니온이 되는 일에는 서로 부둥켜안는 노력이 있어야 한다고 말합니다. 전도서 4:11이 바로 그것을 전합니다.

또 두 사람이 함께 누우면 따뜻하거니와 한 사람이면 어찌 따뜻하랴(전 4:11).

"함께 누우면"이라는 말이 무엇을 뜻할까요? 이 말을 부부 사이의 스킨십을 묘사하는 이야기로 듣지 마십시오. 전도서 4장에서 이 말은 결코 가정생활을 배경으로 사용되지 않았습니다. 전도서 4장은 험악하고 어지럽고 소란스러워진 세상살이를 향한 전도자의 처방을 제시하고 있습니다. 그 처방이 바로 세상살이에는 동료가 있어야 한다는 것이었습니다. 더불어 있음을 확인하는 세상이 되어야만 세상은 아름다운 집이 될 수가 있다는 것이었습니다. 그러기에 "두 사람이 함께 누우면 따뜻하다"는 말을 단순히 가정생활에 대한 교훈으로 읽어서는 안 됩니다.[4]

물론 사전적으로 "두 사람이 함께 누우면"(임-이쉬케부 쉬나임)이라는 말에는 두 사람이 한 침대에 같이 눕는다는 의미가 들어 있습니다. 구약성경에서 사용되는 "눕는다"(샤카브)는 말에는 부부관계 의미가 들어 있기도 합니다. 그러나 다시 말하지만 전도서 4장에서 이 말은 부부관계의 맥락에서 쓰이지 않았습니다. 그렇다면 본문은 무엇을 말하고자 합니까?

"두 사람이 함께 누우면 따뜻하거니와!" 몹시 추운 날 두 사람이 함께 붙어 있으면 사람의 체온이 서로 전해져서 추위를 버틸 수 있다는 소리입니다. 무엇을 가리킵니까? 함께하려는 열정을 말하고 있습니다. 함께하기 위해서는 내 따뜻한 몸으로 친구의 언 몸을 녹이겠다는 희생을 말하고 있습니다.

전도서 4장의 주제가 "세상에는 사람이 없다"인 것을 기억하십시오. 왜 전도자는 세상살이가 험악해지고 말았다고 탄식하였습니까? 힘에만 의지하려는 자들이 득세하기 때문이었습니다(전 4:1). 시기심에 사로잡혀서 서로 으뜸이 되겠다고 치열하게 경쟁만 하기 때문이었습니다(전 4:4). 한 손으로만 쥐어도 되는데 두 손 가득히 쥐려는 욕심이 설치기 때문이었습니다(전 4:5-6). 그랬던 세상사를 고치는 방도를 전도자가 지금 전도서 4:11에서 말하고 있습니다. 두 사람이 함께 손을 잡으면, 세상살이는 따뜻해진다는 것입니다!

여기에서 "따뜻해지다"(하맘)라는 말에 주목해보십시오. 말 그대로 "더워지다"라는 뜻입니다. 그런데 어떻게 해야 더워질 수 있습니까? 빛이 있어야 더워질 수 있습니다. 열기가 있어야 따뜻해질 수 있습니다. 여기에 힘들어 쓰러져 있는 사람이 있다고 생각해보십시오. 어떻게 해야 그 사람을 따뜻하게 해줄 수 있습니까? 옆에서 힘을 불어넣어주어야 합니다. 옆에서 온기를 전해주어야 합니다. 옆에서 열기를 전해주어야 합니다.

수레에는 두 종류가 있습니다. 빈 수레와 짐수레입니다. 수레는 짐을 나르는 도구입니다. 빈 수레는 요란합니다. 짐을 나르지 않기 때문입니다. 짐수레는 아무 소리가 나지 않습니다. 짐을 나르기 때문입니다. 여기, 전도서 4:11의 "따뜻해지다"라는 말을 수레를 가지고 이야기한다면 빈 수레가 아니라 짐수레가 되어주는 것입니다. 친구의 짐을 내 수레에 싣고 나르는 것입니다. 이렇게 볼 때 "둘이 누우면 따뜻하다"라는 말 속에는 서로가 서로를 돕기 위해서 자기를 불태우는 역할을 한다는 의미가 아로새겨져 있습니다. 예수님께서도 이렇게 말씀하시지 않았습니까!

사람이 친구를 위하여 자기 목숨을 버리면 이보다 더 큰 사랑이 없나니(요 15:13).

친구를 위하여 자기 목숨을 버리는 사람이 있다면, 그것으로 충분합니다. 예수 그리스도가 바로 우리를 위해서 목숨을 버린 친구이셨던 것을 기억하십시오. 한 어린 소녀가 시편 23편을 암송하였습니다. 그런데 그 첫 구절을 잘못 기억하였습니다. 하지만 그가 알고 있는 것보다 그 구절의 뜻을 더 잘 새겼습니다. 어떻게 암송하였기에 그랬을까요? "여호와는 나의 목자시니 내게 부족함이 없으리로다"(The Lord is my shepard; I shall not want)를 "여호와는 나의 목자시니 그것이 내가 원하는 모든 것입니다"(The Lord is my shepard; that's all I want)라고 암송하였습니다![5] 그렇습니다. 진정한 동료가 누구입니까? 우리 인생길의 참된 도반이 누구입니까?

둘이 함께하면 아픔은 절반으로 줄어듭니다. 둘이 함께하면 기쁨은 두 배로 커집니다. 혼자 편하게 살지 않고 둘이 더불어서 살아가려면 내게 무엇이 요청됩니까? 자기 목숨을 버리는 사랑입니다. 친구를 위하여 자기 목숨을 버리는 희생입니다. 우정은 희생을 먹고서 커갑니다. 서로 이해하고 용서하고 베푸는 관계에서만 우정은 자라나게 됩니다. 저 사람이 나한테 무슨 이익이 될까를 따져서 친구가 되는 것이 아닙니다. 이익은 줄이고 신뢰는 키우십시오. 거기에 세상을 살아가는 전도자의 지혜가 있습니다.

세 겹줄의 은혜(4:12)

이제 전도자는 전도서 4장의 핵심에 도달하고 있습니다. 바로 전도서 4:12입니다. 전도서 4:12는 진정 우리들의 세상살이에 요청되는 것이 무엇인지를 말하려고 합니다. 사실, 아무리 서로 신뢰가 두터운 두 사람 사이라고 해도 두 사람만 있다면 세상살이에서 아직은 충분하지 않습니다. 그래서 하게 되는 말입니다.

> 한 사람이면 패하겠거니와 두 사람이면 맞설 수 있나니 세 겹줄은 쉽게 끊어지지 아니하느니라(전 4:12).

본문은 한 사람 → 두 사람 → 세 사람 하는 식으로 전개됩니다. "패하다" → "맞서다" → "끊어지지 않다" 식으로 전개됩니다. 한 사람이면 패하고, 두 사람이면 적에게 맞설 수 있고, 세 사람이면 쉽게 부서지지 않는다는 식으로 이야기합니다. 혼자보다 둘, 둘보다는 셋이 낫다는 것입니다.

그러나 본문에서 눈여겨보아야 할 것은 세 사람이 아닙니다. 세 겹줄(학후트 하메슐라쉬)입니다. 그냥 세 줄이 아닙니다. 세 겹줄입니다. 처음에는 "한 사람", "두 사람"이라고 그랬다가 나중에는 "세 겹줄"이라고 말합니다. 세 선(line)이라기보다는 세 선이 한데 뭉친 코드(cord)입니다. 세 줄이 하나로 얽힌 로프(rope)입니다. 세 줄이 하나가 되어 이룬 조화를 말합니다. 그냥 단순히 셋이 한데 모였다는 것이 아닙니다. 셋이 그냥 한데 모인 것이 아니라 셋이 하나로 뭉친 것입니다. 셋이 하나로 조화되어 이룬 변화를 말합니다. 변형을 말합니다. "다이나믹 듀오"(dynamic duo)가 "파워풀한

트리니티"(powerful trinity)로 변화하고 있는 것을 말합니다.[6]

무엇이 세 겹줄의 장본인입니까? 누가 세 겹줄을 이루는 주체입니까? 전도자는 거기에 대해서 아무런 힌트를 주지 않습니다. 우리는 전도자가 말하는 세 겹줄의 은혜를 예루살렘을 등지고 엠마오로 내려가던 "두 사람"(눅 24:13) 이야기에서 찾아보려고 합니다.

예수님께서 십자가에 달려 돌아가시는 사건이 있은 후 예루살렘을 떠나서 엠마오로 내려가던 두 사람이 있었습니다. 그들은 예루살렘에서 벌어졌던 예수님의 십자가 처형에 대해서 무거운 마음으로 이야기하고 있었습니다. 그들은 예루살렘 근처에서 일어났던 소동이 무엇 때문인지를 몰랐습니다. 그들의 얼굴빛은 "슬픈 빛"(눅 24:17)이었습니다. 이 둘은 무거운 마음을 안고 길을 가고 있었습니다. 그랬던 두 사람에게 부활하신 예수님이 찾아가서 만나셨습니다. 그러면서 그들과 함께 "동행"하셨습니다(눅 24:15).

두 사람이 함께 길을 가고 있었는데, 그 사이에 예수님이 끼어들었습니다. 그렇다면 지금 몇 사람이 길을 가고 있습니까? 세 사람입니다! 그런데 단순히 세 사람이라고만 말해서는 안 됩니다. 예수님이 그 두 사람 사이에 끼시게 되면서 예루살렘을 등지고 엠마오로 향하던 그 두 사람은 새롭게, 완전히 다르게 변화되었습니다. 세 사람이 서로 연결되었기 때문입니다. 그 세 사람이 서로 어떻게 연결되었습니까? 성경은 이 두 사람과 예수님이 동행하시므로 무슨 일이 일어났다고 증언하고 있습니까?

> 그들이 서로 말하되 길에서 우리에게 말씀하시고 우리에게 성경을 풀어 주실 때에 우리 속에서 마음이 뜨겁지 아니하더냐(눅 24:32).

예수님이 동행하실 때에 무거웠던 그들의 마음이 뜨거워졌다는 것입니다. 슬프던 그들의 마음이 기쁘게 변화되었다는 것입니다. 인생길의 짐으로 어둡기만 했던 그들의 마음이 부활하신 예수님이 동행하심으로 소망과 기쁨으로 변화되었다는 것입니다. 그래서 그 변화의 결과, 엠마오로 가던 발걸음을 돌려 예루살렘으로 되돌아갈 수 있었습니다(눅 24:33).

"한 사람이면 패하겠거니와 두 사람이면 맞설 수 있나니 세 겹줄은 쉽게 끊어지지 아니하느니라"라는 말씀은 이런 시각에서도 읽을 수 있습니다. 단순히 혼자면 외롭고, 둘이 마음이 맞으면 잘 되고, 셋이 서로 부둥켜안으면 모든 일이 더욱 견고하게 된다는 뜻으로만 읽지 마십시오. 본문은 사람 둘이 함께 가는 것만으로는 부족하다는 것을 일깨워줍니다. 반드시 제3의 도움이 있어야만 한다는 것입니다. 아니, 셋이 세 겹줄이 되는 변화를 이루어야 한다는 것입니다. 거기에서 세상을 이기는 인생살이의 길이 열리게 됩니다.

성경은 그런 세 겹줄의 은혜가 예수 그리스도가 우리의 동행이 되어주실 때에 우리 인생살이에서도 일어난다고 말씀하고 있습니다. 여러분은 지금 누구랑 동행하십니까? 누가 지금 여러분의 동행 길을 인도하고 계십니까? 어디로 가든, 어디에 있든, 누구랑 같이 가든, 예수 그리스도가 여러분의 길 위에 세 겹줄의 은혜를 주시는 주님이 되시기를 소망합니다.

---

1) Seow, *Ecclesiastes*, 137; Fox, *A Time to Tear Down*, 220.
2) Seow, *Ecclesiastes*, 184-185, 191.
3) "사유하는 지식인의 표상 김우창," 「新東亞」 (2014년 2월호), 360.
4) Shield, *The End of Wisdom*, 152-153; Seow, *Ecclesiastes*, 188-190.
5) Ryken, *Ecclesiastes*, 112.
6) Ryken, *Ecclesiastes*, 118.

전 도 서 강 해 설 교

06

"하나님의 집에 들어갈 때에"

본문 전도서 5:1-20　요절 전도서 5:1-7

기독교 문학의 고전 가운데 『신곡』(神曲, La Divina Commedia)이란 책이 있습니다. 13-14세기에 걸쳐 살았던 이탈리아의 시인 단테(원명은 두란테, Durante degli Alighieri, 1265-1321)가 쓴 작품인데 지옥에서 연옥을 거쳐 천국으로 가는 여행을 서사시 형식으로 이야기한 글입니다.

이 책에서 여행하는 사람은 단테입니다. 35세 단테가 "인생길의 한중간에서 올바른 길을 잃고 어두운 숲 속에서 헤매고 있을"(『신곡』「지옥편」 1곡 1-3행) 때 베르길리우스가 나타나 그를 지옥으로 안내하면서 이야기가 시작됩니다. 베르길리우스는 단테에게 지옥과 연옥으로 가는 길을 안내한 길잡이입니다.

『신곡』에는 중세시대(5-15세기)의 비전이 담겨 있습니다. 사람들은 흔히 중세를 가리켜 암흑시대라고 부르지만 중세시대만큼 종교적 열정과 소망이 현실의 삶을 지배했던 때는 인류역사에서 찾아볼 수 없습니다.

단테의 이야기에 지옥, 연옥, 천국이 등장하는 것도 이 점에서 자연스럽습니다. 이 여행에서 단테는 현실에서 죄와 악에 탐닉했던 자들이 무시무시한 지옥에 떨어져 갇혀서 고생하는 모습을 목격하게 됩니다. 정욕, 탐욕, 분노, 이단, 폭력, 시기, 반역 등 온갖 죄를 지었던 자들이 지옥의 어느 층, 어느 구역에 갇혀서 어떤 형벌을 받고 있는지를 목격합니다. 그러다가 죄에서 용서받고 천국에 들어가기를 소망하는 자들이 머무르는 연옥을 찾게 되고 마침내 여러 단계를 거쳐서 빛과 음악이 어우러지고 10층천으로 된 천국에 당도하게 됩니다. 재미있는 것은 현실에서 지옥으로 가는 길은 남자(베르길리우스)가 안내하고, 연옥에서 천국으로 가는 길은 여자(베아트리체)가 인도한다는 점입니다.

이 책은 읽기가 쉽지 않습니다. 지루하기도 하고 난해하기도 합니다. 그렇지만 단테가 묘사하는 지옥의 모습에 흥미를 느끼는 독자들은 많습니다. 베르길리우스의 인도로 단테가 지옥에 들어설 때 단테가 본 지옥문에 새겨져 있는 글귀는 『신곡』에서 가장 유명한 구절입니다. "여기에 들어오는 그대, 모든 희망을 버려라"(Lasciate ogne speranza, voi ch'entrate). 영어번역으로는 "Abandon all hope, ye who enter here!"[1]

사실, 단테의 『신곡』에서 가장 박진감(?) 있는 부분은 지옥 이야기입니다. 무슨 죄를 지은 사람이, 지옥의 어느 층, 어느 구역에서 어떤 벌을 받고 있는지를 살피는 여정이 자못 생생하게 다가오기 때문입니다. 『신곡』의 「지옥편」을 읽고 나면 그 뒤에 나오는 「연옥편」과 「천국편」은 싱겁기도 하고 알쏭달쏭하기도 합니다. 그래서 이렇게도 말합니다. "지옥은 처참하고 연옥은 애매하며 천국은 지루하기 짝이 없다!"

그런데 『신곡』으로 알려진 이 책의 원제목은 『거룩한 희극』(La Divina Commedia)입니다. 단테는 추한 것으로 시작해서 즐거운 것으로 끝나는 이야기를 희극(Commedia)이라고 불렀습니다. 울음으로 시작해서 웃음으로 끝나는 이야기를 희극이라고 불렀습니다. 그래서 단테의 『신곡』이 지옥에서 시작하여 천국으로 끝나는 구도를 띠고 있습니다.

단테가 본 지옥은 온갖 교만과 탐욕, 질투와 음욕, 폭음과 폭식, 증오와 싸움에 사로잡혀 살았던 자들이 죽어 벌을 받고 있는 곳입니다. 단테는 지옥에서 천국으로 나아가는 길을 자기를 부인하고 이웃과 하나님을 위해 자기 영혼을 "넓혀가는" 과정에서 찾습니다.[2] 이 이야기가 근엄한 고전 라틴어가 아니라 세속적인 이탈리아 말글로 집필된 것도 이 책을 희극이라고 부른 이유이기도 합니다. 그런 언어를 통해서 많은 사람들을 지옥에서 천국으로 가는 길로 인도하고자 하였습니다.

단테의 『신곡』은 천국과 지옥(구약의 용어로는 스올)이 없다고 여기는 세속화 시대의 우리에게 말을 걸어옵니다. 오늘 우리 현실은 온통 탐욕과 욕정, 싸움과 폭력, 질투와 시기, 분쟁과 음모 등에 사로잡힌 세상이지 않습니까? 이런 현실은 단테의 용어로 말하면 지옥과 다를 바가 없지 않습니까? 그렇다면 어떻게 해야 지옥 같은 삶에서 천국 같은 삶으로 나아갈 수가 있습니까? 전도서 5장은 이런 질문에 대해서 진지하게 생각해보도록 우리를 인도하는 본문 가운데 하나입니다.

말씀의 수(繡), 말씀의 꼴(5:1-20)

전도서 5장을 새기기 전에 본문의 생김새를 살펴보려고 합니다. 하나님의 말씀을 해석하는 방식은 여럿입니다. 말씀을 읽는 데 도움을 주는 이정표는 하나가 아니고 여럿입니다. 그 가운데서도 말씀의 꼴을 헤아려보는 노력은 소중합니다. 성경말씀을 해석할 때에는 말씀의 꼴이 자아내는 수(繡)를 음미하는 노력이 먼저 있어야 합니다. 본문의 수(繡)가 드러내는 이미지를 감상하는 노력이 있어야 합니다. 말씀의 속내가 그 꼴에 담겨 있습니다. 말씀의 주제가 그 수(繡)에 담겨 있습니다. 말씀의 '무엇'이 그 형식에 담겨 있습니다.

전도서 5장은 그 꼴과 수(繡)를 찾기가 쉽지 않은 본문입니다. 이런저런 말씀이 나열되어 있는 것처럼 보입니다. 어디 전도서 5장만 그렇겠습니까? 전도자의 말씀이 본디 그러합니다. 아니, 구약성경에 수록된 지혜자의 말씀이 본래 그렇습니다. 짤막짤막한 경구들을 두서없이 나열하는 방식으로 말씀이나 이야기를 이어가기에 글감의 주제나 소재를 파악하기가 수월하지 않습니다. 그럼에도 하나님의 말씀을 묻고 불리고 풀어가는 과정에서 말씀의 꼴과 수(繡)를 음미하는 노력은 피할 수 없습니다. 하나님의 말씀은 어느 구절이라도 세미하게, 세심하게, 세밀하게 기록되어 있기 때문입니다.

전도서 5장에는 서로 다른 글감을 다루는 4개의 단락이 어우러져 있습니다. "하나님의 집에 들어갈 때에 네 발을 삼갈지어다"로 시작하는 1-7절, "너는 어느 지방에서든지 빈민을 학대하는 것과 정의와 공의를 짓밟는 것을 볼지라도 그것을 이상히 여기지 말라"로 말문을 여는 8-9절, "은"과 "재물"을 사랑하는 자를 겨냥한 말씀인 10-17절, "하나님이 주시는 선물"에 대해서 가르치는 18-20절로 이루어져 있습니다. 보기에 따라서는 이 네 단락 사이에 아무런 연결이 없다고 말할 수도 있습니다. 그러나 곰곰 살펴보면 이 네 단락은 글말의 소재에서 서로 교차하면서 대조를 이루는 방식으로 연결되어 있습니다.

먼저 1-7절은 "하나님의 집"에 들어선 자에게 주는 권고입니다. 하나님의 집에서 하나님께 무언가를 드리려고 하는 자에게 주고 있는 주의사항입니다. 제물이든, 기도든, 서원이든, 사람이 하나님께 무언가를 드리는 것을 다루고 있습니다. 이어지는 8-9절은 이 땅에서 "높은 자"로 불리는 자들이 벌이는 불의 탓에 겪게 되는 인생살이의 어두운 면을 지적합니다. 이에 비해 10-17절은 재산, 소득, 재물 탓에 이 땅에서 부자(많이 가진 자)

로 살아가는 사람들이 당하는 인생살이의 "근심"과 "분노", "질병"과 "불행"을 이야기합니다. 그리고 나서 18-20절은 하나님이 사람들에게 주시는 "선물"에 대해서 이야기합니다. 하나님이 사람에게 주시는 것을 다루고 있습니다.

그러니까 전도서 5장은 하나님의 집(1-7절, a) → 왕, 즉 지위가 높은 사람(8-9절, b) → 부자, 즉 재산이 많은 사람(10-17절, b') → 하나님의 선물(18-20절, a')을 다루는 식(a-b-b'-a')으로 연결되어 있다고 말할 수 있습니다. 쉽게 말해 하나님과 사람(a, 1-7절) → 높은 자(b, 8-9절) → 많은 자(b', 10-17절) → 사람과 하나님(a', 18-20절)으로 그 소재가 교차하면서 이어지고 있습니다. 아니면 전도서 5장은 사람이 하나님께 드리는 것(1-7절, a) → 사람이 애써서 모은 재물과 재산(8-17절, b) → 하나님이 사람에게 주시는 것(18-20절, a')을 다루는 형식(a-b-a')으로 짜여 있다고도 볼 수 있습니다. 어떻게 보든, 전도서 5장은 우리의 전도서 사색을 하나님의 집과 세상을 번갈아 오가면서 살피는 형식으로 짜여 있습니다. 그러면서 하나님과 함께 살아가는 곳과 하나님 없이 살아가는 세상을 대조시키고 있습니다. 『신곡』의 용어로 표현하자면, 천국과 지옥을 대조시키고 있습니다. 그러면서 전도서 5장의 처음(1-7절)과 끝(18-20절)을 하나님 앞에서 살아가는 삶으로 채우고 있습니다.

전도서 5장은 지금까지 살펴본 전도자의 말씀과는 그 분위기에서 차이가 많이 납니다. 다른 본문들과는 달리 성전에 대해서, 희생제물에 대해서, 기도에 대해서, 서원에 대해서 이야기합니다. 하나님을 경외하는 삶에 대해서 이야기합니다. 물론 전도서 5장도 세상살이의 모순과 병폐를 아픈 마음으로 지적하고 있습니다. 하지만 말씀의 초점은 하나님이 주시는 은총에 있습니다. 하나님 없이 살아가는 인생살이가 아니라 하나님과 더불어 살아가는 인생여정을 구체적으로 제시하고 있습니다. 그런 점에서 전도서 5장은 하나님 없이 살아가는 세상살이에서 하나님 앞에서 살아가는 인생으로 나아가자는 초대장이 됩니다.

들음이 드림을 완성하기에(5:1)

전도서 5:1-7(원문에서는 4:17-5:6)은 전도서 5장의 첫 단락입니다. 이 단락은 "하나님의 집" 안에서, 성전 안에서 누리는 삶을 이야기합니다. 하나님 앞에서의 삶을 제대로 누리기 위하여 성전에 들어서는 자가 지켜야 할 주의사항을 당부합니다. 그 당부는 세 가지입니다. 네 발걸음을 조심하라(5:1), 네 말을 조심하라(5:2-3), 네 서원을 함부로 하지 말라, 즉 네 마음을 살피라(5:4-7).

전도서 5:1-7은 "너는 하나님의 집에 들어갈 때에"로 시작합니다. 지금까지 세상에서 벌어지는 이런저런 일들을 관찰하던 전도자가 전도서 5장의 서두에서는 하나님의 집에 들어가는 사람들에게 주는 주의사항으로 그 말문을 엽니다. 전도서 5:1은 이렇게 시작합니다.

> 너는 하나님의 집에 들어갈 때에 네 발을 삼갈지어다 가까이 하여 말씀을 듣는 것이 우매한 자들이 제물 드리는 것보다 나으니 그들은 악을 행하면서도 깨닫지 못함이니라(전 5:1).

"너는 하나님의 집에 들어갈 때에 네 발을 삼갈지어다!", "네 발을 삼가라"로 말하고 있습니다. 히브리 원문에서는 그냥 "네 발을 지켜라/돌보라/살피라"(쉐모르 라그레이카)입니다. 새번역은 이 말을 "발걸음을 조심하여라"로 옮겨놓았습니다. 왜 발을 삼가라고 말하고 있습니까? 왜 "발걸음을 조심하여라"라고 말하고 있습니까?

개역개정판으로 소개된 말씀 "네 발을 삼갈지어다"는 성전에 들어서는 자에게, 거룩한 땅에 들어서는 자에게, 무엇보다도 그 발을 먼저 가리라는 소리로 들을 수 있습니다. 이렇게 읽는다면, "네 발을 삼갈지어다"라는 말씀은 "네 발의 신을 벗으라"는 소리가 됩니다. 출애굽기 3장에 나오는 모세가 바로 이런 맥락에서 자기 발의 신을 벗었습니다.

성전에 들어서는 자는 누구나 자기 발의 신을 벗는 경험이 있어야 하나님의 소리를 제대로 들을 수 있습니다. 성경을 보십시오. 모세가 그 발의 신을 벗고 난 다음에야 하나님은 모세에게 그가 해야 할 일이 무엇인지를 말씀하셨습니다. 발의 신을 벗는다는 것은 부정함을 벗는 동작입니다. 거룩한 곳에 서는 자는 누구나 먼저 "나는 죄인입니다"라는 고백을 해야 합니다. 부정한 인간이 거룩한 하나님의 임재 앞에 서 있다는 깨달음이야말로 하나님의 집에 들어갈 때 제일 먼저 일어나야 할 사건입니다. 발의 신을 벗으십시오. 그래야 하나님의 집에 들어설 수 있습니다.

그러나 전도서 5:1의 첫 구절, "네 발을 살피라"를 그렇게만 볼 수는 없습니다. 본문은 말 그대로 성전에 들어선 자는 그 걸음을 안전하게 지키라는 소리로 들어야 합니다. 전도자 당시 성전은 부흥되었습니다. 하나님의 성전에 많은 사람들이 희생제물을 드렸습니다. 당시에 제물을 바치는 자가 가까이 가던 장소는 성전의 뜰에 있던 제단이었습니다. 성소와 지성소에는 대제사장만이 들어갈 수 있었습니다. 그러다 보니 제단 주위에는 제물로 드리는 소와 양과 염소 등이 넘쳐났던 것 같습니다. 새번역이 전도서 5:1을 "하나님의 집으로 갈 때에 발걸음을 조심하여라"로 옮긴 이면에는 이런 종교현상에 대한 인식이 전제되어 있습니다.

게다가 전도자가 활동했던 당시 하나님께 제물을 드리는 자들은 '제물만 드리면 다다'라고 생각하였던 모양입니다. 제물을 드리고 나서는 그만이었습니다. 예배를 넘어 세상으로 나아가야 하는데, 제물을 넘어 생활로 나아가야 하는데, 제물을 드리고 나서는 세상으로 돌아가서 여전히 악한 짓을 일삼는 일에 거리낌이 없었습니다. 그래서 전도자가 꾸짖게 됩니다. "가까이 하여 말씀을 듣는 것이 우매한 자들이 제물을 드리는 것보다 나으니!"

"가까이 하여 말씀을 듣는 것이 우매한 자들이 제물을 드리는 것보다 낫다"(전 5:1)는 말씀은 풀이하기가 그리 용이하지 않습니다. 본문이 우매한 사람들이 제물을 드리는 것을 말하는 것인지, 아니면 제물을 드리는 것을 우매하다고 보는 것인지가 분명하지 않습니다. 확실한 것은 본문이 제단 위에 바치는 모든 제물을 가리켜 우매하다고 보는 것은 아니라는 점입니다.[3] 본문은 이렇게도 읽을 수 있습니다. "가까이 가서 말씀을 듣는 것이 제물을 드리는 것보다 낫다, 어리석은 사람들이 희생제물을 드리는 것보다"(전 5:1 사역). 이 구절을 새번역은 이렇게 옮기고 있습니다.

> 하나님의 집으로 갈 때에 발걸음을 조심하여라. 어리석은 사람은 악한 일을 하면서도 깨닫지 못하고, 제물이나 바치면 되는 줄 알지만, 그보다는 말씀을 들으러 갈 일이다(전 5:1, 새번역).

제물만 드리고 나서 성전을 나섰다고 하는 것은, 그리고 성전 밖에서 악한 일을 저지르고 있다는 것은, 신앙생활에서 "아직은 아니다!"라는 것입니다. 제물을 드리는 일에만 열심이지 말씀을 듣는 일에 관심이 없다는 것은 신앙생활에서 형식만 남았지, 그 본질을 잃어버렸다는 뜻이 됩니다. 악한 일을 일삼으면서도 성전에 가서는 거침없이 제물을 드리는 삶은 종교의 형식만 남았지 종교의 내용은 잊어버렸다는 뜻이 됩니다.

그런 맥락에서 성전에서는 제물을 드리는 것보다 하나님의 말씀을 듣는 것이 더 낫다고 말하고 있습니다. 신앙의 내용은 없고 신앙의 습관만 남아 있는 자들이 드리는 희생제물을 가리켜 악한 짓이라고 판단하고 있다는 것입니다. 그런 맥락에서 하는 말입니다. 우매하게 제물을 드리는 것보다 가까이 하여 말씀을 듣는 것이 낫다!

하나님의 집에서는 하나님의 말씀을 들어야 합니다. 하나님의 말씀을 듣는 데에 신앙의 본질이 있습니다. 드림으로 그쳐서는 안 됩니다. 들어야 합니다. 말씀을 들어야 합니다. 들음으로 드림이 완성됩니다. 교회에서는 성경을 읽고 쓰면서 들어야 합니다. 하나님의 말씀이 바로 새겨질 때 드림은, 헌신은 하나님의 집을 채우는 향기가 될 것입니다.

2010년 10월에 제가 섬기는 감신대의 채플에서 정동제일교회 김옥라 장로님이 설교하신 적이 있습니다. 당시 장로님은 92세이셨습니다. 놀랐습니다. 설교단에서 전하시는 말씀이 얼마나 성경적이고, 신학적이고, 논리적이었는지를. 또박또박 하나님의 말씀을 전하셨습니다. 무엇보다도 정해진 설교시간을 정확하게 지키셨습니다!

그분의 설교는 이렇게 시작되었습니다. "70년 전에는 제가 여러분이 앉아 있는 그 자리에 앉아 있었습니다." 그러면서 말씀 중에 1981년 세계 감리교 여선교회 연합회 회장으로 피선되던 당시의 일을 주로 회상하셨습니다. 700만 회원을 둔 세계감리교여선교회 연합회(World Federation of Methodist Women)의 회장으로 뽑히셨던 일입니다. 그전까지 동남아 지역 회장으로 일하던 장로님을 하와이에서 열린 세계대회 총회에서 세계 회장으로 선출하셨던 일입니다. 그때 장로님은 당선 수락을 앞두고 너무나 큰 염려와 걱정에 붙들렸다고 합니다. "나는 네이티브(native) 스피커가 아닌데, 짧은 영어로 어떻게 회장의 직무를 제대로 감당할 수 있을까." 기도 중에 장로님에게 이런 말씀이 들렸다고 합니다. 요한복음 15:16이었습니다. "네가 나를 택한 것이 아니요 내가 너를 택하여 세웠으니 너로 가서 열매를 많이 맺게 하리라!" 그 음성에 힘을 얻어 당선 수락 연설을 하였고, 세계감리교여선교회 연합회 회장으로 5년 동안 전 세계 40개국 100여 개 도시를 여행하면서 회장의 직무를 성공적으로 수행할 수 있었다고 하셨습니다.

하나님의 집에서는, 성전에서는, 교회에서는 듣는 일이 풍성해야 합니다. 말씀 안에 거해야 합니다. 드리는 것으로 그치지 않고 들어야 합니다. 가까이 하여 말씀을, 주님의 음성을, 하늘의 소리를 들어야 합니다. 들음이 드림을 완성합니다. 들음에서 하나님의 사람이 세워집니다.

기도가 시(詩)가 되어야 하는 까닭은(5:2-3)

전도자는 전도서 5장을 시작하면서 하나님의 집에 들어서는 자에게 처음에는 발걸음을 조심하라고 당부했습니다. 그런데 이번에는 입을 조심하라고 말합니다. 입에서 나오는 말이 하나님과 주고받는 소통이 되어야 한다는 것입니다. 전도서 5:2-3이 그것을 말합니다.

역사적으로 보면 이스라엘은 주전 587년 나라가 망한 뒤부터 하나님께 제물을 드릴 수 없었습니다. 제단이 파괴되어버렸기 때문입니다. 그때부터 정결한 마음으로 드리는 기도가 제물을 대신하게 되었습니다. "우리가 바벨론의 여러 강변 거기에 앉아서 시온을 기억하며 울었도다"(시 137:1)로 시작하는 시인의 기도가 그렇게 변화된 종교 환경을 보여줍니다. 바벨론에서 포로기(주전 587-538년)를 마친 이후 유다 땅으로 돌아와 두 번째 성전을 지어 봉헌한 이후에도 기도를 제물로 삼는 신앙풍속은 사라지지 않았습니다. 아니, 제2의 성전이 제구실을 하지 못하게 되면서 하나님의 집에서는 제물보다 기도를 더 바쳐야 된다는 정서가 강하게 부상하였습니다. "내 집은 만민이 기도하는 집이라 일컬음이 될 것임이라"(사 56:7b)는 이사야의 말도 이런 배경에서 주어졌습니다.

전도서 5:2-3도 그런 정서를 대변합니다. 그래서 하나님께 마음의 제물을 드리려는 자들은 무엇보다도 그 입에서 나오는 말을 조심해야 한다고 당부하게 됩니다.

> 너는 하나님 앞에서 함부로 입을 열지 말며 급한 마음으로 말을 내지 말라 하나님은 하늘에 계시고 너는 땅에 있음이니라 그런즉 마땅히 말을 적게 할 것이라. 걱정이 많으면 꿈이 생기고 말이 많으면 우매한 자의 소리가 나타나느니라(전 5:2-3).

하나님 앞에서는 "함부로 입을 열지 말라"는 것입니다. 문자적으로는

"네 입술로 급하게 하지 말라"(알-테바헬 알-피카)는 것입니다. 마음을 조급하게 가져서는 안 된다는 것입니다. 이 구절은 읽기에 따라서는 말 그대로 성전에서는 함부로 떠들지 말라는 경고일 수도 있고, 성전에서 기도할 때에는 성급하게 떠벌리지 말라는 지시일 수도 있습니다.

주목할 것은 입을 열지 말라는 지시나 급하게 말하지 말라는 경고가 본문에서는 모두 "하나님 앞에서"(리프네 하엘로힘)라는 장소에 제한받고 있다는 점입니다. 그냥 성전에서는 말조심을 해야 된다는 당부가 아니라 "하나님 앞에서"는 급하게 입을 열지 말라는 당부입니다. 하나님 앞에서 하는 말이란 무엇입니까? 하나님 앞에서 곧추세우는 마음가짐이란 어떤 것입니까? 전도자의 주문은 성전에서 드리는 기도가 소음(騷音)이나 잡음(雜音)이 되어서는 안 된다는 것을 말합니다. 기도가 가락이 있는 소리(音)이어야지 끙끙 앓는 소리(吟)로 그쳐서는 안 된다는 것입니다. 그런 뜻에서 하나님 앞에서 기도할 때에는 함부로 입을 열지 말라, 하나님 앞에서 기도할 때에는 마음을 조급하게 가져서는 안 된다고 말합니다.

성전에 들어선 자의 입에서 나오는 소리는 기도이어야지 소음이 되어서는 안 됩니다. 하나님 앞에서 드리는 기도는 정제되고, 정선된 것이어야지, 떠벌려 외치는 소리가 되어서는 안 됩니다. 물론 급할 때, 힘들 때 하나님께 드리는 기도는 탄원일 수 있습니다. 하나님은 과거 이스라엘이 부르짖었을 때 그 소리에 귀 기울이셨습니다. 노예살이를 하던 히브리인들이 외쳤던 부르짖음을 하나님이 들으시고 그 근심을 아셨기에 이 땅에 내려와 그들을 애굽인의 손에서 건져내시지 않았습니까(출 3:7-8)! 예레미야도 조국의 패망을 두 눈으로 보면서 "너는 내게 부르짖으라 내가 네게 응답하겠고 네가 알지 못하는 크고 은밀한 일을 네게 보이리라"(렘 33:2)라고 말씀하지 않았습니까!

하지만 전도서 5장에서 전도자가 말하려는 것은 "하나님의 집"(베트 엘로힘, 전 5:1), 곧 성전에서 드리는 기도입니다. 예식 중에 드리는 기도입니다. 세상에서 살다가 하나님의 집에 들어선 자가 그 입술에서 나오는 말이 어떤 것이어야 하는지를 말합니다. 함부로 기도하지 말라는 것입니다. 급하게 기도하지 말라는 것입니다. 이런저런 말로 어리석게 기도하지 말라는 것입니다. 어린아이처럼 두서없이 말을 건네지 말라는 것입니다. 기도는 기도답게 드려야 합니다. 어떻게 기도하라는 말입니까? 천천히, 찬찬히, 세밀하게, 세심하게 기도해야 합니다. 말이 많아지면 우매한 자의 소리가 되고 말기 때문입니다.

어떻게 하는 기도가 천천히, 찬찬히, 세밀하게, 세심하게 드리는 기도입니까? 기도는 고백이, 신앙고백이 되어야 합니다. 내 뜻을 이루어달라고 우기기보다는 하나님의 뜻을 이루어 드리는 내가 되게 해달라는 고백이 되어야 합니다. 사랑을 고백하는 언어는 기도처럼 정갈하게, 정결하게, 정성껏 건네는 말입니다. 다른 말로는, 기도는 시(詩)가 되어야 합니다. 시(詩)라고 하는 한자는 말씀 언(言)과 절 사(寺)로 이루어져 있습니다. 여기, 사(寺) 자를 거룩한 곳이란 말로 바꿔서 읽어보십시오. 시란 무엇입니까? 거룩한 곳에서 얻는 말이 시입니다. 거룩한 곳에서 사용하는 말이 시라는 것입니다. 시인에게 물어보십시오. "어떻게 시를 쓰십니까?" 어떤 대답이 돌아옵니까? "시는 쓰는 것이 아니라 얻는 것입니다!"

물론 기도는 시와 다릅니다. 시는 사람들에게 건네는 글이지만, 기도는 하나님께 드리는 고백입니다. 기도의 대상은 하나님입니다. 하나님을 2인칭(Thou)으로 부르면서 그 하나님과 '내'(1인칭 I)가 나누는 대화입니다.

기도가 의식(儀式)이나 주문(呪文)이 아니듯 기도는 시가 아닙니다. 기도는 하나님과 나누는 소통입니다. 기도는 우리의 삶을 종교적, 영적 차원으로 다듬는 도구입니다.[4] 하지만, 그만큼 기도는 제단 위에 올리는 제물처럼 정결하고 온전해야 합니다. 말로 드리는 제물이라고 함부로 해서는 안 된다는 것입니다. 예수님께서도 기도를 가르쳐주실 때 이렇게 말씀하시지 않았습니까?

너는 기도할 때에 네 골방에 들어가 문을 닫고 은밀한 중에 계신 네 아버지께 기도하라 은밀한 중에 보시는 네 아버지께서 갚으시리라 또 기도할 때에 이방인과 같이 중언부언하지 말라 그들은 말을 많이 하여야 들으실 줄 생각하느니라(마 6:6-7).

기도할 때에는 "중언부언하지 말라", "빈말을 되풀이하지 말라"(새번역)는 말씀에 특히 주목하십시오. 말을 많이 하여야만 하나님이 들으신다고 생각하지 마십시오. 하나님은 우리가 구하기 전에, 우리에게 필요한 것이 무엇인지를 알고 계시는 분인 것을 잊지 마십시오(마 6:8). 그러므로 우리 기도는 기도시가 되어야 합니다. 바른 말이 되어야 합니다. 옳은 간구가 되어야 합니다. 왜 그렇습니까? 하나님은 하늘에 계시고 사람은 땅 위에 있기 때문입니다.

"하나님은 하늘에 계시고 너는 땅 위에 있다"(전 5:2)는 말을 전도자의 신관(神觀)으로 보기도 합니다. 전도서에서 하나님은 초월적인 분이시라는 것입니다.[5] 틀린 말은 아닙니다. 그러나 그렇게만 보아서는 안 됩니다. 하나님은 하늘에 계시고 사람은 땅 위에 있다는 것은 기도가 하나님과 사람이 나누는 소통의 방식인 것을 전제하고 있습니다. 땅 위에 사는 사람들이 어떻게 하나님과 소통할 수 있습니까? 기도가 그 해답입니다. 기도만이 하늘에 계시는 하나님과 땅 위의 사람이 주고받을 수 있는 소통방식입니다.

기도는 땅 위의 사람이 하늘의 하나님에게 오르는 영적인 사다리입니다. 우리가 알다시피 기도는 구하고, 찾고, 두드리는 행동이지 않습니까(눅 9:11)? 기도는 하나님께 소원하기, 바라기, 요구하기가 아닙니까! 이것을 가리켜서 "기도는 인간의 삶이 '타자 하나님'(other God)에게 영향을 미칠 수 있게" 하고,[6] 그 타자 하나님이 우리의 하나님(our God)이 되시는 사건이라고 말하는 것이 아닙니까! 하늘에 계시는 "그 하나님"이 세상의 삶 속으로 들어오셔서 "우리 주님"이 되시는 역사(役事)가 바로 기도에서 일어나지 않습니까!

그러니 기도는 정음(正音)이 되어야 합니다. "말을 적게 하라"(전 5:2b)는 것도 따지고 보면 시인의 자세입니다. 시어의 힘은 말을 요약하는 것, 말을 압축하는 것, 말을 정선하는 것, 말을 생략하는 것에서 오지 않습니까! 그러므로 다짐하십시다. 하나님께 드리는 우리의 기도가 이제부터는 기도시가 되게 하소서! 하나님의 집에 들어선 자들로 하여금 기도시를 그 제물로 하나님께 드리게 하소서! 우리 교인들이 모두 시인이 되게 하소서!

소원과 서원(5:4-7)

전도자에게 성전은 사람이 전능하신 하나님과 대면하는 장소입니다. 서원에 대해서 가르치는 전도서 5:4-7은 이런 맥락에서 추수를 수 있습니다. 전통적으로 이스라엘은 하나님 앞에서 드리는 서원과 맹세를 신앙생활의 한 방식으로 이해하였습니다. 입다가 그랬고(삿 11:30-31) 한나가 그랬습니다(삼상 1:10-11). 입다나 한나 모두 자기 소원을 하나님이 들어주시면 자기 자식을 하나님께 드리겠다고 서원하였습니다. 서원은 절실했던 상황에서 하나님께 드리는 간구입니다.

전도서 5장에는 서원이 남용되던 종교상황을 전제하고 있습니다. 성전을 하나님의 집으로 말하면서도 성전에서 이루어지는 이스라엘의 종교를 하나님과 주고받는 거래로 보려던 풍토에 쐐기를 박고자 합니다. 사실, "하나님 앞에서" 삶을 새롭게 세워가려는 자라면 그 입에서 맹세와 서원이 자연스럽게 나올 수 있습니다. 전도자는 그런 서원과 맹세가 하나님과 주고받는 '딜'(deal)이 되어서는 안 된다는 것을 말하고자 합니다. 그래서 서원하기를 조심하라고 권고합니다.

서원이 무엇입니까? 인생살이의 방향을 하나님 앞에서 다짐하는 각오입니다. 우리가 서원하는 것은 우리 인생이 연약하기 때문입니다. 우리 인생이 질그릇이기 때문입니다. 인생의 주인 되시는 하나님께서 인생살이의 방향을 인도해달라는 다짐을 가리켜서 서원이라고 말할 수 있습니다. 그만큼 서원에는 소원이 담겨 있습니다. 전도자는 그 소원을 담은 서원이 참 신앙적인 것이 되기를 바랍니다. 전능하신 하나님을 거래의 대상으로 삼지 않기를 바랍니다. 인간적인 욕심이 서원이라는 명목으로 포장되지 않기를 바랍니다. 그래서 서원하는 자들에게 주의사항을 당부하고 있습니다. 서원한 것이 있다면 그 서원한 것을 미루지 말고 지키라!

> 네가 하나님께 서원하였거든 갚기를 더디게 하지 말라 하나님은 우매한 자들을 기뻐하지 아니하시나니 서원한 것을 갚으라(전 5:4).

서원은 하나님께 하는 약속입니다. 하나님과 하는 약속입니다. 하나님을 향하여 하는 약속입니다. 하나님의 집에서는 누구나 서원할 수 있습니다. 약속할 수 있습니다. 맹세할 수 있습니다. 그러나 사람의 욕심을 앞세워서 지킬 수도 없는 서원을, 하나님이 기뻐하시지도 않을 서원을 함부로 입 밖에 내서는 안 됩니다.

여기에서 본문은 이렇게 가르칩니다. "네가 하나님께 서원하였거든 서원한 것을 갚으라!" 여기, "갚는다"는 말은 새번역에서는 "지켜라"입니다. 원문은 "지불한다"는 용도로 쓰이는 말인 "샬렘"입니다. NIV 성경은 이 말을 "pay"(do not delay to pay it)로 번역하였습니다. 서원은 입으로 합니다. 그러나 갚는 것은 손과 발로, 몸으로, 행동으로 합니다. 무슨 말입니까? 서원을 한다는 것은, 나아가 서원을 갚는다는 것은 신앙생활이 입으로 하는 것이 아니라 삶으로 하는 것이라는 점을 일깨워줍니다. 입으로 한 맹세를 행동으로 보여주라는 소리가 "갚으라"는 말 속에 담겨 있습니다. 그러니까 "네가 하나님께 서원하였거든 서원한 것을 갚으라"는 말씀은 신앙생활을 생활신앙으로 나타내라는 주문으로 읽어야 합니다.

전도서 5:5-7은 서원하려는 자에 대한 주의사항을 구체적으로 나열합니다. 몸으로 죄를 짓게 하지 말라고 당부합니다. 실수라고 변명하지 말라고 주문합니다. 하나님이 진노하시지 않도록 해야 된다고 말합니다. 망상을 서원으로 포장해서는 안 된다고 말합니다.

> 서원하고 갚지 아니하는 것보다 서원하지 아니하는 것이 더 나으니 네 입으로 네 육체가 범죄 하게 하지 말라 천사 앞에서 내가 서원한 것이 실수라고 말하지 말라 어찌 하나님께서 네 목소리로 말미암아 진노하사 네 손으로 한 것을 멸하시게 하랴 꿈이 많으면 헛된 일들이 많아지고 말이 많아도 그러하니 오직 너는 하나님을 경외할지니라(전 5:5-7).

서원은 종교적인 언어입니다. 하나님 앞에서, 하나님을 향해서, 하나님을 위하여 드리는 사람의 맹세입니다. 그러나 서원은 사람의 말로 끝나지 않습니다. 서원은 하나님이 들으시는 말이기도 합니다. 하나님의 집에 들어서면 하나님의 말씀을 듣게 되듯이 성전에서 하나님은 우리가 하는 맹세도 들으신다는 것입니다. 그러니 지키지 못할 서원은 하지 말라는 것입니다. "너는 혀를 잘못 놀려서 죄를 짓지 말라"(전 5:6a 새번역)는 것입니다.

하나님이 우리에게 거시는 기대는 우리가 신실한 신앙인이 되는 것입니다. 성공적인 신앙인이기보다는 신실한 신앙인이 되기를 기대하십니다. 서원을 지켜야 된다는 것도 그런 범주에 듭니다. 그런 뜻에서 전도서 5:5-7은 하나님 앞에서 살아가는 자에게 마음을 제대로 지킬 것을 당부합니다. 서원은 소원에서 비롯되고 소원은 마음에서 생겨납니다. 지킬 수 있는 서원을 하라는 것은, 지키지 못할 서원이라면 차라리 하지 말라는 것은 신앙인의 마음자세를 가름하게 합니다. 세상을 경영하기 전에 먼저 그 마음부터 제대로 경영하라는 것입니다. 그래서 타이릅니다. "꿈이 많으면 헛된 일이 많아지고 말이 많아도 그러하니 오직 너는 하나님을 경외할지니라"(전 5:7). 예수님도 이렇게 말씀하신 적이 있습니다.

나는 너희에게 이르노니 도무지 맹세하지 말지니 하늘로도 하지 말라 이는 하나님의 보좌임이요 땅으로도 하지 말라 이는 하나님의 발등상임이요 … 오직 너희 말은 옳다 옳다, 아니라 아니라 하라 이에서 지나는 것은 악으로부터 나느니라(마 5:34-37).

주님은 우리에게 아예 하늘을 걸고 맹세하지 말라고 말씀하십니다. 물론 서원과 맹세는 다릅니다. 서원은 하나님께, 맹세는 사람에게 합니다. 그러나 서원이나 맹세가 서로 비슷한 것은 둘 다 마음에서 우러나온다는 사실입니다. 맹세하지 말라는 예수님의 말씀도 세상을 살아가는 크리스천의 마음자세가 어떠해야 하는지를 가르쳐주는 말씀에 해당됩니다.

전도자가 전도서 5장에서 서원에 대하여 가르치는 것도 성도의 마음자세와 연관됩니다. 내 욕심을 채워주는 하나님을 찾는 마음이 아니라 하나님의 뜻을 이루는 내가 되려는 마음을 품으라는 것입니다. 한마디로, 마음을 고쳐먹으라는 것입니다. 서원을 하였으면 반드시 갚아야 한다는 말씀이나, 갚지 못할 서원이라면 하지 말라는 가르침은 모두 하나님의 임재와 마주한 성도에게 있어야 할 마음의 변화를 암시합니다. 나를 위한 하나님을 찾는 마음에서 하나님을 위한 내가 되는 마음으로 고쳐먹으라는 것입니다.

그러니 세상살이에서 얻은 헛된 꿈을 키우고자 하나님을 이용하려고 덤비지 마십시오. 하나님이 주신 은혜로 세상살이의 방향을 다시 조정하십시오. 여러분의 마음을 세상의 지배 아래 내버려두지 마십시오. 세상의 것을 비우고 하늘의 것으로 다시 채우십시오. 서원하기에 앞서 그 마음의 소원을 완전히 비우십시오. 비워야 채워집니다.

난 사람이 아니라 된 사람(5:8-9)

이제 전도자는 말씀의 소재를 성소에서 세상으로 넘어갑니다. 거룩한 이야기에서 세속적인 이야기로 넘어갑니다. 전도서 5:8-9, 10-17이 바로 그 세상 이야기입니다. 주목할 것은 전도자의 말이 신앙적인 언어에서 갑자기 세속적인 말투로 바뀌면서 전도자의 가슴앓이가 쏟아지고 있다는 점입니다.

전도자가 본 세상은 시끄럽고, 소란하고, 어둡고, 광폭합니다. 왜 그렇습니까? 그 첫 번째 이유가 전도서 5:8-9에 나옵니다. 전도서 5:8-9는 이 땅에서 그 지위가 높은 자들이 벌이는 횡포에 대한 지적으로 말문을 엽니다. 앞에서 하늘에 계신 하나님에 관해서 이야기하던 전도자가 전도서 5:8-9에 들어서면서는 이 세상에서 "높은 자", 곧 "왕"에 대한 이야기로 말의 소재를 바꿉니다. 주목할 것은 왕을 왕이라고 곧장 부르지 않고 "높은 자"라고 부르고 있다는 사실입니다.

왜 전도자는 왕을 가리켜 굳이 "높은 자"라고 부르고 있는 것일까요? 아마도 전도서 5장에서 여태껏 하늘에 계신 하나님을 이야기하고 있었기에, 가장 높은 데 계시는 하나님에 대해서 이야기하고 있었기에, 전도서 5:8에 들어서면서는 이 세상에서, 이 땅에서 "높은 자"라고 불리는 자들을 가르침의 소재로 삼았던 것 같습니다. 전도자가 그 왕에 대해서 무엇이라고 말합니까?

> 너는 어느 지방에서든지 빈민을 학대하는 것과 정의와 공의를 짓밟는 것을 볼지라도 그것을 이상히 여기지 말라 높은 자는 더 높은 자가 감찰하고 또 그들보다 더 높은 자도 있음이니라(전 5:8).

세상이 왜 소란합니까? 세상이 왜 엉망입니까? 가난한 자에 대한 학대와 불의가 높은 자의 주도로 이루어지고 있기 때문입니다. 전도자 당시의 왕이란 이 세상에서 그 지위가 높은 자입니다. 태어나면서 왕이 되도록 작정된 사람입니다. 물론 모든 왕들의 신분이 다 왕의 혈통을 이어받는 것은 아닙니다. 그러나 왕이라고 하면, 그 대부분이 다 왕의 혈통을 이어받았기에 때가 되어 왕좌에 오르게 된 사람입니다. 왕이란 한 마디로, "난 사람"이었다는 소리입니다.

그런데 그 "난 사람"이 하는 짓거리가 무엇입니까? "가난한 사람을 억압하고 법과 정의를 짓밟는" 짓입니다. 가난한 사람의 처지를 살려주고 법과 정의를 실현해야 할 "높은 자"가 거꾸로 세상을 파국으로 몰고 가고 있다는 지적입니다. 그러니 세상에서 들리는 소리는 억울한 자들이 외치는 탄식입니다. 전도자가 지적하는 비뚤어진 세상사는 아모스도 목청껏 외쳤던 지적입니다. 선지자 아모스는 사마리아의 부유하고 탐욕스런 여자들이 그 남편을 부추키어 가난한 자들을 가혹하게 착취한다고 꼬집었습니다.

> 사마리아의 산에 있는 바산의 암소들아 이 말을 들으라 너희는 힘 없는 자를 학대하며 가난한 자를 압제하며 가장에게 이르기를 술을 가져다가 우리로 마시게 하라 하는도다 주 여호와께서 자기의 거룩함을 두고 맹세하시되 때가 너희에게 이를지라 사람이 갈고리로 너희를 끌어 가며 낚시로 너희의 남은 자들도 그리하리라 (암 4:1-2).

이처럼 전도서 5:8에서 선지자 아모스가 외쳤던 풍자를 들을 수도 있습니다. 하지만 본문은 공의가 파괴되고 가난한 자가 억압받는 현실 자체를 고발하는 데 그 목적이 있지 않습니다. 억압받는 자들을 향한 위로와 치유의 말씀을 전하는 것도 본문의 의도가 아닙니다. 본문의 의도는 "높은 자"를 향한 경고입니다. "높은 자"가 이 세상에서 하는 짓거리에 대한 최종 판단과 심판은 그보다 더 높은 곳에 계시는 분이 반드시 하시게 된다는 경고입니다. 그래서 전도자의 입에서 나오는 말이 이것입니다. "너는 어느 지방에서든지 빈민을 학대하는 것과 정의와 공의를 짓밟는 것을 볼지라도 그것을 이상히 여기지 말라."

"이상히 여기지 말라"는 것입니다. "놀라지 말라"는 것입니다. 이 땅에서 높다고 하는 자보다 더 높은 곳에 계시는 분이 그를 감독하고 있기에 나중에 반드시 잘못된 일에 대한 책임을 물으신다는 것입니다.

따지고 보면 "높은 자"도 사람이기는 마찬가지입니다. 다만 태어날 때 지위가 높은 계층에서 태어났기에 높은 자리에 앉게 되지 않았습니까! 그도 먹어야 사는 사람이기는 마찬가지입니다. 오죽했으면 전도자가 이렇게 지적했겠습니까?

땅의 소산물은 모든 사람을 위하여 있나니 왕도 밭의 소산을 받느니라(전 5:9).

왕도 밭에서 나는 식물을 먹어야 합니다. 왕도 밭에서 나온 소산을 받아야 되는 신세입니다. 그도 사람이라는 말입니다. 새번역은 이 구절의 뉘앙스를 개역개정과는 다르게 번역하였습니다. "한 나라에서 가장 소중한 것은 왕이다. 왕이 있으므로 백성은 마음 놓고 농사를 짓는다"(전 5:9, 새번역). 그러나 이 번역은 본문의 정서를 헤치고 있습니다. 본문은 정의를 실행하지 못하는 왕을 고발하는 말씀입니다. 가난한 농민을 학대하는 높은 자에 대한 비난입니다. 그렇기에 "한 나라에서 가장 소중한 것은 왕이다"라는 식으로 옮기는 것은 원문의 정서를 크게 헤치는 결과를 낳게 됩니다.

전도서 5:9에서 전도자가 말하려고 하는 것은 왕도 먹어야 사는 사람이라는 현실입니다. 아무리 그 지위가 높은 자라고 해도 인간이기는 마찬가지입니다. 구약의 전도서는 현실을 자못 냉소적으로 보고 있습니다. 전도서 5:8의 "공의가 파손되는 일을 이상히 여기지 말라"는 말 속에도 그런 조소와 냉소가 담겨 있었습니다. 이 세상에서 "높은 자"가 하는 일들이란

다 그처럼 공의와 공법을 파기하는 짓뿐이라고 지적했었습니다. 이제 전도서 5:9에서는 이 땅에서는 아무리 높은 자라고 해도 먹어야 사는 사람에 지나지 않는다고 풍자하고 있습니다. 여기에는 왕에 대한 절망감이 배여 있습니다. 통치자에 대한 무력감이 쌓여 있습니다. 정치하는 사람에 대한 비난이 서려 있습니다.

무릇 "높은 자"란 높은 곳에서 아래를 보는 자가 아닙니까? 높은 곳에서 내려다보는 세상살이가 하나님의 창조질서를 따르는 모습을 드러내야 되지 않겠습니까? 이 말을 뒤집어서 생각해봅시다. 높은 자리에 앉은 사람은 높은 자리에 앉아 있는 값을 제대로 수행하는 인물이 되어야 합니다. 예수님이 우리에게 무엇이라고 말씀하셨습니까? "자기를 높이는 사람은 낮아지고, 자기를 낮추는 사람은 높아질 것"(마 23:12)이라고 말씀하시지 않았습니까? 높은 자가 자기를 낮춘다는 것은 무엇을 가리킵니까? 섬기는 자가 되라는 것입니다. 우리 주님이 바로 섬기는 자이셨습니다. 마리아의 찬가가 바로 그 점을 지적합니다.

> 내 영혼이 주를 찬양하며 내 마음이 하나님 내 구주를 기뻐하였음은 … 권세 있는 자를 그 위에서 내리치셨으며 비천한 자를 높이셨고 주리는 자를 좋은 것으로 배불리셨으며 부자는 빈 손으로 보내셨도다(눅 1:46-47, 52-53).

난 사람보다 된 사람이 중요합니다. 태어날 때 지위가 높은 자로 난 것이 세상살이에서 중요한 것이 아닙니다. 지위가 높은 자가 되어 하늘의 뜻을 이 땅에 이루어드리는 사람이 되어야 합니다. 난 사람보다 된 사람이 더 중요합니다. 하나님이 그를 높은 자리에 두신 것은 하나님의 뜻을 따라서 이 땅에 정의와 공평과 평화를 구현시키라는 의도가 있었습니다. 그런 역할을 제대로 감당하지 못한다면 그는 그보다 더 높은 곳에 계시는 하나님에게 엄한 심판을 피할 수가 없습니다. 여기에 전도자가 품는 소망이 있습니다. 높은 곳에서 세상을 내려다보는 사람은 세상사를 더 높은 곳에 계시는 하나님이 보시기에 좋도록 이끌어가야 한다는 것입니다.

크리스천 오블리주(5:10-17)

노블레스 오블리주(noblesse oblige)라는 말이 있습니다. 상류층은 그에 걸맞은 책임을 져야 한다는 말입니다. 고귀하게 태어난 사람은 그에 맞는 책임을 다해야 한다는 말입니다. 부와 권력과 명성을 지닌 자는 더 높은 도덕적 책임을 지녀야 한다는 뜻입니다. 한 사회에서 가진 자, 높은 자, 힘센 자들이 노블레스 오블리주를 지키지 못할 때 그 사회는 패망의 나락으로 떨어지게 됩니다.

전도서 5:8-9나 전도서 5:10-17은 그런 시각에서 살필 수 있습니다. 지위가 높은 자, 재산이 많은 자가 가져야 할 의무와 책임을 명시하는 각도에서 읽을 수 있습니다. 그러나 흔히 말하는 노블레스 오블리주가 아닙니다. 크리스천 오블리주입니다. 신앙인으로서의 가져야 할 의무와 책임을 말합니다.

전도서 5:1-7은 하나님의 집에 들어서는 자가 지녀야 할 마음가짐에 대해서 말씀하였습니다. 이제 5:8 이하의 말씀은 하나님을 경외하는 신앙을 가진 자가 지녀야 할 사회적 책임, 도덕적 의무에 대한 말씀으로 읽을 수 있습니다. 그리고 그런 신앙인의 의무가 어떻게 실천되어야 하는지에 관한 세 가지 예로 전도서 5:8-9, 10-12, 13-17을 살펴볼 수 있습니다.[7] 권력을 가진 자가 지켜야 할 의무(전 5:8-9)에 대해서는 앞에서 이미 말씀드렸습니다. 여기에서는 돈을 많이 가진 자(전 5:10-17)가 지켜야 할 삶의 자세에 대해서 말씀드리려고 합니다.

전도서 5:10-17은 우리 삶에서 가장 소중한 돈에 대해서 가르치고 있습니다. 정확하게 말하면 돈을 많이 벌어서 모아둔 자에 대해서 가르치고 있습니다. 본문에서 두드러지는 단어는 은을 사랑한다는 말입니다(10절). 재산이 많아진다는 말입니다(11절). 재물을 소유한다는 말입니다(13절).

하지만 전도서 5:10-17은 한마디로 돈을 모아놓은 인생에 대해서 가르치고 있습니다. 전도서 5:10-17은 돈을 많이 가진 자가 당하게 되는 괴로움과 불행을 두 가지 예로 제시합니다. 하나는 전도서 5:10-12입니다. 이 본문은 "은을 사랑하는 자"에 대해서 다룹니다. 돈을 좋아하는 사람에 대한 이야기입니다. 은을 사랑하지만, 돈을 좋아하지만 "은으로, 돈으로 만족하지 못하는" 자에 대해서 말하고 있습니다. 다른 하나인 전도서 5:13-17은 부자가 겪게 되는 불행한 현실을 지적합니다. "아끼던 재산이, 그 임자에게 오히려 해를 끼치는 경우가 있다"(전 5:13)는 것입니다. 그러면서 부자의 재산이 왜, 무슨 이유로 그 소유자를 괴롭히는 자를 설명합니다.

우선 전도서 5:10-12부터 살펴봅니다.

> 재산이 많아지면 먹는 자들도 많아지나니 그 소유주들은 눈으로 보는 것 외에 무엇이 유익하랴 노동자는 먹는 것이 많든지 적든지 잠을 달게 자거니와 부자는 그 부요함 때문에 자지 못하느니라(전 5:11-12).

본문의 주인공은 돈을 모으는 재미로 살아가는 사람입니다. 삶의 가치를 재산을 모으는 데 두고 있습니다. 인생의 보람을 늘어나는 재산을 보는 재미에 두고 있습니다. 많아진 재산을 "눈으로 본다"는 말은 눈으로만 즐긴다는 뜻도 되고, 눈으로 항상 지킨다는 소리도 됩니다. 재산을 모으고, 재산을 쌓고, 재산을 지키는 것을 삶에서 가장 소중한 가치로 여기고 있다는 것입니다. 하지만 이 부자는 잠을 제대로 자지 못한다는 것입니다. 그 처지가 재산을 지키는 "경비견 신세"가 되었기 때문입니다.[8] 그래서 부자는 불행하다는 것입니다. 일평생을 쫓기며 산다는 것입니다. 그래서 병에 걸려 있다는 것입니다. 온갖 울분과 고생과 분노에 시달리며 산다는 것입니다. 그럼에도 그가 죽고 나면 아무것도 가지고 가지 못한다는 것입니다. 이것이 어디 다른 사람의 이야기입니까? 오늘 이 시대를 살아가고 있는 우리들의 이야기가 아닙니까?

우리 사회는 사람을 평가할 때 그가 모아놓은 재산의 규모를 따지는 사회입니다. 돈이 있어야 대접을 받습니다. 돈이 있어야 큰소리를 칩니다. 돈이 있어야 사람대접을 받습니다. 우리가 매일 땀을 흘리면서 일하는 목적이 무엇입니까? 돈을 벌기 위해서가 아닙니까? 돈을 모아서 재산을 늘려가기 위해서 아닙니까? 그러다 보니 눈으로 재산을 바라보는 스트레스가 우리 모두에게 쌓여가지 않습니까? 돈에 매여 사는 인생! 본문은 바로 그런 인생살이의 현주소를 고발하고 있습니다.

전도서 5:10-12는 재물을 사랑하는 인생의 문제가 무엇인지를 고발합니다. 전도자가 고발하는 부자의 문제가 무엇입니까? 돈을 모으기만 했지 쓸 줄을 몰랐습니다. 돈을 쌓기만 했지 나눌지를 몰랐습니다. 돈을 지키기만 했지 베풀 줄을 몰랐습니다. 자기 자신에게만 부요했던 인생이었기에 그는 날마다 잠도 제대로 자지 못하는 불면증에 시달려야만 했습니다.

전도자가 지적하는 부자의 불행은 여기에서 그치지 않습니다. 전도서 5:13-17은 돈만 많이 쌓아놓은 부자가 당해야 했던 인생의 불행을 이렇게 더 이어갑니다.

> 내가 해 아래에서 큰 폐단 되는 일이 있는 것을 보았나니 곧 소유주가 재물을 자기에게 해가 되도록 소유하는 것이라 … 그가 모태에서 벌거벗고 나왔은즉 그가 나온 대로 돌아가고 수고하여 얻은 것을 아무 것도 자기 손에 가지고 가지 못하리니 이것도 큰 불행이라 어떻게 왔든지 그대로 가리니 바람을 잡는 수고가 그에게 무엇이 유익하랴 일평생을 어두운 데에서 먹으며 많은 근심과 질병과 분노가 그에게 있느니라(전 5:13, 15-17).

아끼던 재산 까닭에 오히려 해를 당하는 경우가 있다는 것입니다. 게다가 고생하면서 모은 재산을 죽은 다음에는 단 한 푼도 가져갈 수가 없습니다. 그 많은 재산을 모으기까지 일평생 동안 어두운 데서 먹어야 했었습니다. 어두운 데서 먹는다는 것은 그만큼 고생했다는 뜻입니다. 고생하면서 재산을 모았다는 뜻입니다. 그런 식으로 모으기 위해서 애쓰다 보니 근심과 질병과 분노가 그 사람의 내면에서 떠나지 않았었다는 것입니다. 그러니 그런 인생을 가리켜 바람을 잡으려고 수고하는 것에 지나지 않는다고 꼬집게 됩니다.

어떻게 하라는 말입니까? 나누라는 주문입니다. 쌓지만 말고 모은 재산으로 사회를 섬기라는 이야기입니다. 나누고 베풀 책임이 있다는 이야기입니다. 성공은 나눌수록 커진다는 이야기입니다. 이런 점에서 전도서 5:13-17은 재물을 사랑하는 인생이 얼마나 허탈한지를 꼬집는 비유에 해당됩니다. 행복은 모으는 데 있지 않습니다. 행복은 쓰는 데서 발견됩니다. 행복은 지키는 데 있지 않습니다. 행복은 나눔에서 체험됩니다. 나를 위해 부요한 인생으로는 만족이 없습니다. 나만을 위해 부요한 삶에는 평안이 없습니다.

전도서 5:10-12, 13-17이 제기하는 문제는 누가복음 12:16-21에 나오는 어리석은 부자의 비유에도 나옵니다. 예수님의 비유에 등장하는 주인공도 재산을 모으는 데만 혈안이 된 사람입니다. 재산을 쌓는 일에만 몰두하는 사람입니다. 재산을 지키는 데만 열중하는 사람입니다. 욕심이 많았습니다. 삶의 기준을 소유의 넉넉함에 두었습니다. 그래서 작은 창고를 헐고 대신 커다란 창고를 짓고자 했습니다. 더욱 큰 창고를 짓고자 했습니다. 그러면서 자기 스스로 다짐합니다. 여러 해 동안 쓸 많은 물건을 쌓아 두었으니, 너는 마음 놓고, 먹고 마시고 즐겨라! 그런 부자를 향해서 하나님이 하신 말씀이 무엇입니까?

하나님은 이르시되 어리석은 자여 오늘 밤에 네 영혼을 도로 찾으리니 그러면

네 준비한 것이 누구의 것이 되겠느냐 하셨으니 자기를 위하여 재물을 쌓아 두고 하나님께 대하여 부요하지 못한 자가 이와 같으니라(눅 12:20-21).

여기에 전도서 5:10-12, 13-17이 토로하는 말씀의 주제가 확연히 드러납니다. 전도자가 헛되다고 탄식하는 인생은 바로 자기 자신에게만 부요한 삶이었습니다. 자기 자신에게만 부요할 때 인생은 그 한계를 넘어설 수 없습니다. 하나님께 부요한 삶이 될 때라야 인생은 비로소 그 빛을 발하게 됩니다. 하나님께 시간을 드리십시오. 하나님께 재능을 드리십시오. 하나님께 재물을 드리십시오. 나를 위해 시간을 쓰지 말고, 하나님의 나라를 위해서 시간을 쓰십시오. 나를 위해서 재능을 펼치지 말고 나를 원하는 곳에서 재능을 사용하십시오. 나를 위해 재물을 쌓아놓지 말고 하나님의 영광을 위해서 재물을 사용하십시오.

크리스천은 하나님께 부요한 인생을 살아야 합니다. 여러 해 전 한 선교사의 선교 20주년을 감사하는 주일 저녁예배에 참석한 적이 있습니다. 선교사 한 사람을 선교지로 파송하고 그를 20년 동안 한 교회가 끊임없이 후원하였다는 사실에 감동하였습니다. 한 선교지에서 20년을 줄곧 예수 그리스도의 증인으로 헌신한 선교사도 감동을 주었습니다. 그 선교사는 지난 10년 전부터 현지인 목회자를 양성하리라는 비전을 마음에 품고 그곳에 신학교를 세우고 학원사역을 하는 일에 매진해왔습니다. 벌써 180여 명에 달하는 현지인 목회자를 배출하였습니다. 그 사역에 감동한 한 독지가가 신학교 부지를 기증하였습니다. 신학교가 이제는 대학교로 발돋움하려고 합니다. 그 선교사가 선교 20주년을 감사하기 위해서 자신을 파송한 모국의 교회를 찾았습니다. 그 주일 아침 예배시간에 선교보고를 하였습니다. "우리가 이제는 대학을 세우고 건축을 하려고 합니다!" 그 선교보고를 듣고 교우들이 정성을 다해 헌금을 드렸습니다. 그날 저녁 감사예배에서 담임목사님이 회중 앞에서 헌금보고를 하셨습니다. "오전 예배 때에 여러분이 드린 헌금 전부를 선교사님의 선교사역에 사용하려고 합니다. 여러분이 오늘 헌금하신 금액은 모두 20억 원입니다!"

그날 그 저녁예배에서 저는 하나님께 대하여 부요한 교회를 보았습니다. 하나님께 대하여 부요한 목회자를 보았습니다. 하나님께 대해 부요한 크리스천을 보았습니다. 무엇이 우리 삶을 행복하게 합니까? Rich Toward God! Rich Toward Neighbour! 하나님을 위하여 부요한 사람! 이웃을 위하여 부요한 사람! 나를 위해서 재물을 쌓아두고 그 재물을 지키는 삶이 우리를 행복하게 하는 것이 아닙니다. 우리를 행복하게 하는 것 - 그것은 정녕 하나님께 부요한 삶입니다. 이웃에게 부요한 삶입니다. 나를 필요로 하는 세상을 향해서 나의 것을 기꺼이 환원하는 삶입니다. 여기에 어두운 세상을 변혁시키는 여명이 밝아옵니다. 이런 삶이 진정 우리를 행복으로 초대합니다. 전도자가 전도서 5장에서 전하려는 말씀이 바로 이것입니다. 우리를 진정한 행복으로 초대하려는 것입니다. 그러니 우리 모두가 이런 초대에 기꺼이 응해야 하지 않겠습니까!

주일을 넘어 일상으로(5:18-20)

이제 전도자는 마지막으로 하나님이 사람에게 주신 선물이 무엇인지에 대해서 설명합니다. 하나님의 집에서 얻은 은총이 완성되는 자리가 일상생활이 이뤄지는 세상인 것을 이야기합니다. 전도서 5:18-20이 그것을 전합니다. 전도서 5:18-20은 앞에서 읽은 5:10-17에 대한 해답입니다. 욕심을 부리며 사는 인생이 아니라 만족하며 살 줄 아는 인생이 제대로 된 삶이라는 처방입니다. 재물에 매여 사는 인생이 아니라 재물을 누리며 사는 인생이 되자는 것입니다. 특별한 날을 기념하는 인생이 아니라 날마다 사는 일상을 기념하라는 것입니다.

> 사람이 하나님께서 그에게 주신 바 그 일평생에 먹고 마시며 해 아래에서 하는 모든 수고 중에서 낙을 보는 것이 선하고 아름다움을 내가 보았나니 그것이 그의 몫이로다 또한 어떤 사람에게든지 하나님이 재물과 부요를 그에게 주사 능히 누리게 하시며 제 몫을 받아 수고함으로 즐거워하게 하신 것은 하나님의 선물이라(전 5:18-19).

재산이 많은 것이 인생을 행복하게 하는 것은 아닙니다. 하나님이 주신 재산을 누릴 수 있어야 행복할 수 있습니다. 자기에게 주어진 몫에 만족할 줄 알아야 행복할 수 있습니다. 수고함으로 즐거워하는 것이 행복의 원천입니다. 그런데 이 모든 것이 하나님이 주신 선물인 것을 알 때에 우리는 평범한 일상에서, 평범한 장소에서, 평범한 사람들 속에서 기뻐하며 지낼 수 있습니다. 일상이 하나님이 주신 선물이라는 것은 무엇을 뜻합니까? 일상생활이야말로 하나님의 임재를 체험하는 거룩한 장소라는 것입니다. 먹고 마시며 수고하는 우리 일상은 우리가 하나님의 집에 초대받은 손님인 것을 알게 합니다. 먹고, 살고, 움직일 수 있는 것은 오직 하나님의 집 안에서 가능하다는 것입니다.

하나님을 어느 특정한 곳에만 계시는 분으로 단정하지 마십시오. 하나님을 특정한 시간에만 만나는 분으로 오해하지 마십시오. 일상은 성전 밖에서 하나님을 만나게 하는 시간이자 공간입니다. 아테네 사람들을 향해 사도 바울이 했던 설교도 이런 진리를 가르쳐줍니다. 파르테논 신전을 비롯한 온갖 제단에 둘러싸인 종교적 환경을 보면서 바울이 무엇을 말했습니까? 하나님은 사람의 손으로 지은 신전에 거하시지 않는다고 말씀하지 않았습니까(행 17:24)? 하나님은 사람의 손으로 섬김을 받으시는 분이 아니라 도리어 사람들에게 생명과 호흡과 모든 것을 주시는 분이시라고 말씀하지 않았습니까(행 17:25)? 그러면서 사도 바울이 무엇이라고 설교하였습니까?

> 이는 사람으로 혹 하나님을 더듬어 찾아 발견하게 하려 하심이로되 그는 우리 각 사람에게서 멀리 계시지 아니하도다 우리가 그를 힘입어 살며 기동하며 존재하느니라…(행 17:27-28).

새번역은 사도행전 17:28 후반절을 이렇게 옮겼습니다. "우리는 하나님 안에서 살고, 움직이고, 존재하고 있습니다!" 우리가 하나님 안에서 살고 있다는 것입니다. 하나님은 우리에게서 멀리 계시지 않는다는 것입니다. 우리의 일상이 하나님 안에서 움직이고 있다는 것입니다. 먹고 마시고 일하는 일상은 우리가 하나님 안에서 존재하고 있다는 것을 보여줍니다. 일상은, 우리가 사는 우주는 하나님의 집이고, 우리는 그곳에 초대받은 손님이라는 것입니다.[9]

하나님이 차리신 일상에 우리가 정식으로 초대받은 손님이라는 것은 일상의 의미를 새롭게 합니다. 하나님의 식탁에 초대받은 게스트로서 작은 일상을 기뻐하면서 즐겁게 보내자는 것입니다. 전도서 5:20이 그것을 말합니다.

> 그는 자기의 생명의 날을 깊이 생각하지 아니하리니 이는 하나님이 그의 마음에 기뻐하는 것으로 응답하심이니라(전 5:20).

개역개정판의 전도서 5:20은 번역에 문제가 있습니다. 주어진 일상에서 감동을 느끼는 자는 자기의 생명의 날을 깊이 생각하지 않는다고 오해할 여지가 있습니다. 새번역은 이 구절을 이렇게 옮기고 있습니다.

> 하나님은 이처럼, 사람이 행복하게 살기를 바라시니, 덧없는 인생살이에 크게 마음 쓸 일이 없다(전 5:20, 새번역).

하나님이 우리에게 바라시는 것이 무엇입니까? 행복하게 사는 것입니다. 덧없는 인생살이에 마음을 졸이기보다는 날마다 맞이하는 하루를 감사하며 사는 것이 선하고 좋은 일입니다. 언제 죽을 것인가를 염려하지 말고, 인생은 죽음으로 허망하게 끝난다고 착각하지도 말고, 날마다를 행복하게 살아가라는 것입니다. 이런 행복은 우리 마음에 하나님이 계실 때 이루어집니다. 우리 인생이, 우리 일생이, 우리 일상이 하나님이 주신 선물인 것을 깨달을 때 이루어집니다. 내 마음에 주님이 계실 때 날마다 맞이하는 일상은 지루한 반복이 아니라 날마다 새롭게 얻는 선물입니다.

일을 하다가 보면 느낍니다. 같은 시간인데도 어떤 때는 지루하게 느껴지고, 어떤 때는 순식간에 시간이 흘러가버린 것을 느낄 때가 있습니다. 생명의 날을 깊이 생각하지 않는다는 소리는 그런 의미입니다. 날마다의 일상을 감사하는 사람들은 인생살이의 기간이 얼마가 되는지에 크게 개의치 않는다는 뜻입니다.

왜 그렇습니까? 하나님이 그의 마음에 기쁨을 주시기 때문입니다. 하나님이 우리를 행복하게 살도록 이끄시기 때문입니다. 무엇을 지녀서 행복하게 되는 것이 아닙니다. 하나님이 우리 마음을 기쁨으로 채워주시기에 행복하게 되는 것입니다.

전도서를 가리켜 전도자의 고백록이라고 말씀드렸습니다. 전도자는 지금 반성하고 있습니다. 하나님 앞에서 회개하고 있습니다. 내가 여태껏 특별한 것에만 매달린 인생을 살아왔기에 일상이 허망하게 되었다고 탄식하였습니다. 세상에서 "높은 자", 많이 가진 자들이 저지르는 못난 행동을 보면서 내가 여태껏 나만을 위해서 살아왔기에 인생이 허탄하게 되었다고 탄식하였습니다. 그가 이제 아픈 마음으로 지나온 과거를 돌아보면서 진솔하게 털어놓습니다. "그는 자기의 생명의 날을 깊이 생각하지 아니하리니 이는 하나님이 그의 마음에 기뻐하는 것으로 응답하심이니라"(전 5:20).

그러니 이제 이렇게 기도하십시다. 우리로 하나님 앞에서 신실하게 하소서! 작은 일상에 감사하게 하소서! 성실하게 하소서! 우리로 날마다 먹고 마시고 땀 흘리는 삶에서 보람을 얻게 하소서! 하나님이 우리 마음에 계심으로 이웃을 위해 기꺼이 나를 비우는 은총을 누리게 하소서!

---

1) "나를 지나는 사람은 슬픔의 도시로 / 나를 지나는 사람은 영원한 비탄으로 / 나를 지나는 사람은 망자에 이른다 // 정의는 지고하는 주를 움직이시어 / 신의 권능과 최고의 지성과/원초의 사랑으로 나를 만들었다 // 나보다 앞서는 피조물이란 / 영원한 것뿐이며 나 영원히 서 있으리 / 여기에 들어오는 그대, 모든 희망을 버려라"(Through me you pass into the city of woe / Through me you pass into enternal pain / Through me among the people lost for eye // Justice the founder of my fabric moved / To rear me was the work of Power Divine / Supremest Wisdom, and primeval Love // Before me things create were none, save things / Eternal, and eternal endure / Abandon all hope, ye who enter here). mirror.enha.kr / wiki / 신곡에서 중인.
2) Conrad Hyers, *And God Created Laughter* (1987), 양인성 옮김, 『그리고 하나님이 웃음을 창조하셨다』 (서울: 아모르문디, 2005), 24-25.
3) Shields, *The End of Wisdom*, 159.
4) Ronald E. Clements, *In Spirit and in Truth: Insights from Biblical Prayers* (Atlanta: John Knox, 1985), 5-6.
5) Shields, *The End of Wisdom*, 159.
6) Karl Barth, *Prayer*: With Essays by John Hesselink, Daniel L. Migliore, and Donald K. McKim (Lousville: Westminster John Knox, 2002), 13, Walter Brueggemann, *Great Prayers of the Old Testament*(2008), 전의우 옮김, 『구약의 위대한 기도』 (서울: 한국성서유니온선교회, 2012), 31에서 중인.
7) 비교, Shields, *The End of Wisdom*, 168; Seow, *Ecclesiastes*, 219-220; Fox, *A Time to Tear Down*, 236.
8) 민영진, 『전도서/아가』 (대한기독교서회 창립 100주년 기념 성서주석, 서울: 대한기독교서회, 2009), 134.
9) 하이어스, 『그리고 하나님이 웃음을 창조하셨다』, 168.

전도서 강해설교

07

"무엇이 사람의 마음을 무겁게 하는가"

본문 전도서 6:1-12   요절 전도서 6:1

『행복 4.0』이라는 책이 있습니다.[1] 행복의 종류를 네 가지로 설명하고 있습니다. "행복 1.0"은 행복은 원하는 것을 얻는 데서 온다고 생각합니다. 바라는 것을 얻을 때 행복해진다고 느끼는 사람이 여기에 해당됩니다. "행복 2.0"은 안과 밖에서 온다고 생각합니다. 어떤 조건이나 환경이 행복을 가져다준다고 믿는 사람이 여기에 해당됩니다. "행복 3.0"은 행복은 사이에서 온다고 생각합니다. 행복을 관계 속에서 찾는 사람이 여기에 해당됩니다. "행복 4.0"은 행복은 만들 수 있다고 생각합니다. 행복은 악기 연주나 자전거 타기처럼 부단한 연습과 노력을 통해서 얻게 되는 것이라고 느끼는 사람이 여기에 해당됩니다. 여러분이 바라는 행복은 이 넷 가운데 어느 것입니까?

『행복 4.0』이라는 책은 행복은 행운과 다르다고 말합니다. 행복은 만들어 가는 것이지 결코 우연히 얻는 것은 아니라고 말합니다. 자신의 삶을 긍정하면서 주어진 일상에서 삶의 의미와 가치를 찾고자 노력할 때 행복은 주어진다고 말합니다. 그런 일상이 성취될 때 행복은 이미 우리 삶 속에 와 있다고 말합니다. 그러면서 독자들에게 제안합니다. "행복 1.0", "행복 2.0", "행복 3.0"에서 "행복 4.0"으로 다 같이 나아가자고……

저는 조금 다르게 생각해보았습니다. 행복이란 무엇이 있어야만, 무엇을 이루어야만 얻어지는 것은 아니라고 생각해보았습니다. 없던 것이 생겨서 행복할 수도 있겠지만, 있던 것이 없어짐으로 행복해질 때도 있습니다.

이런 이야기를 들었습니다. 교회를 열심히 다니는 여신도 두 사람이 "세상에서 가장 행복한 여자가 누구일까?"라고 서로 물었습니다. 한 사람은 하와를 가장 행복한 여자로 꼽았습니다. 다른 한 사람은 예수님의 어머니 마리아를 가장 행복한 여자로 꼽았습니다. 왜 그렇게 생각하느냐고 따졌습니다. 그러자 이런 대답이 돌아왔습니다. "하와에게는 시어머니가 없어서…", "마리아에게는 며느리가 없어서…" 없어서 행복할 때도 있다는 소리입니다. 무엇이 우리의 삶을 행복하게 합니까? 무엇이 우리를 불행하다고 느끼게 합니까? 전도서 6장은 그런 물음에 대한 해답입니다.

역(逆)방향에서 순(順)방향으로(6:1)

전도서 6장에서 먼저 주목해야 할 구절은 6:1입니다. 전도서 6:1은 전도서 5:10-20과 전도서 6:2-6 사이에서 돌쩌귀 역할을 하는 구절입니다. 전도서 5:10-20이나 6:2-6은 재물을 많이 가진 사람이 겪게 되는 불행을 다루고 있습니다. "불행"(라아, 전 5:16; 6:1)이라는 단어와 "행복"(토바, 전 6:3, 6)이라는 단어가 이 두 단락에서 연거푸 나오고 있는 것도 이런 관찰을 뒷받침해줍니다. 전도서 5:10-20과 전도서 6:2-6 사이에서 전도서 6:1은 다음과 같이 말문을 엽니다.

> 내가 해 아래에서 한 가지 불행한 일이 있는 것을 보았나니 이는 사람의 마음을 무겁게 하는 것이라(전 6:1).

"내가 해 아래에서 한 가지 불행한 일이 있는 것을 보았나니!", "불행한 일"이란 원문에서는 "악한 일"(라아, evil)입니다. 여기 "악한 일"은 돈 많은 부자에게 닥치는 불행을 가리킵니다. 재산이 많다고 반드시 좋은 것은 아니라는 것입니다. 본문의 "악한 일"을 우리말 번역(개역개정판)은 "불행한 일"로 옮겨놓았습니다. 그러나 원문에서는 "악한 일"입니다. 보다 정확하게는, 히브리어 "라아"는 그냥 "악"(evil)입니다. 해 아래 세상에서는 사람의 마음을 무겁게 하는 악한 것이 있다는 것입니다. 그런데 악을 나타내는 영어의 'evil'을 거꾸로 읽으면 'live'(살다)가 됩니다. 거꾸로 사는 것은 '악하다'는 것입니다. 이렇게 본다면, 해 아래에서 보는 "한 가지 불행한 일"이란 삶을 순(順)방향이 아니라 역(逆)방향으로 살므로 겪게 되는 비참한 일이라고 말할 수 있습니다.

이치에 맞추어 사는 것이 행복입니다. 거꾸로 사는 것은 불행입니다. 창조주 하나님이 정해주신 이치를 따라서 사는 것이 행복입니다. 창조주 하나님이 정해놓으신 창조의 질서를 거스르며 사는 것이 불행입니다. 예수님도 이렇게 말씀하시지 않았습니까? "너희는 먼저 그의 나라와 그의 의를 구하라. 그리하면 이 모든 것을 너희에게 더해 주시리라"(마 6:33)! 무엇이 인생살이의 순방향입니까? "먼저" 그의 나라와 그의 의를 구하는 삶입니다. 그의 나라와 그의 의를 구하는 삶이 "먼저"입니다. 이 "먼저"를 따르며 살 때 인생은 행복을 누릴 수 있습니다. 하지만 주님이 주시겠다는 "이 모든 것"에 우선순위를 두고 매달린다면, 그것은 역방향입니다. 그의 의를 먼저 구하는 것보다는 주님이 주시겠다고 약속하신 것에 먼저 매달리는 것은 역방향입니다. 무엇이 사람의 마음을 무겁게 합니까? 역방향으로 살아가기에 불안합니다. 역방향으로 달려가기에 염려가 됩니다.

전도서 6:1의 본문에 나오는 "사람의 마음을 무겁게 하는 것"이란 원문에서는 그냥 "그것은 사람에게 많다"(라바 히 알 하아담)입니다. 이 본문은 해석하기에 애매합니다. 많은 사람들에게 나쁜 것을 이야기하려는 것인지, 아니면 어떤 사람에게 심각할 정도로 나쁜 것을 이야기하려는 것인지가 확실하지 않습니다. 전자로 볼 경우 "사람의 마음을 무겁게 하는 것"이라는 말은 여러 사람들 사이에서 빈번하게 일어나는 일이라는 의미가 됩니다. 빈번하게 그런 일이 일어나다 보니 사람들의 마음을 무겁게 한다는 것입니다. 과거에도 그런 일이 있었고, 오늘도 그런 일이 일어나고 있으며, 앞으로도 그런 일이 계속 일어날 것이라는 소리입니다.

그러나 여기 전도서 6:1에 나오는 "많다"(라바)라는 형용사는 "사람"(하아담)을 꾸미는 말이기보다는 그 앞에 나오는 "악"을 꾸미는 말로 보아야 합니다.[2] 사람의 마음을 자꾸 짓누르는 것으로 보아야 합니다. 마음속에서 자꾸 떠오르는 것으로 보아야 합니다. 그런 의미에서 본문은 사람을, 사람의 마음을 짓누르는 불안한 것에 대해서 말하고 있다고 말할 수 있습니다. 사람의 마음을 무겁게 하는 것은 사람에게 아주 나쁜 것입니다. 사람 살이에 크게 후회가 되는 것입니다. 세상살이를 무겁게 하는 것입니다. 그렇다면 도대체 무엇이 사람의 마음을 무겁게 합니까?

사람의 마음을 무겁게 하는 것에 대해서는 전도서 5:10-17에서도 다루었습니다. 전도서 5:10-17에 따르면, 사람의 마음이 무거워지는 것은 끝없는 욕심 때문입니다. 은금으로 만족하지 못하기 때문입니다. 재물을 많이 소유하였기에 밤잠을 제대로 자지 못합니다. 재물 까닭에 해(害)를 당합니다. 싫음 때문에 시름에 빠져 삽니다. 망신을 당합니다. 그토록 수고해서 재산을 모았지만 죽게 되면 한 푼도 가져가지 못한다고 생각하니 억울해서 견딜 수가 없습니다. 그래서 마음이 무겁게 되었다고 말하였습니다.

전도서 5:10-17에 나오는 부자는 재물을 점점 많이 가지는 데서 인생의 의미를 찾았던 사람입니다. 돈은 세상살이에서 필요합니다. 그래서 중요합니다. 그렇지만 소중하지는 않습니다. 중요하다와 소중하다 사이에 놓여 있는 차이에 주목해야 합니다. 돈은 중요한 것이지만 소중한 것은 아닙니다. 이 차이를 깨닫지 못하기에 돈 때문에 마음고생을 하는 사람들이 생겨납니다.

재산은 모으고 쌓는 것으로 그쳐서는 안 됩니다. 재산은 하나님이 주신 선물입니다. 선물은 쌓아두는 것이 아닙니다. 선물은 모아놓는 것이 아닙니다. 선물은 나누는 것입니다. 선물은 베푸는 것입니다. 선물은 누리는 것입니다. 그런 자세가 삶에서 지켜야 할 순방향입니다. 선물은 자기 몫 이상으로 차지해서는 안 됩니다. 자기 몫이 아닌 것은 다른 사람의 몫으로 남겨두어야 합니다. 자기 몫 이상은 다른 사람을 위해서 포기할 줄 알아야 합니다. 비울 줄 알아야 합니다. 그렇게 하지 못한다면, 그것은 역방향입니다.

그래서 전도자가 이렇게 말했던 적이 있습니다. 세상에서 애쓰고 수고하여 얻은 것으로 먹고 마시고 즐거워하는 것이 사람에게 주어진 몫이라고(전 5:18)! 자기에게 주어진 "몫"(전 5:18, 19)에 대해 만족할 줄 알아야 합니다. 그 몫을 즐길 줄 알아야 합니다. 그래야 돈에 치이지 않게 됩니다. 돈에 다치지 않게 됩니다. 그래야 돈을 따라다니지 않고 돈을 다스리게 됩니다. 그래야 마음이 무거워지지 않고 불행해지지 않습니다. 전도서 5:18-20이 말하고자 했던 것이 바로 그것이었습니다.

누리게 하소서(6:2-6)

전도서 6:2-6은 여기에서 한 발 더 앞으로 나아갑니다. 전도서 6:1에 이어서 6:2-6은 사람의 마음을 무겁게 하는 또 다른 현실을 소개합니다. 전도서 6:2-6은 전도서 6:1이 제기한 문제를 설명하는 한 사례에 해당됩니다. 그 내용은 일종의 비유입니다.

전도서 6:2-6에는 어떤 사람의 일생이 소개됩니다. 그 사람은 평생 재물과 부요와 존귀를 얻고자 애쓴 사람입니다. 재물과 부요와 존귀란 물량적 가치입니다. 손으로 셀 수 있는 재산입니다. 눈으로 보고 만지는 재물입니다. 사람들이 인정해주는 명예입니다. 본문에 나오는 사람은 그런 재물과 부요와 존귀를 얻고자 간절히 열심히 일했습니다. 절약하였습니다. 인내하였습니다. 그 결과 상당한 재물과 부요와 존귀를 얻게 되었습니다. 그런데 문제가 생겼습니다. 재물과 부요와 존귀를 쌓고 얻는 데까지는 제대로 하였는데, 그것을 누릴 수 있는 기회가 그에게는 없었습니다. 모아놓은 재산을 제대로 사용해보지 못했습니다. 어쩌면 그것을 사용할 시간이 없었을 수도 있습니다. 아니면 벌어놓은 돈을 어떻게 활용할지를 몰랐었을 수도 있습니다. 그러다 보니 그 사람이 모아놓고, 쌓아놓고, 이루어놓은 재산을 누리는 기회는 정작 다른 사람에게 돌아갔습니다. 그래서 허탄하게 되고 말았습니다. 전도서 6:2를 읽어보십시오.

> 어떤 사람은 그의 영혼이 바라는 모든 소원에 부족함이 없어 재물과 부요와 존귀를 하나님께 받았으나 하나님께서 그가 그것을 누리도록 허락하지 아니하셨으므로 다른 사람이 누리나니 이것도 헛되어 악한 병이로다(전 6:2).

전도서 6:2는 전도자 자신의 처지를 빗대어 말하는 것일 수도 있고, 전도자가 보고 들은 삶의 애환을 전하는 이야기일 수도 있습니다. 이야기의 핵심은 어떤 사람이 재산을 모으고자 평생 애를 썼지만, 정작 재산을 모은 그 사람은 그 재산을 누릴만한 기회를 얻지 못했다는 사실입니다. 본문에 누린다는 단어가 두 번 거듭 반복되고 있는 것에 주목하십시오. "누리다"는 말은 지배한다는 뜻입니다. 주장한다, 다스린다는 뜻입니다. 주인이라는 뜻입니다. 자기가 벌어놓은 재산인데도 그것을 자기가 다스리지 못하게 되는 일이 벌어지는 현실이 안타깝다는 것입니다. 억울하다는 것입니다.

본문은 그렇게 된 이유를 "하나님께서 그것을 누리도록 허락하지 않았다"라고 말합니다. 하나님의 은혜로 재산을 모으게 되었지만 그 재산을 누리는 것만큼은 하나님이 허락하지 않으셨다는 것입니다. 하나님이 그에게 재물은 주셨지만, 누리도록은 허락하지 않으셨다는 것입니다. 하나님이 허락하지 않으셨다!

사실, 돈을 버는 사람과 그 돈을 쓰는 사람이 따로 있는 현실은 그렇게 부자연스러운 것은 아닙니다. 부모가 번 돈은 자식들이 쓰지 않습니까? 부모 된 자의 보람이 벌어놓은 돈을 자식을 위해 쓰는 일에 있지 않습니까? 그러니까 재산을 모은 사람과 그 재산을 쓰는 사람이 서로 다르다고 하는 것은 어쩌면 하나님이 정해놓으신 세상살이 이치일 수 있습니다.

하나님도 사람을 지으신 뒤 사람을 위하여 살 장소를 만드시는 수고를 하셨습니다. 하나님이 세상을 창조하신 뒤 "동방의 에덴에 동산을 창설하시고"(창 2:8) 거기에 사람을 두어 살게 하시지 않았습니까? 여기에 나오는 "창설하셨다"는 말은 '심으셨다', '일구셨다'는 뜻입니다. '일구셨다'는 말에는 땀 흘리며 수고하는 노동이 암시되어 있습니다. 하나님도 사람을 위해서 노동하셨습니다! 그러니까 내가 번 돈을 내가 누리지 못한다는 것이 그렇게 마음을 짓누르는 현실은 아니라는 것입니다. 아니 오히려 그런 모습이 창조세계의 질서라는 것입니다.

그러나 전도서 6:2의 의도는 재산을 모으는 사람이 있고 그 재산을 쓰는 사람이 따로 있는 현실을 풍자하려는 데 있습니다. 재산을 모으는 사람과 그것을 쓰는 사람이 서로 각각이라는 것은, 따지고 보면 모순이라는 것입니다. 그런 풍자를 통해서 전도서 6:2는 누림의 가치를 일깨워주려고 합니다. 누림의 축복을 되새기게 합니다.

전도서 6:2가 강조하는 말, "하나님께서 그것을 누리도록 허락하지 아니하셨으므로"는 어쩌면 재산을 모으기는 했지만, 그 재산을 누리기에는 너무 늙어버린 어떤 부자를 가리키는 말일 수 있습니다. 또는 어떤 부자가 땀 흘리고 애써서 재산을 모으기는 했지만, 그만 몸에 병이 들어 재산을 누리지 못하게 된 처지를 지적하고 있다고 말할 수도 있습니다. 아니면 재산은 모아놓았지만 갑자기 닥친 재난이나 재앙 때문에 그 재산을 누릴 만한 기회를 갖지 못하게 된 현실을 꼬집는 것이라고 말할 수도 있습니다. 사람살이에서 일어나는 불행한 일이 무엇이라는 것입니까? 무엇이 사람의 마음을 무겁게 하는 일이라는 것입니까? 애써 재산을 모아놓으면, 그 재산을 누리는 자는 정작 엉뚱한 사람이 되는 현실이야말로 불행하다는 것입니다.

전도서 6:2를 묵상하면서 기도하였습니다. 주님, 우리로 누리게 하소서! 모으는 자로 그치지 말게 하시고 누리는 자가 되게 하옵소서! 무엇을 누려야 합니까? 시간을 누려야 합니다. 시간에 쫓기는 것이 아닙니다. 누려야 합니다. 무엇을 누려야 합니까? 일을 누려야 합니다. 업무의 부담에 눌려서는 안 됩니다. 내게 맡겨진 일을 누리면 보람이 되지만, 내게 맡겨진 일에 눌리면 스트레스가 됩니다. 무엇을 누려야 합니까? 재산을 누려야 합니다. 모으기만 하고, 쌓기만 하고, 늘리기만 했지, 누리고, 베풀고, 쓸 줄을 모른다면 재산은 우리를 속박하는 굴레가 됩니다. 무엇을 누려야 합니까? 때로는 아픔도 누려야 합니다. 질병의 아픔도, 사랑의 시련도, 생활의 고난도 누려야 합니다. 몸이 아픈 것을 무조건 나쁜 것으로만 여기는 태도가 문제입니다. 내 몸이 아프게 하는 질병을 내 몸에 찾아온 손님이라고 생각하면 질병의 고난도 누림의 조건이 될 수 있습니다. 요즈음 우리가 말하는 대체의학이니, 예방의학이니, 자연치료니 하는 것들은 모두 삶의 형편을 있는 그대로 누리게 하는 마음의 자세부터 시작하지 않습니까!

전도서 6:3-6은 아무리 재산을 많이 쌓았다고 해도 그 재산으로 즐거움을 누리지 못하면 아무 소용이 없다는 것을 지적하는 사례입니다. 아무리 자녀를 백 명이나 낳고 오랫동안 살았다고 해도 그 재산으로 정작 즐거움을 누리지 못한다면 태어날 때 죽어서 나온 아이의 처지가 그 사람보다 더 낫다고까지 말하고 있습니다. 세상을 보지 못한 채, 인생이 무엇인지 알지 못한 채 어머니 뱃속에서 지워진 아이가 모아놓은 재산을 엉뚱한 사람이 즐기는 현실을 바라보는 인생보다 훨씬 더 낫다고 말하고 있습니다. 그래서 이렇게 소리칩니다.

> 사람이 비록 백 명의 자녀를 낳고 또 장수하여 사는 날이 많을지라도 그의 영혼은 그러한 행복으로 만족하지 못하고 또 그가 안장되지 못하면 나는 이르기를 낙태된 자가 그보다는 낫다 하나니 … 그가 비록 천 년의 갑절을 산다 할지라도 행복을 보지 못하면 마침내 다 한 곳으로 돌아가는 것뿐이 아니냐(전 6:3, 6).

개역개정판에서 "행복으로 만족한다", "행복을 보지 못하면"이라고 되어 있는 말은 "즐거움을 누린다", "즐거움을 누리지 못하면"이란 말로 바꿔 읽어야 합니다. 전도서 6:3-6에서 누린다는 말은 즐거움을 맛본다는 말이 됩니다. 원문이 그렇게 말하고 있습니다. 새번역이 그렇게 읽고 있습니다. 아무리 자식이 많고, 아무리 장수한다고 해도, 모아놓은 재산으로 즐거움을 누리지 못한다면 죽는 것과 다를 바가 하나도 없다는 것입니다. 불행 가운데서도 그런 불행이 없다는 것입니다.

그렇지만 이 본문에서는 어떻게 해야 재산을 누리는 것인지가 구체적으로 거론되어 있지 않습니다. 어떤 것이 재산을 가지고 즐거움을 맛보는 삶인지가 자세히 드러나지 않습니다. 어떻게 해야 시간에 매여 살지 않고 시간을 다스리며 사는 주인공이 될 수 있습니까? 어떻게 해야 돈에 매여 살지 않고 돈을 지배하는 인생이 될 수 있습니까? 어떻게 해야 물질에 매여 살지 않고 물질을 통솔하는 사람이 될 수 있습니까? 이 질문에 대한 대답을 예수님의 말씀에서 찾아봅니다.

천국은 마치 밭에 감추인 보화와 같으니 사람이 이를 발견한 후 숨겨 두고 기뻐하며 돌아가서 자기의 소유를 다 팔아 그 밭을 사느니라(마 13:44).

밭에서 일하다가 발견한 보화가 어떤 것인지는 없습니다. 중요한 것은 그 보화를 발견하고 나서 크게 기뻐하였다는 사실입니다. 얼마나 기뻐하였으면 그 기쁨을 소유하기 위해서 자기 소유를 다 팔아서 그 밭을 샀겠습니까! 재산보다 소중한 것이 있다는 지적입니다. 재산을 다 판다는 것은 재산을 쓸 줄 안다는 소리입니다. 재산에 매여 살지 않고 재산을 다스리면 산다는 뜻입니다. 이것이야말로 재산을 누리는 방식입니다. 소유함으로 살아가는 인생이 아닙니다. 소유에서 행복을 찾는 인생이 아니라 누림에서 행복을 얻는 인생입니다. 소유보다 소중한 것이 있다는 것입니다. 소유란 그 소중한 것을 얻기 위한 방편이라는 것입니다.

마태복음 13:44의 비유는 천국에 대한 말씀입니다. 비유에 등장하는 사람이 진정 얻으려고 했던 것은 무엇입니까? 다름 아닌 천국입니다. 하늘나라입니다. 하늘나라를 삶의 중심에 모셔드릴 때 우리가 소유하고 있는 것은 상대적인 가치에 지나지 않게 됩니다.

교회청년의 결혼식을 주례하는 목사님의 말씀을 들으면서 크게 은혜를 받았습니다. 신랑과 신부가 아버지가 되고 어머니가 된 뒤 그 자식들이 천국이 어떤 곳이냐고 묻게 될 때에 천국이란 우리 가정과 같은 곳이란다고 대답해줄 수 있는 남편과 아내가 되라는 권면이었습니다. 그렇다면 어떻게 하면 우리 가정이 천국과 같은 곳이 될 수 있습니까?

몇 해 전 캐나다의 로키산맥을 관광한 적이 있습니다. 사철 내내 눈 덮인 로키산맥과 빙하, 노란색 단풍으로 옷을 갈아입은 숲들… 그 모습 하나하나가 참으로 장관이었습니다. 그때 가장 인상 깊었던 것은 강과 호수였습니다. 3,000미터가 넘는 산봉우리들 사이로 펼쳐진 호수와 강의 빛깔은 말 그대로 연초록빛, 에메랄드 색깔이었습니다. 어떻게 강물의 빛깔이 그렇게 에메랄드 보석같이 되었을까요?

수십 킬로미터 두께의 빙하가 녹으면서 빙하 밑에 짓눌려 있던 그 밑의 암석이 밀가루처럼 풀어져서 물에 섞이게 되었습니다. 그런 입자가 햇빛에 반사되면서 오묘한 초록빛 색깔이 나오게 된다는 설명이었습니다. 물속에 무엇이 있느냐에 따라서 물의 빛깔이 다르게 된다는 것이었습니다. 그 설명을 들으면서 내 자신에게 물어보았습니다. 내 중심에는 지금 무엇이 있는가? 세상을 향해 드러나는 나의 색깔은 어떤 것인가? 같은 질문을 여러분에게도 던져봅니다. 여러분의 중심에는 지금 무엇이 있습니까?

우리 속에 하나님 나라의 가치가 채워질 때 우리는 비로소 세상을 누리는 삶을 살 수가 있습니다. 쌓아놓는 것이 아닙니다. 누리는 것입니다. 삶의 수고는 하나님의 나라를 얻기 위한 수단입니다. 하나님의 나라가 우리 중심에 세워지게 될 때 우리 삶은 그리스도의 향기를 뿜어내게 될 것입니다.

비워서 얻는 것, 채움으로 버리는 것(6:7-9)

전도서 6:7-9는 인생의 근본을 되묻는 본문입니다. 이 본문을 제대로 새기기 위해서 먼저 개역개정판의 본문을 새번역과 비교해서 읽어보아야 합니다. 두 본문 사이에는 상당한 차이가 있습니다. 히브리어 원문을 우리말 뜻에 맞게 번역하기가 쉽지 않기 때문입니다. 전도서 6:7-9를 이렇게 읽을 수도 있습니다.

사람의 모든 수고는 그 입을 위하지 그 영혼을 만족시키지 않는다. 슬기로운 사람이 어리석은 사람보다 나은 것이 무엇인가. 세상 살아가는 법을 아는 가난한 사람에게는 도대체 무슨 유익이 있는가. 눈으로 보는 것이 마음속으로 헤매는 것보다 낫지만, 이것도 헛되어 바람을 잡는 것이다(전 6:7-9, 사역)

개역개정판의 7절, "그 식욕은 채울 수 없느니라"에서 "식욕"은 구약에서 널리 나오는 영혼(네페쉬)이라는 단어입니다. 이 말의 본뜻이 목구멍을 의미하기에 식욕이라고 번역하고 있습니다.[3] 그러나 식욕보다는 영혼으로 옮기는 것이 본문을 이해하는 데 훨씬 수월합니다. 사람이 땀을 흘리며 일하는 것이 먹기를 위한 것이지만, 영혼은 결코 거기에 만족하지 못한다고 보아야 합니다. 어려운 구절은 8절입니다. 개역개정의 "살아 있는 자들 앞에서 행할 줄을 아는 가난한 자에게는 무슨 유익이 있는가"는 원문을 직역해놓은 결과입니다. 새번역은 그 뜻을 우리말에 맞게 고쳐놓았습니다. "가난한 사람이 세상 살아가는 법을 안다고 해서, 무슨 소용이 있는가?" 개역개정의 9절에 나오는 "마음으로 공상하는 것"은 문자적으로는 마음으로 걷는 것입니다. 그래서 마음속으로 헤맨다고 번역해보았습니다.

　7절은 입으로 먹는 것을 다룹니다. 9절은 눈으로 보는 것을 다룹니다. 그 사이에 8절이 끼어 있습니다. 그런데 이 구절은 세상 살아가는 법을 아는 가난한 사람에 대해서 말합니다. 본문의 흐름이 어색합니다.[4] 그러나 잘 새겨보면 뜻이 통합니다. 가난하다고 하는 것은 재산이 없는 사람입니다. 재산이란 붙드는 것입니다. 쌓는 것입니다. 가난한 사람에게는 붙들 것이라고는 없습니다. 아무것도 붙들 것이 없는 사람이 도대체 세상을 어떻게 살아갈 것이냐고 묻고 있는 것입니다. 그런 점에서 전도서 6:7-9는 크게 세 가지를 말합니다. 하나는 먹기입니다(7절). 다른 하나는 손으로 쥐기입니다(8절). 나머지 하나는 눈으로 보기입니다(9절).

　입으로 먹기와 손으로 쥐기와 눈으로 보기는 우리 인생의 3요소입니다. 삶이란 늘 먹어야 합니다. 삶이란 돈을 벌고 모으는 것으로 이어집니다. 삶이란 눈으로 보는 현실에 매달려 있습니다. 이렇게 들여다보면 본문은 먼 옛날 전도자만의 이야기가 아닙니다. 그것은 바로 오늘 우리에 관한 이야기입니다. 우리도 날마다 무엇인가를 먹어야 합니다. 날마다 무엇인가를 잡으려고 합니다. 날마다 무엇인가를 늘 보고 있습니다. 그런 점에서 전도서 6:7-9는 우리 인생의 본질을 되새겨보고 있습니다.

전도서 6:7-9는 그렇게 먹고, 쥐고, 보는 인생살이를 가리켜 만족스러운 것이 아니라고 지적합니다. 그런 한계를 지적하는 경구가 바로 이것입니다.

사람의 모든 수고는 그 입을 위하지만 그 영혼은 만족하지 않는다(전 6:7, 사역).

아무리 먹어도 우리 인생은 만족하지 못합니다. 아무리 잘 먹었어도 때가 되면 어김없이 배가 고픈 것이 인생입니다. 아무리 입에 채워 넣고, 배에 채워 넣고, 눈에 채워 넣었어도 우리 영혼은 거기에 만족하지 못합니다. 만족하지 못하는 인생! 그것이 바로 전도서 6:7-9가 고백하는 참회입니다.

전도서 6:7-9를 묵상하면서 왜 우리 인생이 이렇게 만족하지 못하는 삶을 살아야 하는가를 되새겨보았습니다. 왜 우리 영혼은 먹은 것으로 만족하지 못합니까? 왜 우리 인생은 늘 무엇인가가 부족하다는 느낌에 사로잡혀 있습니까? 그것은 우리 인생이 빈 그릇이기 때문입니다.

인생은 빈 그릇입니다. 그래서 무엇인가를 늘 채우려고 합니다. 그릇에도 여러 종류가 있습니다. 금그릇, 은그릇도 있고, 사기그릇도 있으며, 돌그릇도 있습니다. 그중에서도 우리 인생은 질그릇입니다. 흙으로 빚은 그릇입니다. 깨지기 쉽습니다. 귀하기보다는 천합니다. 소중하게 여기기보다는 막 쓰이는 그릇입니다. 우리 인생이 이런 그릇이기에 우리는 항상 거기에 무엇인가를 채워두려고 합니다. 그래서 먹으려고 애쓰고, 잡으려고 애쓰고, 보려고 애씁니다. 그러면서도 늘 만족하지 못합니다. 여기에서 우리가 되새기게 되는 질문이 있습니다. 무엇으로 채워야 우리 인생이 만족할 수 있을까요?

말씀을 준비하면서 김상길 시인의 글을 만났습니다. 김상길 시인은 목사이십니다. 우연히 그가 쓴 「그릇」이라는 시를 만났습니다.

비울 줄 모르고
채우기에만 허둥거렸습니다.
남보다 앞서서
수북히 쌓아 놓았습니다.
그 부패하여 냄새나는 떡 덩어리를
은택의 향기로 알고
이웃을 불러들여 자랑했습니다.

채울 줄 모르고
비우기에만 바둥거렸습니다.
그 귀한 보배들을
실속 없는 선물,
그릇을 상하게 하는 티끌로 알고
사람들이 잠든 사이
소리 내지 않고 비웠습니다.

별이 만발한 이 새벽
당신의 음성에 잠을 치우고
비로소 눈을 떠
비워서 얻는 것과
채워서 버리는 것을 보았습니다.
아, 아름다운 그릇이 무엇인가를
뒤늦게 깨달았습니다.

(김상길, 「그릇」)[5]

시인은 우리 인생을 그릇으로 비유합니다. 비울 줄 모르고 채우기만 하는 인생이라고 꾸짖습니다. 채울 줄을 모르고 비우기만 하는 인생이라고 꾸짖습니다. 그러고 보니 그릇의 쓰임새에도 두 가지가 있습니다. 하나는 무엇인가를 채워놓는 용도로 쓰이는 그릇이고, 다른 하나는 아무것도 담아놓지 않은 채, 즉 비워놓은 채 쓰이는 그릇입니다. 시인은 우리 인생이라는 그릇의 용도를 이 두 가지 측면에서 살펴보고 있습니다. 그렇기에 제대로 비우지도 못하고, 제대로 채우지도 못하는 인생이라고 뉘우치고 있습니다. 그러다가 아름다운 그릇이 무엇인지를 뒤늦게 깨닫게 됩니다. 비움으로 얻는 것이 있고, 채움으로 버리는 것이 있는 그릇이 되어야 한다고 깨닫게 됩니다.

인생은 그릇입니다. 무엇이 우리 인생을 아름다운 그릇이 되게 합니까? 전도서 6:7-9는 우리 인생을 가리켜 늘 채워지기를 갈망하는 그릇이라고 지적하였습니다. 김상길 시인은 우리 인생을 가리켜 아름다운 그릇이 되어야 한다고 질책하고 있습니다. 어떻게 해야 우리 인생은 아름다운 그릇이 됩니까? 채워진 것으로 만족하는 그릇이 됩니까? 이 질문에 대한 해답을 골로새서 3:15-17에서 찾습니다.

> 그리스도의 평강이 너희 마음을 주장하게 하라 너희는 평강을 위하여 한 몸으로 부르심을 받았나니 너희는 또한 감사하는 자가 되라 그리스도의 말씀이 너희 속에 풍성히 거하여 모든 지혜로 피차 가르치며 권면하고 시와 찬송과 신령한 노래를 부르며 감사하는 마음으로 하나님을 찬양하고 또 무엇을 하든지 말에나 일에나 다 주 예수의 이름으로 하고 그를 힘입어 하나님 아버지께 감사하라(골 3:15-17).

그리스도의 평강이 너희 마음을 주장하게 하라! 그리스도의 말씀이 너희 속에 풍성히 거하게 하라! 그럴 때 시와 찬송과 신령한 노래를 부르며 감사함으로 하나님을 찬양하게 된다는 것입니다. 무엇이 우리 마음을 주장해야 합니까? 무엇으로 우리 마음을 진정 채울 수 있습니까?

그리스도의 평강이 우리 마음을 주장하게 해야 합니다. 예수 그리스도가 주시는 평강이 우리 마음을 주장하게 될 때, 예수 그리스도의 말씀이 우리 속에 풍성히 거하게 될 때, 우리는 진정 채움으로 충만한 인생을 살게 됩니다. 그럴 때 우리 입에서 나오는 소리가 신령한 노래입니다. 하나님께 드리는 감사입니다. 먹을 것으로 우리 마음을 채울 수 없습니다. 돈으로 우리 삶을 채울 수 없습니다. 보는 것으로 우리 영혼을 채울 수 없습니다. 그리스도 예수가 주시는 평강의 은총이 우리를 사로잡을 때에 우리는 진정 만족하고, 감사하며, 찬양하는 인생을 살게 됩니다.

이런 이야기를 읽었습니다. 1959년에 당시 소련의 공산당 서기장이었던 후르시초프(Nikita S. Khrushchyov, 1894-1971)가 미국을 방문하였습니다. 그때 미국 대통령은 존 F. 케네디(John F. Kennedy, 1917-1963)였습니다. 미국 방문을 마치고 떠나면서 후르시초프가 케네디 대통령에게 느닷없이 말하였습니다. "내가 이제야 왜 미국이 잘 사는지, 그 이유를 알았소." "그 이유가 무엇입니까?" "제길, 도대체 미국 사람들은 싫다(No)는 말을 할 때조차 '싫습니다, 감사합니다'(No, Thanks)라고 감사를 하지 않소. 그러니 어떻게 잘 살지 않을 수가 있겠어?"

진정한 감사는 예수 그리스도의 평강이 우리 마음을 채울 때 이루어집니다. 그럴 때 우리는 빈 그릇이 아니라 아름다운 그릇이 됩니다. 이런 그릇이 되는 은혜에 사로잡히는 우리 모두가 되기를 바랍니다.

인생의 넓이, 인생의 깊이(6:10-12)

전도서 6:10-12는 전도서 6장에서 듣는 또 하나의 탄식입니다. 전도서는 읽고 깨닫기가 쉽지 않은 책입니다. 글이 어려워서가 아닙니다. 전도서가 시종일관 헛되다고 소리치고 있기 때문입니다. 소리치고 있는 주제가 희망 없음이기 때문입니다. 지금까지 읽은 전도서 말씀에서 헛되다는 소리가 참 많이 거론된 것은 사실입니다. 해 아래 새것이 없다고, 바람을 잡으려 한다고 많이 외쳤던 것이 사실입니다. 헛되다는 말은 전도서 전체에서 그 전환점이 되는 오늘 본문에서도 반복됩니다.

헛된 생명의 모든 날을 그림자 같이 보내는 일평생에 사람에게 무엇이 낙인지를 누가 알며 그 후에 해 아래에서 무슨 일이 있을 것을 누가 능히 그에게 고하리요(전 6:12).

본문이 무거운 것은 우선 사람의 인생을 그림자처럼 지나가는 짧고 덧없는 것으로 규정하고 있다는 데 있습니다. 그림자처럼 덧없는 삶을 살아가는 사람에게 무슨 좋은 일이 있겠느냐고 따집니다. 사람이 죽고 난 다음에는 해 아래에서 무슨 일이 있는지를 누가 알 수 있겠느냐고 묻습니다. 왜 전도자는 이렇게 인생을 허무하게 바라보고 있습니까? 왜 전도자는 사람의 인생을 덧없는 것이라고 불평하고 있습니까? 이 질문에 대한 대답을 10절에서 찾을 수 있습니다.

이미 있는 것은 무엇이든지 오래 전부터 그의 이름이 이미 불린 바 되었으며 사람이 무엇인지도 이미 안 바 되었나니 자기보다 강한 자와는 능히 다툴 수 없느니라(전 6:10).

이 구절을 바로 듣기 위해서는 새번역을 참조해야 합니다. 전도서 6:10을 새번역은 이렇게 옮기고 있습니다.

지금 있는 것은 무엇이든지, 이미 오래 전에 생긴 것이다. 인생이 무엇이라는 것도 이미 알려진 것이다. 사람은 자기보다 강한 이와 다툴 수 없다(전 6:10, 새번역).

지금 있는 것은 이미 오래전부터 있던 것이라는 소리입니다. 어제 있던 것이 오늘 똑같이 있고, 오늘 있는 것이 내일도 똑같이 있을 것이라는 소리입니다. 이것은 사실입니다. 우리는 날마다 똑같은 밥을 먹습니다. 같은 곳으로 다니고, 같은 것을 걸치고, 같은 사람들과 함께 지냅니다. 그러다 보면 상투적으로 변합니다. 날마다 반복되는 일상을 지루하게 여깁니다.

날마다 되풀이되는 삶을 허무하게 여깁니다. 전도자는 지금 일상이라는 인생의 현장을 세밀하게 들여다보고 있습니다. 그 관찰의 결론이 이것입니다. 예나 지금이나 존재하는 것은 다 똑같다! 여러분도 그렇게 생각하십니까? 여러분은 날마다 반복되는 일상을 어떻게 여기고 있습니까?

게다가 전도서 6:10에는 "자기보다 강한 자와는 능히 다툴 수 없느니라"라는 구절이 나옵니다. 자기보다 강한 자와 싸울 수 없다는 것은 당연한 이치입니다. 그런데 그 같은 말이 왜 여기에 나오고 있을까요? 전도서를 해석하는 사람들의 글을 보니까 여기에 나오는 강한 자를 전능하신 하나님으로 보려고 합니다. 전도자가 마치 욥처럼 전능하신 하나님에게 따지고 있는 인상입니다. 그렇지만 전도자는 숙명론자입니다. 전능하신 하나님이 이미 정해놓은 것을 사람이 어떻게 할 수 있겠느냐고 반문하는 것입니다.

그러니까 전도서 6:10은 일상의 반복을 지루하게 여긴다는 소리입니다. 그렇기에 전도자의 입에서 나오는 소리는 탄식입니다. 11절이 그 소리를 들려줍니다.

헛된 것을 더하게 하는 많은 일들이 있나니 그것들이 사람에게 무슨 유익이 있으랴(전 6:11).

날마다 반복되는 일상이기에 그것은 헛된 것을 더하게 하는 것에 지나지 않다는 것입니다. 헛된 것을 더한들 사람에게 무슨 유익이 있겠느냐고 따집니다. 그런데 11절은 다르게도 읽혀집니다.

말이 많으면 빈말이 많아진다. 많은 말이 사람에게 무슨 도움을 주는가?(전 6:11, 새번역)

전도자가 고백하듯이 해 아래 새로운 것이 없다는 탄식은 빈말입니다.

말이 많다 보면 쓸데없는 말도 입에서 튀어나오게 됩니다. 전도자는 자기가 지금까지 살아온 삶의 자취를 들여다보고 있습니다. 지나온 삶의 자취를 보면서 아무것도 새로운 것이 없다고 한탄하고 있습니다. 왜 이런 일이 벌어졌습니까?

「위대한 침묵」이라는 영화를 본 적이 있습니다. 알프스 산맥에 있는 수도원에서 생활하는 수도사의 일상을 1년간 다큐멘터리 형식으로 소개하는 필름입니다. 아무 대사가 없이 오로지 수도사들의 일거수일투족을 카메라에 담아서 전달하고 있습니다. 그 필름을 보면서 깨달았던 것이 있습니다. 수도사에게 주어진 공간은 작은 독방입니다. 그 독방에는 오로지 작은 책상과 침대 하나뿐이었습니다. 바깥세상과 소통할 수 있는 것은 아무것도 없었습니다. 독방의 벽면 위에 작은 창이 하나 있었지만, 그것은 겨우 바람이 들어오는 정도의 창이었지 알프스 산의 장엄한 정경을 감상하도록 만들어 놓은 관상용 창하고는 거리가 멀었습니다. 말이 수도사이지 그는 말 그대로 독방에 갇혀 있었습니다.

방에 갇혀 있기는 죄수도 마찬가지입니다. 죄인들도 방에 갇혀 지냅니다. 독방에 갇힌 자도 있고 여러 죄수들을 가둬두는 방에 갇힌 자도 있습니다. 어떻든 죄인들도 감방에 갇혀 지내는 자들입니다. 그러니까, 방에 갇혀 지낸다는 점에서는 수도사나 죄수들이나 똑같습니다. 그런데 그들의 입에서 나오는 말은 전혀 다릅니다. 죄수들의 말은 변명입니다. 원망입니다. 불평입니다. 탄식입니다. 분노입니다. 그러나 수도사들의 입에서 나오는 소리는 감사입니다. 찬양입니다. 고백입니다. 왜 이런 차이가 생기고 있습니까?

마음속에 누가 있는지에 따라서 이런 차이가 생겼습니다. 환경의 차이가 인생의 차이를 만들지 않습니다. 마음속에 누가 있는지에 따라서 인생의 차이가 생깁니다. 마음속에 주님이 있는 인생은 그 입에서 감사가 나옵니다. 마음속에 죄악이 깃들어 있는 인생은 그 입에서 어두운 소리가 나옵니다.

전도서 6:10-12에서 전도자는 오로지 환경 탓만 하고 있습니다. 눈으로 보는 세상사가 헛된 것으로 보이기에 그 속에서 살아가는 인생은 결국 아무 소용이 없다고 소리치고 있습니다. 전도자의 마음에 아직 하나님이 계시지 않습니다. 하나님 없이 살았던 인생살이의 대차대조표가 이런 것입니다. 전도자가 고백하고 있는 인생살이의 덧없음은 말 그대로 그가 하나님 없이 살아온 인생이었다는 것을 보여줍니다.

캐나다 로키산맥 관광을 끝낼 때쯤 Chauteu Three Valley Hotel이라는 산장에서 하루를 지내게 되었습니다. 호텔 주인이 직접 주방장을 하면서 식당도 운영하는 멋진 쉼터이었습니다. 로키산맥 깊은 곳에 자리 잡은 산장은 그 모습이 얼마나 아름다웠는지 모릅니다. 마치 동화 속의 한 그림 같았습니다. 저의 마음을 사로잡은 것은, 그러나, 자연경관이 아니었습니다. 아침에 일어나 호텔방을 둘러보았을 때 호텔 벽에 성경말씀 하나가 걸려 있었습니다. 로마서 10:9이었습니다.

> 네가 만일 네 입으로 예수를 주로 시인하며 또 하나님께서 그를 죽은 자 가운데서 살리신 것을 네 마음에 믿으면 구원을 받으리라(롬 10:9).

지나가는 관광객에게, 여행하는 나그네에게, 그 산장 주인은 자기 속에 있는 예수 그리스도를 소개하고 있었습니다. 산장은 주인 되는 사람이 직접 지은 건물입니다. 건물 하나하나, 방 하나하나에 주인의 정성이 담겨 있었습니다. 그러니까 로키산맥 깊숙한 곳에 있는 산장 침실 벽에 "네가 만일 네 입으로 예수를 주로 시인하며 또 하나님께서 그를 죽은 자 가운데서 살리신 것을 네 마음에 믿으면 구원을 받으리라"는 말씀은 산장주인이 나그네들에게 해주고 싶은 간증처럼 들렸습니다.

전도서 6:10-12를 묵상하면서 로마서 10:9가 생각난 것은 그 때문입니다. 헛된 인생을 살아서는 안 됩니다. 내 안에 주님이 계실 때 인생은 보람차게 됩니다. 내 마음에 내 것만 있을 때 인생은 늘 지루하게 됩니다. 내 마음에 주님이 계실 때 인생은 늘 참신하게 됩니다. 내 삶의 주인 되신 주님이 우리의 갈 길을 늘 새롭게 이끄시기 때문입니다.

---

1) 우문식, 『행복 4.0』 (안양: 물푸레, 2014).
2) Shields, *The End of Wisdom*, 170; Fox, *A Time to Tear Down*, 241.
3) Fox, *A Time to Tear Down*, 245.
4) Shields, *The End of Wisdom*, 171-172.
5) 김상길, "그릇", 「기독교사상」 2010년 11월, 190-191.

전 도 서 강 해 설 교

08

"현실, 전도자의 속앓이"

본문 전도서 7:1-29　**요절** 전도서 7:11-12, 13-14

『돈의 철학』(Philosophie des Geld)이라는 책이 있습니다.[1] 독일 출신 사회학자 게오르그 짐멜(Georg Simmel, 1858-1918)이 쓴 책으로 20세기 최고의 지적 유산 가운데 하나로 손꼽히는 책입니다. 철학에 대해서는 관심을 가진 사람들이 많지 않지만, 돈에 대해서는 누구나 관심을 가지고 있기에 『돈의 철학』이라는 책은 우리 눈길을 끌기에 충분합니다.

그러나 이 책은 읽기가 쉽지 않습니다. 아니, 어렵습니다. 분량도 1천92쪽에 이를 만큼 방대합니다. 돈을 버는 방법에 대해서 이야기하지도 않습니다. 이 책은 돈이 빚어낸 우리 사회의 모습을 분석하는 책입니다. 그렇다고 해서 돈에 대하여 경제학적, 사회과학적 연구를 시도한 것은 아닙니다. 돈에 관한 철학적, 미학적 연구서입니다.

『돈의 철학』은 번역자의 말에 따르면, 돈이 만든 문화를 살펴보게 합니다.[2)] 책을 번역한 사람이 "돈과 영혼: 인간 삶과 문화의 심층에 철학적 측연(測鉛)을 던지다"라는 주제를 내걸었듯이 돈으로 대표되는 물질문명과 영혼으로 대표되는 정신문화 사이에 어떤 상관관계가 있는지를 깊이 있게 파들어가고 있습니다. 그만큼 돈이 사람의 사회생활이나 문화생활에 끼친 영향을 심층적으로 분석합니다.

짐멜은 돈이 근대세계의 특성을 가장 잘 드러내는 도구라고 봅니다. 돈에 대한 철학적 연구라고 하지만, 짐멜이 다루는 돈은 우리가 일상적으로 사용하는 돈입니다. 그래서 우리말 번역자는 책 제목에 나오는 독일어의 "Geld"를 "화폐"라고 하지 않고 "돈"이라고 옮겼습니다. 화폐라고 하면 경제학적 용어가 되지만, 돈이라고 하면 일상생활에서 사용하는 용어가 됩니다. 돈은 물이나 공기처럼 우리 일상에서 필수적인 물질입니다. 그런 까닭에 돈을 도구로 삼아 우리 삶의 넓이와 깊이를 가로지르거나 파고들면서 분석합니다. 짐멜은 돈이 낳은 자본주의의 폐해를 비판하면서도 돈을 악마로 보지 않습니다. 아니, 정반대로 요즈음 우리 사회에서는 돈을 신처럼 떠받들기까지 하지 않습니까!

짐멜에 따르면 돈은 악마도 아니고 신도 아니라 수단입니다. 근대문화의 물적, 경제적 토대입니다. 짐멜의 관심은 돈을 경제적 토대로 삼으면서도 돈에 함몰되지 않는 인간 삶을 추구하는 데 있습니다. 돈을 수단으로 삼으면서도 돈에 예속되지 않고 개인의 인격과 문화를 함양하는 가능성을 살피고 있습니다. 그런 가능성을 가리켜서 감히 "돈의 문화"라고까지 부릅니다. 돈의 문화! 돈이 끝나는 곳에서 문화가 시작되는 것이 아니라 돈이 있으므로 문화가 시작된다는 것입니다. 돈이 없으면 문화도 끝나고 만다는 것입니다. 이런 인식을 바탕으로 물질문명과 정신문화가 상호 어떻게 작용하는지를 돈을 가지고 추적하는 것입니다. 돈이 문화를 만들어 놓았기 때문입니다.

오늘 우리 사회는, 짐멜의 말로 하면, 돈의 문화 속에 빠져 살고 있습니다. 이 돈의 문화에 대해서 신앙인은 어떻게 대처해야 할까요? 전도서 7장은 이런 물음에 대하여 씨름하고 있는 본문입니다. 전도서 7장 본문이 "돈의 그늘"에 대해서 이야기하기 때문입니다.

지혜, 삶을 낯설게 하기(7:1-4)

지금까지 전도서가 바라보는 세상은 헛된 세상입니다. 헛된 것으로, 헛된 일로 가득 찬 세상입니다. 전도자는 지금까지 해 아래 헛된 세상에서 무엇이 좋은 것인지를 찾고자 하였습니다. 하지만 찾지 못했습니다. 전도서 6장의 마지막이 그런 사정을 대변합니다. "그림자처럼 지나가는 짧고 덧없는 삶을 살아가는 사람에게, 무엇이 좋은지를 누가 알겠는가? 사람이 죽은 다음에 세상에서 일어날 일들을 누가 그에게 말해 줄 수 있겠는가?" (전 6:12, 새번역). 전도자는 이처럼 "무엇이 좋은지를 누가 알겠는가?"라고 부르짖었습니다.

그랬던 전도자의 말이 전도서 7장에 들어서면서 그 어조를 달리합니다. 글의 분위기가 갑자기 달라집니다. 전도자의 말 같지 않고 마치 잠언 같은 소리가 들립니다. 이 때문에 전도서 7장은 잠언 같은 전통지혜의 형식을 빌려 지혜에 관해서 비판적으로 성찰하고 있다고 보기도 합니다.[3] 그래서였을까요? 전도서는 7장에 들어서면서 해 아래 세상살이에서 비교대상이 되는 것들을 고르고 그 가운데 어느 것이 더 나은지를 관찰하는 쪽으로 사색의 방향을 틀게 됩니다. 전도서 7장의 서두에 "더 나은 것"을 찾는 잠언(better-proverbs)이 등장하는 것은 이 때문입니다. 그렇게 해서라도 세상살이의 현실을 제대로 파악해보려고 합니다. 세상살이에서 좋은 것이 무엇인지를 알지 못할 바에야 둘 중 어느 것이 더 나은지를 파악하는 방식으로 헛된 세상살이를 헤쳐나가고자 한다는 것입니다.

전도서 7:1-4는 그 첫 번째 처방입니다. 그 처방전의 방식이 '무엇이 무엇보다 낫다'는 말씀입니다. 사실, '무엇이 무엇보다 낫다'는 식의 비교는 전도서 7:1-10에 줄곧 이어집니다. 이름과 기름을 비교합니다(1a절). 태어나는 날과 죽는 날을 비교합니다(1b절). 초상집을 잔칫집과 비교합니다(2절). 슬픔을 웃음과 비교합니다(3절). 꾸짖는 소리와 노랫소리를 비교합니다(5절). 일의 끝과 일의 시작을 비교합니다(8절). 옛날을 오늘과 비교합니다(10절).

전도자는 삶이란 항상 선택 앞에 서 있다고 말합니다. 삶에는 항상 '어느 쪽으로 갈 것인가? 어느 것을 택할 것인가?'라는 선택이 요청된다는 것입니다. 그런 맥락에서 전도자는 인생살이에서 대조를 이루는 두 현실을 서로 비교해보면서 어느 것이 더 나은지를 평가합니다. 말하자면, 상대평가를 시도하고 있습니다. 비교하는 두 대상 가운데 어느 것이 상대적으로 더 좋은 것인지를 저울질합니다. 그러면서 우리에게 어느 쪽을 선택할 것인지를 촉구합니다. 그런 상대평가의 첫 대목이 전도서 7:1-4입니다.

좋은 이름이 좋은 기름보다 낫고 죽는 날이 출생하는 날보다 나으며 초상집에 가는 것이 잔칫집에 가는 것보다 나으니 모든 사람의 끝이 이와 같이 됨이라 산 자는 이것을 그의 마음에 둘지어다 슬픔이 웃음보다 나음은 얼굴에 근심하는 것이 마음에 유익하기 때문이니라 지혜자의 마음은 초상집에 있으되 우매한 자의 마음은 혼인집에 있느니라(전 7:1-4).

전도자는 7:1-4에서 삶과 죽음을 대조합니다. 정확하게 말하면 "잔칫집"과 "초상집"을 비교합니다. 결혼식과 장례식을 비교합니다. "초상집"(베트 에벨)은 "애곡하는 집"입니다. "잔칫집"(베트 미슈테)은 "마시는 집"입니다. "잔칫집"의 동의어로 쓰인 본문의 "혼인집"(베트 심카)은 문자적으로는 "행복의 집"입니다. 왜 이 둘을 비교합니까? 결혼식이나 장례식이 인생살이에서 중요한 통과의례이기 때문입니다. 사람은 누구나 결혼식을 거쳐 인생살이를 다시 시작합니다. 장례식을 거쳐 이 세상을 떠나게 됩니다. 혼인집에 가는 사람이나 초상집에 가는 사람들은 모두 이런 통과의례를 지켜보는 증인들입니다.

전도서 7:1-4는 이런 비교의 첫 소절을 "좋은 이름이 좋은 기름보다 낫고"(토브 쉠 미쉐멘 토브)라는 말로 시작합니다. 전도서 7:1의 서두에 나오는 "이름"과 "기름"은 히브리어에서는 그 소리가 비슷합니다. 이름은 "쉠"이고, 기름은 "쉐멘"입니다. 비슷한 소리가 나는 두 개를 서로 비교해보고 있습니다. "좋은 이름"은 명성을 가리킵니다(잠 22:1). "좋은 기름"은 향유입니다. 향유는 옛 이스라엘에서는 재산 역할을 하였습니다. 그러니까 이름과 기름을 비교한다는 것은 이름과 재산을 비교한다는 뜻이 됩니다. 명성과 재산을 비교한다는 뜻이 됩니다. 전도자는 이 둘을 비교해보면서 좋은 이름이 많은 재산보다 더 낫다고 외칩니다. 세상 사람들은 모두 다 재산을 향해서 질주하는데 전도자는 재산보다 이름이 더 낫다고 평가합니다. 왜 그렇습니까? 죽고 나면 남는 것은 이름뿐이기 때문입니다. 그런 점에서 전도자의 지혜는 삶을 퍽 낯설게 만드는 깨우침입니다.

사람은 죽으면 이름을 남깁니다. 사람이 죽으면 이름만 남습니다. 아무리 많은 것을 누렸었고, 아무리 많은 것을 거느리고 있었어도, 아무리 많은 것을 차지하고 있었어도, 죽고 나면 그 자리에 남는 것은 이름 외에는 아무것도 없습니다. 그래서 이름이 소중합니다. 사람이 세상에 올 때는 이름 없이 왔습니다. 그러나 이 세상을 떠날 때에는 이름을 남깁니다. 이름 없이 이 세상에 왔다가 이름만 남기고 이 세상을 떠납니다. 초상집에 가보면 그 사실을 절실하게 깨닫습니다. 인생의 본질이 재산이 아니라 이름인 것을 깨닫습니다. 그래서 전도자가 전도서 7:1a에서 재산보다 이름이 더 낫다고 말하게 된 것입니다. 이렇게 볼 때 전도서 7:1a는 7:1b-4를 한마디로 요약한 구절이 됩니다.

사람은 누구나 죽는다는 사실 앞에서 삶의 의미를 되새기게 됩니다. 말하자면 삶의 가치에 대한 절대평가가 전도서 7:1-4의 관심사입니다. 잔칫집을 가는 것과 초상집을 가는 것 가운데 어느 것이 더 나은지를 묻는 방식으로 말문을 열지만, 전도자의 관심은 어디까지나 살아 있음의 가치를 묻는 데 쏠려 있습니다. 죽음과 삶을 대조해서 살피지만, 슬픔이 웃음보다 낫다고 외치지만, 전도자의 관심은 어디까지나 죽음에 있지 않고 삶에 있다는 것입니다. 슬픔이 웃음보다 낫다고 여기는 이유가 "얼굴에 근심하는 것이 마음에 유익하기 때문"(전 7:3)이라고 하지 않았습니까!

사실, 지금까지 전도자는 산 자보다는 죽은 자의 처지가 더 낫다고 소리쳐왔습니다. "내가 사는 것을 미워한다"(전 2:17)라고 소리치지 않았습니까! "아직 살아 있는 산 자들보다 죽은 지 오랜 죽은 자들이 더 복되다"(전 4:2)라고 소리치지 않았습니까! 전도자도 욥처럼 죽는 날이 사는 날보다 더 낫다고 소리치는 장본인이지 않습니까! 그런 전도자가 7장에 들어서면서는 삶의 가치에 대해서 다시 묻기 시작합니다. 전도서 6장 마지막에서 사람의 한평생을 가리켜 "헛된 생명의 모든 날을 그림자 같이 보내는 일평생"(전 6:12)이라고 했던 전도자가 7장에 와서는 어떻게 사는 것이 그래도 한평생을 제대로 사는 것인지를 묻고자 한다는 것입니다. 전도서가 전반적으로 인생이 죽음으로 끝난다는 사실에 대해서 자조적으로 평가하지만, 7장에 이르러서는 삶의 자세를 들여다보는 쪽에 관심을 둡니다. 그런 까닭에 전도서 7장에 소개되고 있는 "무엇이 무엇보다 낫다"라는 경구들은 어느 길로 가야, 무엇을 선택해야 인생살이가 제대로 이루어지는지를 성찰하게 합니다.

앞에서도 이야기했지만 사람은 누구나 결혼식이라는 통과의례로 인생살이를 새롭게 시작합니다. 그리고 장례식을 거쳐서 이 땅을 떠나게 됩니다. 전도자가 인생살이의 이 두 통과의례를 치르는 집(혼인집과 초상집)을 살펴본 까닭이 무엇입니까? 헛되다고 여겨지는 세상살이를 어떻게 해야 그래도 '잘 사는 것인지'(how to live well)를 파악하기 위해서입니다. 전도자가 혼인집과 초상집을 비교해보고 나서 얻은 깨달음이 무엇입니까?

혼인집에는 사람을 맞이하는 기쁨이 있습니다. 식구가 늘어난 것을 축하하는 웃음이 있습니다. 초상집에는 사람을 영원히 떠나보내는 슬픔이 있습니다. 식구가 줄어든 것을 안타까워하는 곡(哭)소리가 있습니다. 장례식에 가면 눈물이 있습니다. 결혼식에 가면 즐거움이 있습니다. 슬픔과 웃음은 우리 삶을 떠받드는 두 감정입니다. 마냥 슬퍼해서도 안 됩니다. 마냥 즐거워해서도 안 됩니다. 삶에는 이 두 가지가 적절하게 배열되어 있어야 합니다. 그런데 장례식장에서는 결혼식장에서 느낄 수 없는 깨달음이 하나 더 있습니다. 장례식은 삶을 성찰하게 합니다. 삶을 반성하게 합니다. 인생 모두가 가야 하는 길을 앞서 달려간 사람의 흔적을 보면서 오늘을 살아가는 사람의 자세를 곧추세우도록 이끕니다. 시편 기자가 이렇게 노래했습니다.

우리에게 우리 날 계수함을 가르치사 지혜로운 마음을 얻게 하소서(시 90:12).

우리도 죽을 때가 있다는 것입니다. 우리도 이 세상을 떠날 때가 있다는 것입니다. 우리도 타고 가는 배를 갈아탈 때가 있다는 것입니다. 죽음이 주는 경고가 여기에 있습니다. 다른 사람의 죽음은 남아 있는 자들에게 어떻게 살아야 될 것인지를 일깨워준다는 것입니다. 그러기에 "좋은 이름이 좋은 기름보다 낫다"(전 7:1a)는 전도자의 외침은 이름값을 하는 인생을 살라는 도전이 되기도 합니다. 하나님의 작품이라는 이름값을 내는 크리스천이 되어보자는 소리입니다. 한평생을 살다가 가면서 남기게 되는 것이 이름뿐이라면, '한 사람의 멋있는 크리스천이 여기에 왔다가 갔다'라는 이름을 남겨야 하지 않겠습니까!

마음과 대화하기(7:5-10)

전도서 7장에서 '무엇이 무엇보다 낫다'는 식의 말은 전도서 7:5-10에서도 계속됩니다. 그러나 그 관점에서는 앞에서 다룬 본문과는 차이가 납니다. 잔칫집과 초상집을 비교해본 뒤에 전도자의 관심은 사람의 몸에서 사람의 마음으로 넘어갑니다. 혼인집의 주인공은 멋지게 몸단장을 한 신랑 신부입니다. 초상집의 주인공은 말 없는 시신(屍身)으로 누워 있는 자입니다. 전도서 7:1-4는 이런 시각에서 사람의 몸을 대화의 소재로 삼았습니다. 흙으로 돌아가고 마는 인생의 가치에 대해서 되새겨보았습니다. 그랬던 전도자가 전도서 7:5-10에서는 사람의 마음에 관한 대화로 말문을 돌립니다.

전도자가 초상집에 가서 얻었던 깨달음이 무엇이었습니까? 어떻게 해야 헛된 세상에서 "제대로 사는 것인지"(how to live well)를 묻지 않았습니까! 이제 전도자는 세상살이를 제대로 하려면 지금처럼 살면 안 되겠다고 뉘우칩니다. 누군가가 인생살이를 꾸짖어주어야 한다고 생각합니다. 그래서 전도자가 전도서 7:5-6에서 이렇게 말합니다.

> 지혜로운 사람의 책망을 듣는 것이 우매한 자들의 노래를 듣는 것보다 나으니라 우매한 자들의 웃음소리는 솥 밑에서 가시나무가 타는 소리 같으니 이것도 헛되니라(전 7:5-6).

제대로 살려면, 바로 살려면, 책망 듣기를 주저하지 말아야 합니다. 지혜로운 사람의 책망을 듣는 것이 어리석은 사람의 노래를 듣는 것보다 낫다는 것입니다. 이스라엘 신앙은 전통적으로 지혜자로부터 듣는 책망을 삶의 교훈으로 삼았습니다(참조, 잠 13:1, 18; 15:31, 32). 이 점에서는 전도자의 말이라고 해서 잠언의 지혜 전통과 다르지 않습니다.

하지만 전도자의 말이 꼭 잠언과 같은 것은 아닙니다. 전도자가 7:5-6에서 지적하는 문제는 실상은 귀(耳)의 문제입니다. 잘 들어야, 스승의 가르침에 귀를 기울여야 오늘이라는 현실을 제대로 살 수 있다는 것입니다. 무슨 소리를 제대로 들어야 합니까? 지혜자가 주는 꾸지람을 바로 새겨야 합니다. 솥 밑에서 타는 가시나무처럼 소리만 요란하지 실제로는 별것 아닌 우매자의 노랫소리에 귀를 기울이지 말고 지혜로운 자의 훈계에 귀를 쫑긋해야 된다는 것입니다. 귀(耳)에 들리는 소리가 똑바라야 인생살이가 바르게 된다는 것입니다.

그런 흐름에서 전도자는 무엇이 인생살이를 망가뜨리는지를 지적합니다. 바로, 마음의 문제를 지적합니다. 그런 지적이 전도서 7:7-9로 이어집니다. 예컨대 "탐욕"(전 7:7a), "뇌물"(전 7:8b), "교만한 마음"(전 7:8b), "분노"(전 7:9) 같은 것들이 사람살이를 망치게 한다고 지적합니다.

> 탐욕이 지혜자를 우매하게 하고 뇌물이 사람의 명철을 망하게 하느니라 일의 끝이 시작보다 낫고 참는 마음이 교만한 마음보다 나으니 급한 마음으로 노를 발하지 말라 노는 우매한 자들의 품에 머무름이니라(전 7:7-9).

전도서 7:7-9는 일종의 쓴소리입니다. 그런데 그 쓴소리는 모두 마음의 문제를 다룹니다. 우리말 번역에 따르면 본문은 "참는 마음"(에레크-루아흐), "교만한 마음"(게바흐-루아흐), "급한 마음"(루아흐 리크오스)이라고 해서 "마음"(루아흐)이라는 말을 세 번이나 반복합니다. 본문이 다루는 탐욕, 뇌물, 교만한 마음, 분노는 모두 마음에서 나오는 것들입니다. 불쑥불쑥 욕심이 나고, 뇌물을 줘서라도 챙기고 싶고, 괜스레 우쭐하고, 이유 없이 짜증을 부리는 현상은 모두 상처 나고 멍든 마음을 돌아보라는 신호입니다. 상한 마음에서 욕심이 치솟고, 상처받은 마음에서 '뇌물을 먹여야 되겠다'는 꿍꿍이가 생기고, 온전치 못한 마음에서 서두르거나 화를 내게 됩니다.

인생살이를 제대로 하려면 눈을 다독여야 합니다. 귀를 다독여야 합니다. 입을 다독여야 합니다. 손발을 다독여야 합니다. 아니, 마음을 다독여야 합니다. 탐욕이나 교만이나 분노는 모두 사람의 마음에서 나오는 것들이지 않습니까? 그래서 전도서 7:5-9에 마음이라는 용어가 거듭 거론되는 것이지 않겠습니까!

건강하려면 음식을 잘 먹어야 합니다. 입으로 들어가는 음식은 사람을 살아가게 하는 에너지가 됩니다. 그러기에 잘 먹어야 합니다. 그런데 전도서 7:5-9는 인생살이를 건강하게 하려면 입으로 들어가는 것보다는 입 밖으로 나오는 것을 살피라고 충고합니다. 사람살이가 망가지는 이유는 입으로 들어가는 것에 있지 않고 입에서 나오는 것에 있다고 충고합니다.

무엇이 사람의 인생을 불행하게 합니까? 마음 씀씀이 때문입니다. 못된 마음이, 못난 마음이, 모자란 마음이 인생길을 망가뜨립니다. 그러니 행복하려면 마음이 거듭나야 합니다. 마음이 새로워져야 합니다. 그래서 사도 바울이 "너희는 이 세대를 본받지 말고 오직 마음을 새롭게 함으로 변화를 받아"(롬12:2)야 한다고 말하지 않았습니까? 예수님은 그런 마음의 문제를 다음과 같이 말씀하셨습니다.

무엇이든지 밖에서 사람에게로 들어가는 것은 능히 사람을 더럽게 하지 못하되 사람 안에서 나오는 것이 사람을 더럽게 하는 것이니라 하시고 … 또 이르시되 사람에게서 나오는 그것이 사람을 더럽게 하느니라 속에서 곧 사람의 마음에서 나오는 것은 악한 생각 곧 음란과 도둑질과 살인과 간음과 탐욕과 악독과 속임과 음탕과 질투와 비방과 교만과 우매함이니 이 모든 악한 것이 다 속에서 나와서 사람을 더럽게 하느니라(막7:15-16, 20-23).

"이 모든 악한 것이 다 속에서 나와서 사람을 더럽게 하느니라!" 무슨 소리입니까? 삶을 힘들게 하는 근본 뿌리는 마음에 박혀 있다는 것입니다. 몸이 현상이라면 마음은 그 뿌리라는 것입니다. 마음이 새로워지지 않고서는 몸이 새로워질 수 없습니다. 마음이 치료되어야 몸이 치료됩니다. 마음이 건강해야 오늘을 바로, 제대로, 즐겁게 살아갈 수 있습니다.

마음에 병이 있는 자들의 특징이 무엇입니까? 자꾸 옛날 일만 끄집어내려고 하는 태도입니다. 오늘에 살지 못하고 과거에 파묻혀 살려고 하는 자세입니다. 그래서 전도자가 이렇게 말을 이어갑니다.

옛날이 오늘보다 나은 것이 어찜이냐 하지 말라 이렇게 묻는 것은 지혜가 아니니라(전 7:10).

사람은 나이 들면 과거지향이 되기 쉽습니다. 과거를 미화합니다. 과거를 예찬합니다. 그러나 그런 자세는 지혜로운 자의 것이 아닙니다. 젊은이는 내일을 위해서 오늘을 살아가는 자가 아닙니까! 전도자는 과거가 현재보다 낫다고 말하는 것은 지혜가 아니라고 꼬집고 있습니다. 과거에 매여 사는 사람은 건강한 자가 아닙니다. 물론 하나님이 베푸신 과거의 은혜를 잊지 마십시오. 그러나 거기에 머물러 계시지는 마십시오. 오늘을 사는 것이지 지난날을 사는 것이 아닙니다. 과거를 자랑하지 마십시오. 하나님이 오늘 함께하시는 것을 기대하셔야 합니다. 하나님이 앞으로 이루어주실 것을 기다리셔야 합니다. 삶은 과거 완료형이 되어서는 안 됩니다. 삶은 항상 현재 진행형이어야 합니다.

지혜의 그늘, 돈의 그늘(7:11-12)

이제 전도자는 지혜의 가치에 대해서 말합니다. 전도서 7:11-12가 그것을 말합니다. 전도서 7:11-12는 지혜와 돈을 비교합니다. 지혜와 유산을, "지혜의 그늘"과 "돈의 그늘"을 비교합니다. 삶의 끝과 삶의 시작을 비교해 보고 난 뒤 전도자의 관심은 다시 현실로 돌아옵니다. 그 현실을 지탱하는 두 개의 기둥에 대해서 말합니다. 하나는 지혜이고, 다른 하나는 돈입니다. 11-12절을 읽어보십시오.

지혜는 유산 같이 아름답고 햇빛을 보는 자에게 유익이 되도다 지혜의 그늘 아래에 있음은 돈의 그늘 아래에 있음과 같으나 지혜에 관한 지식이 더 유익함은 지혜가 그 지혜 있는 자를 살리기 때문이니라(전 7:11-12).

"지혜는 유산 같이 아름답고!" 지혜와 유산을 비교합니다. 지혜는 신앙적 가치를 대변합니다. 신앙으로 살아가는 방식을 가리킵니다. 유산은 대대로 물려받은 땅을 말합니다. 물려받은 재산을 말합니다. 세상적인 가치를 대변합니다. 즉, 본문은 신앙적 가치와 세상의 가치를 비교하고 있습니다. 지혜와 부동산을 비교하고 있습니다. 전도자가 지혜를 하나님 경외에서 찾고 있기에, 전도자는 지금 신앙과 돈을 비교하고 있습니다. 교회에서 소중하게 생각하는 신앙(지혜)과 세상에서 중요하게 여기는 재물(돈)을 서로 비교하고 있습니다. 그런데 그 비교의 방식이 "지혜는 유산 같이 아름답고"입니다. "…같이"라는 표현에 주목해보십시오.

지금까지 전도자는 "무엇은 무엇보다 낫다"는 식으로 사물들을 비교해 왔습니다. 하지만 전도서 7:11에서는 "지혜는 유산 같이 아름답고"(토바 호크마 임-나할라)라고 말합니다. "무엇보다"(민)가 아니고 "무엇같이"(임)입니다. 지혜가 유산보다 아름답다고 하지 않고 "지혜는 유산 같이 아름답다"고 말합니다. 무슨 뜻입니까? 지혜의 가치를 높인다고 해서 돈의 가치를 무시하는 것이 아니라는 소리입니다. 신앙이 소중하다고 해서 세상살이에서 필요한 돈의 가치를 폄하하지 않는다는 소리입니다. 지혜나 신앙이 인생살이에 소중하듯이 돈도 인생살이에서 긴요하다는 것입니다. 하지만, 그러면서도 전도자가 말합니다. 지혜는 "햇빛을 보는 자에게 유익이 되도다!"

"햇빛을 보는 자에게"는 지혜가 유익합니다. 해 아래 세상을 제대로 살아가려면 돈보다도 지혜가 있어야 된다는 것입니다. 지금까지 전도서는 해 아래 세상에만 매달려 있는 삶에 대해서 이야기해왔습니다. 이제 전도서 7:11에서는 "햇빛을 보는" 자에 대해서 말합니다. 해 아래에만 있으면, 해를 등지고만 있으면, 해가 만드는 그림자를 피할 길이 없습니다. 인생살이의 온갖 그림자는 해 아래에 눌려 있기에 생깁니다. 그런 그림자를 없애려면 해를 쳐다보아야 합니다. 해를 지으신 창조주 하나님을 바라보아야 합니다. 창조주 하나님이 이루시는 구원의 은총을 앙망해야 합니다.

큰 나무 밑에 가서 서보십시오. 내 그림자는 사라지고 맙니다. 예수 그리스도의 십자가 밑에 거(居)하십시오. 우리 인생의 그림자는 사라지고 맙니다. 주님께서 우리에게 "오라, 내가 쉬게 하리라! 가라, 내가 함께하리라"고 약속하시지 않았습니까?

전도서 7:11의 "지혜는 유산 같이 아름답고"는 7:12에서는 "지혜의 그늘 아래에 있음은 돈의 그늘 아래에 있음과 같으나"로 이어집니다. 여기에서 주목하게 되는 말은 "그늘"(첼)입니다. "그늘 아래"(베첼)입니다. 성경에서 "그늘"은 피난처, 보호소를 의미합니다(창 19:8; 삿 9:15; 사 30:2, 3 등). 보기에 따라서는 여기 "그늘"이 영원한 도피처라기보다는 사라지고 말 그림자와 같은 것이라고 말하기도 합니다.[4] 그렇지만 전도서 7:12에서 "그늘"은 분명 사람을 지켜주는 도피처를 가리키는 말입니다.[5] 그런 "그늘"이라는 말을 가지고 전도자는 돈의 가치와 지혜의 가치를 비교하고 있습니다. 그러면서 말합니다. "지혜에 관한 지식이 더 유익하다!" 왜 지혜의 그늘이 돈의 그늘보다 더 유익하다는 것입니까?

전도서 7:12는 그 이유를 "지혜가 그 지혜 있는 자를 살리기" 때문이라는 데서 찾습니다. 사람을 살리는 일에는 돈보다 지혜가 더 요청된다는 것입니다. 영혼을 살리는 데에는, 정신을 살리는 데에는, 인생을 살리는 데에는, 돈보다 지혜가 더 유익하다는 것입니다. 새번역은 전도서 7:11-12를 이렇게 옮겨놓았습니다.

> 지혜는 유산을 받는 것만큼이나 좋은 것이니, 이 세상에서 살면서 그 덕을 보기 때문이다. 돈이 사람을 보호하듯, 지혜도 사람을 보호한다. 그러나 지혜를 깨우쳐 아는 지식이 더 좋은 까닭은, 지혜가 그 사람의 목숨을 살려 주기 때문이다(전 7:11-12, 새번역).

"지혜가 지혜 있는 자를 살린다"는 개역개정의 표현을 새번역은 "(그러나 지혜를 깨우쳐 아는 지식이 더 좋은 까닭은) 지혜가 그 사람의 목숨을 살려주기 때문이다"라고 표현하고 있습니다. 지혜가 돈보다 나은 까닭을 무엇이라고 합니까? 지혜가 그 사람의 목숨을 살려주기 때문이라는 것입니다. 어째서 지혜가 사람의 목숨을 살려주는 주체가 됩니까? 생각해보십시오. 돈이 있어야 사람이 살 수 있지 않습니까? 그런데 무슨 이유로 지혜가 사람을 살린다고 단정하는 것입니까?

시계와 시간을 놓고 살펴보십시오. 시계는 돈 주고 살 수 있지만, 시간은 돈으로는 살 수 없습니다. 시계는 돈이지만 시간은 은총입니다. 돈 주고 산 시계를 차고 다닌다고 해서 시간을 누릴 수 있는 것은 아닙니다. 오히려 그 반대입니다. 무엇이 시간을 누리게 합니까? 지혜입니다! 지혜가 사람의 목숨을 살려줍니다!

전도자는 현실적인 사람입니다. 전도자는 세상살이에 돈이 필요하다는 것을 부인하지 않았습니다. "돈이 사람을 보호한다"라고까지 말합니다. "돈의 그늘"이라는 말을 사용하지 않습니까! 돈의 그늘 아래 인생이 살아가고 있다는 것입니다. 하지만, 돈의 그늘을 인정한다고 해서 전도자의 이야기가 거기에서 끝난 것은 아닙니다. 거기에서부터 전도자의 이야기가 반전을 시도합니다. 현실적으로 돈이 사람을 보호한다고 인정하면서도 전도자는 사람을, 사람의 영혼을 살리는 것은 결국 돈이 아니라 지혜라고 힘주어 말합니다.

조선을 건국한 태조 이성계가 아직 왕이 되기 전에 있었던 일입니다.[6] 잠을 자다가 꿈을 꾸었습니다. 불난 집에서 두 마리 숫양이 서로 싸우고 있었습니다. 이성계가 손을 뻗어 양의 뿔을 잡으려고 하였습니다. 그런데 그 뿔이 그만 부러져버렸습니다. 그래서 다시 양의 꼬리를 움켜잡으려고 하였습니다. 그런데 그 꼬리마저 쑥 빠져버렸습니다. 그래서 양을 붙잡지 못하고 놓쳐버렸습니다. 꿈에서 깨어나 생각해보았습니다. 흉몽이었습니다. 잡고 싶었던 것을 잡지 못하고 놓쳐버렸기 때문입니다. 그래서 마음이 편치 않았습니다. 날이 밝자 스승을 찾아가서 꿈 이야기를 들려주었습니다. 그 이야기를 들은 스승이 무릎을 치면서 말합니다. "그것은 길몽입니다. 양(羊)에서 뿔과 꼬리가 빠지면 무엇이 남습니까? 임금 왕(王) 자가 아닙니까? 장군이 장차 왕이 되실 것이라는 조짐입니다."

예수님이 말씀하신 불의한 청지기의 비유(눅 16:1-13)도 지혜가 사람을 살린다고 가르치는 경우에 듭니다. 주인의 재산을 낭비하는 청지기가 있다는 소문이 주인의 귀에 들렸습니다. 주인이 그 청지기를 꾸짖었습니다. "내가 네게 대하여 들은 이 말이 어찌 됨이냐 네가 보던 일을 셈하라 청지기 직무를 계속하지 못하리라"(눅 16:2). 주인의 재산을 낭비하다가 청지기는 청지기직에서 잘리게 되었습니다. 해고 통지를 받은 청지기가 어떻게 처신하였습니까? 주인에게 빚진 자들을 하나씩 불러다가 차례로 그들의 빚을 임의로 탕감해주었습니다. 자기가 청지기의 자리에서 떨려날 때에 사람들이 그를 자기네 집으로 맞아들이도록 하는 조치를 취한 것입니다. 그런 청지기의 처세를 주인이 어떻게 평가하였습니까?

> 주인이 이 옳지 않은 청지기가 일을 지혜 있게 하였으므로 칭찬하였으니 이 세대의 아들들이 자기 시대에 있어서는 빛의 아들들보다 더 지혜로움이니라 (눅 16:8).

무슨 소리입니까? 지혜가 사람을 살린다는 것입니다. 사람을 살리는 것은 지혜라는 것입니다. 비록 옳지 않은 청지기이지만, 그가 하는 행동은 돈보다는 지혜가 사람을 살린다는 것을 보여주고 있다는 것입니다. 게다가 전도자가 말하는 지혜는 세상적인 지혜가 아닙니다. 전도자가 말하는 지혜는 창조주 하나님을 경외하기에 얻게 되는 지혜입니다. 무엇이 해 아래 세상을 살아가는 인생을 살려내는 궁극적인 처방이 됩니까? 돈의 그늘입니까? 아닙니다. 지혜의 그늘입니다!

직선과 곡선(7:13-14)

지혜의 그늘에서 산다는 것은 세상을 신앙의 이치에 맞춰 산다는 뜻이 됩니다. 세상의 가치를 따라서 인생살이를 설계하고 실천하는 것이 아니라 신앙적 가치를 따라서 인생여정을 이루어간다는 뜻입니다. 전도서 7:13-14가 그것을 다룹니다.

전도서 7:13-14는 세상살이를 신앙적 가치로 품으려는 자에게 들려주는 또 하나의 현실입니다. 신앙을 가지고 세상을 산다는 것이 그리 만만치 않다는 현실을 일깨워줍니다. 아니, 믿음으로 세상살이를 헤쳐나가려고 하기에 더 어려울 때가 있는 현실을 암시합니다. 신앙 안에서 세상살이를 이루려고 하기에 더 곤란하고, 더 심란하고, 더 힘들 때가 있다는 것입니다. 전도서 7:13-14는 하나님이 세상을 다스리는 이치에 대한 전도자의 깨달음을 전하고 있는 본문입니다.

전도서 7:13과 7:14는 본문 안에서 서로 짝을 이루고 있습니다. 7:13이 질문이라면, 7:14는 그에 대한 대답입니다. 질문과 대답 형식으로 하나님이 정하신 세상 이치에 대하여 풀이합니다. 먼저 7:13을 읽어봅니다.

> 하나님께서 행하시는 일을 보라 하나님께서 굽게 하신 것을 누가 능히 곧게 하겠느냐(전 7:13).

본문은 수사학적인 질문입니다. "하나님이 행하시는 일을 보라"(르에 에트 마아세 하엘로힘)로 시작합니다. 무엇을 보라고 하십니까? "하나님이 행하시는 일"입니다. "하나님이 행하시는 일"이란 하나님이 만드신 세상, 하나님이 이루시는 역사를 가리킵니다. 그런데 그 하나님이 행하시는 일을 가리켜서 전도자는 하나님께서 "굽게 하신 것"(입베토)이라고 주장합니다. "굽게 하신 것"이란 의미상으로는 "굽혀진 것"(아바트)입니다. 수동태입니다. 하나님에 의해서 굽혀진 것을 "누가 능히 곧게 하겠느냐"(미 유칼 레 탁켄)라고 묻고 있습니다. "곧게 한다"(타칸)는 것은 "평평하게 한다"는 것입니다. "하나님이 구부려 놓으신 것을 누가 펼 수 있겠는가?"(새번역)라고 묻는 것입니다.

하나님이 하시는 일은, 사람 편에서 보면, 곧게 가기보다는 굽어갈 때가 많습니다. 하나님이 아브라함에게 아들을 주시겠다고 말씀하셨을 때 아브라함의 나이는 75세이었습니다(창 12:4). 아브라함이 이삭을 자기 품에 안게 되었을 때는 그의 나이가 100세이었습니다(창 21:5). 아브라함의 경우, 약속에서 성취까지 가는 길에는 25년이 소요되었습니다. 25년간 아브라함은 인내하면서 기다려야 했습니다. 아브라함이 가야 할 길을 하나님이 굽게 하셨기 때문입니다. 모세의 인도로 출애굽한 이스라엘이 시내 산에서 가나안 땅까지 가는 데에는 원래 10일 정도면 충분하였습니다(신 1:2). 그랬던 여정을 하나님은 광야 길로 돌아가게 하셔서 이스라엘은 40년을 걷고 나서야 가나안 땅에 간신히 당도할 수 있었습니다(신 1:3; 출 13:17-18). 이스라엘 자손이 가야 할 길을 하나님이 굽게 하셨기 때문입니다. 그런 성경적 사실들을 보면서 이렇게 말하게 됩니다. 약속에서 성취까지 가는 길은 직선이 아니라 곡선이라고. 그렇습니다. 약속에서 성취로 가는 길은 지름길이 아니라 돌아가는 길입니다.

하나님이 지으신 창조세계를 보십시오. 대부분이 구부려져 있습니다. 산들의 모습이 그렇고, 강이 흘러가는 모습이 그렇습니다. 사람들이 밟고 다녔던 길이 그렇고 꽃과 나무의 생김새가 그렇습니다. 게다가 하나님이 지으신 창조세계에는 낮만 있지 않고 밤도 있습니다. 빛만 있지 않고 어두움도 있습니다. 여름만 있지 않고 겨울도 있습니다. 잘생긴 것만 있지 않고 못생긴 것도 있습니다. 그런데 생각해보십시오. 하나님이 그렇게 굽게 만들어놓으신 것들을 사람들이 평평하게 해놓을 수 있습니까? 사람들이 보기에 못생긴 생물이라고 해서 그것을 수선해놓을 수 있습니까? 여름철이 살기에 좋다고 일 년 내내 여름만 계속되게 해 달라고 하나님께 조를 수 있습니까?

"하나님께서 굽게 하신 것을 누가 능히 곧게 하겠느냐"는 말씀은 하나님이 지으신 창조세계에는 곤고한 것이 있다는 소리입니다. 하나님이 이끄시는 구속사에도 곤고한 것이 있다는 소리입니다. 아무리 믿음으로 세상을 산다고 해도 세상살이에는 슬프고 험난한 것이 있다는 소리입니다.

서른아홉 된 막내아들을 갑작스레 떠나보낸 목사님을 문상한 일이 있었습니다. 감기로 고생한다 싶었는데, 갑자기 열이 오르고 혼수상태가 와서 큰 병원에 가서 검사했더니, 이미 뇌에 고름이 차 있다는 진단을 받았답니다. 그렇게 되어 한 25일 앓다가 그만 숨을 거두고 말았다는 것입니다. 평생 목양과 교단 일에 힘쓰시다가 은퇴하신 목사님이신데, 그만 참척(慘慽)의 슬픔을 당하고야 말았습니다. 자식이 부모보다 앞서 죽으면, 그 녀석을 부모 가슴에 묻는다고 하였는데, 일흔이 넘은 노부모님이 그렇게 떠나가버린 자식의 영정을 지키고 있었습니다. 제가 문상을 갔을 때 "얘가 우리 막내 녀석이야" 하시며 눈물지으시던 모습이 얼마나 가슴을 저미었는지 모릅니다. 아직 장가를 보내지 못해서 안쓰러웠는데, 그만 하늘나라로 먼저 보내고 말았다고 하시는 말씀에 뭐라고 위로 드릴 말이 없었습니다.

전도서 7:13에서 전도자는 하나님께서 "굽게 하신" 현실을 어떻게 살아야 하는지를 묻고 있습니다. 그 물음에 대한 대답이 전도서 7:14입니다. 뭐라고 말씀하십니까?

형통한 날에는 기뻐하고 곤고한 날에는 되돌아보아라(전 7:14a).

인생살이에는 "형통한 날"(욤 토바)이 있습니다. "곤고한 날"(욤 라아)도 있습니다. 원문을 살려 전하면 좋은 때가 있고 나쁜 때가 있습니다. 형통한 날이란, 좋은 날입니다. 곤고한 날이란, 어려운 날입니다. 인생길에는 두 날이 함께 공존합니다. 마냥 좋은 때만 있는 것이 아닙니다. 마냥 어려운 때만 있는 것도 아닙니다. 살다 보면 좋은 날과 어려운 날이 번갈아 펼쳐집니다. 이런 식으로 전도서 7:14는 인생살이의 두 단면을 보여줍니다. 인생살이에는 좋은 날도 있고, 궂은 날도 있다는 것입니다.

전도서 7:14a는 형통한(토바) 날과 곤고한(라아) 날을 대조시키고 있습니다. 본문에서 전도자는 좋을 때와 나쁠 때 인생은 어떻게 살아야 하는지를 충고합니다. 그 충고가 바로 "형통한 날에는 기뻐하고(하야 베토브) 곤고한 날에는 되돌아보아라(베욤 라아 르에 감 에트 제)"입니다. 그런데 이상합니다. 좋은 때 기뻐한다면, 곤고한 날에는 슬퍼해야 합니다. 형통한 날의 반대말이 곤고한 날이라면, "기뻐하다"의 반대말은 당연히 "슬퍼하다"가 되어야 하지 않겠습니까? 그런데 본문은 "형통한 날에는 기뻐하고 곤고한 날에는 되돌아보라"고 말하고 있습니다. 형통한 날과 곤고한 날을 대조시켰다면, 기쁨과 슬픔을 비교했어야 합니다. 그런데 본문은 "기뻐하라"와 "되돌아보아라"를 대조하고 있습니다.

원문에서 "기뻐하고"(하야 베토브)에 짝을 이루는 "되돌아보아라"(르에 감 에트-제 르우마트-제)는 문자적으로는 그냥 바라보라, 살펴보라, 관찰하라입니다. 거기에서 2차적으로 생각해보라는 뜻이 파생되었습니다. "형통한 날에는(베욤 토바) 기뻐하고, 곤고한 날에는(베욤 라아) 바라보아라"라는 구절을 히브리어로 읽어보면 본문에는 언어유희가 있습니다. "'토바'한 날에는 '토브'하고, '라아'(ra'h)의 날에는 '라아'(ra'ah)하라"는 것입니다.[7] "토바"에는 "토브"가, "라아"(ra'h)에는 "라아"(ra'ah)가 짝을 이룹니다. 그만큼 기억하기 쉽게 말을 만들었습니다.

이런 원문의 정취가 우리말 번역에서는 살아나지 않습니다. 다만, 기쁠 때는 기뻐해야 하지만, 슬플 때는 생각해보아야 한다고 당부합니다. 기쁨은 어떻게 표현하십니까? 웃거나 자랑합니다. 사람들과 더불어 잔치를 연다고 생각해보십시오. 잔칫상의 기쁨은 속에 감추지 않고 밖으로 드러내어 자랑합니다. 그렇다면 어려울 때는 어떻게 처신합니까? 슬퍼합니다. 한탄합니다. 불평합니다. 그런 우리를 향해 전도자는 어려울 때 살펴보라고 충고합니다. 깨달으라는 것입니다. 왜 어렵게 되었는지를, 무엇이 어려움인지를, 어째서 어려워졌는지를 살펴보라는 것입니다. 그럴 때 인생은 아픈 만큼 성숙해진다고 충고하고 있습니다. 이런 이치를 깨닫는 자는 이렇게 기도하게 됩니다. 주님, 우리로 형통한 날에는 기뻐하게 하시고, 어려운 때에는 살펴보게 하소서!

우리 삶에 마냥 좋은 날만 계속된다면 얼마나 좋겠습니까? 우리 삶에 곤고한 날이 없다면 얼마나 좋겠습니까? 전도자는 이렇게 생각하는 우리를 향해서 다음과 같이 말합니다.

> 이 두 가지를 하나님이 병행하게 하사 사람이 그의 장래 일을 능히 헤아려 알지 못하게 하셨느니라(전 7:14b).

"이 두 가지를 하나님이 병행하게 하사!" 사람은 누구나 복된 날이 계속되기를 바랍니다. 그러나 하나님은 그렇게 하지 않으셨습니다. 좋은 때도 있게 하시고 어려운 때도 있게 하셨습니다. 왜 그렇게 하셨습니까? 전도자는 하나님이 세상살이에 좋은 때도 있게 하시고 어려운 때도 있게 하신 것은 사람이 그의 장래를 능히 헤아려 알지 못하게 하기 위해서라고 답합니다. 인생살이에 좋은 때와 어려운 때가 함께 있게 함으로 사람이 제 앞일을 알지 못하도록 하셨다는 것입니다.

인생은 항상 미지의 시간을 향해 나아가는 모험입니다. 우리 앞에 무슨 일이 닥칠지는 알지 못합니다. 우리 앞에 벌어질 장래가 구체적으로 어떤 것인지를 예고할 수는 없습니다. 그러나 장래 일이 어떻게 될지는 예고할 수 없어도, 하나님이 주관하시는 세상사의 흐름은 짐작할 수 있습니다. 하나님이 지으신 세상사는 어떻게 움직입니까? 창조하실 때 세상은 어떻게 움직였습니까? 창세기 1:5에서 그 해답을 찾을 수 있습니다.

> 하나님이 빛을 낮이라 부르시고 어둠을 밤이라 부르시니라 저녁이 되고 아침이 되니 이는 첫째 날이니라(창 1:5).

하나님은 먼저 빛을 낮이라고 부르셨습니다. 그러고 나서 어둠을 밤이라고 부르셨습니다. 낮과 밤은 시간의 흐름을 나타내는 용어입니다. 그런데 그 시간의 흐름이 낮에서 밤으로 가지 않습니다. "저녁이 되고 아침이 되니 이는 첫째 날이다"라고 하지 않습니까! 저녁이 먼저 오고, 그다음에 아침이 온다고 말하고 있습니다. 유대인들이 지키는 안식일이 금요일 저녁부터 시작되어 토요일 아침으로 진행되는 것도 이런 시간의 리듬을 반영합니다.

중요한 것은 하나님의 시간표가 저녁에서 아침으로 나아간다는 점입니다. 저녁에서 아침으로 가는 시간표는 창조신앙의 바탕을 보여줍니다. 저녁은 어두움입니다. 아침은 밝음입니다. 하나님의 시간표는 어두움에서 밝음으로 가는 구조입니다. 전도서 7:13-14의 용어대로 표현한다면 곤고한 날에서 형통한 날로 가는 구조입니다. 전도서 7:14b에서 (하나님이 좋은 때와 어려운 때를 병행하게 하신 것은) "사람이 그의 장래 일을 능히 헤아려 알지 못하게 하신"것이라는 소리는 이런 창조신앙의 시간표에서 수렴해야 합니다. 그럴 때 "그의 장래 일을 능히 헤아려 알지 못하게 하신 것"이라는 말은 우리가 앎으로 사는 것이 아니라 믿음으로 사는 것이라는 진리를 일깨워줍니다.

우리는 앎으로 사는 것이 아닙니다. 믿음으로 사는 것입니다. 지혜로운 자의 세상살이는 앎으로 이루어지는 것이 아니라 믿음으로 이루어집니다. 우리는 장래에 일어날 일의 구체적인 사실을 알 수 없습니다. 다만 믿는 것은 우리 삶의 이정표가 저녁으로 상징되는 시련에서 아침으로 상징 되는 은총으로 나아간다는 사실입니다. 십자가의 고난이 있고 난 뒤에 예수 그리스도의 부활이 있었던 것을 기억하십시오. 주님의 삶은 고난으로 그치지 않았습니다. 십자가로 머물지 않았습니다. 고난받음에서 부활로 나아갔습니다. 크리스천은 부활신앙을 살아가는 사람들입니다. 기독교 신앙은 골고다의 십자가로부터 빈 무덤의 예수 그리스도로 나아가는 신앙입니다. 이 여정이 바로 십자가의 은혜입니다. 우리 교회의 십자가에는 십자가에 달려계신 예수님이 없지 않습니까! 이런 깨달음을 가지고 전도서 7:14b를 되새기게 될 때 우리 귀에는 이런 복음이 들립니다.

> 마음을 살리시는 이가 성령의 생각을 아시나니 이는 성령이 하나님의 뜻대로 성도를 위하여 간구하심이니라 우리가 알거니와 하나님을 사랑하는 자 곧 그의 뜻대로 부르심을 입은 자들에게는 모든 것이 합력하여 선을 이루느니라(롬 8:27-28).

"그의 뜻대로 부르심을 입은 자들에게는 모든 것이 합력하여 선을 이루느니라!" 기억하십시오. 예수 그리스도의 뜻대로 사는 자들에게는 모든 일이 서로 협력해서 선을 이루게 됩니다. 지혜의 그늘 아래에서 살아가는 자들의 인생이 저녁에서 아침으로 나아가는 삶이기 때문입니다. 그것이 바로 전도서 7:13-14가 우리에게 주는 가르침입니다.

화이부동(和而不同)(7:15-18)

전도서 7:15-18은 해 아래 세상살이에서 겪는 또 다른 현실입니다. 전통적으로 수용하였던 인과응보 신앙이 구현되지 않는 현실에 대한 전도자의 지적입니다. 현실이 허무한 것은, 해 아래 세상이 허망한 것은, 의롭게 산 자가 형통하고 악하게 산 자는 망하게 된다는 전통적 가르침이 먹혀들지 않기 때문이라는 것입니다.

> 내 허무한 날을 사는 동안 내가 그 모든 일을 살펴 보았더니 자기의 의로움에도 불구하고 멸망하는 의인이 있고 자기의 악행에도 불구하고 장수하는 악인이 있으니(전 7:15).

의롭게 사는 사람이 있었습니다. 바르게 사는 사람이 있었습니다. 올바로 사는 사람이 있었습니다. 그런데 그처럼 의롭게 사는 사람이 망하는 것을 보았다는 것입니다. 악하게 사는 사람이 있었습니다. 비열하게 사는 사람이 있었습니다. 그런데 그처럼 비도덕적으로 사는 사람이 의외로 형통하게 지내는 것을 보았다는 것입니다.

전도서 7:15는 이상과 현실 사이에 있는 괴리를 지적합니다. 신앙과 현실 사이에 갈등이 있다는 것입니다. 의롭게 살면 형통하게 되고, 악하게 살면 심판을 받는다는 신앙공식이 현실에서는 뒤집혀져 있다는 지적입니다. 신앙과 현실 사이의 거리가 너무나 멀기에 전도자는 사는 것이 차라리 허무하다고, 억울하다고 느끼고 있습니다.

전도자가 토로하는 고민은 전도자만의 것은 아닙니다. 전도자의 고민은 우리 모두의 고뇌이기도 합니다. 우리도 착한 사람이 고통당하는 현실을 어렵지 않게 보게 됩니다. 믿음으로 사는 자에게 시련과 재난이 닥치는 현실을 어렵지 않게 만납니다. 이런 일을 당할 때에, 이런 일을 볼 때에 여러분의 마음속에는 어떤 생각이 드십니까?

이런 현실 앞에서 전도자가 실토합니다. "의롭게 살다가 망하는 의인이 있는가 하면, 악한 채로 오래 사는 악인도 있더라!" 그러면서 말을 이어갑니다.

> 지나치게 의인이 되지도 말며 지나치게 지혜자가 되지 말라 어찌하여 스스로 패망하게 하겠느냐 지나치게 악인이 되지도 말며 지나치게 우매한 자도 되지

말라 어찌하여 기한 전에 죽으려고 하느냐 너는 이것도 잡으며 저것에서도 네 손을 놓지 아니하는 것이 좋으니 하나님을 경외하는 자는 이 모든 일에서 벗어날 것임이니라(전 7:16-18).

"너무 의롭게 살지도 말고, 너무 슬기롭게 살지도 말라. 왜 스스로를 망치려 하는가?" 너무 의롭게 살지 말라는 것입니다. 너무 슬기롭게 살지 말라는 것입니다. 너무 의롭다보면 스스로 망치게 된다는 것입니다. 그러면서 너무 악하게도 살지 말라고 충고합니다. 너무 어리석게도 살지 말라는 것입니다. 제 명(命)도 다 채우지 못하고 죽게 될 수 있다는 것입니다. 그러기에 "하나를 붙잡되 다른 것도 놓치지 말라"고 주문합니다. 참 어렵습니다. 말이 어려워서가 아닙니다. 어떻게 하나를 붙잡으면서도, 다른 것을 놓치지 않을 수 있습니까? 어떻게 지혜로우면서도 어리석을 수가 있습니까? 어떻게 선하면서도 나쁠 수가 있습니까?

전도서 7:16-18이 내리는 주문은 실천하기가 참 어렵습니다. 이 어려움을 피하고자 본문이 말하는 의로움(짜디크)과 악(라샤)을 윤리적으로 의롭거나 악한 것이 아니라고 보기도 합니다. 전도서 7:16-17에서 의로움은 토라를 따라가는 삶의 태도이고, 악은 토라를 거스르는 삶의 태도로 보자는 것입니다. 그러나 그마저도 받아들이기 쉽지 않습니다. 어떻게 우리 삶을 가리켜 지나치게 토라에 매이거나, 지나치게 토라에 반(反)하는 것이 되어서는 안 된다고 말할 수 있습니까? 온 마음을 다해서 토라를 존중하는 삶을 살아야 하지 않겠습니까?

여기에서 주목해야 할 단어가 "지나치게"(하르베)입니다. 본문은 그냥 "의인이 되지도 말고, 지혜자가 되지도 말라"가 아니라 "지나치게"(하르베) 의인이나 악인이 되지 말라고 충고합니다. 이런 맥락에서 전도서 7:16-17은 치우치지 않고 기울지 않고 넘치지 않고 모자라지 않는 과유불급(過猶不及)이나 "정도(正度)를 지나침은 미치지 못함과 같다는" 중용(中庸)의 교훈으로 풀 수도 있습니다.[8] "중"(中)자는 치우치지 않는다는 뜻입니다. "용"(庸)자는 바뀌지 않는다는 뜻입니다. 세상살이에서는 너무 의롭지 않게, 그렇다고 너무 악하지도 않게, 그 사이에 나 있는 길을 걸어가라고 전도자가 충고하고 있다는 것입니다. 선과 악, 의와 불의, 지혜와 어리석음 가운데 너무 극단에 치우치는 결정을 내리지 말라고 충고하고 있다는 것입니다.

문제는 중용이 가운데를 의미하는 것이 아니라는 데 있습니다. 중용은 때를 좇아서 살아가는 자세를 가르칩니다. 중용에 "군자지중용야(君子之中庸也) 군자이시중(君子而時中) 소인지중용야(小人之中庸也) 소인이무기탄야(小人而無忌憚也)"라는 말이 나옵니다. "군자의 중용이란 군자답게 때에 맞춰 사는 것이요, 소인의 중용이란 꺼리는 바 없이 사는 것"이라는 소리입니다.[9] 여기에서 중요한 말이 "시중"(時中)입니다. 때를 안다는 말입니다. 때를 좇는다는 말입니다. 때(時)는 사람의 것이 아닙니다. 때의 흐름은 인간이 조종할 수 없습니다. 때는 하늘에 속한 것입니다. 때의 주인은 하나님이십니다. 때에 들어맞는다는 말은 하나님의 뜻에 순종하며 살아간다는 말입니다. 이렇게 하나님의 뜻에 맞추어 사는 삶! 그것이 바로 중용의 길입니다. 반대로 소인은 때 하고는 상관없이, 하나님의 뜻에는 아랑곳하지 않고 만사를 자기 멋대로 휘두르며 삽니다. 그러니 도무지 꺼리는 바가 없습니다. 무슨 소리입니까? 중용이란, 어느 한쪽에 치우치지 말라는 말이기보다는, 보다 적극적으로는, 균형 잡힌 삶의 자세라는 것입니다. 중심이 있어야, 때를 알아야, 하나님의 뜻을 알아야 어느 한쪽에 치우치지 않습니다. 자기중심이 있어야 성과 속 사이에서 균형을 취할 수 있습니다. 자기중심이 있어야 선과 악 사이에서 균형을 잡을 수 있습니다. 무엇이 자기중심입니까? 전도서 7:18에 다시 귀를 기울이십시오.

너는 이것도 잡으며 저것에서도 네 손을 놓지 아니하는 것이 좋으니 하나님을 경외하는 자는 이 모든 일에서 벗어날 것임이니라(전 7:18).

"하나님을 경외하는 자는 이 모든 일에서 벗어날 것임이니라!" 전도서 7:18b는 특히 하나님 경외가 삶의 중심이 되어야 한다고 말합니다. 너무 의롭게도, 너무 악하게도 살지 않는 비결을 하나님 경외에서 얻을 수 있다는 것입니다. 무엇을 말합니까?

전도서 7:16-18은 화(和)하되 동(同)하지 않는 삶을 타이르고 있습니다. 사람은 누구나 해 아래 세상에서 살아갑니다. 하나님의 사람이라고 해서 세상 밖에서 사는 것은 아닙니다. 세상 안에서 삽니다. 세상과 더불어(和) 지냅니다. 그러나 세상과 똑같이(同) 지낼 수는 없습니다. 하나님의 사람과 세상 사람은 서로 구별됩니다. 성(聖)과 속(俗)은 서로 구별됩니다. 그러나 속(俗) 없이 성(聖)이 있을 수 없습니다. 성(聖) 없이 속(俗)이 따로 있지 않습니다. 하나님을 신앙하는 자리와 세상은 서로 다르지만, 하나님을 경외하는 사람은 세상 속에서 화이부동(和而不同)의 이치를 이룰 수가 있어야 합니다.

이 가르침을 좀 더 현실적으로 풀어봅시다. 전도서 7:18이 가르치는 요지가 무엇입니까? 크리스천은 교회 속의 크리스천이 아니라 세속 속의 크리스천으로 살아가야 한다는 것입니다. 앞에서, 전도서 7:12가 무엇을 말했습니까? 돈도, 지혜도 사람을 보호하지만, 지혜가 더 소중한 까닭은 지혜가 지혜를 가진 사람의 목숨을 살려주기 때문이라고 말하지 않았습니까! 하나님 경외의 지혜 안에서 세상을 살아갈 때 지혜가 세상 안에 우리의 길을 열어준다는 것입니다.

여기에서 우리는 전도서 7:18b의 주제가 세상살이에서 하나님 신앙으로 향하고 있는 것에 주목해야 합니다. 땅의 일을 묘사하다가 하늘의 일에 주목하는 모양새입니다. 땅에서 하늘로 올라가고 있습니다. 사람들의 윤리에서 하나님을 경외하는 신앙세계로 옮겨가고 있습니다. 물질을 따지고, 인과응보를 따지고, 손익계산을 따지는 형이하학의 세상에서 하나님을 사랑하고 하나님의 뜻을 좇아가는 형이상학의 세계로 전진하고 있습니다. 무슨 뜻입니까? 살면서 순간의 이익이나 손해에 따라 일희일비하지 말라는 것입니다. 의로운 자가 손해볼 때가 있다고 해서 속상해하지 말라는 것입니다. 악한 자가 형통할 때가 있다고 해서 괴로워하지 말라는 것입니다. 왜 그렇습니까? 하나님을 경외하는 자가 될 때 이 모든 일희일비에서 벗어나게 되기 때문입니다. 땅의 현실을 이기는 힘은 하나님으로부터 오기 때문입니다. 세상의 창을 닫으면 하늘의 창이 열리기 때문입니다. 전도서 7:18b에 다시 한 번 주목해보십시오.

〈너는 이것도 잡으며 저것에서도 네 손을 놓지 아니하는 것이 좋으니〉 하나님을 경외하는 자는 이 모든 일에서 벗어날 것임이니라(전 7:18b).

하나님을 경외하는 사람은 "이 모든 일에서 벗어난다"는 것입니다. 여기에서 "이 모든 것에서 벗어난다"는 말씀이 중요합니다. 본문이 말하는 "이 모든 것"이란 살면서 겪고 따지는 이익과 손해를 말합니다. 하나님을 경외하는 사람은, 하나님을 존중하는 사람은, 하나님의 뜻을 따르는 사람은, 현실의 이익과 손해가 주는 찰나의 감정에서 자유하게 되는 사람이라는 것입니다. 그러니 세상이나 세상의 것에서 자유로운 사람이 되십시오.

이 세상이나 세상에 있는 것들을 사랑하지 말라 누구든지 세상을 사랑하면 아버지의 사랑이 그 안에 있지 아니하니 이는 세상에 있는 모든 것이 육신의 정욕과 안목의 정욕과 이생의 자랑이니 다 아버지께로부터 온 것이 아니요 세상으로부터 온 것이라 이 세상도, 그 정욕도 지나가되 오직 하나님의 뜻을 행하는 자는 영원히 거하느니라(요일 2:15-17).

어떻게 해야 세상의 것에서 자유로운 삶을 누릴 수 있습니까? 성령 하나님의 도우심이 있어야 합니다. 진리가 우리를 자유롭게 합니다(요 8:32). 우리 인생이 하나님의 뜻을 따를 때 세상의 굴레로부터, 세상의 욕심으로부터, 세상에 있는 것들로부터 자유롭게 됩니다. 율법의 조문만을 지켜서는 세상살이의 한계를 극복할 수 없습니다. 예수 그리스도의 복음이 우리를 자유롭게 합니다. 신앙이 우리를 자유롭게 합니다. 하나님의 뜻을 따르는 삶이 현실의 갈등과 모순이 주는 안타까움에서 우리를 벗어나게 합니다. 땅을 보며 걷지 말고 하늘을 보며 걸으라는 소리입니다. 하나님의 뜻을 행하는 삶을 머리가 아닌 가슴으로 체험하며 살라는 소리입니다. 물질을 따라서 사는 삶으로 머물지 마십시오. 자유를 향하여 살아가는 삶이 되어야 합니다. 예수 그리스도의 복음이 우리에게 진정한 자유와 참 해방을 안겨줍니다.

동이불화(同而不和)(7:19-22)

전도서 7:16-18은 7:19-22와 함께 상고해야 합니다. 두 본문 모두 전도자가 발견한 현실의 모순을 다룹니다. 이상과 현실이 서로 충돌하고 있는 삶의 자리를 아픈 마음으로 짚어가고 있습니다. 두 본문 모두 전도자가 씨름하고 있는 인간이해를 말씀의 바탕으로 깔고 있습니다. 전도서 7:16-18이 해 아래 세상에서 살아가는 인간이기에 대처해야 하는 현실 윤리를 다짐한다면, 전도서 7:19-22는 전도자가 왜 그런 현실 윤리를 꺼내고 있는지를 확인하게 합니다.

전도서 7:19-22의 첫 대목은 7:19입니다. 전도서 7:19는 지혜의 능력을 인정합니다. 지혜를 간직한 자가 성읍을 다스리는 통치자 열 명의 권력자보다 더 강하다고 말합니다.

지혜가 지혜자를 성읍 가운데에 있는 열 명의 권력자들보다 더 능력이 있게 하느니라(전 7:19).

"지혜는 슬기로운 한 사람을, 성읍을 다스리는 통치자 열 명보다 더 강하게 만든다"(새번역)! 전도자는 지혜가 권력보다 낫다는 점을 부정하지 않습니다. 지혜는 눈에 보이지 않습니다. 권력은 눈에 보입니다. 권력자가 누리고 있는 지위와 위상은 눈으로 보고 느끼기에 충분합니다. 그렇지만 전도자는 눈에 보이는 권세나 권력보다도 지혜가 더 우월하다는 것을 강하게 인정합니다. 열 명의 권력자라고 해도 한 사람의 지혜자를 당해내지 못한다고 강조합니다.

지혜가 권력보다 더 능력이 있다는 것입니다. 삶에서는 힘보다는 슬기가 더 소중하다는 것입니다. 더 능력이 있는 삶! 지혜는 우리에게 더 능력이 있는 삶을 약속한다는 것입니다. 그렇지만 전도자는 능력 있는 지혜자라고 해서 인간의 굴레에서 벗어난 성자는 아니라고 소리칩니다. 전도서 7:20-22가 그것을 전합니다.

> 선을 행하고 전혀 죄를 범하지 아니하는 의인은 세상에 없기 때문이로다 또한 사람들이 하는 모든 말에 네 마음을 두지 말라 그리하면 네 종이 너를 저주하는 것을 듣지 아니하리라 너도 가끔 사람을 저주하였다는 것을 네 마음도 알고 있느니라(전 7:20-22).

전도자가 본 현실의 모순은 인간이해에도 고스란히 적용됩니다. 세상의 희망은 악인에게 있지 않고 의인에게 있습니다. 의로운 자들이 있어서 세상살이가 그래도 평안해집니다. 그런데 아쉬운 것은 의인이라고 하지만 선을 행할 때가 있고 잘못을 저지를 때도 있다는 것입니다(전 7:20). 선을 행한다고 하지만 가끔 다른 사람에게 욕을 할 때도 있다는 것입니다(전 7:21-22). 그러니 "남들이 하는 말에 마음을 쓰지 말아라"고 권고합니다. "자칫 하다가는 네 종이 너를 욕하는 것까지 듣게 된다"고 충고합니다(전

7:21).

전도자가 생각하는 인간은 어떤 존재입니까? 속물(俗物)입니다. 따지고 보면 세상 사람이나 하나님 신앙을 가진 사람이나 그렇게 다를 바가 없다는 것입니다. 달리 말해, 동이불화(同而不和)라는 것입니다. 아무리 의인이라고 해도 죄를 범할 때가 있다는 것입니다. 아무리 선한 사람이라고 해도 남을 욕할 때가 있다는 것입니다. 믿는 자나 믿지 않는 자가 서로 다를 바가 없다는 것입니다. 착한 사람이라고 해도 악한 짓을 저지르고, 지혜로운 자라고 해도 어리석은 일을 일삼을 때가 있다는 것입니다. 그러니 지혜자나 어리석은 자나 다를 바가 없다는 것입니다. 이런 맥락에서 전도서 7:19-22는 인간 존재의 한계를 지적하는 말씀으로 들립니다.

무엇을 말하고 있습니까? 지혜자라고 해서 우쭐대지 말라는 것입니다. 지혜자라고 해서 교만하지 말라는 것입니다. 사람은 누구나 온전하지 않다는 지적입니다. 아니, 내 안에 두 개의 자아가 있다는 지적입니다. 사도 바울이 그렇게 소리치지 않았습니까? 내 안에 두 개의 내가 있다고!

> 내가 원하는 바 선은 행하지 아니하고 도리어 원하지 아니하는바 악을 행하는도다 만일 내가 원하지 아니하는 그것을 하면 이를 행하는 자는 내가 아니요 내 속에 거하는 죄니라 그러므로 내가 한 법을 깨달았노니 … 내 지체 속에서 한 다른 법이 내 마음의 법과 싸워 내 지체 속에 있는 죄의 법으로 나를 사로잡는 것을 보는도다 오호라 나는 곤고한 사람이로다 이 사망의 몸에서 누가 나를 건져내랴(롬 7:19-21, 23-24).

전도자의 인간 이해에는 죄라는 단어는 나오지 않습니다. 인간존재의 한계만을 지적할 뿐입니다. 아무리 지혜자라고 해도, "열 명의 권력자들보다도 더 능력이 있는"(전 7:19) 지혜를 가진 자라고 해도, 그도 인간적인 한계를 벗어나지는 못한다고 지적할 뿐입니다. 그런 모순과 한계를 사도 바울은 아주 구체적으로 지적하였습니다. 내가 원하지 않는 일을 내가 버젓이 하게 된다는 것은 내 속에 죄가 자리를 잡고 있기 때문이라고 말합니다. 선을 행하려는 의지는 있으나 그것을 행하지 못하게 되는 것은 내 안에 죄가 있기 때문이라고 고백합니다. 그런 한계에만 머물러 있기에 인간은 비참한 사람이라고 고백합니다.

전도서 7:19-22에는 인간의 한계를 벗어나고픈 전도자의 소망이 새겨져 있습니다. 그러나 죄의 문제를 해결하지 않는 이상 인간은 누구나 자기 속에 있는 두 개의 자아가 갈등하며 벌이는 고뇌에서 벗어날 길이 없습니다. 하나님을 제대로 경외하지 않는 한, 내가 변해서(化) 세상 속에서 소금과 빛으로 살아가는 화이부동의 진리를 걸어가지 않는 한, 인간은 어디까지나 동이불화의 한계를 벗어날 수는 없습니다. 어떻게 변화될 수 있습니까?

사도 바울이 스스로에게 물었습니다. "이 사망의 몸에서 누가 나를 건져내랴!" 누가 우리를 이 사망의 몸에서 건져냅니까? 사도 바울이 자신의 마음을 짓눌렀던 긴 고뇌 끝에 마침내 고백하게 되었던 찬양에 주목해보십시오. 그가 무엇이라고 찬양하였습니까? "우리 주 예수 그리스도로 말미암아 하나님께 감사하리로다!"(롬 7:25). 그렇습니다. 예수 그리스도가 바로 해답입니다.

사람에 대한 절망, 하나님을 향한 희망(7:23-29)

인간의 굴레를 벗어나고픈 전도자의 바람은 전도서 7:23-29에서도 계속됩니다. 전도자는 지금 선을 행하면서도 죄를 범하지 않는 지혜자를 찾고자 합니다. 안팎이 지혜로 일관된 사람을 찾고자 합니다. 의로우면서 남을 욕하지 않는 사람을 찾고자 합니다. 하지만, 현실에서는 그런 지혜로운 자를 찾는 것이 말처럼 쉽지 않습니다. 전도서 7:23-24가 그것을 지적합니다.

전도서 7:23-24는 전도서 가운데서도 참 해석하기 어려운 구절입니다. 이 본문은 삶에 대한 회한으로 가득 찬 전도자의 음성으로 시작합니다. 지혜 있는 사람이 되기를 원했지만, 지금 와서 살펴보니 지혜자가 되기는 커녕 지혜로부터 멀리 벗어나 있는 자신을 보면서 인생살이가 참으로 허망하다고 탄식을 늘어놓고 있습니다.

> 내가 이 모든 것을 지혜로 시험하며 스스로 이르기를 내가 지혜자가 되리라 하였으나 지혜가 나를 멀리 하였도다 이미 있는 것은 멀고 또 깊고 깊도다 누가 능히 통달하랴(전 7:23-24).

"지혜가 나를 멀리(레호카) 하였도다!" 전통적으로 지혜는 세대를 거쳐 계승되는 삶의 에토스입니다(비교, 잠 1:8; 4:4). 그러나 전도자는 그런 전통 지혜를 노력하였지만 찾지 못하였다고 말합니다. 전통에 의해 전수된 지식이 옳은 것인지를 발견할 수 없었다는 것입니다.

지혜는 지식이 아닙니다. 배운다고 지혜로워지는 것이 아닙니다. 많이 누린다고 지혜로운 자가 되는 것도 아닙니다. 지위가 높아진다고 지혜롭게 되는 것도 아닙니다. 지혜는 신앙이지 신념이 아닙니다. 신념은 내가 붙드는 것입니다. 신앙은 나를 붙들어주는 것입니다. 믿음의 바탕에서 얻는 지혜여야 비로소 지혜자가 될 수 있습니다. 배우고 익히는 경험에 의한 지혜는 신념으로 그치지 참 지혜가 못 됩니다.

지혜는 삶을 보람되게 하는 능력입니다. 진정한 지혜는 삶을 바르게, 풍요롭게, 행복하게 이끌어가는 수단입니다. 지혜라는 말을 삶의 의미라는 단어로 바꿔서 전도서 7:24를 읽어보십시오. 삶의 의미를 잃어버린 한 인생의 초라한 고백이 여기에 진하게 실려 있습니다. 삶의 의미가 자기를 멀리하였다는 것입니다. 삶의 보람이라는 것이 너무도 멀리 떨어져 있기에 누가 그것을 느낄 수 있겠느냐는 것입니다.

전도서는 인생살이의 경주를 거의 다 마친 전도자가 자기 삶을 되돌아보며 말하는 참회록입니다. 본문이 드러내고 있는 염세주의적 표현은 전도자가 되뇌는 인생살이의 현실입니다. 자기만을 알고, 자기만을 내세우고, 자기만을 위해서 살아왔는데, 지금 와서 돌이켜보니 참 쓸쓸한 인생이 되고 말았다는 것입니다. 지금 내 모습을 보니 인생이란 참 허무한 것이라는 생각이 든다는 것입니다.

전도서 7:23-24의 고백은 전도자로 하여금 자기 삶을 돌이켜 보게 합니다. 그것을 일러주는 표현이 25절의 "내가 돌이켜 전심으로 지혜와 명철을 살피고 연구하여"라는 말입니다.

> 내가 돌이켜 전심으로 지혜와 명철을 살피고 연구하여 악한 것이 얼마나 어리석은 것이요 어리석은 것이 얼마나 미친 것인 줄을 알고자 하였더니(전 7:25).

"내가 돌이켜 전심으로 지혜와 명철을 살피고 연구하여!" 여기서 "내가 돌이켜"라는 말에 주목하십시오. 전도자는 알기를 원했습니다. 깨닫기를 원했습니다. 그래서 되살펴봅니다. 되돌아봅니다. 돌이켜봅니다. 그래서 살아온 삶을, 해 아래 세상살이를, 자세히, 진지하게, 되살펴보았습니다. 25절이 바로 그것을 전합니다. 그런데 25절을 읽어보니까 전도자의 기억에 남아 있는 것은 온통 잘못된 것뿐입니다. 슬픈 것뿐입니다. 나쁜 것뿐입니다. 어리석은 것뿐입니다. 지혜와 명철을 살피고 검토하였지만 지혜가 무엇인지를 알지 못했다는 것입니다. 그렇게 지혜로운 자를 찾지 못했다는 것입니다. 그래서 하는 말입니다. "지혜가 나를 멀리 하였도다!" 생각해보십시오. 무엇이 잘못되었기에 지금 전도자의 삶이 지혜로부터 이렇게 훌쩍 멀어져 있는 것일까요?

전도서 7:26-29는 전도서 7:25가 전한 물음에 대한 대답입니다. 전도서 7:26-29는 참 난해합니다. 전통적인 지혜를 비판하는 것 같기도 하고, 여성차별적인 가르침을 담고 있는 것 같기도 하며, 인간의 가능성에 대해서 절망하는 것 같은 판단이 서려 있기도 합니다. 우선, 전도서 7:26-29가 7:25에 이어서 나오는 구절인 것을 잊지 마십시오. 전도서 7:25에서 중심 되는 단어는 깨닫는다는 말입니다. 전도서 7:25, 26-29에서 반복되는 단어는 "깨닫다, 알다, 발견하다"(마짜)입니다. 내가 알아냈다(마짜티)고 합니다(7:26). 내가 낱낱이 살폈다고 말합니다(7:27). 내가 발견하지 못했다고 말합니다(7:28). 그러면서 내가 깨달은 것이 이것이라고 주장합니다(7:29). 전도자는 알기(마짜)를 원했습니다. 깨닫기를 원했습니다. 자기 삶을 허망하게 만들었던 것이 무엇이었는지를 깨닫기를 원했습니다. 그래서 발견(마짜)하게 된 것이 있습니다. 첫 번째 깨달음(마짜)이 바로 7:26입니다.

> 마음은 올무와 그물 같고 손을 포승 같은 여인은 사망보다 더 쓰다는 사실을 내가 알아내었도다 그러므로 하나님을 기쁘게 하는 자는 그 여인을 피하려니와 죄인은 그 여인에게 붙잡히리로다(전 7:26).

남성과 여성의 차이를 설명할 때 흔히 여성은 부드럽고 남성은 거세다고 말합니다. 그런데 본문에서 전도자가 거론하는 여인은 그 손이 포승 같은 사람입니다. 포승이란 밧줄을 말합니다. 사람을 묶는 줄을 말합니다. 그 여인의 마음은 올무와 그물 같습니다. 여자의 마음을 올가미와 같다고 표현하고 있습니다. 전도자가 이런 여성에 붙들려 있었기에 그 삶이 무참하게 잘못되고 말았다고 고백합니다. 그래서 그 여인을 가리켜 "죽음보다 쓴" 여인이었다고 말합니다.

삼손은 하나님의 사람입니다. 용사입니다. 하나님이 그에게 엄청난 힘을 주셨습니다. 그렇지만 천하장사 삼손에게도 아킬레스건이 있었습니다. 그가 블레셋 여인을 사랑했다는 사실입니다. 사사기를 읽어보면 삼손이 드릴라에게 붙들려 있기 전에는 삼손이 힘을 쓰려고 할 때마다 하나님의 영이 그에게 내렸다는 보도가 나옵니다(삿 14:19; 15:14). 그런데 삼손이 드릴라에게 빠진 이후로는 단 한 번도 하나님의 영이 그에게 내리지 않았습니다.

삼손이 하나님의 영에 매이지 않고 드릴라라는 여인에게 매여 있을 때 삼손은 이미 하나님의 사람이 되는 길에서 벗어나 있었습니다. 그 이야기가 바로 방금 읽은 전도서 7:26b입니다. "하나님을 기쁘게 하는 자는 그 여인을 피하려니와 죄인은 그 여인에게 붙잡히리로다." 하나님을 기쁘게 하는 자란 삶의 걸음걸이가 하나님을 향하고 있는 자를 가리킵니다. 여인에게 매이지 않고, 여인에게 붙들리지 않고, 여인의 함정에 빠지지 않는 자가 하나님을 기쁘게 하는 자입니다. 죄인이 누구입니까? 붙들린 자입니다. 죄인이어서 붙잡히는 것이 아니라 붙잡혔기에 죄인이 되고 만 것입니다.

본문은 삼손의 이야기만은 아닙니다. 본문은 전도자만의 고백은 아닙니다. 죽음보다 쓴 여인이 있다는 전도자의 고백은, 실상, 우리 모두의 이야기입니다. 우리도 하늘에 매이기보다는 땅에 매이기를 힘씁니다. 찰나의 유혹에, 순간의 욕심에, 일시적인 쾌락에 매이기를 쉽게 합니다. 돈에 매이고자 합니다. 권력에 매여 살고자 합니다. 성(性)에 매여 살고 있습니다.

찰나에 매이는 것은 쉽습니다. 영원에 붙들리는 것은 어렵습니다. 쾌락에 붙들리면 편안합니다. 영원에 매이기는 불편합니다. 서 있는 것보다는 앉아 있는 것이 편합니다. 앉아 있는 것보다는 누워 있는 것이 편합니다. 누워 있는 것보다는 잠자는 것이 편합니다. 편한 것만을 좇다 보면 사람은 마침내 죽음의 자리에 눕고야 맙니다. 그러다 보니 인생이 허무해지고 마는 것입니다.

산다는 것은 조금 불편해도 누워 있지 않고 서 있는 것입니다. 신앙을 따른다는 것은 불편합니다. 세상을 따르는 것은 어렵지 않습니다. 진리를 따르기는 어렵습니다. 욕심을 따르기는 어렵지 않습니다. 어느 것이 사는 길입니까? 우리가 사는 길은 불편하더라도 신앙을 따르는 것입니다. 진리를 따르는 것입니다. 하나님을 기쁘게 해드리는 것입니다.

전도자가 깨달은 것이 무엇입니까? 자기만 어리석게 산 것이 아니라 모두가 그처럼 어리석게 살고 있다는 현실입니다.

전도자가 이르되 보라 내가 낱낱이 살펴 그 이치를 연구하여 이것을 깨달았노라 내 마음이 계속 찾아보았으나 아직도 찾지 못한 것이 이것이라 천 사람 가운데서 한 사람을 내가 찾았으나 이 모든 사람들 중에서 여자는 한 사람도 찾지 못하였느니라(전 7:27-28).

전도서 7:28은 조심스럽게 해석해야 합니다. 우선 전도자가 찾고자 한 사람은 어떤 사람입니까? 천 명 가운데 한 사람을 찾았다고 말하고 있는데, 그 한 사람은 어떤 사람입니까? 본문에서 전도자가 찾는 사람은 29절에서 드러납니다. "하나님이 사람을 정직하게 지으셨으나 사람이 많은 꾀들을 낸 것이니라." 여기, 정직하게 지으셨다는 말은 원어에서는 바르게 지으셨다는 말입니다. 아름답게 지으셨다는 뜻입니다. 그러니까 28절에서 전도자가 찾는 사람은 바른 사람입니다. 지혜로운 사람입니다. 하나님과 통하는 사람입니다. 그러나 그런 사람을 찾기가 쉽지 않았습니다. 문자적으로 28절을 읽는다면 바르게 사는 사람은 남자의 경우, 천 명당 한 명이지만 여자의 경우에는 그나마도 없다는 소리가 됩니다. 이렇게만 읽을 경우 본문은 전형적인 여성을 비하하는 성차별에 해당되는 구절이 됩니다.[10]

그러나 본문을 그렇게만 읽어서는 안 됩니다. "천 사람 가운데 한 사람을 내가 찾았으나 이 모든 사람들 중에서 여자는 한 사람도 찾지 못하였느니라"는 말은 전도자가 사용한 일종의 은유(metaphor)로 보아야 합니다.[11] 비록 그 은유가 반(反)여성적인 매무새를 지니고 있지만, 이 말의 본뜻은 의인은 없나니 한 사람도 없다는 소리와도 일맥상통합니다.

> 의인은 없나니 하나도 없으며 깨닫는 자도 없고 하나님을 찾는 자도 없고 다 치우쳐 함께 무익하게 되고 선을 행하는 자는 없나니 하나도 없도다(롬 3:10-12).

전도자가 깨달은 사실이 무엇입니까? 사람에 대한 절망입니다. 아주 강한 절망입니다. 그것은 마치 소돔과 고모라 성에서 의인 열 명을 찾고자 했던 아브라함의 절망과도 일맥상통합니다. 천 명 가운데 고작 남자 한 사람은 찾았다는 소리나 그나마도 여자는 한 사람도 찾지 못하였다는 외침은 인간의 본성에 대한 전도자의 절망을 고스란히 드러냅니다. 그런 절망 끝에 전도자가 이렇게 소리칩니다.

> 내가 깨달은 것은 오직 이것이라 곧 하나님은 사람을 정직하게 지으셨으나 사람이 많은 꾀들을 낸 것이니라(전 7:29).

하나님은 사람을 "바르게"(야사르) 지으셨으나 사람들이 부린 "많은 꾀"(히쉬보노트)가 인생을 허무하게 하였다는 것입니다. 지혜(호크마)는 투명합니다. 꾀는 불투명합니다. 지혜는 하늘을 향하게 합니다. 꾀는 땅을 따르게 합니다. 그러니까 여기에서 "꾀"는 지혜의 반대말입니다. 하나님은 사람을 지으셨을 때 하나님의 말씀을 따르기를 기대하셨습니다. 그러나 사람은 하나님의 말씀보다는 세상의 책략을 따랐습니다. 뱀의 말을 따라서 하나님처럼 되기를 원했습니다(창 3:5). 하나님이 사람을 지으실 때 사람에게 맡겨준 자유가 하나님을 거스르는 도구가 되고 말았습니다. 지혜를 따라 사는 인생을 설계하십시오. 하나님 경외의 가치를 따라서 사는 인생을 설계하십시오. 그래야 사람은 하나님의 작품다워집니다. 꾀를 따라서 사는 인생을 획책하지 마십시오. 땅의 가치를 따라서 사는 인생을 내려놓으십시오. 하나님의 지혜이신 예수 그리스도를 따르십시오. 그래야 하늘과 소통하고, 이웃과 소통하는 지혜로운 자의 일상이 진정 펼쳐지게 될 것입니다.

유대인은 표적을 구하고 헬라인은 지혜를 찾으나 우리는 십자가에 못 박힌 그리스도를 전하니 유대인에게는 거리끼는 것이요 이방인에게는 미련한 것이로되 오직 부르심을 받은 자들에게는 유대인이나 헬라인이나 그리스도는 하나님의 능력이요 하나님의 지혜니라(고전 1:22-24).

---

1) 게오르그 짐멜 지음, 김덕영 옮김, 『돈의 철학』 (서울: 도서출판 길, 2013).
2) 짐멜, 『돈의 철학』, 784-828.
3) 차준희, "전통적 지혜에 대한 비판적 성찰: 전도서 7장의 주석과 신학적 메시지", 『구약논단』 17/4(2011), 57-83.
4) Seow, *Ecclesiastes*, 250.
5) Shields, *The End of Wisdom*, 178.
6) 「좋은 생각」 (2010. 1), 65.
7) 차준희, "전통적 지혜에 대한 비판적 성찰," 64.
8) 민영진, 『전도서·아가』, 163-164.
9) 여기에 대해서는 이현주, 『이현주 목사의 대학 중용 읽기』 (서울: 삼인, 2006), 195-197.
10) Seow, *Ecclesiastes*, 263; Fox, *A Time to Tear Down*, 268-269.
11) Shields, *The End of Wisdom*, 186.

전 도 서 강 해 설 교

09

"세속 속의 크리스천"

본문 전도서 8:1-17　**요절** 전도서 8:9-14 (**참조** 전도서 9:1; 10:2-7, 16-20)

　박노해 시인은 노동 시인으로 알려진 분입니다. 1984년에 낸 『노동의 새벽』이란 시집으로 노동 현장의 비참한 삶을 온몸으로 고발하였고 그 일로 사회의 주목을 받은 사람입니다. 그런 시가 그의 삶이 되고, 그런 노래가 그의 사상이 되면서, 노동자 시인은 노동 운동가의 길을 걷게 되었고, 그로 인해 한동안 사회로부터 격리되는 아픔을 겪게 됩니다. 1997년, 광복절 특사로 출소하기 한 해 전, 옥중 에세이를 모아 출간했는데, 그 책이 바로 『사람만이 희망이다』라는 시집입니다. 거기에서 우리는 시인이 토로하는 어떤 변화를 느낄 수 있습니다. 시인의 관심사가 사회로부터 사람에게로 쏠리고 있는 것을 감지하게 됩니다. 여리지만 분명하게 사람이 제대로 되어야 사회가 바로 선다는 소망을 펼쳐가고 있습니다. 저는 이 시인에 대해서 아는 바가 없습니다. 그러나 "사람만이 희망이다"라는 그의 육성에는 공감하게 되었습니다. 거기에 이런 글이 나옵니다.[1)]

> 작은 연어 한 마리도 한 생을 돌아오면서 안답니다
> 작은 철새 한 마디로 창공을 넘어오면서 안답니다
> 지구가 끝도 없이 크고 무한정한 게 아니라는 것을
> 한 바퀴 크게 돌고 보면 이리도 작고 여린
> 푸른 별 하나에 지나지 않는다는 것을
>
> 지구 마을 저편에서 그대가 울면 내가 웁니다
> 누군가 등불 켜면 내 앞길도 환해집니다
> 내가 많이 갖고 쓰면 저리 굶주려 쓰러지고
> 나 하나 바로 살면 시든 희망이 살아납니다
>
> 인생이 참 마음대로 되지 않습니다
> 세상 참 생각대로 되지 않습니다
> 한때는 씩씩했는데, 자신만만했는데,
> 내가 이리 작아져 보잘 것 없습니다
> 아닙니다
> 내가 작은 게 아니라 큰 세상을 알게 된 것입니다
> 세상의 관계 그물이 이다지도 복잡 미묘하고 광대한 것을
> 알게 된 것입니다 세상도 인생도 나도
> 생동하는 우주 그물에 이어진 작으나 큰 존재입니다
> ......

(박노해, 「인다라의 구슬」 중에서)

"인생이 참 마음대로 되지 않는다"는 시인의 소리는 전도자의 육성이기도 합니다. 인생살이를 가리켜 전도자가 참 허무한 것이라고 외치지 않았

습니까! "세상 참 생각대로 되지 않는다"는 시인의 노래는 전도자의 탄식이기도 합니다. 해 아래 세상살이를 가리켜 전도자가 헛되고 헛되다고 소리치지 않았습니까! "한때는 씩씩했는데, 자신만만했는데, 내가 이리 작아져 보잘것없다"는 시인의 탄식은 전도자의 울부짖음이기도 합니다. 한때는 쥐고, 누리며, 호통치던 전도자였지만, 인생살이의 끝이 죄의 수고에 지나지 않는다는 것을 깨닫고 사람살이를 가리켜 바람을 잡으려는 것과 같다고 부르짖지 않았습니까!

시인의 육성이 전도자의 소리와 마냥 똑같은 것은 아닙니다. 시인은 "내가 작은 게 아니라 큰 세상을 알게 되었다"고 했지만, 전도자가 뼈저리게 느낀 세상은 결코 큰 세상이 아닙니다. 해 아래 세상은, 해 아래 땅에 매여 있는 세상은, 크다기보다는 닫혀 있는 공간입니다. 사람의 시선이 세상에서 하늘로 옮겨가지 않는 한, 사람의 근본이 땅에서 하나님으로 바뀌어지지 않는 한, 사람은 "작으나 큰 존재"가 아니라 커 보이지만 형편없이 미약한 존재입니다. 그러니 물어야 합니다. 다시 물어야 합니다. 어떤 사람이 희망입니까?

사람을 찾습니다(8:1)

전도서 8장은 사람을 찾는 음성으로 시작됩니다. 지혜자를 찾는 목소리로 시작됩니다. 전도서 8장은 전도서 7장에서 전도자가 토로하였던 세상살이의 현실에 대한 후속편으로 읽어야 합니다. 전도자가 지적하였던 세상살이의 모순과 인생살이의 역설이 전도서 8장에도 계속됩니다. 한마디로 전도자의 속앓이가 계속됩니다. 전도서 7장에서 전도자가 갈등하였던 신앙과 현실 사이의 괴리는 전도서 8장에서도 계속됩니다. 그런 점에서 전도서 8:1은 전도서 8장 전체를 들여다보는 도입부 구실을 합니다.[2]

누가 지혜자와 같으며 누가 사물의 이치를 아는 자이냐 사람의 지혜는 그의 얼굴에 광채가 나게 하나니 그의 얼굴의 사나운 것이 변하느니라(전 8:1).

누가, 어떤 사람이 지혜자와 같은가(미 케헤학캄)? 사물의 이치를 아는 사람은 누구인가? 문자적으로는 "누가 사물을 해석할 수 있는가"(미 요데아 페쉐르 다바르)? 우리말 성경에서 "사물의 이치를 안다"는 말은 원문에서는 "사물을 해석하다"는 말입니다. 사물의 이치를, 사건의 기승전결을 바로 해석(페쉐르)할 수 있는 사람이 누구냐고 묻고 있는 것입니다.

전도서 8:1에서 주목해야 할 말은 8:1a에 나오는 "해석"(페쉐르)이라는 단어입니다. 단순히 사물의 이치를 아는 자가 아니라 사건과 사물의 생김새를, 쓰임새를, 매무새를 해석해줄 수 있는 능력을 가진 자입니다. 세상사의 이치를 바로 깨닫게 해줄 수 있는 사람입니다. 지혜자란 바로 사물에 대해서, 사건에 대해서, 세상사에 대해서, 이른바 도통한 사람이라는 것입니다. 전도자는 지금 그런 지혜자를 찾고 있습니다.

그러나 본문의 어법이 수사학적인 질문인 것으로 보아 전도자는 내심 그런 지혜자란 이 세상 어디에도 없다고 소리치는 것 같습니다. 세상사의 이치에 도통한 사람은 땅 위 어디에도 없다는 것입니다. 이 같은 독법은 전도서 7장의 정서와도 잘 어울립니다. 전도자는 7장에서 지혜가 우리를 멀리한다고 소리치지 않았습니까(전 7:23-24)?

전도서 8:1a는 읽기에 따라서는 "누가 지혜자와 같은가?"(미 케헤학캄)이기보다는 "누가 그렇게 지혜로운가?"(미 카하 하캄)로 읽을 수도 있습니다. 히브리어 성경을 헬라어로 번역한 구약성경(LXX)이 그렇게 전도서 8:1a를 읽고 있습니다.[3] 그렇게 되면 본문은 "누가 그렇게 지혜로운가"가 됩니다. 지혜자에 대한 평가가 사뭇 부정적인 쪽으로 쏠리게 됩니다. 하지만 되짚어보아야 할 것은 전도서 8:1b에서 전도자가 지혜의 가치를 부정하지 않는다는 사실입니다. 지혜자는 찾을 수 없지만 지혜는 대단히 소중한 것이라고 장담하기를 주저하지 않습니다. "사람의 지혜는 그의 얼굴에 광채가 나게 하나니 그의 얼굴의 사나운 것이 변하느니라!"라고 말하지 않습니까! 새번역은 이 구절을 "지혜는 사람의 얼굴을 밝게 하고 굳은 표정을 바꾸어준다"라고 옮겼습니다. "얼굴의 굳은 표정"(오쯔 파나브)이란 구절을 "바꾸어주다"는 동사의 목적어로 읽었습니다. 그러나 사정이 꼭 그렇지만은 않습니다. 원문에서 "얼굴의 굳은 표정"은 문법상 주어입니다. 목적어가 아닙니다. 그래서 "얼굴의 굳은 표정이 나를 바꾸어놓는다"로 고쳐 읽자고 제안하기도 합니다.[4] 지혜는 사람의 얼굴을 밝게 하지만, 지혜가 없는 얼굴은, 곧 얼굴의 사나운 모습은, 사람을 바꾸어 놓는다고 보자는 것입니다.

그러나 이런 제안은 주어진 말씀을 주석자가 임의로 교정한 결과입니다. 우리는 뜻을 통하게 하려고 본문의 글자를 임의대로 바꾸어서는 안 됩니다. 내가 말씀을 읽는 것이 아니라 말씀이 나를 읽도록 해야 합니다. 그것이 하나님의 말씀을 읽고 해석하는 자의 도리입니다. 거기에 성서해석이 목회의 바탕인 것이 드러납니다. 목회가 무엇입니까? 세상 사람을 주님의 백성으로 변화시켜 가는 사역이 아닙니까? 내가 주님을 붙드는 것이 아니라 주님이 나를 붙들도록 깨우쳐주고, 인도해주는 사역이 목회이지 않습니까! 말씀이 사람을 읽도록 하는 것도 마찬가지입니다. 하나님의 말씀이 사람을 읽어갈 때 사람이 변하고 인생이 새로워지는 변화가 일어나는 것입니다.

"얼굴의 사나운 것"이란 "얼굴의 힘"(오쯔 파나브)에서 온 말입니다. 얼굴 표정이 굳어 있는 상태를 나타냅니다. 지혜 까닭에 그런 얼굴의 힘이 "변화된다"(예슌네)는 것입니다. 본문의 동사는 수동태입니다. "얼굴의 사나운 것" 곧 "얼굴의 굳은 표정"이 주어이고, 그 동사가 수동태입니다. 그래서 본문은 "굳은 표정을 바꾸어 준다"(새번역)이기보다는 "그의 얼굴의 사나운 것이 변하느니라"(개역개정)에 가깝습니다. 본문의 동사는 "변화시키다"이기보다는 "변해지다"입니다. 지혜로 인해서 그 얼굴 표정이 달라진다는 것입니다.

전도서 8:1b가 지금 무엇을 말하고 있습니까? 변화입니다! 변화를 말하고 있습니다. 지금까지 전도자는 지혜를 찾기를 원했습니다. 지혜자를 만나기를 원했습니다. 전도서 7장이 그런 현실을 다루었습니다. 그러나 뜻대로 되지 않았습니다. 전도자의 속앓이가 여기에 있었습니다. 그러나 8:1에 들어서면서 전도자는 마침내 사람의 변화에 대해서 관심을 갖기 시작합니다. 지혜가 있으므로 변화된 자가 있는 세상을 거론하기 시작합니다.

전도서 8:1은 누가 지혜자와 같으냐고 물었습니다. 전도자의 속내는 지혜로운 자를 찾기가 어렵다는 것을 확인하는 데 있습니다. 그렇지만 어렵기는 하지만, 아주 없는 것은 아닙니다. 다니엘이 바로 그런 경우입니다.

다니엘서 이야기에서 다니엘은 바벨론에 포로로 끌려간 유대 청년입니다. 끌려갔지만, 바벨론 사회에서 바벨론 왕을 섬기는 신하로 뽑힌 자로 소개됩니다. 그는 왕이 주는 음식을 별도로 먹어야 했습니다. 그러나 그는 이방인 왕이 주는 음식을 먹기를 거절하였습니다. 왕이 내린 음식으로 자기를 더럽히지 않겠다는 믿음이 있었습니다. 그에게는 지혜가 있었습니다. 열흘 동안 채소만을 먹게 해서 왕이 내린 음식을 먹은 사람과 비교해보자고 제안하였습니다. 그 결과가 어떻게 되었습니까?

> 그가 그들의 말을 따라 열흘 동안 시험하더니 열흘 후에 그들의 얼굴이 더욱 아름답고 살이 더욱 윤택하여 왕의 음식을 먹는 다른 소년들보다 더 좋아 보인지라(단 1:14-15).

"그들의 얼굴이 더욱 아름답고 살이 더욱 윤택하여!" 무엇이 다니엘의 얼굴을 빛나게 하였습니까? 지혜입니다. 지혜가 다니엘의 인생을 달라지게 하였습니다.

지혜가 우리 인생을 달라지게 합니다. 지혜가 환경을 이기게 합니다. 지혜로운 자가 있으므로 세상은 살맛나는 세상이 됩니다. 전도자가 지금 그런 지혜자를 찾고 있습니다. 전도자의 고민이 여기에 있습니다. 오늘날 우리에게 지금 다니엘과 같은 지혜자가 있습니까?

두 왕국 사이에서(8:2-8)

전도서 8:2-8은 왕에 대한 말씀입니다. 왜 왕에 대해서 이야기를 할까요? 왕에게서 지혜자다운 모습을 찾고자 했기 때문입니다. 왕에게 거는 기대가 있었다는 것입니다. 왕이 지혜자이기에 왕이 다스리는 세상이 그래도 바로, 제대로, 옳게 되기를 바랐다는 것입니다. 그러나 실상은 그렇지 않았다는 실망이 본문 속에는 숨겨져 있습니다.

사실, 왕에 대한 말씀이라고 하지만, 전도서 8:2-8이 왕도(王道)에 대한 말씀은 아닙니다. 어떤 사람이 왕이 되어야 하고, 왕은 어떻게 세상을 다스려야 되는지를 가르쳐주는 것은 아닙니다. 백성이 왕에 대해서 어떤 태도를 지녀야 하는가에 대해서 말씀하고 있습니다. 주민이 통치자에 대해서 어떤 태도를 가져야 하는지에 대해서 말씀하고 있습니다. 신앙인이 왕과 어떤 관계를 맺어야 하는가에 대해서 말씀하고 있습니다. 왕은 세상을 다스리는 통치자입니다. 전도서 8:2-8은 신앙인들이 세상 지도자에 대해서, 세상 권력자에 대해서 어떤 자세를 지녀야 할지를 일깨워주고 있습니다. 그 가르침은 이렇게 시작합니다.

내가 권하노라 왕의 명령을 지키라 이미 하나님을 가리켜 맹세하였음이니라 (전 8:2).

이 구절은 문자적으로는 하나님 신앙의 이름으로 왕의 지시에 복종하라고 충고하는 것으로 들립니다. 권세 있는 자에게 복종하라는 소리로 들립니다. 마치 사도 바울이 말했던 "위에 있는 권세에 복종하라"는 권고가 여기에서 들리는 것 같습니다. 그렇지만 이 말씀을 꼭 그렇게만 읽어야 할까요?

전도서 8:2 이하는 전도서의 독자들이 살던 당시의 정황을 떠올리게 합니다. 왕이 다스리는 사회 속에 살고 있었다는 이야기입니다. 우리는 전도서 8:2에서 "왕의 명령을 지키라"는 말이 '하나님께 향한 맹세'라는 말과 같이 쓰이고 있다는 점에 주목해야 합니다. 왜 이 두 구절이 서로 관련되어 나옵니까? 본문에는 두 권세자가 등장합니다. 하나는 왕입니다. 다른 하나는 하나님입니다. 왕이 다스리는 영역이 있고, 하나님이 통치하는 영역이 있습니다. 신앙인은 두 왕국 사이에서 살고 있다는 사실입니다. 크리스천은 세상 지도자가 다스리는 세상과 하나님이 다스리는 하나님의 나라 사이에서 살고 있다는 사실입니다.

유대 율법 교사들이 예수님을 시험하려고 물었습니다. 가이사에게 세금을 바치는 것이 옳은 일입니까? 예수님 당시 로마의 식민지이었던 유대 백성들은 로마 황제 가이사를 좋지 않게 여겼습니다. 유대인은 결코 가이사의 백성이 될 수 없었습니다. 그런 마당이기에 가이사에게 세금을 내는 것이 옳은 일이냐고 묻는다는 것은 예수님의 처지를 어렵게 하려는 함정이었습니다. 가이사에게 세금을 안 바쳐도 된다고 하면, 즉시 현행범으로 고발당할 것입니다. 가이사에게 세금을 바쳐야 된다고 말한다면, 가이사에게 심한 반감을 가지고 있었던 유대 백성의 정서를 크게 거스르게 될 것입니다. 이런 진퇴양난의 순간, 예수님은 어떻게 대답하셨습니까? 가이사의 것은 가이사에게, 하나님의 것은 하나님에게(눅 20:25)!

"가이사의 것은 가이사에게, 하나님의 것은 하나님에게"라는 말씀은 당시 유대 백성이 두 왕국 사이에서 살고 있었다는 것을 말해줍니다. 어디 그때 유대 백성들만 그랬습니까? 오늘 우리도 두 왕국 사이에서 살아갑니다. 가이사의 왕국과 하나님의 왕국이라는 두 왕국 사이를 오고 가며 살고 있습니다. 하나님의 백성의 현주소가 두 왕국에 걸쳐 있다는 것입니다. 오늘도 우리 크리스천은 두 왕국 속에서 살아가고 있습니다.

전도서 8:3-4는 이렇게 이어집니다.

> 왕 앞에서 물러가기를 급하게 하지 말며 악한 것을 일삼지 말라 왕은 자기가 하고자 하는 것을 다 행함이니라 왕의 말은 권능이 있나니 누가 그에게 이르기를 왕께서 무엇을 하시나이까 할 수 있으랴(전 8:3-4).

전도서 8:3-4는 우리에게 왕 앞에서 급하게 물러가지 말라고 충고합니다. 왕이 보기에 악한 것을 일삼지 말라고 합니다. 왕의 말이 최고의 법인데 누가 감히 그에게 "왜 그렇게 하십니까?" 하고 말할 수 있겠느냐고 지적합니다.

왕 앞에서 급하게 물러가지 말라는 충고는 우리 현실은 어쩔 수 없이 왕 앞에 서 있어야 되는 처지라는 것을 일깨워줍니다. 왕이 싫어하는 일을 고집해서는 안 된다는 것은 우리 삶의 자리가 어쩔 수 없이 왕의 통치 영역 안이라는 것을 일깨워줍니다. 왕에게 따지지 말라는 충고는 우리는 어쩔 수 없이 왕의 수하에 있는 존재라는 것을 일깨워줍니다.

크리스천이 두 발을 디디고 있는 현실은 세속 속의 크리스천입니다. 두 왕국을 섬기는 본분을 지니고 있지만, 대부분의 일상이 벌어지는 현장은 교회가 아니라 세상입니다. 그런데 세상은 크리스천이 살아가기에는 버거운 대상입니다. 기억할 것은 아무리 버겁더라도 세상을 등질 수는 없다는 사실입니다.

교회는 산 속의 성전이 아닙니다. 교회는 세상 속의 성전입니다. 예수님이 산 위에 오르신 적이 있습니다(마 17:1-20; 막 9:2-13; 눅 9:28-36). 예수님이 그 모습을 변화시키셨습니다. 엘리야와 모세와 더불어 대화하셨습니다. 베드로가 보기에 그 모습이 무척 감격스러웠습니다. 모세나 엘리야는 이스라엘 신앙에서 영적인 자이언트입니다. 예수님이 그 위인들과 함께 말씀을 주고받으시는 장면은 산 위에서 이루어지는 거룩한 경험을 상징합니다. 이런 장면을 보면서 되뇌어봅니다. 크리스천으로 사는 자들에게는 이런 거룩한 체험이 있게 되기를 바랍니다. 하나님이 살아계신 것과 우리가 그 하나님의 종이라는 것을 체험하는 거룩한 깨달음이 있기를 바랍니다. 진정한 기독교신앙에는 변화산에서 베드로가 경험하였던 거룩한 체험이 반드시 있어야 합니다.

하지만 산 위의 경험이 아무리 은혜롭고 감동적이라고 해도 우리가 살아가는 삶의 자리가 산 위가 되어서는 안 됩니다. 예수님이 그 모습을 변화시키시던 순간 산 아래에서는 무슨 일이 있었습니까? 귀신들린 자식의 병을 고쳐달라고 매달리는 한 아버지가 예수님의 제자들과 씨름하고 있었습니다! 예수님의 제자들은 한 생명을 돌보고자 귀신과 사투를 벌이고 있었습니다. 기독교신앙은 휴머니즘을 지지합니다. 그만큼 사람을 존중합니다. 그러나 기독교신앙이 인본주의에, 휴머니즘에 그쳐서는 안 됩니다.

예수님의 제자들은 그 아버지의 안타까움을 해소시켜줄 수 없었습니다. 예수님이 산 위에서 산 아래로 내려오시고 나서야 그 아버지와 아들은 귀신들림에서, 병마로부터 해방됩니다. 이 이야기가 전하는 메시지가 무엇입니까? 산 위의 체험이 우리 신앙인 모두에게 필요하지만, 우리가 헤쳐가야 하는 현실은 결코 산 위가 아니라 산 아래라는 것입니다. 기억하십시오. 우리는 세속 속의 크리스천입니다. 산 위의 크리스천이 아니라 산 아래의 크리스천입니다.

신앙인은 누구나 두 왕국 사이에서 살아야 한다는 현실은 하나의 긴장으로 다가옵니다. 세속 속에서 크리스천으로 살아가야 하는 현실은 늘 하나의 부담이 됩니다. 어떻게 해야 세상의 권세자 앞에서 바로 살아갈 수 있습니까? 전도서 8:5-6을 읽어봅니다.

명령을 지키는 자는 불행을 알지 못하리라 지혜자의 마음은 때와 판단을 분별하나니 무슨 일에든지 때와 판단이 있으므로 사람에게 임하는 화가 심함이니라(전 8:5-6).

전도서 8:5-6에는 8:2-4와는 달리 "왕"이라는 글자가 나오지 않습니다. 그렇지만 저는 문맥상 8:2-4의 연장에서 5절 이하의 말씀을 들여다보려고 합니다. 전도서 8:5-6은 이렇게도 옮길 수 있습니다.

왕의 명령을 지키는 이는 안전하다. 지혜 있는 사람은 언제 어떻게 그 일을 하여야 하는지를 안다. 우리가 비록 장래 일을 몰라서 크게 고통을 당한다 해도, 모든 일에는 알맞은 때가 있고 알맞은 방법이 있다(전 8:5-6, 새번역).

본문에서 왕은 그리 착한 왕이 아닙니다. 본문이 묘사하는 왕은 선하지 못한 자로 비쳐집니다. 세상의 권세를 지닌 왕 앞에서 지혜자가 고통을 당하고 있는 것으로 비쳐지기 때문입니다. 지혜자는 지금 억울합니다. 권세 있는 자가 휘두르는 권력에 의해서 어떤 상처를 입었습니다. 그래서 보복하고 싶어 합니다. 자기가 당한 상처만큼 갚아주고 싶어 합니다. 그렇지만 지혜자는 기다려야 합니다. 모든 일에는 알맞은 때가 있고 알맞은 방법이 있는 까닭입니다. 때가 올 때까지, 방법이 무르익을 때까지 지혜자는 어떻게 처신해야 합니까? 지혜자가 할 일이 무엇입니까?

때와 방법은 하나님이 하시는 일입니다. 사람으로서 지혜자가 할 수 있는 것이 있다면, 그것이 무엇일까요? 권세 지닌 자를 변화시키는 것입니다. 힘 있는 자를 변화시키는 것입니다. 영향력 있는 자를 변화시키는 것입니다. 나 까닭에 가족이 달라져야 합니다. 아내 덕분에 남편이 달라지고, 교회 덕분에 지역사회가 달라져야 합니다.

앞에서 다니엘 이야기를 하였습니다만, 다니엘 이야기를 좀 더 하려고 합니다. 유대 청년이던 다니엘은 바벨론에 포로로 끌려가서 왕을 섬기는 신하가 되었습니다. 세상 왕을 섬기는 신하가 되었습니다. 그러나 세상 왕을 섬기는 신하가 되었다고 해서 다니엘의 신앙이 달라진 것은 아닙니다. 오히려 더 철저해졌습니다. 그러던 중 다니엘이 지도자 서열에서 바벨론 왕 다음 가는 통치자가 되는 일이 일어났습니다. 어떻게 그런 일이 있을 수 있었습니까? 다니엘의 지혜가, 다니엘 속에 있는 하나님 신앙이 다니엘을 그런 자가 되게 했습니다.

바벨론 왕 느부갓네살이 꿈을 꾸었습니다. 왕은 자기가 꾼 꿈과 그 꿈의 해석을 제대로 알고자 했습니다. 그러나 아무도 바벨론 왕의 바람을 들어주지 못했습니다. 그러던 차에 다니엘이 바벨론 왕 앞에 나아가 시간을 주시면 왕의 꿈을 해석하겠다고 청합니다. 왕에게 허락을 받은 다니엘은 집으로 돌아가 "하늘에 계신 하나님"에게 "은밀한 일"을 알려주실 것을 간곡히 기도합니다. 그리고 나서 바벨론 왕에게 나아가서 왕이 꾼 꿈과 그 꿈의 내력을 소상하게 들려줍니다. 왕 앞에서 "비밀을 알려 주시는 분은 오직 하늘에 계시는 하나님뿐"(단 2:28)이시라고 담대하게 소리칩니다. 다니엘이 무엇이라고 말하였습니까?

> 내게 이 은밀한 것을 나타내심은 내 지혜가 모든 사람보다 낫기 때문이 아니라 오직 그 해석을 왕에게 알려서 왕이 마음으로 생각하던 것을 왕에게 알려 주려 하심이니다(단 2:30).

이 말과 함께 다니엘이 느부갓네살 왕의 꿈을 자세히 해석해줍니다. 여기 다니엘 2:30에 "해석"(아람어 피슈라, 히브리어 페셰르)이란 단어가 나오고 있음에 주목하십시오. 전도서 8:1에서 찾았던 자가 누구였습니까? "세상 이치를 해석(페셰르)할 수 있는 사람"(우리말에서는 '세상 이치를 아는 사람')이었습니다. 같은 단어가 전도서 8:1에도 나오고 다니엘 2:30에도 나옵니다. 전도자가 찾았던 사람이 바로 다니엘인 것을 은연중에 깨닫습니다. 다니엘의 해석(페셰르)을 듣고 느부갓네살의 입에서 무슨 말이 나왔습니까? "너희 하나님은 참으로 모든 신들의 신이시오 모든 왕의 주재시로다 네가 능히 이 은밀한 것을 나타내었으니 네 하나님은 또 은밀한 것을 나타내시는 이시로다"(단 2:47). 무슨 소리입니까? 다니엘의 지혜는 하늘의 하나님이 다니엘에게 주신 것이라는 소리입니다! 세상 통치자의 입에서 이스라엘의 신이신 하나님에 관한 고백이 나오고 있습니다.

다니엘에게 하나님이 능력(지혜)을 주셨기에 다니엘은 바벨론에서 커다란 영향력을 행사할 수 있었습니다. 다니엘 덕분에 바벨론 왕에게 변화가 일어났습니다. 묻습니다. 어떻게 살아야 됩니까? 누룩이 되는 삶입니다. 나 덕분에 세상이 달라져야 합니다. 우리 덕분에 교회가 달라져야 합니다. 우리 교회 덕분에 세상이 달라져야 합니다. 이 일은 단시일 내에 이루어지지 않습니다. 이를 위해서는 때와 섭리를 기다려야 합니다. 때와 섭리를 기다리면서 날마다 누룩이 되는 삶을 실천할 때 세상은 우리 덕분에 새롭게 변화될 것입니다.

사물을 안다는 것은 그 사물의 본질을 꿰뚫고 있다는 뜻입니다. 그 사물의 장점과 단점을 파악하고 있다는 뜻입니다. 이제 전도자는 전도서 8:7-8에서 세상 왕의 권력이 얼마나 제한적인 것인지를 열거하고 있습니다.

> 사람이 장래 일을 알지 못하나니 장래 일을 가르칠 자가 누구이랴 바람을 주장하여 바람을 움직이게 할 사람도 없고 죽는 날을 주장할 사람도 없으며 전쟁할 때를 모면할 사람도 없으니 악이 그의 주민들을 건져낼 수는 없느니라 (전 8:7-8).

전도자는 지금 세상의 통치자가 휘두르는 정치권력, 사회권력, 경제권력이 막강한 것 같지마는, 실상 그 권력에는 엄청난 한계가 있다는 것을 지적하고 있습니다. 우선, 8:7에서는 아무리 권력을 쥐고 있다고 해도 장래에 무슨 일이 일어날지는 알 수 없다고 지적합니다. 8:8에서는 권력자 앞에 있는 네 가지 한계를 거론하고 있습니다. 바람을 움직이게 할 수 없고, 죽는 날을 주장할 사람도 없으며, 전쟁할 때를 모면할 사람도 없고, 악이 그 주민을 건져낼 수 없다고 지적합니다.

전도서 8:7이 말하는 바람은 생명의 바람입니다. 생기입니다. 생명의 바람을 주장하는 권력은 없습니다. 또 자기가 죽을 날을 피하거나 연기시킬 수 있는 권력도 없습니다. 전쟁이 났을 때 그 피해를 벗어나게 할 권력도 없습니다. 나아가 지구상에 재앙이 닥쳤을 때 그것을 모면하게 할 권력도 없습니다. 세상의 권력은 창조주 하나님의 권력 앞에서는 보잘것없다는 사실입니다. 그러기에 전도자가 다짐합니다. '왕의 권력은 허망한 것이다. 왕의 권력은 사소한 것이다. 세상의 파워는 허망한 것이다. 세상의 파워는 사소한 것이다. 권력 중의 권력은 생명을 주관하시는 하나님이 가지고 계시다! 그 하나님이 바로 왕이신 우리 하나님이다!'

하나님을 긍정하십시오. 하나님을 높이십시오. 하나님께 영광을 드리십시오. 그것이 바로 두 왕국 사이에서 살아가는 우리 크리스천이 해야 할 본분입니다. 본문의 가르침을 묵상하다가 이런 깨달음이 들었습니다. 우리가 세속 속의 크리스천인 것은 맞지만, 그렇다고 해서, 크리스천 속의 세속은 아니라는 것입니다. 세속 속의 크리스천이 되어야 하지만, 크리스천 속의 세속이 되게 해서는 안 된다는 것입니다. 우리가 세상 안에서 살지만 세상이 우리 크리스천 속에 들어와 있어서는 안 됩니다. 교회가 세상 안에 있지만, 교회 속에 세상이 들어와 있어서는 안 됩니다. 세상에서 살면서 하나님의 나라를 이루어가는 실천이 바로 우리 크리스천의 삶의 내용이 되어야 한다는 것입니다. 그러니 이렇게 기도해야 하지 않겠습니까? 뜻이 하늘에서 이루어진 것 같이 땅에서도 이루어지이다!

업 사이드 다운(up side down)(8:9-14)

이제 전도서 8:9-14는 악한 사람과 올바른 사람이 세상에서 어떤 대접을 받는지를 살펴봅니다. 의인과 악인이 당하는 세상살이의 현실은 이미 7장에서도 전도자가 말한 적이 있습니다. 전도자는 그런 속상한 현실을 다시 한 번 지적합니다. 지난번에는 "자기의 의로움에도 불구하고 멸망하는 의인이 있고 자기의 악행에도 불구하고 장수하는 악인"(전 7:15)이 있기에 지나치게 의인이 되지도 말고, 지나치게 악인도 되지 말라고 주문하였었습니다(전 7:16-17). 현실의 모순을 보면서 그런 모순된 현실을 헤쳐나가는 방도를 찾고자 하였었습니다. 그런데 이번에는 아예 의인과 악인에 대한 대접이 뒤집혀져 있는, "업 사이드 다운"되어 있는 현실을 회피하려고 하지 않습니다. 대신 또 다른 현실을 그 대안으로 제시하려고 합니다. 뒤집혀져 있는 현실 말고, 그래도 제대로 굴러가는(!) 현실을 찾아내려고 합니다.

전도서 8:9-14는 세상사의 어두운 면을 지적하는 것으로 시작합니다. 전도서 8:9가 바로 그것입니다. 전도서 8:9는 "해 아래에서 행하는 모든 일"을 살피고 난 뒤 이렇게 말합니다. 세상사를 주의 깊게 관찰하고 난 뒤 전도자의 눈에 들어온 세상살이의 단면을 전하고 있습니다.

> 내가 이 모든 것들을 보고 해 아래에서 행하는 모든 일을 마음에 두고 살핀즉 사람이 사람을 주장하여 해롭게 하는 때가 있도다(전 8:9).

"사람이 사람을 주장하여 해롭게 하는 때가 있도다!" 세상에는 사람을 주장하여 해롭게 하는 사람이 있다는 것입니다. 본문에 기록된 "주장한다"(샬라트)는 말의 원어는 '통치한다', '조종한다', '다스리다'라는 뜻입니다. 그러니까 이 사람은 정치적 권력을 쥔 사람이라고 보아야 합니다. 경제적, 사회적 권력도 쥔 사람입니다. 그런데 그 막강한 힘을 어디에 사용하고 있습니까? 다른 사람들을 해롭게 하는 일에 열중하고 있습니다.[5] 그러니까 전도서 8:9가 다루는 대상은 독재자입니다. 그는 착취자입니다. 그는 억압자입니다. 그 사람 까닭에 많은 사람들이 고통을 당하고 있습니다.

역사 속에서 우리는 이런 암울한 현실을 참 많이 보게 됩니다. 지도자 한 사람이 바르지 못해서 많은 사람들이 고통을 당하는 현실입니다. 하지만 전도서 8:9가 정작 고발하려는 것은 이 같은 암울한 현실이 아닙니다. 본문이 말하려는 것은 세상을 온통 고통 속에 몰아넣었던 장본인이 정작 죽고 난 뒤에 벌어진 또 하나의 현실입니다. 전도서 8:10이 바로 그것을 보여줍니다.

> 그런 후에 내가 본즉 악인들은 장사 지낸 바 되어 거룩한 곳을 떠나 그들이 그렇게 행한 성읍 안에서 잊어버린바 되었으니 이것도 헛되도다(전 8:10).

본문 바로 앞에서는 "사람을 주장하여 해롭게" 한 사람을 가리켜 악한 사람이라고 불렀습니다. 그런데 그처럼 악했던 사람도 죽을 때가 있다는 것입니다. 그런데 그가 죽어 "거룩한 곳"을 떠나 땅에 묻히고 나면 그가 통치했던 성읍의 사람들은 머지않아 그를 곧 잊어버리고 만다는 것입니다.

여기에 나오는 "거룩한 곳"(마콤 카도쉬)이 어디인지는 본문이 정확하게 말하고 있지 않습니다. 왕이 다스리던 곳에 성전이 있어서 거룩한 곳이라고 부를 수도 있습니다. 그 악한 자들이 평소 성전에 드나들었기에 거룩한 곳이라고 부를 수도 있습니다. 그들이 살아 있을 동안에는 평소 드나들던 성전에서, 그 성전이 있던 성읍에서 칭송받았을 수도 있습니다. 그러나 죽어서 그곳을 떠나고 나면 그들은 그만 잊혀지는 존재가 되고 만다는 것입니다.

기억할 것은 죽은 자가 묻히는 땅과 살아 있는 자가 디디고 있는 땅 사이에 종교적 차이가 있다는 사실입니다. 죽은 자의 땅은 부정한 땅이고,

산 자의 땅은 정결한 땅입니다. 아무리 엄청난 권력을 휘둘렀던 자라고 해도 죽고 나면, 살던 곳을 벗어나 죽은 자의 땅으로, 부정한 공간으로 가고 만다는 소리입니다. 그래서 그가 깨닫습니다. 그렇게 사는 것 또한 헛된 일이구나!

사실, 전도서 8:10의 번역에는 어려움이 있습니다.[6] 히브리 원문도 불분명하고, 여러 번역본들도 다양하게 번역해놓았습니다. 가령, 새번역 성경의 본문은 우리가 지금 읽고 있는 개역개정판 본문과는 상당한 거리가 있습니다.

> 나는 악한 사람들이 죽어서 무덤에 묻히는 것을 보았다. 그런데 사람들은 장지에서 돌아오는 길에 그 악한 사람들을 칭찬한다. 그것도 다른 곳이 아닌 바로 그 악한 사람들이 평소에 악한 일을 하던 바로 그 성읍에서 사람들은 그들을 칭찬한다. 이런 것을 보고 듣노라면 허탈한 마음 가눌 수 없다(전 8:10, 새번역).

개역개정판은 악한 자라도 죽어 묻힌 다음에는 잊히고 마는 존재라는 점을 부각시킵니다. 새번역은 이와 달리 악한 사람을 사람들이 장지에 묻고 돌아오면서 그 악한 사람을 칭찬하는 것을 보니 도대체 세상이 어떻게 돌아가는 것인지 모르겠다는 투로 이야기합니다. 새번역은 셉투아진트(헬라어 역 구약성경)를 따른 것으로 보입니다. 그러나 여기에서 저는 전도서 8:10을 그냥 개역개정을 따라서 이해하려고 합니다. 공동번역도 이런 이해에 동참합니다.

> 그래서 악하게 살던 자들이 매장되는 것을 나는 보았다. 그들이 살아오던 성읍에서 그 이름이 잊혀지고 마는 것을 나는 보았다. 그렇게 사는 것 또한 헛된 일이다(전 8:10, 공동번역).

사람은 누구나 죽습니다. 혹시 묘지를 참배했을 때 그 공원에서 나오는 소리를 들어본 적이 있습니까? 귀를 기울여야 들을 수 있는 소리입니다. 무슨 소리일까요? 여기 땅에 묻힌 자들은 내일의 우리 모습이라는 것입니다! 본문이 지적하려는 것은 아무리 포악스럽게 살았던 자들이라도 한 번 죽고 나면 그냥 쓸쓸히 잊히는 존재가 되고 만다는 사실입니다.

터키의 에베소에는 로마시대 건축되었던 장엄한 도시의 유적이 고스란히 보존되어 있습니다. 오늘날 에베소는 셀주크(Selcuk)라고 불리는데, 이곳을 찾으면 거대한 도서관, 웅장한 원형극장, 도서관보다 훨씬 더 큰 규모였을 것으로 짐작되는 사창가, 목욕탕과 수세식 화장실을 갖춘 수많은 석조 건물들, 아르테미스 신전 등 로마시대의 화려함을 고스란히 간직한 유적들을 만날 수 있습니다. 그 까닭에 에베소는 연중 수많은 관광객들로 들끓습니다. 그런데 물어봅시다. 어떻게 그 옛날 그처럼 웅대한 도시가 건설될 수 있었을까요?

에베소의 유적을 둘러보면 거대한 건물 잔해들이 눈에 들어옵니다. 사람은 없고 우람한 석조 기둥들만 남아 있습니다. 한 통치자의 야욕을 이루기 위해서 얼마나 많은 노예들이 동원되었을지를 짐작하게 합니다. 도시를 건설하기 위해서, 웅장한 석조 기둥들을 번듯하게 깎아내기 위해서, 기둥과 벽들을 만들고 세우고자 산에서 돌을 떼어내고, 운반하고, 다듬었을 수많은 노예들의 통곡을 떠올리게 됩니다. 한 사람의 통치자 때문에 수많은 주민들이 당했을 억압은 전도서 당시에도 마찬가지이었습니다(참조, 전 4:1-3). 하지만, 그렇게 강압적인 힘과 권력과 재력을 동원해서 아름다운 도시를 건설했다고 해도, 통치자가 죽고 난 뒤에는 그 이름이 잊혀지고 마는 것이 세상의 현실입니다. 살아 있을 때 어떻게 해야 합니까? 힘이 있을 때 어떻게 해야 합니까? 어떻게 사는 것이 제대로 사는 것일까요?

전도서 8:11-14는 악한 자의 운명을 놓고서 겪는 전도자의 속앓이입니다. 하나님이 지으신 세상에서 선한 자는 보상받고 악한 자는 심판을 받아야만 합니다. 그래야 세상살이가 제대로 진행될 수 있습니다. 그러나 사정이 그렇지를 못합니다. 악한 자에 대한 징벌이 현실에서는 그리 속히 이루어지지 않는다는 사실입니다. 바로 전도서 8:11, 14입니다.

> 악한 일에 관한 징벌이 속히 실행되지 아니하므로 인생들이 악을 행하는 데에 마음이 담대하도다(전 8:11).

> 세상에서 행해지는 헛된 일이 있나니 곧 악인들의 행위에 따라서 벌을 받는 의인들도 있고 의인들의 행위에 따라 상을 받는 악인들도 있다는 것이라 내가 이르노니 이것도 헛되도다(전 8:14).

무엇이라고 말합니까? 악한 사람들이 참으로 많다는 것입니다. "인생들이 악을 행하는 데에 마음이 담대하도다!" 누구라고 할 것 없이 사람은 모두 악을 행하기에 거리낌 없다는 지적입니다. 아무리 악한 짓을 했어도 하나님의 심판이 바로 내리지 않는다고 생각하기 때문이라는 것입니다. 아무리 악해도 착하다고 보상을 받기도 하고, 아무리 착해도 악인이 받을 벌을 받기도 한다는 것입니다.

기독교 신앙은 악에 대한 하나님이 심판이 더디 이루어지는 이유를 중간기 윤리에서 찾습니다. 종말이 더디 오는 것 같지만, 거기에는 하나님의 뜻이 있다고 봅니다. 악한 삶을 청산하고 회개할 것을 하나님이 기다리신다는 것입니다.

> 이런 일을 행하는 자를 판단하고도 같은 일을 행하는 사람아 네가 하나님의 심판을 피할 줄로 생각하느냐 혹 네가 하나님의 인자하심이 너를 인도하여 회개하게 하심을 알지 못하여 그의 인자하심과 용납하심과 길이 참으심이 풍성함을 멸시하느냐 다만 네 고집과 회개하지 아니한 마음을 따라 진노의 날 곧 하나님의 의로우신 심판이 나타나는 그 날에 임할 진노를 네게 쌓는도다(롬 2:3-5).

악한 자에 대한 징벌이 더디다는 사실을 모순이라고, 잘못되었다고, 하나님은 뭐 하시느냐고 따져서는 안 된다는 것입니다. 어두움이 깊을수록 새벽이 가깝듯이 악한 자에 대한 징벌이 지체되고 있는 현실에서 하나님의 인내를 기억해야 합니다. 하나님이 사람들이 바로 될 것을, 바르게 설 것을, 옳게 살 것을 기다리고 계신다는 것입니다. 사람들이 그 하나님의 마음을 미처 다 깨닫지 못하기에 악한 삶을 청산하지 못할 뿐입니다. 사람이 악하기에 땅이 통곡합니다. 사람이 죄악에 사로잡혀 있기에 온 피조물들이 통곡합니다(롬 8:18-22).

사람들은 참 악합니다. 어제나 오늘이나 사람들이 이루어가는 세상사에는 악한 일들이 참 많습니다. 전도자 당시의 사람들만 악한 것이 아니라 이 시대 우리 모두가 다 악합니다. 우리나라 축산업계가 구제역에 시달릴 때의 일입니다. 구제역은 재앙입니다. 하나님이 우리 축산업에 보내는 시그널입니다. 구제역에 걸린 소와 돼지 때문에 축산농가가 황폐해져 가는 것을 보았습니다. 살(殺)처분해서 땅에 묻은 소나 돼지가 수백만 마리가 넘었습니다. 말이 살처분이지 살아 있는 짐승들을 그냥 생매장하는 것이나 마찬가지이었습니다. 그 짐승들을 묻은 구덩이만 3,000곳이 넘었습니다.

농가에서는 지하수를 함부로 쓸 수도 없었습니다. 죽은 짐승들의 몸에서 흘러나온 폐기물이 식수로 흘러들어왔습니다. 핏물까지 섞여 있었습니다. 왜 이런 재앙이 일어났습니까? 구제역 바이러스를 사람들이 옮겨 왔기에 그런 전염병이 퍼지게 되었다고만 말할 수 있습니까?

오늘날의 축산업을 들여다보십시오. 오늘날의 축산업은 소와 돼지를 생명체로 기르는 환경이 아니라 소고기와 돼지고기라는 상품을 만들어내는 공장으로 변화되어 있습니다. 소는 태어나서 도축되기까지 한 곳에서 꼼짝 못 하고 묶인 채 사료만을 먹어야 합니다. 그것도 배합사료입니다. 사료가 무엇입니까? 소를 빠른 시간 내에 살찌우고자 먹이는 사료입니다. 풀을 먹어야 하는 소가 사료를 먹습니다. 되새김질 시늉을 하게 하려고 볏짚은 그 옆에 끼워 넣습니다. 풀을 뜯으면서 돌아다니지 못하기에 소에게는 애초부터 병원균에 저항하는 능력이라고는 없습니다. 소는 오로지 단백질을 제공하는 상품으로만 길러지고 있습니다. 이런 축산업의 구조를 보면서 생각하게 되었습니다. 구제역! 그것은 사람이 일으킨 재앙이구나!

어디 축산업만 그렇습니까? 오늘날 우리가 엮어가고 있는 산업사회의 구석구석에 사람들이 벌이는 악한 일들이 얼마나 많이 벌어지고 있는 줄 아십니까? 실용성을 추구하다가, 경제성을 추구하다가, 효율성을 추구하다가 우리는 모두 해서는 안 될 악한 짓에 빠져들고 있습니다.

전도서 8:11, 14에서 두드러지는 단어인 "악"은 하나님이 기뻐하지 않는 악한 짓입니다. 우리 사람들은 눈을 뜨고 잠자리에 들기까지 얼마나 악한 짓을 궁리하며 사는지 말로 다 할 수 없습니다. 그러니까 본문에서 전도자가 하는 "인생들이 악을 행하는 데에 마음이 담대하도다"라는 말은 다른 사람을 두고 하는 말이 아닙니다. 바로 우리 자신을 가리켜 하는 말입니다.

어떻게 해야 하겠습니까? 전도서 8:11, 14가 질문이라면 전도서 8:12-13은 그 질문에 대한 대답으로 읽어야 합니다. 어떻게 해야 허탄하지 않는 삶을 살아갈 수 있습니까?

> 죄인은 백 번이나 악을 행하고도 장수하거니와 또한 내가 아노니 하나님을 경외하여 그를 경외하는 자들은 잘 될 것이요 악인은 잘 되지 못하며 장수하지 못하고 그 날이 그림자와 같으리니 이는 하나님을 경외하지 아니함이니라(전 8:12-13).

어떻게 살아야 허탄한 삶에 빠지지 않게 됩니까? 두 가지입니다. 하나는 "악인은 잘되지 못하며 장수하지 못하고 그 날이 그림자와" 같을 것이라는 확신입니다. 세상 사람들이 악하게 살면서 괜찮다고 외치며 다니더라도 그렇게 살면 인생은 그림자와 같을 것이라는 판단입니다. 다른 하나는 "하나님을 경외하여 그를 경외하는 자들은 잘 될 것이요"라는 확신입니다. 세상살이가 모순처럼 보인다고 할지라도 하나님 앞에서 경건하게 살면 하나님을 두려워하는 사람에게는 모든 일이 다 잘 될 것이라는 확신입니다. 하나님 경외가 무엇입니까? 단순히 하나님을 두려워하는 것이 아닙니다. 하나님 경외란 "하나님이 위대하시다는 것을 절실히 느끼기에 하나님을 공경하고 하나님 앞에서 조심하는 행동"입니다.[7] 즉, 하나님 경외란 하나님의 계심을 체험적으로 확신하는 데서 나오는 마음가짐을 말합니다.

전도서 8장이 말하려는 메시지가 여기에 있습니다. 하나님의 심판이 더디 이루어지고 있다는 현실에서 두 부류의 인물이 존재하게 된다는 것입니다. 한 부류는 종말이 더디 오는 현실이지만, 그럼에도 불구하고 하나님을 경외하는 사람들이고, 다른 한 부류는 그런 현실이기에 하나님을 경외하지 않는 사람들입니다.

한낮인 정오 무렵에는 사람의 그림자가 눈에 잘 띄지 않습니다. 사람의 그림자는 석양빛을 받을수록 길게 드리워집니다. 악인의 날이 그림자와 같을 것이라는 말은 악인의 끝이 곧 온다는 소리입니다. 여기에서 경외라는 말에 주목하십시오. 하나님을 공경하는 사람은 하나님이 싫어하는 악을 버려야 합니다. 하나님을 경외하는 사람은 자기 발의 신을 벗고, 내 속의 악을 내려놓고, 하나님의 임재 앞에 서야 합니다. 이렇게 할 때 하나님을 섬기는 사람에게는 모든 일이 다 잘 된다고 전도자가 소리칩니다. 이 전도자의 고백을 신약성서의 말로 바꿔들어 봅니다.

진리가 예수 안에 있는 것 같이 너희가 참으로 그에게서 듣고 또한 그 안에서 가르침을 받았을진대 너희는 유혹의 욕심을 따라 썩어져 가는 구습을 따른

옛 사람을 벗어 버리고 오직 너희의 심령이 새롭게 되어 하나님을 따라 의와 진리의 거룩함으로 지으심을 받은 새 사람을 입으라(엡 4:21-24).

현실이 마음을 짓누른다고 하나님 신앙에서 벗어나면 안 됩니다. 악한 자들이 판을 친다고 덩달아 악한 자의 대열에 빠져서는 안 됩니다. 세상을 통치하는 사람이 삶을 무겁게 한다고 세상을 저버리고 등져서는 안 됩니다. 세상을 이겨야 합니다. 세상을 변화시켜야 합니다. 그러려면 내가 먼저 새 사람이 되어야 합니다. 마음을 새롭게 해야 합니다. 유혹의 욕심을 따라 사는 옛 사람을 벗어버려야 합니다. 예수 그리스도의 십자가의 은혜가 바로 우리를 악에서 벗어난 새 사람의 대열에 동참하게 합니다. 그 새 사람의 삶에서 우리 일상은 비로소 허탄한 것을 극복할 수가 있습니다.

어떤 길을 가든지 리더의 길을 가십시오(8:15-17)

"어떤 길을 가든지 리더의 길을 가십시오!" 어떤 자동차 광고의 문구입니다. 리더의 길! 지도자의 길! 멘토(mentor)의 길! 온통 으뜸이 되려고 하는 오늘의 현실에서, 이긴 자만 기억되고 지거나 밀린 자는 기억되지 않는 오늘의 현실에서, 무엇이, 어떤 것이 과연 리더가 되는 길이겠습니까? 전도서 8:15-17이 거기에 대한 힌트를 줍니다.

전도서 8:15-17은 전도자가 주목해서 보는 두 개의 현실을 소개합니다. 하나는 뒤집혀져 있는 현실이고, 다른 하나는 뒤집힐 수 없는 현실입니다. 전도서 8:15-17에서 전도자는 뒤집혀져 있는 현실과는 달리 엄연히 질서 정연한 또 하나의 현실이 있다는 사실에 주목합니다. 그 질서정연한 현실에서 모순투성이의 세상살이를 이겨나갈 대안을 찾습니다. 그 대안이 바로 전도서 8:15입니다.

전도서 8:15를 바로 새기기 위해서는 이 구절의 앞과 뒤에 무슨 말이 실려 있는지를 다시 살펴보아야 합니다. 전도서 8:15 앞에서는 무슨 소리가 들립니까? 헛되다는 소리가 들립니다.

> 세상에서 행해지는 헛된 일이 있나니 곧 악인들의 행위에 따라 벌을 받는 의인들도 있고 의인들의 행위에 따라 상을 받는 악인들도 있다는 것이라 내가 이르노니 이것도 헛되도다(전 8:14).

세상에서 버젓이 저질러지는 "업 사이드 다운"은 전도자가 오래도록 지적한 문제입니다. 악인의 처지와 의인의 처지가 뒤집혀져 있는 현실은 전도자가 오랫동안 품어온 가슴앓이입니다. 세상살이에는 정녕 이렇게 전통 신앙이, 정통 신앙이 제대로 구현되지 않는 현실이 존재한다는 지적입니다. 이와 더불어서 확인해야 할 것이 하나 더 있습니다. 전도서 8:15 뒤에서는 무슨 소리가 들립니까? 알지 못한다는 소리가 들립니다.

> 내가 마음을 다하여 지혜를 알고자 하며 세상에서 행해지는 일을 보았는데 밤낮으로 자지 못하는 자도 있도다 또 내가 하나님의 모든 행사를 살펴보니 해 아래에서 행해지는 일을 사람이 능히 알아낼 수 없도다 사람이 아무리 애써 알아보려고 할지라도 능히 알지 못하나니 비록 지혜자가 아노라 할지라도 능히 알아내지 못하리로다(전 8:16-17).

마음을 다하여 지혜가 무엇인지를 알고자 했지만, 밤낮 쉬지도 않고 수고하는 사람들의 노동을 살펴보았지만, 세상살이의 이치가 어떤 것인지를 찾지 못했다는 것입니다. 아무리 지혜롭다고 해도, 아무리 신실하다고 해도 "하나님의 모든 행사"를 알 수는 없다는 것입니다.

앞에서도 여러 번 밝혔습니다만, 앎으로는 도저히 간파할 수 없는 것이 세상사의 이치입니다. 지식으로는 도저히 헤아릴 수 없는 것이 세상을 다스리는 하나님의 방식입니다. 인간의 배움, 앎, 지식, 이성으로는 하나님이 펼쳐 가시는 세상이라는 무대를 다 따라갈 수 없다는 주장이 전도자의 소신입니다. 바로 이렇게 헛되다고 여겨지는 세상살이 속에서, 바로 이렇게 능히 온전히 알 수 없다는 세상사의 이치 앞에서 전도자가 확실하게 제시하는 분명한 현실은 어떠합니까? 전도서 8:15가 바로 그런 질문에 대한 대답입니다.

> 이에 내가 희락을 찬양하노니 이는 사람이 먹고 마시고 즐거워하는 것보다 더 나은 것이 해 아래에는 없음이라 하나님이 사람을 해 아래에서 살게 하신 날 동안 수고하는 일 중에 그러한 일이 그와 함께 있을 것이니라(전 8:15).

"내가 희락을 찬양하노니"(쉬박흐티 아니 에트 핫심카)! 무엇을 찬양하라고 주문합니까? "즐거움"(심카)을 찬양하라고 주문합니다. 새번역은 이 구절을 이렇게 옮겼습니다. "나는 생을 즐기라고 권하고 싶다!" 전도자가 무엇이라고 외칩니까? "사람이 먹고 마시고 즐거워하는 것보다 더 나은 것이 해 아래에는 없다"는 것입니다. 먹고 마시고 즐거워하는 것이야말로 하나님께 허락받은 한평생을 제대로 사는 방식이라는 것입니다. 아무리 세상 사람들이 의인과 악인으로 편이 갈린다고 해도, 아무리 의인이 악인처럼, 악인이 의인처럼 대우받는 어처구니없는 현실이 버젓이 전개되고 있다고 해도, 먹고 마시고 수고하는 일상은 결코 뒤집어질 수 없는 현실이라는 것입니다. 그러니 다른 데서가 아니라 주어진 일상에서 보람을 찾으라는 것입니다. 아니, 지혜자의 길을 가려고 하는 사람은 먹고 마시고 즐기는 것부터 제대로 하라는 것입니다. 거기에서 세상을 이기는 사람의 길이 열린다는 것입니다.

전도서 8:15와 같은 소리는 앞에서도 이미 여러 번 들었습니다(전 3:22; 5:18). 이런 종류의 음성은 전도서 9장에서도 한 번 더 들립니다. 전도서

8:15의 주문은 일상부터 바로 챙겨야 인생을 멋지게 살게 된다는 전도자의 가르침입니다. 점이 모여 선이 되고 선이 모여 면이 되고 면이 모여 공간이 되지 않습니까! 일상이 모여 일생이 되고, 일생이 되어 인생이 되지 않겠습니까! 전도서 8:15를 마음에 새기면서 스스로에게 다시 물어보십시오. 살면서 가장 먼저 해야 할 일이 무엇입니까? 무엇부터 제대로 해야 합니까? 무엇이 먼저입니까? 무엇이 먼저이어야 하겠습니까?

전도서 8장 설교의 첫 부분에 소개하였던 박노해의 시「인다라의 구슬」은 전도서 8장을 묵상하는 일에 도움이 됩니다. 그 시는 그 끝을 이렇게 맺습니다.

......

새벽 찬물로 얼굴 씻고 서툰 붓글씨로 내 마음에 씁니다
오늘부터 내가 먼저!

내가 먼저 인사하기
내가 먼저 달라지기
내가 먼저 정직하기
내가 먼저 실행하기
내가 먼저 벽 허물기
내가 먼저 돕고 살기
내가 먼저 손 내밀기
내가 먼저 연대하기
무조건 내가 먼저
속아도 내가 먼저
말없이 내가 먼저
끝까지 내가 먼저

무엇을 먼저 하셔야 하겠습니까? 무엇부터 제대로 해야 하겠습니까? 일생의 보람을 이야기하기 전에 일상의 보람부터 챙겨야 하지 않겠습니까? 전도서 8:15의 진리가 여기에 있습니다.

---

1) 박노해, 『사람만이 희망이다』 (서울: 느린걸음, 1997, 2011).
2) 학자들에 따라서는 전도서 8:1을 8장의 도입부가 아니라 7장의 맺음말로 보기도 한다. 전도서 7:27-29의 주제가 "찾기"였는데, 전도서 8:1도 그런 점에서는 마찬가지라고 본다. Seow, *Ecclesiastes*, 277-278; Crenshaw, *Ecclesiastes*, 149.
3) 칠십인역 성경(LXX)이라고도 불리는 헬라어역 구약성경은 전도서 8:1a을 이렇게 읽는다. "티스 오이덴 소푸스"(누가 지혜자를 아는가).
4) Fox, *A Time to Tear Down*, 273.
5) Shields, *The End of Wisdom*, 196.
6) 여기에 대해서는 민영진, 『전도서·아가』, 181-183; Seow, *Ecclesiastes*, 284; Fox, *A Time to Tear Down*, 282-284.
7) Ryken, *Ecclesiastes*, 196.

전 도 서 강 해 설 교

10

"하나님이 주신 최고의 선물"

본문 전도서 9:1-18   요절 전도서 9:7-10 (참조 전도서 2:24-26; 3:12-13; 5:18-20; 8:14-15)

마빈 해리스(Marvin Harris)라는 문화인류학자가 있습니다. 우리에게는 『음식문화의 수수께끼』라는 책으로 널리 알려져 있는 분입니다.[1] 한 지역의 문화적 전통은 '그 사회가 어떤 음식을 먹느냐, 또는 어떤 음식을 타부(taboo)로 삼느냐'에서 드러난다고 생각하는 분입니다. 가령 유대인들이 돼지고기를 먹지 않게 된 것은 돼지가 소·양·염소와 달리 사람이 먹어야 할 곡물을 먹고 자라는 짐승이기 때문이었다고 봅니다. 소·양·염소는 사람이 먹을 수 없는 풀이나 짚, 관목이나 잎사귀를 먹으며 키우지만 돼지는 그렇지 않다는 것입니다. 돼지는 사람의 식량이기도 한 옥수수·감자·콩 등을 먹이며 키워야 했기에 식량생산이 절대적으로 어려웠던 고대 유대사회에서는 돼지치기가 금기시되었다는 것입니다.[2] 먹거리를 통해서 한 사회의 문화와 전통을 들여다볼 수 있다는 말입니다.

이런 예는 한국·중국·일본의 경우에도 드러납니다. 이 세 나라는 쌀, 한자, 종교, 젓가락을 문화의 코드로 공유합니다.[3] 그 가운데서도 젓가락은 세 나라의 문화가 어떻게 다른지를 보여주는 척도가 됩니다. 중국이나 일본의 젓가락은 나무젓가락입니다. 중국 것은 길고 굵고 끝이 뭉뚝합니다. 둥근 식탁에 어울려 앉아 식사를 하기에 멀찍이 있는 음식을 집으려면 젓가락이 길어야 합니다. 또 음식에 기름기가 많기에 젓가락 끝이 뭉뚝합니다. 일본 것은 가늘고 짧습니다. 일본의 밥상은 개별식입니다. 밥그릇을 왼손으로 든 채 오른손에 쥔 젓가락을 사용해서 먹습니다. 그러니 젓가락이 길 필요가 없습니다. 젓가락 끝도 생선을 발라 먹기에 용이하도록 뾰족합니다. 한국 젓가락만 쇠젓가락이고 그 사이즈도 중간크기입니다.

재미있는 것은 한국 사람들만 숟가락과 젓가락을 함께 사용한다는 점입니다. 국을 밥과 함께 먹기 때문입니다. 아예 국에다 밥을 말아서 먹기도 합니다. 중국·일본은 젓가락만 사용합니다. 그들에게는 우리가 먹는 것과 같은 국이 없습니다. 중국 음식의 수프 같은 국은 요리 순서에 맞춰 나오는 입가심용입니다. 일본 사람들이 먹는 미소시루 장국은 밥을 먹기 전에 손으로 들고 마시는 것이 일반적입니다. 그러니 원칙적으로 숟가락이 필요 없습니다. 우리나라 사람들만 국을 밥과 함께 먹습니다. 우리나라 음식에서 국은 정(情)을 나눠 먹는 음식입니다. 가난한 살림살이에서 음식을 고루 나눠 먹는 방법은 한 마디로 국이었습니다. 그래서 우리 사회에서는 다양한 종류의 국물요리가 발달했습니다. 우리나라 문화는 한 마디로 국물 있는 문화입니다. 우리 사회는 가난했지만 정을 나누는 공동체이었습니다.

사람은 누구나 먹어야 삽니다. 음식은 사회·민족·문화를 대변하는 창구입니다. 사람은 어머니 뱃속에서부터 고유한 입맛을 익히기 시작합니다. 태어나서 가장 먼저 맛보는 음식이 어머니의 몸에서 나오는 젖(母乳)이 아닙니까! 사람은 누구나 말을 배우듯 음식을 익히고, 그렇게 익힌 음식을 통해서 입맛을 익히고, 그런 입맛을 통해서 음식문화를 익히고, 그런 문화를 거쳐서 민족을 구성합니다.[4]

밥상이야말로 인생살이에서 가장 기본적인 일상입니다. 한때 우리나라에서는 사람이 죽으면 수저를 놓았다고 하였습니다. 먹는다는 것은 살아있음의 표시입니다. 전도서 9장이 바로 이 점을 강조합니다. 먹고 마시는 일상의 가치를 극적으로 확인합니다. 사람의 일상이 얼마나 소중한지를 먹고 마시는 삶의 질서에서 가르쳐주는 말씀이 전도서 9장입니다.

모두 다 하나님의 손 안에 있으니(9:1)

전도서 9장은 모두에게 고루 타당한 삶의 현상이 어떤 것인지를 묵상하는 것으로 시작합니다. 지난 시간에 읽은 전도서 8장은 세상사란 이해할 수 없는 것이라는 전도자의 탄식으로 끝을 맺었습니다(전 8:17). 악한 사람이 받아야 할 벌을 의인이 받고, 의인이 받아야 할 보상을 악인이 받는 세상사란 참 알 수 없는 것이라고 중얼거렸습니다. 그랬던 전도자의 말이 9장에 들어서면서는 또 한 번 달라집니다. 알 수 없다는 탄식에서 알고 있는 것에 관한 고백으로 바뀝니다. 지금까지는 능히 알아낼 수 없는, 능히 알아챌 수 없는 세상사 때문에 탄식하였었는데, 전도서 9장에 들어서서는 그래도 세상에서 벌어지는 일들 가운데 알고 있는 것이 한 가지가 있다는 주장으로 넘어갑니다. 전도서 9:1은 그런 전도자의 증언의 시작입니다.

이 모든 것을 내가 마음에 두고 이 모든 것을 살펴본즉 의인들이나 지혜자들이나 그들의 행위나 모두 다 하나님의 손 안에 있으니 사랑을 받을는지 미움을 받을는지 사람이 알지 못하는 것은 모두 그들의 미래의 일들임이니라(전 9:1).

"이 모든 것을 내가 마음에 두고 이 모든 것을 살펴본즉" 전도자가 마음에 두고 살펴본 것이 무엇입니까? "이 모든 것"입니다. "이 모든 것"(에트-콜-하제)이라는 표현이 두 번이나 나옵니다. "이 모든 것을" 마음에 두었습니다. "이 모든 것을" 깊이 살펴보았습니다. "이 모든 것"이 무엇입니까? 왜 전도서 9:1은 "이 모든 것을"이라는 말을 두 번이나 반복합니까?

본문이 지적하는 "이 모든 것"은 전도서 8장이 제기하였던 "해 아래에서 행해지는 일들"(전 8:17)입니다. 악인들과 의인들이 겪는 어처구니없는 현실을 가리킵니다(전 8:9-14). 악인이 의인 되고, 의인이 악인 되는 현실사의 모순을 마음에 품고 깊이 생각해보았다는 것입니다. 아니, 깊이 생각해보기 위해서(라부르) 세상사의 모든 현실을 마음에 품어보았다는 것입니다. 그랬더니 세상사의 진면목이 다르게 비쳐졌다는 것입니다.

지금까지 전도자는 줄곧 해 아래 세상사를 관찰하였습니다. 전도자가 지금까지 "내가 이 모든 것을 보고"라는 말을 얼마나 많이, 자주 언급하였는지 모릅니다(전 1:14; 2:12; 3:10, 16; 4:1, 4, 7; 5:13, 18; 6:1; 7:15; 8:9, 16 등). "내가 보았다"(라이티, I have seen)는 말이 수없이 강조되었습니다. 내 눈으로 본 사실을 감추지 않았습니다. 내 눈으로 확인한 현실을 목청껏 전했습니다. "내가 보았다"는 말이 수없이 등장하는 것만 보면 전도서에서 전도자는 세상사의 현실을 꼼꼼히 보고, 관찰하고, 살핀 사람에 해당됩니다. 세상을 그냥 되는 대로 살아가는 사람이 아니라 매사에 빈틈없이 살아가는 사람이라고 말할 수 있습니다. 그만큼 전도자는 세상사를 분석하고 따지는 사람입니다.

그렇지만 전도자가 "내가 보았다"는 사실만 늘어놓는 것은 아닙니다. 눈으로 본 사실만을 나열하지 않습니다. 눈으로 본 것을 마음에 두고 깊이 생각해보았다는 것도 솔직하게 털어놓습니다. 그러니까 전도서에는 보았다는 말과 마음으로 새겨보았다는 말이 동시에 나오고 있습니다. 무슨 뜻입니까? 전도자가 눈에 본 것만으로는 해 아래 세상사의 참모습을 미처

다 헤아리지 못했다는 것입니다. 사실, 처음부터 전도서는 전도자가 "깨닫기 위해서 마음으로 되새겨보았다"(나타티 에트-립보 리드로쉬 베라투르)는 사실을 애써 감추지 않았습니다(전 1:13; 비교, 2:15; 3:17; 7:27). 눈에 비친 현실을 "마음으로" 되새겨보았다는 것입니다. 눈에 비친 세상살이의 알 수 없는 이치를 "깨닫고자" 애썼다는 것입니다.

그런 점에서 전도자가 세상사의 모든 현실을 마음에 두고 살펴보았다는 9:1의 증언에 관심을 두어야 합니다. 그럴 때 전도서가 가르치는 '사실'과 '진실'의 차이를 붙들게 됩니다. '사실'은 눈에 비친 현실입니다. '진실'은 마음으로 깨닫는 이치입니다. 전도자가 9:1이 "이 모든 것을 내가 마음에 두고 이 모든 것을 살펴본즉"이라고 말하고 있다는 것은 전도자의 사색이 사실에 대한 관찰에서 진실을 향한 갈증으로 넘어서고 있다는 뜻이 됩니다. 무엇이 우리 인생을 제대로 이끌어갑니까? 눈으로 본 현실, 눈에 비친 사실입니까? 아닙니다. 진실을 향한 갈증이 우리 삶을 제대로 이끌어갑니다.

사실은 눈에 보이는 현실입니다. 전도자는 지금 사실의 의미를 묵상하고 있습니다. 눈에 보이는 사실이 아니라 눈에는 보이지 않는 진실을 찾고 있습니다. 사실의 의미를, 현실의 의미를 마음으로 묵상하고 있습니다. 깨우친 진실에서 현실의 일상을 가다듬으려고 합니다. 전도자는, 겉으로만 보면, 눈에 보이는 현실 탓에 인생살이는 헛되다고 외치는 자입니다. 그러나 속으로 전도자는 눈에 보인 현실이 세상사의 전부가 아니라는 점을 가르쳐주려고 합니다. 도대체 전도자가 9:1에서 "이 모든 것을" 마음으로 묵상하면서 깨달은 세상사의 이치가 무엇입니까?

전도서 9:1은 그것을 이렇게 전합니다. 의로운 사람들이나 지혜로운 사람들이 다 그들의 삶이 하나님의 손 안에 있다! 새번역은 이 구절을 "의로운 사람들과 지혜로운 사람들이 하는 일을 하나님이 조종하신다는 것, 그들의 사랑과 미움까지도 하나님이 조종하신다는 것이다"라고 옮기고 있습니다. 원문에 나오는 "하나님의 손 안에"(베야드 엘로힘)라는 말을 "하나님이 조종하신다"로 해석해놓았습니다. 그러나 원문의 강조는 하나님이 조종하신다는 것보다는 그냥 "하나님의 손"입니다. 의로운 사람들의 일상이나, 지혜로운 사람들의 일상이 다 하나님의 손 안에 있다는 것입니다.

전도자의 관심이 세상에서 하나님으로 옮겨가고 있습니다. 세상사로부터 "하나님의 손"으로 옮겨가고 있습니다. 나로부터 하나님으로 옮겨가고 있습니다. 전도자의 지평이 앎에서 믿음으로 옮겨가고 있습니다. 관찰·묵상에서 신앙으로 옮겨가고 있습니다. 처음에는 '내가 보았다'라고 말하더니, 그다음에는 '내가 묵상하였다'라고 말했습니다. 그러다가 마침내 "내가 믿는다"고 말하고 있는 것입니다. 다시 말합니다. 처음에는 내가 본 것을 이야기했었는데, 그다음에는 내가 묵상한 것을 이야기했고, 이제는 하나님의 백성의 인생사가 다 하나님의 손 안에 있다는 것을 내가 믿는다고 소리친다는 것입니다. 무슨 뜻입니까? 전도자가 지금 하나님의 백성의 운명을 하나님의 손에 넘기고 있다는 것입니다.[5]

사람의 운명이 사람 손에서 좌우된다고 단정 짓지 마십시오. 하늘을 주의 손으로 지으셨듯이(시 102:25; 히 1:1), 사람을 주의 손으로 빚으셨듯이(창 2:7; 시 8:4), 사람들이 걸어가는 인생길은 하나님의 손이 인도하시고 계십니다. 예수님도 사람들 위에 일일이 손을 얹고 병을 고치시지 않았습니까(눅 4:40)! 초대교회가 주의 손이 함께하심으로 수많은 사람이 믿고 주님께로 돌아오는 기적을 체험하지 않았습니까(행 11:21)!

성경에서 "하나님의 손"은 보통 하나님의 권능(power)이나 하나님의 조종(control)을 나타냅니다. 전능하신 하나님의 섭리나 세상을 감독(supervision)하시는 하나님의 능력을 나타냅니다. 전도서 9:1b를 그런 의미에서 읽을 수도 있습니다. 그러나 전도서 9:1b에서 전도자가 말하는 "하나님의 손"은 하나님의 위로와 도우심의 이미지로 보아야 합니다. 의로운 자나 지혜로운 자, "그들의 수고"(아바데이헴)가 다 하나님의 손 안에 있다는 것입니다. 하나님의 사람들이 장차 "사랑을 받는지 미움을 받는지" 알지 못하지만, "사람은 아무도 자기 앞에 놓여 있는 일을" 알지 못하지만, 그들의 노력은 다 예수님의 손 안에 있다는 것입니다.

왜 전도자는 의로운 자나 지혜로운 자의 수고가 다 하나님의 손 안에 있다고 말하고 있습니까? 전도서 9:1b가 거기에 대해서 설명합니다. 그러나 전도서 9:1b, "사랑을 받는지 미움을 받는지 사람이 알지 못하는 것은 모두 그들의 미래의 일들임이니라"는 이해하기가 쉽지 않습니다. 본문은 이렇게 옮길 수도 있습니다.

> 사랑을 받는지 미움을 받는지 사람은 알지 못한다. 사랑도 미움도 다 그들 앞에 놓여 있다(전 9:1b, 사역).

"사랑을 받는지 미움을 받는지 사람은 알지 못한다"까지는 개역이나 새번역이나 큰 차이가 없습니다. 어려움은 그 뒤에 나오는 구절이 분명하지 않다는 데 있습니다. 원문(하콜 리프네이헴)은 문자적으로는 "그들 앞에 있는 모든 것"입니다. 우리말 성경은 이 말을 "미래의 일들"(개역개정), "자기 앞에 놓여 있는 일"(새번역)이라고 번역했습니다. 그러나 히브리어 원문에서 "하콜 리프네이헴"은 문맥상 그 앞에 나오는 구절에 연결된다고도 볼 수 있습니다. 그 경우 그들 앞에는 사랑이 기다리고 있는지, 미움이 기다리고 있는지를 알지 못한다는 뜻이 됩니다.[6]

지혜로운 자가, 의로운 자가, 사랑을 받는지, 미움을 받는지는 알지 못한다는 것입니다. 다만 확신하는 것은 그들의 장래가 다 하나님의 손 안에 달려 있다는 믿음입니다. 무슨 소리입니까? 인간의 운명이 하나님의 손 안에 있다는 믿음으로 세상사의 한계를 돌파하려고 한다는 것입니다. 전도자가 허탄한 현실 앞에서 무조건 전통적인 신앙을 허물어뜨리려고 한다고 단정하지 마십시오. 전도자의 지혜가 잠언의 지혜보다는 거칠지만, 그도 여전히 이스라엘 신앙 전통 안에서 숨 쉬고 있는 하나님의 사람인 것을 기억하셔야 됩니다. 전도서 9:1에서 이스라엘 시인의 간증이 묻어 나고 있는 것은 이 때문입니다.

> 오라 우리가 굽혀 경배하며 우리를 지으신 여호와 앞에 무릎을 꿇자 그는 우리의 하나님이시오 우리는 그가 기르시는 백성이라 그의 손이 돌보시는 양이기 때문이라…(시 95:6-7).

우리는 다 하나님이 기르시는 백성입니다. 하나님의 손이 돌보시는 양 같은 존재입니다. 세상살이가 불투명하지만, 확실한 것은 하나님의 손이 우리를 붙들고 계시다는 믿음입니다. 신앙인은 누구나 이 믿음으로 살아갑니다!

죽음, 인간이 누리는 평등한 운명(9:2-6)

전도자는 이제 불평등한 세상살이에서 평등하다고 여겨지는 세상살이로 그 말문을 돌립니다. 세상살이에서 가장 공평한 것이 무엇인지를 따지는 대목에 들어섭니다. 앞에서 전도자는 세상살이가 불공정하다고 따졌었습니다. 특히 전도서 8장에서 전도자는 의로운 자가 악한 자의 대접을 받거나 악한 자가 의로운 자의 대접을 받는 세상을 가리켜 세상은 참 불합리한 곳이라고 투정했었습니다. 전도서 9:2-6은 바로 이 문제를 해결하려고 나서는 본문입니다.

전도서 9:2-6은 전도서에서 여러 차례 만나는 죽음에 대한 단상 가운데 하나입니다(전 3:16-22; 4:1-3; 5:15-16; 6:3-6; 12:1-7). 전도서가 말하는 죽음은 대체로 '자연적인 죽음'입니다. '때'가 되어 몸은 "흙으로 돌아가고"(전 3:20), "혼은 위로 올라가는"(전 3:21) 죽음입니다. 전도자가 거론하는 죽음은 질병, 재해, 전쟁 등으로 뜻밖에 당하는 사망이 아닙니다. 전도자의 시대가 죽음만큼 쓴 생존의 고통을 말할 수밖에 없었던 때라고 해도, 전도서가 다루는 인간의 죽음이 근심과 질병과 분노와 억압과 한 때문이라고 단정할 수는 없습니다. 전도서의 여기저기에서 시종일관 전도자의 입에 오르내리는 죽음은 어디까지나 자연적인 죽음입니다. 목숨을 신앙과 바꾸는 순교가 아닙니다. 생명의 기운이 다해서 "인간의 몸은 흙으로, 인간의 영은 그것을 주신 하나님께로 돌아가게 되는"(전 12:8) 자연적인 죽음입니다.

경우에 따라서는 죽은 자의 처지가 산 자보다 더 낫다고 중얼거리는 전도자의 푸념이 전도서에서는 크게 들리기도 합니다(전 4:1-3; 6:3-6). 하지만, 그렇다고 해서, 전도서가 죽음을 "아름다운 인간의 실존"으로 바라보는 것은 아닙니다.[7] 전도자는 죽음을 참으로 애통해합니다. 억울해합니다. 헛되다고 여기는 세상살이의 문제가, 따지고 보면, 다 이 죽음의 문제와 연결되어 있다고 봅니다. 아무리 고귀한 인간이라도 그 죽음은 짐승의 죽음과 다를 바가 없기 때문입니다(전 3:19). 살면서 얻고 쌓은 것이 아무리 많다고 해도 그것을 하나라도 가지고 가지 못하기 때문입니다(전 5:15). 살면서 남긴 이름이라고 해도 죽고 나면 그냥 어두움에 덮이고 말기 때문입니다(전 6:4; 9:5).

전도서 9:2-6은 전도자가 털어놓는 죽음에 관한 단상 가운데 하나입니다. 그러나 전도서 9:2-6은 단순히 인간은 죽을 수밖에 없다는 것을 상기시키는 본문이 아닙니다. 전도자가 전도서 9:2-6에서 말하려는 것은 죽음이라는 현실 앞에서는 사람 모두가 다 평등하다는 사실입니다. 의인이나 악인에게 두루 공평하게 적용되는 세상사야말로 죽음이라는 것입니다. 죽음이란 세상살이 중 누구라도 다 겪게 되는 한결같은 운명이라는 것입니다. 전도서 9:2-6이 그것을 다루고 있습니다. 먼저 9:2-3을 읽어봅니다.

모든 사람에게 임하는 그 모든 것이 일반이라 의인과 악인, 선한 자와 깨끗한 자와 깨끗하지 아니한 자, 제사를 드리는 자와 제사를 드리지 아니하는 자에게 일어나는 일들이 모두 일반이니 선인과 죄인, 맹세하는 자와 맹세하기를 무서워하는 자가 일반이로다 모든 사람의 결국은 일반이라 이것은 해 아래에서 행해지는 모든 일 중의 악한 것이니 곧 인생의 마음에는 악이 가득하여 그들의 평생에 미친 마음을 품고 있다가 후에는 죽은 자들에게로 돌아가는 것이라(전 9:2-3).

"모든 사람에게 임하는 그 모든 것이 일반이라!" 다르게는 "모두가 같은 운명을 타고났다"(새번역), 또는 "모든 일들이 모든 사람에게 한결같은 것이 하나가 있다"(사역)! 의인이든 악인이든, 신앙인이든 비신앙인이든, 말을 잘하는 사람이든 말을 더듬는 사람이든, 세상살이에서는 다 같이 공평하게 겪게 되는 일이 하나가 있다는 것입니다. 모든 것이 모두에게 똑같이 적용되는 일이 하나가 있다는 것입니다.

그것이 무엇입니까? 무엇이 모든 사람에게 공평하게 일어나는 일입니까? 전도자는 전도서 8장에서 세상사의 인과응보가 뒤집혀져 있다고 탄식했었습니다. 의인이 악한 자 취급받고, 악한 자가 의인 대접받는 왜곡된 현실을 탄식했었습니다. 세상사가 공평하지 않다고 탄식했었습니다. 그렇게 말하던 전도자가 전도서 9장에서는 그래도 세상에는 공평한 것이 있다고 꼬집어 말하게 됩니다. 무엇이 전도자의 음성을 그렇게 돌려놓았습니까? 인간의 죽음입니다. 사람의 "결국"은 죽은 자들에게로 돌아가게 되어 있다는 사실입니다(전 9:3). 모두가 다 죽음 앞에서는 평등하다는 것입니다. 누구나 다 죽게 된다는 현실 앞에서는 인간이란 다 공평하다는 것입니다.

전도서 9:2-6을 메멘토 모리(*Memento Mori*)를 가르치는 본문으로 읽을 수도 있습니다. 라틴어의 "메멘토 모리"란 "죽음을 기억하라", 즉 "너도 반드시 죽는다는 것을 기억하라"라는 말입니다. 전도서 9:2-6이 바로 인간이란 죽음을 향해 나아가는 존재라는 것을 상기시키고 있다고 보는 것입니다. 그러면서 전도서 9:7-10이 카르페 디엠(Carpe Diem)을 말하고 있다고 주장합니다. 카르페 디엠이란 "현재를 잡아라"(Seize the day), "오늘 현재에 충실하라"라는 라틴어입니다. 전도서 9:2-6이 사람은 누구나 죽게 된다는 것을 상기시킨다면, 전도서 9:7-10은 먹고 마시는 삶을 즐기라고 충고하고 있다는 것입니다. 그렇게 볼 때 전도서 9:2-6과 9:7-10은 전도서의 두 사상을 대변하는 글이 됩니다.[8]

본문을 그렇게 해석할 수도 있습니다. 그러나 전도서 9:2-3을 자세히 보면 본문이 말하려는 것은 사람이란 누구나 죽는다는 것을 기억하라는 소리가 아닙니다. 죽는다는 것을 애써 상기시키는 것이 아닙니다. 웰 다잉(well-dying)을 일깨워주려는 것도 아닙니다. 인간살이가 허탄하게 죽음으로 끝난다는 사실은 전도자가 이미 전도서 3:18-22에서 밝힌 적이 있습니다. "짐승이 죽음 같이 사람도 죽으니 사람이 짐승보다 뛰어남이 없음은 모든 것이 헛됨이로다"(전 3:19)라고 울부짖지 않았습니까! 전도서 9:2-3에서 전도자가 말하는 것은 죽음으로 마감하는 헛된 인생이 아닙니다. 모든 사람은 다 죽음 앞에서 공평해진다는 것을 깨달으라는 소리입니다. 인간의 죽음을 거론하지만, 죽음의 문제를 다루기보다는 죽음이라는 현실에서 누리게 되는 공평의 문제를 다루는 것입니다.

물론, 죽음이 가져다주는 상실은 인간이 자기 힘으로는 도저히 극복할 수 없는 인간존재의 한계입니다. 오죽했으면 죽음을 가리켜 해 아래에 세상사 중에서 "악한 것"이라고 불렀겠습니까? 전도서 9:4-6이 그것을 다시 한 번 확인합니다.

모든 산 자들 중에 들어 있는 자에게는 누구나 소망이 있음은 산 개가 죽은 사자보다 낫기 때문이라 산 자들은 죽을 줄을 알되 죽은 자들은 아무것도 모르며 그들이 다시는 상을 받지 못하는 것은 그들의 이름이 잊어버린 바 됨이니라 그들의 사랑과 미움과 시기도 없어진 지 오래이니 해 아래에서 행하는 모든 일 중에서 그들에게 돌아갈 몫은 영원히 없느니라(전 9:4-6).

"산 개가 죽은 사자보다 낫다"(전 9:4)고 말하지 않습니까! 살아 있는 자들은 죽는다는 것이라도 알지만, 죽은 자들은 그마저도 모른다고 말하지 않습니까(전 9:5)! 죽은 자들이 차지할 몫이란 이 땅에서는 아무것도 없다고 말하지 않습니까(전 9:6)! 전도서 9:4-6은 죽음이라는 현실을 냉소적으로 지적하고 있습니다. 아니, 전도서는 처음부터 마지막까지 인간은 누구나 죽는다는 사실을 부정적으로, 냉소적으로, 자조적으로 평가하고 있습니다. 하지만 그렇다고 해서, 전도자가 9:2-6에서 그런 쓸쓸한 죽음을 기억하라는 투로 말하는 것은 아닙니다.

전도서 9:2-6의 강조는 의인이든 악인이든, 돈이 많은 사람이든 가난한 사람이든, 신앙이 좋은 사람이든 신앙이 없는 사람이든, 죽음 앞에서는 다 평등하다는 사실을 내세우는 데 있습니다. 전도자의 강조는 "모든 것이 일반이라"는 말입니다. 전도서 9:4-6이 지적하는 죽음은 전도서 9:2-3과 함께 읽어야 합니다. 전도서 9:2-3에서 거듭 반복되는 "일반이다"(미크레 엑하드)는 말은 문자적으로는 "동일한 사건"이란 의미입니다. 하나(엑하드)의 운명(미크레)입니다. 우리말 성경(개역개정)은 전도서 9:2-3을 번역할 때 "일반이다"는 말을 네 번이나 거듭 사용하고 있습니다. 본문의 강조는 사람은 누구나 "죽은 자에게로"(엘-함메팀, 전 9:3) 간다는 데 있지 않습니다. 본문이 강조하는 것은 죽음이라는 운명은 누구에게나 "똑같다"(미크레 엑하드)는 것입니다. 죽음 앞에서 사람은 누구나 다 공평하다는 것입니다.

전도자는 죽음을 인생살이의 종점으로 단정합니다. 죽음을 끝이라고 단정합니다. 전도자에게는 내세에 대한 소망은 없습니다. 전도자에게는 부활신앙이 없습니다. 전도자에게 죽음은 인생살이 여정을 허무하게 마감하는 종착점에 지나지 않습니다. 하지만 그렇다고 해서, 전도자가 인간이란 죽음 앞에 선 운명이라는 것을 읊조리는 것으로 그치는 것은 아닙니다. 죽음이라는 운명이 누구에게나 다 똑같이 적용된다면, 인간이란 과연 어떻게 살아야 하는지를 묻고자 합니다. 전도자의 관심사가 여기에 있습니다. 어떻게 살아야 우리의 인생살이가 보람 있는 삶이 될 수 있겠습니까? 전도서 9:7-10이 바로 거기에 대한 대답입니다.

일상, 인생의 해답(9:7-10)

전도자의 글은 전도서 9:7-10에 들어서면서 그 분위기가 확 달라집니다. 죽음을 향하던 시선이 살아 있음을 보는 쪽으로 돌아섭니다. 죽은 자를 바라보던 시선이 살아 있는 자의 일상을 향하는 쪽으로 돌아섭니다. "그 날"에 있을 죽음을 되새기던 마음을 거두고 날마다 맞이하는 작은 일상을 음미하는 쪽으로 돌아섭니다. 일상을 치유함으로 일생을 건강하게 보내는 쪽으로 돌아섭니다.

어떻게 살아야 우리 인생은 허무하게 끝나지 않고 알찬 나날이 될 수 있겠습니까? 전도서 9:7-10에서 전도자는 여기에 관심을 쏟고 있습니다. 전도서 9:2-6을 9:7-10과 견주어서 읽어볼 필요가 여기에 있습니다. 전도서 9:2-6이 질문이라면 전도서 9:7-10은 거기에 대한 대답입니다.

너는 가서 기쁨으로 네 음식물을 먹고 즐거운 마음으로 네 포도주를 마실지어다 이는 하나님이 네가 하는 일들을 벌써 기쁘게 받으셨음이니라 네 의복을 항상 희게 하며 네 머리에 향 기름을 그치지 아니하도록 할지니라 네 헛된 평생의 모든 날 곧 하나님이 해 아래에서 네게 주신 모든 헛된 날에 네가 사랑하는 아내와 함께 즐겁게 살지어다 그것이 네가 평생에 해 아래에서 수고하고 얻은 네 몫이니라 네 손이 일을 얻는 대로 힘을 다하여 할지어다 네가 장차 들어갈 스올에는 일도 없고 계획도 없고 자식도 없고 지혜도 없음이니라(전 9:7-10).

전도자가 전도서 9:7-10에서 말하려고 하는 것이 무엇입니까? 현실을 즐기라는 것입니까? 어제는 지나갔고, 내일은 아직 오지 않았으니, 오늘을 꽉 붙들고 즐기라는 소리입니까? 아닙니다. 본문이 말하는 것은 일상이 소중하다는 것입니다. 날마다 대하는 음식을 기쁘게, 즐겁게 먹으라는 것입니다. 날마다 대하는 사람을 소중하게 대접하라는 것입니다. 날마다 감당하는 업무를 귀하게 간수하라는 것입니다. 일상을 칭찬하라는 것입니다. 일상은 부르심이라는 것입니다.

먹고 마시는 일상이 소중하다는 것에 대해서는 전도자가 이미 여러 차례 이야기했습니다(전 2:24-26; 3:12-13; 5:18-20; 8:14-15). 한두 번이 아닙니다. 오늘 본문까지 모두 다섯 번에 걸쳐서 전도자는 일상이 소중하다고 다짐합니다. 밥상이 소중하다고 다짐합니다. 먹고 마시고 즐기라는 것이 아닙니다. 먹고 마시고 수고하라는 것입니다. 전도서 9:7-10은 그 종결 편에 해당됩니다. 전도서 9:7-10은 지금까지 거론했던 일상의 가치를 다시 한 번 다짐합니다. 그러나 단순히 지금까지 했던 말을 반복하는 것은 아닙니다. 일상이야말로 하나님이 주신 최고의 선물이라고 힘주어 말합니다.

성도 여러분, 전도자는 지금 인생의 해답을 일상에서 찾고 있습니다. 일생의 해답을 일상에서 풀고 있습니다. 일상을 기쁘게 대하고 맞이하는 삶에서 평생의 문제를 푸는 실마리를 발견하고 있습니다. 구약성경의 전도서야말로 일상의 가치를 회복시켜 주는 말씀이라는 것입니다.

기억하십시오. 전도자의 관심은 미래에 반드시 닥칠 죽음에 있지 않습니다. 전도자의 관심은 오늘, 우리에게 주어진 일상에 있습니다. 미래를 이기는 힘을 오늘에서 찾고 있습니다. 죽음이라는 엄청난 현실의 무게를 벗는 지혜를 일상이라는 작은 현실에서 찾고 있습니다. 죽음이라는 운명을 다 같이 누리도록 하나님이 정하신 것처럼 먹고 마시고 수고하는 일상도 하나님이 누리라고 주신 은총이라는 것입니다. 오늘의 일상을 기쁘게 누림으로 내일의 안타까움에 매이지 않는 우리가 되어야 한다는 말씀입니다. 일상이 건강하면 일생이 건강해진다는 말씀입니다.

전도자는 처음에는 "먹고 마시며 수고하는 것보다 더 기쁘게 하는 것은 없다"고 말했습니다(전 2:24-26;3:12-13). 그러다가 세상에서 애쓰고 수고하여 얻은 것으로 먹고 마시고 즐거워하는 것이 마땅한 일이라고 말하게 됩니다(전 5:18-20). 전도자의 말이 비교급에서 최상급으로 바뀌었습니다. 그다음에는 아예 "희락을 찬양하라"고 주문합니다(전 8:15). 그랬던 전도자가 이제는 "너는 가서 기쁨으로 네 음식물을 먹고 즐거운 마음으로 네 포도주를 마실지어다"라고 지시합니다(전 9:7).

하나님은 우리를 일상으로 부르셨습니다(전 9:7). 일상은 부르심이라는 것입니다. 일상은 하나님이 차리신 식탁입니다(전 9:8). 누가 차리셨다고요? 하나님이 차리셨습니다! 하나님이 호스트(host)이시라는 것입니다. 우리는 하나님이 마련하신 잔치에 초대받는 게스트(guest)라는 것입니다. 그러니 정결한 예복을 입고 단장을 한 채 하나님이 차리신 식탁에 참여하여야 합니다. "네 의복을 항상 희게 하며 네 머리에 향 기름을 그치지 아니하도록 할지니라"(전 9:8)라고 말씀하고 있지 않습니까!

일상이 즐거운 것은 "그 사람"이 동반자이기 때문이기도 합니다. 아무리 헛된 평생이라고 해도 "사랑하는 아내와 함께 즐겁게 사는 것"(전 9:9)이 삶을 부요하게 하는 "몫"이라고 말씀합니다. 일상에서 만나는 "그 사람"이 있기에 삶은 풍요로워진다는 것입니다. 그러니 오늘이 마지막이라는 자세로 일상을 맞이해야 합니다. 그러니 오늘 감당하는 삶의 무게를 짐으로 여기지 말아야 합니다(전 9:10). 작은 일상이라고 소홀하게 대하지 마십시오. 늘 함께 있는 가족이라고 무심코 소홀히 대하지 마십시오.

일상을 치유하셔야 됩니다. 일상의 보람을 회복해야 됩니다. 맥스 루케이도(Max Lucado)가 쓴 『일상의 치유』(Cure for the Common Life)라는 책이 있습니다. 스포츠 용어 중에 스위트 스폿(Sweet Spot)이라는 말이 있는데, 그 말을 소재로 삼아 일상을 회복하는 방법에 대해서 이야기하는 글입니다. 스위트 스폿이란 테니스나 야구처럼 라켓이나 베트로 공을 맞힐 때 특별한 힘을 주지 않아도 자기가 원하는 곳으로 가장 멀리, 가장 빠르게 날아가게 만드는 부분을 가리키는 용어입니다.

아실 것은 아무리 우수한 타자라고 해도 투수가 던진 공을 매번 잘 치는 것은 아니라는 것입니다. 투수가 던진 공이 타자의 야구방망이의 스위트 스폿에 "딱" 하고 맞을 때에라야 홈런이 됩니다. 이처럼 우리 삶에도 홈런이 되는 곳이 있습니다. 삶에도 그런 스위트 스폿이 있다는 것입니다. 그래서 루케이도는 하는 일, 일하는 현장, 일하는 이유가 겹쳐지는 곳을 가리켜 일상의 스위트 스폿이라고 부르자고 제안합니다. 하나님의 사람으로 승리하기 위해서는 주일날만 말고, 예배당 안에서만 말고, 일상에서, 세상살이 중에, 하나님의 영광을 세우라는 것입니다. 그런 맥락에서 "스위트 스폿에서 살아가라"(Living in Your Sweet Spot)고 제안합니다! 그래야 일상이 치유되고, 일상의 보람이 회복되는 길이 열리게 된다는 것입니다.

그러나 일상의 치유가 말처럼 쉽지는 않습니다. 일상의 치유는 스위트 스폿을 찾아서 살아가려는 노력만으로는 다 되지 않습니다. 우리 일상에 주님이 끼어드셔야 일상은 비로소 회복됩니다.

시인인 친구와 만나 이야기를 나누다가 시인이 차려주는 '야초 비빔밥'에 대해서 들었습니다. 시인은 원주 산자락에서 삽니다. 봄이 되어 뜨락에 고개를 내미는 냉이, 달래, 두릅, 씀바귀, 쑥 등을 살짝 데쳐서 나물로 무치고 버무려 비빔밥을 만들어 교우들과 함께 나누어 먹는다는 것이었습니다. 밥상 이야기가 일상 이야기로 이어졌습니다. 먹어야 건강해지듯 성령으로 숨 쉬어야 건강한 일상이 된다는 깨달음으로 이어졌습니다. 그 밥상에 깃든 봄을 보았습니다. 그 밥상이 나누는 봄을 보았습니다. 그 밥상이 전하는 즐거움을 보았습니다. 그 밥상이 뿜어주는 숨을 느꼈습니다.

사람은 숨을 쉬면서 삽니다. 들숨과 날숨은 살아가기의 기본입니다. 먹고 마시며 수고하는 일상을 하찮은 본능이라고 헐뜯지 마십시오. 들숨과 날숨을 보잘것없는 밑바탕이라고 깎아내리는 사람은 아무도 없습니다. 일상은 숨입니다. 숨은 일상입니다. 부활하신 예수님께서 두려워서 문을 모두 닫아걸고 지내던 제자들에게 오셔서 하신 말씀이 무엇입니까?

> 이 날 곧 안식 후 첫날 저녁 때에 제자들이 유대인들을 두려워하여 모인 곳의 문들을 닫았더니 예수께서 오사 가운데 서서 이르시되 너희에게 평강이 있을지어다 이 말씀을 하시고 손과 옆구리를 보이시니 제자들이 주를 보고 기뻐하더라 예수께서 또 이르시되 너희에게 평강이 있을지어다 아버지께서 나를 보내신 것 같이 나도 너희를 보내노라 이 말씀을 하시고 그들을 향하사 숨을 내쉬며 이르시되 성령을 받으라 너희가 누구의 죄든지 사하면 사하여질 것이요 누구의 죄든지 그대로 두면 그대로 있으리라 하시니라(요 20:19-23).

두려움에 떨고 있던 제자들을 찾아오셔서 예수님이 인사말을 건네십니다. "너희에게 평화가 있기를!" 오늘도 이스라엘에서는 "당신에게 평화를!" 하는 것이 일상적인 인사말입니다. 그 인사말에 이어 예수님이 말씀하셨습니다. "아버지께서 나를 보내신 것 같이 나도 너희를 보내노라," 그리고 숨을 내쉬면서 말씀을 이어가셨습니다. "성령을 받으라!"

"성령을 받으라!" 저는 이 말씀에서 제자들의 일상을 다시 일으켜 세우시는 주님의 은총을 느낍니다. 숨을 쉬어야 사람 구실을 하듯이 제자들의 밑바탕을 성령으로 채우시는 주님의 섭리를 느낍니다. 삶의 기본을 하나님의 영으로 다지시는 주님의 마음을 느낍니다. 제자들의 일상은 예수님의 숨으로 충만해져야 두려움을 떨치고 일어설 수 있습니다. 하나님의 영으로 충만해져야 나의 일상에서 주님의 일상으로 나설 수 있습니다. 성령으로 충만해져야 죄를 용서해주고 씻어주며 덮어주는 새로운 일상에 나설 수 있습니다. 그러니 우리의 일상을 성령으로 시작하십시오. 성령이

불어넣어주시는 숨으로 일상을 일으키십시오. 거기에 진정 일상이 회복되는 길이 열리게 될 것입니다.

전도서 9:7-10이 바로 그것을 전합니다. 일상을 하나님이 차려주신 밥상으로 대하라는 것입니다. 일상이 건강해야 일생이 건강해진다는 것입니다. 일상이 회복되어야 사명이 회복된다는 것입니다. 일상이 기쁨으로 가득 차야 신앙생활도 옹골지게 된다는 것입니다. 그러니 성도 여러분, 먹고 마시며 수고하는 일상을 기쁨으로 대하십시오. 날마다 대하는 식탁을 하나님이 차리신 잔치로 기뻐하십시오. 하나님이 차려주신 밥상에 초대받은 게스트로 음식을 대하십시오. 날마다 마주하는 식구를, 아내든 남편이든 자식이든 친구든, 하나님이 보내신 천사로 환영하십시오. 날마다 감당하는 일을 짐으로 여기지 말고, 노동으로 여기지 말고, 소명으로 기꺼이 감당하십시오. 죽은 다음에는 그런 일을 결코 할 수 없습니다(전 9:10).

Why me? Why not me!(9:11-12)

살면서 힘든 것이 재앙입니다. 원하지 않는 재앙을 당했을 때 인간살이는 순식간에 일상에서 벗어나게 됩니다. 갑자기 닥친 재앙은 일상을 단번에 혼돈으로 몰아갑니다. 일상이 코스모스라면, 재앙은 카오스입니다. 왜 인생살이에 재앙이 생깁니까? 어째서 인생살이에 카오스가 벌어집니까? 왜 하나님이 즐기라고 마련해주신 일상에 뜻하지 않은 "재앙의 날"이 몰아닥칩니까? 전도서 9:11-12가 바로 이런 현실을 다루고 있습니다.

기억할 것은, 전도자는 현실적인 사람이라는 점입니다. 전도자는 현실주의자입니다. 인생살이의 걸음걸이를 하나님을 경외하는 신앙에서 조율하려고 하면서도 세상살이 중에 뜻밖에 경험하게 되는 "악한 현실"을 애써 부정하지 않습니다. 아무리 일상을 기쁨으로 대하고, 아무리 일상에서 만나는 식구들을 천사처럼 대하려고 해도, "재앙의 날"이 갑자기 덮치면 일상의 즐거움은 한순간에 깨어지고 만다는 것을 솔직히 인정하고 있습니다.

> 내가 해 아래에서 보니 빠른 경주자들이라고 선착하는 것이 아니며 용사들이라고 전쟁에 승리하는 것이 아니며 지혜자들이라고 음식물을 얻는 것도 아니며 명철자들이라고 재물을 얻는 것도 아니며 지식인들이라고 은총을 입는 것이 아니니 이는 시기와 기회는 그들 모두에게 임함이니라 분명히 사람은 자기의 시기도 알지 못하나니 물고기들이 재난의 그물에 걸리고 새들이 올무에 걸림 같이 인생들도 재앙의 날이 그들에게 홀연히 임하면 거기에 걸리느니라(전 9:11-12).

빠른 경주자들(칼림)이라고 해서 항상 달리기(함메로츠)에서 이기는 것이 아니라는 것입니다. 힘센 용사들(김보림)이라고 해서 전쟁(밀하마)에서 반드시 승리하는 것은 아니라는 것입니다. 지혜자들(학카밈)이라고 해서 늘 재물(오쉐르)을 얻은 것도 아니라는 것입니다. 많이 배운 사람이라고 늘 잘되는 것도 아니라는 것입니다. 예컨대 날쌔게 뛰는 사람이라고 해서 달리기 경주에서 늘 이기는 것은 아니라는 것입니다.

여러분, 서울에서 부산까지 가는데 KTX 기차 요금이 비쌉니까, 새마을호 요금이 비쌉니까? 기차표가 비쌉니까, 비행기표가 비쌉니까? 빠른 것이 비쌉니다. 속도가 경쟁입니다. 속도가 가치입니다. 요즈음 기업 하는 사람들은 시간경쟁을 생명처럼 여깁니다. 원시 시대에 하루는 크게 두 때로 나누어져 있었습니다. 해 뜨는 시간과 해 지는 시간. 낮과 밤. 두 가지밖에 없었습니다. 농사를 짓게 되면서부터 하루는 세 때로 구분됩니다. 아침 먹을 때, 점심 먹을 때, 저녁 먹을 때. 이 세 때가 산업사회에 접어들면서는 하루 24시간 체제로 바뀌게 됩니다. 그런데 지금은 산업화시대를 훨씬 벗어난 정보화시대입니다. 정보화시대의 하루는 초 단위입니다. 예컨대 10초만 먼저 주식정보를 알게 된다면 다른 사람이 벌지 못하는 많은 돈을 단번에 손에 쥘 수가 있습니다. 기업경영을 하는 사람들에게 사업이란 시간에 바탕을 둔 경쟁입니다. 빠른 자가 늘 이기는 세상이라는 것입니다.

그런데 오늘 전도자는 어떻게 말합니까? 빠르다고 해서 달리기에서 이기는 것은 아니라고 합니다. 힘이 세다고 해서 전쟁에서 이기는 것은 아니라고 합니다. 배웠다고 해서 늘 잘되는 것도 아니라고 합니다. 왜 그렇습니까? 왜 빠르고 강한 것이 경쟁에서 늘 이기는 것은 아니라고 주장하고 있습니까?

"시기와 기회"가 그들 모두에게 닥치기 때문입니다(전 9:11b). 여기 "시기와 기회"(에트 봐페가)는 불행한 사건이 일어나는 "때와 경우"입니다. 새번역에 따르면 "불행한 때와 재난"입니다. 문법적으로 이 말은 "불행한 때와 불행한 재난"이기보다는 "불행한 때, 혹은 불행한 재난"입니다.[9] 빠르다고 승리를 장담할 수 없는 것은 언제, 어느 순간, 불행한 일이 닥칠지 모르기 때문이라는 것입니다. 이것을 전도서 9:12는 좀 더 명확하게 "재앙의 날"(에트 라아)이라고 밝혔습니다.

전도서 9:11-12를 새길 때 주목해야 하는 말이 바로 이것입니다. "재앙의 날"(에트 라아)! "재앙의 날이 그들에게 홀연히 임하면 거기에 걸리느니라"(브네 하아담 르에트 라아 케쉐티폴 알레이헴 피트옴, 전 9:12b)! 재앙의 날은 계획대로 오지 않습니다. 재앙의 날은 홀연히 닥칩니다. 문자적으로 전도서 9:12b는 "사람들도 악한 때에 빠진다, 그것이 갑자기 그들에게 떨어지면"입니다. 새번역은 이 구절을 "사람들도 갑자기 덮치는 악한 때를 피하지 못한다"로 옮겼습니다. 아무리 빠른 사람이라도, 아무리 건장한 용사라도, 아무리 재치 있는 사람이라도, 물고기가 잔인한 그물에 걸리고 새들이 덫에 걸리는 것처럼 재앙의 날이 홀연히 닥치면 결코 그런 재앙을 피하지 못한다는 것입니다. 게다가 사람들은 그런 재앙이 언제 닥칠지 알지 못하다는 것입니다(전 9:12a).

　전도서 9:11-12가 제기하는 문제가 여기에 있습니다. 전도자는 바로 앞(전 9:7-10)에서 작은 일상에 신실한 인생살이를 살라고 충고하였습니다. 작은 일상에서 쌓은 즐거움이 일생을 풍요롭게 한다고 가르쳤습니다. 그런데 문제는 인생살이에는 뜻하지 않는 재앙이 홀연히 닥칠 때가 있다는 것입니다. 그런 재앙의 날이 닥치면 일상은 대번에 그만 깨어지고 만다는 것입니다. 이런 맥락에서 전도서 9:11-12는 인생살이를 힘들게 만드는 재앙에 대한 문제를 다루고 있습니다.

　사람들은 누구나 그 일상에 갑자기 재앙이 닥치면 '왜 내게 이런 일이 일어나느냐'고 따지게 됩니다. 신앙인일수록 그렇게 묻는 질문의 강도(強度)가 거세집니다. 이런 질문을 영어로 요약하면 한마디로 "Why me?"입니다. 전도서 9:11-12에는 뜻하지 않게 재앙의 날을 만난 어떤 사람이 왜 나에게 이런 궂은일이 닥쳤는지를 따지는 음성이 새겨져 있습니다. 본문에서 전도자가 보고 있는 문제가 바로 이것입니다.

　박완서 작가가 쓴 『한 말씀만 하소서』라는 책이 있습니다.[10] 박완서 작가가 하나밖에 없는 아들의 죽음을 겪으면서 기록한 일기 형식의 소설입니다. 박완서 작가는 참 험난한 인생을 살았습니다. 대학교에서 국문과 재학 중에 한국전쟁이 일어나 학업을 중단했습니다. 결혼하고 살림에 빠져 살다가 1970년 마흔이 되던 해에 뒤늦게 등단해서 이 세상을 떠나기 직전까지 활발하게 작품활동을 하였습니다. 1988년 남편을 폐암으로 떠나보냈습니다. 그 석 달 후에 마취과 레지던트였던 26살 아들을 교통사고로 잃게 됩니다.

　『한 말씀만 하소서』는 아들을 잃은 어머니가 끔찍하리만치 고통스러웠던 시절에 썼던 일기를 소설 형식으로 펴낸 책입니다. 박완서 작가의 말에 따르면 상(喪)을 당한 이에게 조문을 하는 것은 사람만이 할 수 있는 아름다운 도덕입니다. 그러나 참척(慘慽)의 슬픔을 당한 어미에게 하는 조의는 아무리 조심스러운 위로라고 해도 그것은 모진 고문이요 견디기 어려운 수모였습니다.

『한 말씀만 하소서』는 갑작스레 당한 아들의 죽음 앞에서 하나님이 계시다면 내게 한 말씀만 해 달라고 울부짖는 어머니의 애끓는 심정을 담고 있습니다. 자식을 잃은 어머니가 겪어야 하는 고통이 책의 매 쪽마다 그대로 담겨 있습니다. 아들을 가슴에 묻은 이후에는 밥 한 숟갈도 제대로 입으로 넘기지 못합니다. 잠도 제대로 자지 못합니다. 생존본능을 거부하는 고통 속에서 헤맵니다. 하나님을 향한 거친 저항과 회의를 내뱉으며 입만 벙긋하면 아들을 데려간 하나님께 절규하며 울부짖습니다. 왜 내 아들을 데려갔느냐고. 왜 내 아들이어야 했느냐고.

고통이 극에 달했을 때 박완서 작가는 수녀원에 들어갑니다. 그 수녀원에서 어느 날 저녁 기도모임에서 참석합니다. 거기에서 자기처럼 통절한 괴로움을 겪고 있는 또 다른 사람들을 우연히 만나게 됩니다. 그들도 자기처럼 고통스러운 나날을 보내고 있는 것을 불현듯 알게 됩니다. 그 자리에서 문득 어떤 깨달음이 옵니다. 내 아들이라고 해서 데려가지 말란 법이 있느냐! 박완서 작가의 말이 "Why me?"에서 "Why not me!"로 넘어가는 순간입니다. 나라고 해서 그런 재앙을 당하지 말란 법이 있느냐! 그런 깨달음에 생각이 한순간 바뀌게 되자 지금까지 억제하지 못했던 고통이 돌연 가라앉게 됩니다. 잃어버린 일상을 다시 붙들게 됩니다. 막내딸이 사는 미국으로 가 여행을 하게 됩니다. 작가의 입에서 기도가 튀어나오게 됩니다. "주여, 저에게 다시 이 세상을 사랑할 능력을 주셔서 감사합니다!"

전도서 9:11-12가 바로 이 진리를 다루고 있습니다. "Why me?"를 묻는 사람들을 향해 던지는 가르침입니다. 누구에게도, 어떤 사람에게도 재앙의 날은 닥칠 수 있다는 것입니다. "분명히 사람은 자기의 시기도 알지 못하나니 물고기들이 재난의 그물에 걸리고 새들이 올무에 걸림 같이 인생들도 재앙의 날이 그들에게 홀연히 임하면 거기에 걸리느니라"(전 9:12)! 무슨 소리입니까? 재앙은 누구에게라도 닥칠 수 있다는 것입니다. 갑자기 닥친 재앙은 누구라도 피하지 못한다는 것입니다. 그런 점에서 전도서 9:11-12는 "Why me?"를 소리치는 자들에게 "Why not me!"라고 대답하는 구절입니다.

그렇습니다. 전도서 9:11-12는 인생살이의 일상에 불현듯 닥치는 재앙의 문제는 질문하는 방식을 바꾸면 극복될 수 있다고 충고합니다. "Why me?"라고 물을 것이 아니라 "Why not me!"라고 되새길 때 우리 일상은 재앙이라는 덫에 붙들리지 않게 된다는 것입니다. 전도자가 말하려는 것은 이것입니다. 재앙의 날은 누구에게나 홀연히 임한다는 사실입니다. 갑자기 찾아온다는 사실입니다. 예고 없이 닥친다는 사실입니다. 재앙 앞에서 인간은 누구라도 불안해집니다. 걱정이 됩니다. 어떻게 해야 이런 세상살이에서 지혜롭게 지낼 수가 있습니까?

전도자는 그냥 질문만 던지고 말문을 다른 데로 돌립니다. 전도자가 9:11-12에서 던진 질문은 이렇게도 바꿔서 새길 수 있습니다. 인생은 참 연약한 존재라는 것입니다. 인생이란 무척 깨지기 쉬운 존재라는 것입니다. 금그릇이 아니라, 은그릇이 아니라, 질그릇에 불과하다는 것입니다(고후 4:7-10). 우리 인생이 빛나게 되는 것은 무엇 때문이겠습니까? 질그릇 같은 인생에 무엇이 담겨 있느냐에 따라서 인생의 가치가 달라지지 않겠습니까! 예수 그리스도가 우리 인생살이의 처방이 되어야 하지 않겠습니까? 예수 그리스도가 우리 삶의 중심에 계심으로 어떤 재앙의 날을 맞았다고 해도 사도 바울이 했던 고백이 우리가 토로하는 간증이 되어야 하지 않겠습니까!

우리 중에 누구든지 자기를 위하여 사는 자가 없고 자기를 위하여 죽는 자도 없도다 우리가 살아도 주를 위하여 살고 죽어도 주를 위하여 죽나니 그러므로 사나 죽으나 우리가 주의 것이로다(롬 14:7-8).

우리는 사나 죽으나 주님의 것입니다. 살아도 주님의 것, 죽어도 주님의 것이라면 누가 우리를 그리스도의 사랑에서 벗어나게 할 수 있습니까? 재앙의 날일수록 하나님을 붙드십시오. 아무리 흐린 날이어도 구름 위에는 찬란한 태양이 떠 있지 않습니까! 그 태양 위에 계시는 하나님께서 우리를 돌보시고 있지 않습니까! 그러니 다짐하십시다. "여호와께서 하늘에서 굽어보사 모든 인생을 살피심이여 곧 그가 거하시는 곳에서 세상의 모든 거민들을 굽어살피시는도다"(시 33:13-14)!

우리가 만들어가야 할 희망(9:13-18)

전도서 9:13-18은 해 아래 세상을 어떻게 살아가야 할지에 관한 전도자의 충고입니다. 세상이 지혜자를 속일지라도 노여워하지 말라고 충고하는 말씀입니다. 읽기에 따라서는 전도서 9:13-18은 9:11-12가 제기한 질문에 대한 대답으로 읽을 수도 있습니다. 세상살이에서 재앙의 날이 언제, 어떻게, 닥칠지 모르지만(전 9:11-12), 사람은 지혜자로 살아야 한다고 충고하고 있습니다(전 9:13-18). 이 충고는 이렇게 시작합니다.

내가 또 해 아래에서 지혜를 보고 내가 크게 여긴 것이 이러하니(전 9:13).

새번역은 이 구절을 이렇게 번역하였습니다. "나는 세상에서 지혜로운 사람이 겪는 일을 보고서 큰 충격을 받은 적이 있다." 개역개정의 "크게 여긴 것이 이러하다"는 말을 "큰 충격을 받은 적이 있다"로 옮겼습니다. 그러나 원문은 그냥 "크게 여긴 것"에 가깝습니다. 원문은 문자적으로는 "그것은 내게 중요한 것이다"(그돌라 히 엘라이)도 되고, "그것은 내게 커다란 것이다"도 됩니다. 읽기에 따라서는 큰 충격일 수도 있고, 반대로 커다란 감동일 수도 있습니다. 새번역은 원문을 부정적인 뉘앙스로 받아들였지만, 우리는 원문을 긍정적으로 읽어가려고 합니다. 해 아래 세상에서 지혜자가 겪는 일을 보고 충격을 받았다기보다는 해 아래 세상에서 지혜자가 당하는 일을 보면서 오히려 감동을 받았다고 읽으려고 합니다. 무엇에 감동하였습니까? 왜 감동하였습니까? 전도서 9:14-16이 그것을 전합니다.

> 곧 작고 인구가 많지 아니한 어떤 성읍에 큰 왕이 와서 그것을 에워싸고 큰 흉벽을 쌓고 치고자 할 때에 그 성읍 가운데에 가난한 지혜자가 있어서 그의 지혜로 그 성읍을 건진 그것이라 그러나 그 가난한 자를 기억하는 사람이 없었도다 그러므로 내가 이르기를 지혜가 힘보다 나으나 가난한 자의 지혜가 멸시를 받고 그의 말들을 사람들이 듣지 아니한다 하였노라(전 9:14-16).

전도서 9:14-16은 일종의 비유입니다. 주민이 많지 않은 어떤 작은 성읍을 한 힘센 왕이 정복하고자 쳐들어왔습니다. 그때 그 성읍 안에는 가난하지만 지혜로운 한 사람이 살고 있었습니다. 그 사람이 지혜를 내어 성읍을 구출하였습니다. 그러나 성읍을 구출되고 난 지 얼마 되지 않아서 성읍 주민들의 기억 속에서 그 성읍을 구출한 지혜자의 공적은 사라져버리고 말았습니다. 그 사정을 보면서 전도자가 말합니다. "지혜가 힘보다 나으나 가난한 자의 지혜가 멸시를 받고 그의 말들을 사람들이 듣지 아니한다 하였노라"(전 9:16).

이 비유에는 두 부류의 인생이 등장합니다. 한 사람은 왕입니다. "큰 왕"이라고 소개되고 있습니다(14절). 그는 세상 권세를 한 손에 쥐고 있는 사람입니다. 다른 한 사람은 "가난한 지혜자"입니다(15절). 한편에서는 힘센 왕이 등장하고, 다른 한편에서는 천해 보이는 지혜자가 소개됩니다. 왕은 힘을 가진 사람입니다. 힘을 쓰는 사람입니다. 왕이 가진 힘은 사람 눈에 보입니다. 하지만 지혜는 보이지 않습니다. 왕은 힘을 써서 성읍을 무너뜨리려고 했습니다. 하지만 지혜자가 지혜로 성읍을 구출해내었습니다. 이런 결과를 보면서 전도자가 이야기합니다. 지혜가 힘보다 낫다!

지혜가 힘보다 낫다는 말은 역설입니다. 세상에서는 힘이 지혜보다 낫다고 여기고 있습니다. 권력을 쥐려고 하고(will to power), 돈을 모으려고 하고(will to money), 쾌락을 즐기려고 합니다(will to pleasure). 누구라고 말할 것 없이 저마다 높아지고, 강해지고, 누리게 되는 삶에 혈안이 되어 있습니다. 지나가는 젊은이들을 붙잡고 물어보십시오. "왜 그렇게 열심히 일합니까?", "출세하려고 그럽니다! 성공하려고 그럽니다! 부자가 되려고 그럽니다!"라고 대답합니다. 세상은 이런 방향으로 흘러가고 있는데 전도자가 본문에서 던지는 충고는 세상의 방향과 어긋납니다. 지혜가 힘보다 낫다고 말하지 않습니까? 여러분, 정말 지혜가 힘보다, 돈보다, 쾌락보다 낫다고 생각하십니까? 전도자가 왜 이렇게 말하게 되었습니까?

전도서는 일종의 고백록입니다. 지혜가 힘보다 낫다는 전도자의 고백은 인생살이에서는 정녕 힘이 전부가 아니라는 소리입니다. 돈이 전부가 아니라는 것입니다. 명예가 전부가 아니라는 것입니다. 힘보다, 돈보다, 명예보다 소중한 것이 있는데, 그것이 바로 지혜라는 소리입니다. 그것이 바로 하늘의 은총이라는 소리입니다. 그것이 바로 신앙이라는 소리입니다.

전도서 9:16a("그러므로 내가 이르기를 지혜가 힘보다 낫다")는 우리에게 어떤 결단을 촉구합니다. 크리스천의 생활신앙이 어떤 방향으로 나아가야 하는지를 일깨워줍니다. 지혜와 힘 가운데서 어떤 것을 선택해야 할지를 묻고 있습니다. 여기서 지혜는 신앙적 가치를 대변합니다. 여기서 힘은 세상적 가치를 대변합니다. 이 두 개의 가치 가운데서 어느 것을 붙들어야 합니까? 기독교 신앙의 기준에서 보면 엄연히 'either or'(둘 중 하나)가 되어야 하는데 우리는 늘 'both and'(둘 다)방식의 생활을 하려고 하지 않습니까?

전도서 9:14-16은 우리에게 내려놓아야 할 것이 있음을 말해줍니다. 비워야 할 것이 있음을 일깨워줍니다. 조금 가난하더라도 지혜로운 자가 되자는 것입니다. 조금 부족하더라도 땅에 매이지 않고 하늘을 바라며 사는 자가 되자는 것입니다. 그것이 지혜가 힘보다 낫다는 충고의 본질입니다. 그것이 우리가 만들어가야 할 희망이라는 것입니다. 그것이 우리가 이루어가야 할 길이라는 것입니다. 그런 희망을 보았기에 전도자가 감동합니다. 그런 길을 기꺼이 걸어가려는 자를 보았기에 "그것이 내게는 커다란 감동이다"(전 9:13)라고 외쳤던 것입니다.

땅 위에 길은 본래부터 나 있지 않았습니다. 저절로 길이 생긴 것은 아닙니다. 많은 사람들이 오랫동안 가다 보니 길이 만들어지게 되었습니다. 희망도 마찬가지입니다. 우리 크리스천 모두가 지혜가 힘보다 낫다는 희망을 절실하게 만들어 가면 마침내 우리 사회는 지혜가 힘보다 나은 사회가 될 것입니다.

하지만 여기에는 우리가 감수해야 할 희생이 있습니다. 우리가 참아내야 할 노여움이 있습니다. 지혜가 힘보다 낫지만 현실에서는 가난한 자의 지혜가 무시를 당한다는 사실입니다. 전도서 9:16을 다시 한 번 읽어보십시오. 무엇이라고 말합니까?

> 그러므로 내가 이르기를 지혜가 힘보다 나으나 가난한 자의 지혜가 멸시를 받고 그의 말들을 사람들이 듣지 아니한다 하였노라(전 9:16).

"지혜가 힘보다 나으나!"라고 합니다. "지혜가 힘보다 나으니!"가 아닙니다. "지혜가 힘보다 나으므로"도 아닙니다. "지혜가 힘보다 나으나"입니다. 지혜가 힘보다 나으나 지혜가 현실에서는 멸시를 받는다는 것입니다. 왜 이렇게 말하고 있습니까? 신앙과 현실 사이에 괴리가 있다는 것입니다. 기독교적 가치관과 세상적 가치 사이에 갈등이 있다는 것입니다.

본문에서 가난한 지혜자는 자기가 살던 성읍을 전란에서 구출한 사람입니다. 오늘날의 방식에 따른다면 이 사람은 마땅히 보상이나 포상을 받아야 합니다. 그러나 본문에서는 사정이 그렇지가 않습니다. 전란에 시달리다가 패망 당하게 될 성읍을 구출해낸 이 사람에게 성읍 주민들은 아무런 포상도 하지 않았습니다. 전쟁이 끝난 뒤에도 그는 여전히 "가난한 자"라고 멸시를 받고 있을 뿐입니다. 이런 현실이 전도자가 보기에는 도저히 이해되지 않습니다. 게다가 시간이 지나니까 성읍을 구출한 그 지혜자의 이름마저도 사람들의 기억에서 사라지고야 말았습니다. 아무도 그 지혜자를 기억하지 않았습니다. 성읍에 사는 사람들 가운데 어느 누구도 그 지혜자의 이름이나 행적을 기리는 사람이 없게 되었습니다. 이런 세상사를 보면서 전도자의 마음에 안타까운 생각이 들었습니다. 전도서 9:16의 속내에는 이런 안타까움이 서려 있습니다.

그렇지만 지혜자가 세상의 현실에서 정당한 대접을 받지 못한다고 해서 지혜자의 가치를 접어둘 수는 없습니다. 세상살이에서는 지혜자가 여전히 가난한 사람들 축에 든다고 해서 지혜자의 역할을 포기할 수는 없습니다. 아니, 오히려 거꾸로 입니다. 세상이 힘들게 하여도, 아니 세상이 힘들게 할수록, 지혜가 세상을 살린다는 희망을 더욱 힘차게 선포해야 합니다. 그것이 바로 전도서 9:17-18입니다.

> 조용히 들리는 지혜자들의 말들이 우매한 자들을 다스리는 자의 호령보다 나으니라 지혜가 무기보다 나으니라 그러나 죄인 한 사람이 많은 선을 무너지게 하느니라(전 9:17-18).

무엇이라고 외칩니까? 지혜자의 말이 호령보다 낫다고 외칩니다. 지혜가 무기보다 낫다고 외칩니다. 조용히 들리는 소리는 하늘에서 들리는 소리입니다. 호령 소리는 세상에서 듣게 되는 소리입니다. 지혜의 소리는 작습니다. 세상의 고함 소리는 요란합니다. 지혜자의 말은 고요해야 들립니다. 다스리는 자의 고함은 너무나 크게 들립니다. 이런 대조를 통해서 본문은 크게 들리는 세상 소리에 귀를 닫고 작게 들리는 지혜자의 소리에 귀를 기울이게 합니다. 그러면서 다시 다짐합니다. 지혜가 무기보다 나으니라! 지혜가 힘보다 나으니라! 하나님을 경외하는 삶이 세상이 붙들고 있는 권력보다 나으니라!

전도서 9:14-15의 비유에서 묘사된 가난한 지혜자는 어찌 보면 나사렛 예수를 닮았습니다. 본문에 거론되는 가난한 지혜자의 행적은 예수 그리스도의 삶과 닮은꼴입니다. 예수님은 십자가의 지혜로 온 세상을 구원하셨습니다. 예수 그리스도가 지신 십자가는 유대 사람에게는 거리낌이고 이방 사람에게는 어리석은 일이었지만 "부르심을 받은 자들에게는 유대인이나 헬라인이나 그리스도는 하나님의 능력이요 하나님의 지혜"이었습니다(고전 1:24).

예수 그리스도는 예루살렘과 유대와 사마리아와 로마와 땅 끝에 이르기까지 "하나님으로부터 오는 지혜가 되시며, 의와 거룩함과 구원이 되셨습니다"(고전 1:30). 힘을 따라 살던 로마제국은 온 세상을 정복하지는 못했습니다. 그러나 예수 그리스도는 십자가의 사랑으로 온 세상을 품으셨습니다. 그럼에도 나사렛 예수는 이 세상에서는 환영받지 못했습니다. 아무도 예수님이 십자가를 지고 올라가신 비아 돌로로자(Via Dolorosa)의 깊은 뜻을 파악하지 못했습니다. 이런 예수님의 모습이 전도서 9:14-15와 오버랩됩니다.

크리스천이 걸어가야 하는 좁은 길이 여기에도 있습니다. 예수 그리스도를 믿는 것으로 그치지 않고 예수 그리스도를 따라가야 한다는 것입니다. 세상에서 환영받지 못했지만 세상을 구원하셨던 지혜자 예수 그리스도를 닮아야 된다는 것입니다. 그래서 전도서 9:14-15에서 들리는 전도자의 탄성은 우리에게 이런 다짐을 하게 합니다. 주여, 세상적으로는 손해 보는 인생이지만, 예수님을 닮아가는 인생을 살게 하소서! 예수를 믿지만 말고 예수처럼 살게 하소서! 예수를 섬기지만 말고 예수의 길을 따르게 하소서! 삶의 열매로 그들이 누구인지를 알리라고 말씀하시지 않았습니까!

> 좋은 나무가 나쁜 열매를 맺을 수 없고 못된 나무가 아름다운 열매를 맺을 수 없느니라 아름다운 열매를 맺지 아니하는 나무마다 찍혀 불에 던져지느니라 이러므로 그들의 열매로 그들을 알리라 나더러 주여 주여 하는 자마다 다 천국에 들어갈 것이 아니요 다만 하늘에 계신 내 아버지의 뜻대로 행하는 자라야 들어가리라(마 7:18-21).

하지만 여기에서 지나쳐서는 안 될 한 가지 사실이 있습니다. 전도서 9장의 맨 마지막 구절입니다. 전도서 9:18b입니다. 전도서 9:18b는 지혜롭게 살 것을 다짐하는 전도자의 내면에서 들리는 소리로 이해해야 합니다. 전도서 9:13-18이 전하는 희망은 전도자 내면에서 들리는 소리로 그 끝을 맺습니다. 그 소리가 어떤 것입니까?

> ……그러나 죄인 한 사람이 많은 선을 무너지게 하느니라(전 9:18b).

"죄인 하나가 많은 선한 것을 망칠 수 있다"(새번역)! 본문은 "하나"와 "많은 것"을 대조시키고 있습니다. 죄인 한 사람과 많은 선한 것을 대조시키고 있습니다. 죄인 한 사람이 많은 선을 파괴시킨다(베호테 엑하드 예아베르 토바 하르베)는 것입니다.

무슨 이야기입니까? 지금까지 전도자는 지혜가 힘보다 낫다고 말했습니다. 세상에서는 지혜자가 크게 환영받지 못한다고 해도, 그래도 우리는 하나님의 지혜로 세상을 살아야 한다고 소망하였습니다. 지혜가 전쟁무기보다 낫다고 힘주어 말했습니다. 그런데 전도서 9:18b는 전도서 10:1("죽은 파리들이 향기름을 악취가 나게 만드는 것 같이 적은 우매가 지혜와 존귀를 난처하게 만드니라")과 함께 지혜의 연약함을 지적하고자 합니다.[11] 지혜는 유리처럼 깨지기 쉽다는 것입니다. 지혜가 어떤 무기보다도 세상살이에서는 나은 것이 분명하지만, 아무리 선한 공적이라도 죄인 한 사람에 의해서 쉽게 망가지고 만다는 것입니다.

지혜자라고 해서 죄의 문제에서 자유로울 수는 없습니다. 죄와 악을 품에 안고 있는 처지로서는 진정한 지혜자가 될 수 없습니다. 죄가 선을 무너지게 하기 때문입니다. 지혜가 전쟁무기보다 나은 것은 사실이지만, 그 지혜자가 아직 죄인의 자리에서 벗어나지 못했다면, 그 사람 까닭에 많은 선한 것들이 망가질 수 있습니다. 죄는 부정한 것입니다. 죄는 소통을 방해하는 장애물입니다. 나 자신과의 소통을 망치게 합니다. 이웃과의 소통을 망치게 합니다. 하나님과의 소통을 망치게 합니다. 지혜자는 늘 깨어서 자기를 다스려야 한다는 것입니다. 그래야 지혜자의 처방이 세상살이에서 빛을 발하게 된다는 것입니다.

우리는 지금 사순절 절기를 보내고 있습니다. 사순절은 크리스천의 오늘을 회개와 참회의 신앙에서 되짚어보는 절기입니다. 우리는 지금 무엇을 회개해야 합니까? 우리의 회개 제목을 전도서 9:13-18에 비추어서 판단합니다. 힘이 지혜보다 낫다고 간주했던 죄를 회개해야 합니다. 입으로는 지혜가 힘보다 낫다고 고백하면서도 마음으로는 지혜보다 나은 힘을 붙들고자 몸부림치는 삶을 회개해야 합니다. 나누고 베풀기보다는 쌓으려고 하고, 섬기고 돌보기보다는 섬김을 받으려고 하는 것을 회개해야 합니다. 내면에서 울리는 하늘의 소리보다는 주변 환경에서 들리는 세상의 소리에 귀를 기울였던 허물을 회개해야 합니다. 큰 것이 작은 것보다 좋다고 우겼던 것을 회개해야 합니다. 많은 것이 적은 것보다 나은 것이라고 착각했던 잘못을 회개해야 합니다.

출세하지 말자는 소리가 아닙니다. 돈을 벌지 말자는 소리가 아닙니다. 출세나 성공보다 더 소중한 것이 있음을 잊고 살았던 어리석음을 회개하자는 소리입니다. 거기에서 한국교회가 근본부터 새롭게 되는 발걸음이 시작되지 않겠습니까! 거기에서 진정 전도자의 고백이 사순절의 화두로 이어지는 은총을 누리게 되지 않겠습니까!

---

1) Marvin Harris, *The Sacred Cow and the Abominable Pig: Riddles of Food and Culture*, 서진영 옮김, 『음식문화의 수수께끼』 (서울: 한길사, 1997).
2) Harris, 『음식문화의 수수께끼』, 83-86.
3) 김경은, 『한·중·일 밥상문화』 (서울: 이가서, 2012), 46-47.
4) 주영하, 『음식전쟁 문화전쟁』 (서울: 사계절, 2000), 176-183.
5) Ryken, *Ecclesiastes*, 204.
6) Seow, *Ecclesiastes*, 296. 학자들에 따라서는 전도서 9:1b의 "하콜 리프네이헴"을 "헤벨 리프네이헴"으로 고쳐서 읽기도 한다. 히브리어 자음 "카프"(ㅋ)를 "헤"(ㄱ)로 고쳐서 "이 모든 것을"(하콜)이라는 말을 "헛된"(헤벨)으로 수정하여 해석하기도 한다. Fox, *A Time to Tear Down*, 291.
7) 비교, 구자용, "죽음 - 그 가장 아름다운 인간의 실존, 구약성서적 창조와 지혜전승의 관점에서 본 인간의 죽음에 대한 고찰", 「구약논단」 49(2013), 348-375, 특히 369.
8) 구자용, "메멘토 모리(Memento Mori), 카르페 디엠(Carpe Diem)", 「구약논단」 43(2012), 82-104; 비교, 차준희, "무덤에서 나온 지혜; 전 9장과 신학적 메시지", 「구약논단」 37(2010), 196-217.
9) Shield, *The End of Wisdom*, 205; Seow, *Ecclesiastes*, 308; Fox, *A Time to Tear Down*, 296.
10) 박완서, 『한 말씀만 하소서』 (서울: 세계사, 2004).
11) Shield, *The End of Wisdom*, 208.

전 도 서 강 해 설 교

11

"세상이 당신을 힘들게 하여도"

본문 전도서 10:1-20 **요절** 전도서 10:1 (**참조** 전도서 2:14; 5:4; 7:9; 9:17)

교수신문이 2014년의 사자성어(四字成語)로 전미개오(轉迷開悟)를 선정했습니다. 미혹에서 벗어나서 깨달음에 이르자는 말로 2014년의 화두를 삼았습니다. 전미개오! 이 말을 곰곰 새겨보았습니다. 어리석음(迷)에서 벗어나면(轉) 진리(悟)가 열린다(開)! 아니, 어리석은 생각(迷)에서 벗어나야(轉) 깨달음(悟)이 열린다(開)! 아니, 어리석은 생각(迷)에서 벗어나서(轉) 진리(悟)로 나아가자(開)! 2014년을 살면서 더 이상 거짓된 것에 미혹되지 않고 무엇이 바른 것인지를 깨달아서 그 깨달음을 실천하는 한 해가 되자는 다짐이 이 말 속에 들어 있었습니다. 그런데 어떻게 해야 어리석음에서 벗어날 수 있을까요?

이 질문에 대답하기 위해서는 전미개오의 첫 글자인 '구를 전(轉)'과, '바꿜 전(轉)'에 주목하셔야 합니다. 어떻게 해야 사물이 뒤집혀질 수 있을까요? 어떻게 해야 낡은 것이 새롭게 될 수 있을까요? 어떻게 해야 어리석은 것이 바르게 될 수 있을까요?

전미개오는 일단 우리 현실을 어리석은 것으로 진단합니다. 우리가 사는 현실이란 미혹되기 짝이 없는 것으로 진단합니다. 사실, 우리가 살아가는 세상은 참 어지럽습니다. 전도자의 말로 그것을 표현하면 세상은 어리석기 짝이 없습니다. 우매하기 짝이 없습니다. 전도서 10장이 바로 그것을 고발하고 있습니다.

전도서 10장에는 다양한 교훈들이 나옵니다. 짤막짤막한 격언들이 나열되면서 무엇이 지혜로운 삶인지를 지적하고 있습니다. 전도서 10장 본문에서는 어떤 매듭이나, 줄거리, 중심을 찾기가 쉽지 않습니다. 그렇지만 전도서 10장에서 세상에는 우매한 사람들이 참 많다는 전도자의 지적을 어렵지 않게 간파할 수 있습니다. 세상에는 지혜로운 사람이 없는 것은 아니지만, 그 수가 많지 않다는 것입니다.

세상에는 온통 우매한 사람들 천지입니다. 우매한 사람들 가운데서도, 전도서 10장에 의하면, 왕이, 나라를 다스리는 사람이, 정치하는 사람이 가장 우매한 사람들 축에 듭니다. 그런 자들이 설치는 까닭에 세상은 지혜롭게 살기가 어려운 마당이 되어버렸다고 탄식하고 있습니다. 전도서 10장을 읽어보십시오. 전도서 10:1-11, 12-15가 우매, 우매한 사람에 대해서 이야기한다면, 전도서 10:16-20은 통치자(왕)에 대해서 이야기하고 있습니다. 전도서 10:1-15에서 가장 많이 등장하는 단어가 "우매/우매한 자"라면(1, 2, 3, 6, 12, 13, 14, 15절), 전도서 10:16-20은 "왕"과 관련된 언급을 여러 차례 하고 있습니다(16, 17, 20절). 그런데 그 언급마저도 우매한 처신에서 벗어나지 않습니다. 그러니까 전도서 10장은 우매한 자들이 설치는 세상, 우매한 사람들 탓에 살기 힘든 세상을 고발하고 있습니다. 전도서 10:1은 그런 자들이 휘어 다니는 세상사를 고발하는 들머리입니다.

사람은 날지 않으면 길을 잃는다!(10:1)

전도서 10:1은 전도서 10장의 세계를 들여다보는 창문입니다. 짧지만 긴 이야기가 이 구절에 담겨 있습니다. 읽기는 쉽지만, 묻고 불리고 풀기에는 쉽지 않은 장입니다.

죽은 파리들이 향기름을 악취가 나게 만드는 것 같이 적은 우매가 지혜와 존귀를 난처하게 만드느니라(전 10:1).

향수에 빠져 죽은 파리가 향수에서 악취가 나게 하듯이, 변변치 않은 적은 일 하나가 지혜를 가리고 명예를 더럽힌다(전 10:1, 새번역).

원문에서 주어는 복수("죽은 파리들," 제부베 마베트)입니다. 이 주어는 문자적으로는 "죽은 파리"(dead fly)이기보다는 "죽음의 파리들"(flies of death)입니다. "죽어가는 파리들"(dying flies)을 가리킵니다.[1] 기름통에 빠져서 떠다니는 파리들을 가리키는 것으로 서아시아 지역에서는 흔히 볼 수 있는 광경입니다. 본문은 기름 그릇에 빠진 파리들 때문에 벌어지는 사태를 다루고 있습니다.

전도서 10:1의 원문에서 "죽은 파리들"(복수형)이라는 주어에 따르는 동사는 단수형입니다. 단수형 동사가 두 개 연거푸 나옵니다. 우리말 번역에는 반영되어 있지 않지만, 원문에서는 "악취를 풍기다"(야브이쉬)와 "쏟아내다"(야비아)가 연이어 나오고 있습니다. 두 개 모두 사역형입니다. 문법적으로는 연이어 나오는 동사 두 개가 서로 연결되어 하나의 뜻을 드러내는 문장을 만들어놓았습니다. 그래서 우리말 성경도 "죽은 파리들이 향기름을 악취가 나게 만든다"라고 본문을 읽었습니다.

전도서 10:1은 번역하거나 해석하기가 쉽지 않습니다. 학자들에 따라서는 연이어 나오는 동사 두 개 가운데 두 번째 나오는 동사 "야비아"를 명사

"가비아"(그릇)로 고쳐 읽기도 합니다.[2] 그래야 오목한 기름 사발에 빠진 파리 한 마리 때문에 그릇에 담겨 있던 기름 전체가 못쓰게 되는 과정이 잘 드러난다고 봅니다.

그렇지만 원문이 말하는 것은 기름 그릇에 빠진 파리들 때문에 기름이 상하게 된다는 것이 아닙니다. 본문은 기름에 빠진 파리들 때문에 기름에서 나는 향기가 좋지 못하게 된다(야비아 쉐멘 로케아흐)는 것을 말하려고 합니다. 그래서 전도서 10:1은 "죽은 파리들이 악취를 풍긴다"(제부베 마베트 야브이쉬)라고 말한 다음 "그것이 향유로 하여금 나쁜 냄새를 퍼뜨리게 한다"(야비아 쉐멘 로케아흐)로 이어진 뒤, 그러고 나서 이 사실에 빗대어 "심각한 것은 지혜나 존귀보다 하찮은 어리석음이다"(야카르 메호크마 미카보드 시클루트 메아트)라고 이어집니다. 그래서 저는 이 구절을 이렇게 옮겨보았습니다.

> 죽은 파리들이 악취를 풍기고 향유 냄새를 나쁘게 퍼뜨리듯
> 난처한 것은 지혜나 존귀보다 하찮은 어리석음이다(전 10:1, 사역).

파리가 날아다니다가 향유 그릇에 빠졌습니다. 향유 그릇에 빠져 죽은 파리들 때문에 향유 그릇에서 나는 냄새에 이질적인 요소가 섞이게 됩니다. 그래서 본래 향유 냄새를 잃어버리게 됩니다. 귀한 향유일수록 하찮은 일로 쉽게 손상됩니다. 본문에서 죽은 파리는 변변치 않은 잘못 하나를 가리키는 상징입니다. 귀한 향유는 지혜와 존귀(명예)에 해당됩니다. 존귀한 자들일수록 작은 잘못 하나 때문에 인생 전체의 평판이 나락에 떨어지고 만다는 것입니다.

전도서 10:1이 강조하는 것은 적은 우매입니다. 변변치 않은 적은 일 하나입니다. 큰 것이 아닙니다. 적은 것입니다. 중요한 것이 아니라 하찮은 것입니다. 그 적은 것이, 그 하찮은 것이, 한 사람의 명예를 땅에 떨어뜨리

는 사태를 일으킨다는 것입니다. 그런 점에서 "죽은 파리들이 향기를 악취가 나게 만든다"는 말은 일종의 은유입니다. 적은 우매가, 하찮은 실수가, 보잘것없는 잘못이 지혜와 존귀를 난처하게 만든다는 것입니다! 사소한 악취가 아름다운 향내를 없애버리듯이 하찮은 잘못 하나가 인생 전체를 망쳐버린다는 것입니다.

본문이 말하는 것은 향기와 악취의 대조입니다. 사소한 잘못과 막중한 명예의 대조입니다. 한순간에 저지른 죄와 오랫동안 쌓았던 지혜와 존귀가 대조를 이루고 있습니다.

서울대 음대에 재직하던 유명 성악가 한 분이 대학 교수직에서 해임되는 일이 매스컴에 보도된 적이 있습니다. 학생들을 지도하면서 그들을 지나치게 엄격하게 대했고 또한 교수의 사적인 행사에 강제로 동원시키는 등 교수로서의 품위를 손상시키는 행위를 했다는 것이 징계사유였습니다. 그 교수는 음악교육이란 도제식 교육이기에 어쩔 수 없이 학생들을 엄하게 다루게 되었고, 학생들을 인격적으로 모욕하는 일은 결코 없었었다고 항변하였습니다. 그렇지만 여론이 악화되면서 그 교수는 교수직에서 해임되는 아픔을 겪고야 말았습니다. 변변치 않은 작은 일 하나가 명성이 자자했던 한 교수의 명예를 더럽히고야 말았습니다.

사람은 날지 않으면 길을 잃고 맙니다! 어느 지방 대학에서 30년간 가르치다가 정년퇴임을 하신 교수님이 신문칼럼에서 하신 이야기입니다.[3] 그분은 교수이셨지만 평생 시를 쓰셨습니다. 그분은 "사람은 날지 않으면 길을 잃는다"는 말이 칠레의 민중시인 파블로 네루다(Pablo Neruda, 1904-1973)가 했던 말이라고 했지만, 저는 그 말이 정년퇴임을 한 뒤 일상을 새롭게 맞이하는 그 교수님의 마음으로 읽었습니다.

길을 간다는 것은 걷는 것입니다. 그런데 길을 바로, 제대로, 바르게 가려면 날아야 합니다. 난다는 것은 땅에서 벗어나는 일입니다. 땅으로부터 떨어지는 일입니다. 땅의 것을 극복하는 일입니다. 땅의 것에 매이지 않아야 길이 제대로 보이고, 땅에 붙잡히지 않아야 길이 멀리 보이기에, 사람은 날아야 비로소 제 길을 제대로 갈 수 있다는 것입니다. 하지만 만약 코앞에 보이는 길에만 매여 있다면 제대로 인생길을 갈 수가 없다는 것입니다.

다윗 왕의 명예가 한순간 더럽혀져 버린 까닭이 무엇입니까? 눈앞에 보이는 밧세바라는 여인에게 매이게 되었기 때문이 아닙니까(삼하 12:14)! 그토록 지혜롭던 솔로몬이 왜 왕국을 둘로 분단시키는 파멸의 주인공이 되고야 말았습니까? 눈앞에 보이는 사람들을 위하다가 하나님을 저버렸기 때문이 아닙니까(왕상 11:1-43)! 하나님을 경외해야 할 사람이 하나님을 등지게 되면서 그 일생 막바지가 큰 혼란에 빠지게 되고야 말지 않았습니까! 신실했던 유다 왕 여호사밧이 왜 그렇게 나쁜 평판을 받고야 말았습니까? 아합 가문과의 혼인을 쉽게 생각했다가 그렇게 되지 않았습니까(대하 18:1-34; 19:2)!

전도서 10:1이 던지는 경고는 비단 개인에게만 국한되는 것은 아닙니다. 전도서 10:1의 경구는 우리 공동체, 우리 사회 전체에도 적용됩니다. 하찮은 일이 큰일을 망친다는 소리는 우리 사회에도 고스란히 적용됩니다. 한 사람의 실수가 사회 구성원 전체를 무너뜨릴 수가 있습니다. 교인 한 사람의 처신이, 목회자 한 사람의 잘못이, 교회 전체를, 한국교회 전체를 망가뜨릴 수가 있습니다. 그런 점에서 전도서 10:1은 전도서 9장 마지막 절을 자연스레 이어받고 있습니다.

지혜가 무기보다 나으니라 그러나 죄인 한 사람이 많은 선을 무너지게 하느니라(전 9:18).

"죄인 한 사람이 많은 선을 무너지게 하느니라!" 이 말을 사도 바울의 말로 바꿔봅시다. 무엇이 문제입니까? 무엇을 경고합니까? 무엇이 사람살이를 난처하게 합니까?

> 너희가 자랑하는 것이 옳지 아니하도다. 적은 누룩이 온 덩어리에 퍼지는 것을 알지 못하느냐(고전 5:6).

큰 것이 아닙니다. 작은 것입니다. 큰 일이 아닙니다. 작은 일입니다. 삶의 이치를 사소하다고 우습게 여기는 자가 있다면 그는 우매한 사람입니다. 보잘것없는 일이라고 하찮게 대우하는 사람이 있다면 그는 우매한 사람입니다.

안타까운 것은 우매한 사람들이 세상에는 참으로 많다는 사실입니다. 세상에는 변변치 않은 적은 일로 자기 명예와 위업을 더럽히는 사람들이 참으로 많다는 것입니다. 왜 그렇습니까? 왜 세상에는 어리석은 자들이 판을 치게 됩니까? 우리는 그 이유를 전도서 10:2-15에서 들을 수 있습니다.

다시 새기는 인문(人文), 사람살이의 발자취(10:2-11)

전도서 10:2-11은 전도자의 눈에 비친 세상살이입니다. 사람살이의 모습입니다. 세상에서 눈에 띄는 사람들이 어떤 자들인지를 묘사하고 있습니다. 전도서 10:2-11은 전도자의 세상읽기라고 말할 수도 있습니다.

전도자가 본 세상에는 어떤 사람들이 살고 있습니까? 전도서 10:2-11의 분위기는 자못 조롱조입니다. 우매한 자들로 넘쳐나는 세상살이라고 풍자하고 있습니다. 도대체 어떤 사람들이 모여 살기에 전도서 10:2-11의 어조가 이처럼 비아냥조입니까? 전도자는 그것을 한마디로 이렇게 정리합니다.

> 지혜자의 마음은 오른쪽에 있고 우매자의 마음은 왼쪽에 있느니라 우매한 자는 길을 갈 때에도 지혜가 부족하여 각 사람에게 자기가 우매함을 말하느니라(전 10:2-3).

전도자는 지혜전통에 따라서 세상 사람들을 둘로 구분합니다. 하나는 지혜자(하캄)입니다. 다른 하나는 우매자(케실)입니다. 우리말 성경에서는 다 같이 "우매자"로 불리지만 원문에서 우매자를 가리키는 말은 "케실"(전 10:2, 12, 15)이나 "사칼"(전 10:3, 6, 14)입니다. 이 두 용어는 보통 바보를 가리킵니다. 어리석은 자를 가리킵니다. 구약에서 우매자를 가리켜 "나발"(시 14:1)이라고도 하는 것까지 감안하면 성경에서 우매자를 일컫는 명칭이 여럿인 것에 주목하십시오. 반면 지혜자는 늘 "하캄"으로 불립니다. 무엇을 암시합니까? 세상에는 지혜자보다 우매자가 훨씬 더 많다는 것입니다. 이런 맥락에서 전도서 10:4-11은 우매자로 분류되는 다양한 사람들을 소개하고 있습니다.

지혜자의 마음은 오른쪽에 있습니다. 우매자의 마음은 왼쪽에 있습니다. 성경에서 오른쪽은 바른쪽입니다. 바른 방향입니다. 왼쪽은 그른 쪽입니다. 옳지 못한 방향입니다. 그래서 새번역은 오른쪽, 왼쪽이라고 하지 않고, 옳은 일 쪽, 그릇된 일 쪽이라고 했습니다. 야곱이 요셉의 아들들을 축복할 때 에브라임의 머리에 그 오른손을 얹었습니다(창 48:13 20). 야곱이 에브라임의 머리에 그 오른손을 얹었다는 것은 요셉의 두 아들 가운데서 에브라임의 역할이 더 권위 있게 된다는 것을 암시합니다. 최후의 심판이 있을 때에도 인자는 모든 민족을 구분하면서 양 같은 자는 그 오른편에, 염소 같은 자는 그 왼편에 두시게 될 것입니다(마 25:31-33).

전도자가 말하고자 하는 것이 무엇입니까? 세상에는 오른쪽으로, 바른 방향으로 가지 못하고 왼쪽으로, 그릇된 방향으로 가는 자들이 있다는 것입니다. 전도서 10:2에서 그 마음이 왼쪽에 있는 사람이란 그 몸의 처신이 잘못된 방향으로 기우는 사람을 가리킵니다. 그리고 그런 잘못된 방향으로 가는 사람들일수록 하나님이 없다고 소리칩니다.

어리석은 자는 그의 마음에 이르기를 하나님이 없다 하는도다 그들은 부패하고 그 행실이 가증하니 선을 행하는 자가 없도다(시 14:1).

지금 여러분의 마음은 어느 쪽으로 기울어져 있습니까? 하나님 쪽입니까, 아니면 하나님을 등지는 쪽입니까? 기억하십시오. 속도보다 중요한 것은 방향입니다! 빨리 가는 것보다 중요한 것은 제대로 가는 것입니다! 주목할 것은 그릇된 쪽으로 가는 사람일수록 설친다는 것입니다. 떠든다는 것입니다. 다른 사람의 충고 따위는 듣지 않는다는 것입니다(참조, 잠 12:5; 18:2; 23:9). 생각하면서 길을 가지 못하고 무작정 걸어가면서 자기의 어리석음을 누구에게나 막 드러낸다는 것입니다(전 10:3).

'도'(道)란 한자는 길을 가면서 생각하는 모양새에서 왔습니다. 달려갈 착(辵)과 머리 수(首)가 합쳐져서 이루어진 글자가 도입니다. '도'란 글자는 머리카락을 날리며 사람이 걸어가는 모양새를 띠고 있습니다. '도'란 걸어가며 생각하는 것이라는 의미입니다.[4] '도'는 삶의 한가운데 나 있는 길을 걸어가는 이치입니다. 도에는 일상적인 경험이 담겨 있습니다. 하늘의 별처럼 삶 저편에 있는 것이 도가 아니라는 것입니다. 진리는 길 위에서 펼쳐진다는 것입니다. 도재이(道在邇)라고 말하지 않습니까! 가까운 우리 일상 속에 지혜가 있지 않습니까! 그런데도, 전도자의 눈에 비친 어리석은 사람은 길 아닌 길을 가면서도 사람들을 향해서 큰 소리로 떠들고만 있습니다.

전도자의 눈에 비친 세상은 힘 있는 자들이 화를 내며 소리치는 세상입니다. 권력을 가지고 있는 자들이 사람들 앞에서 세도를 펴는 짓들을 한다는 것입니다. 그렇지만 힘은 셀지 모르지만 판단력은 모자랍니다. 힘 있는 자들일수록 사람 보는 눈은 가지고 있지 않습니다. 소리치는 입은 가지고 있지만, 사람을 판단하는 식견은 없습니다. 그래서 어리숙한 사람을 높은 자리에 앉히고, 제대로 된 사람은 낮은 자리를 맡기는 일을 저지릅니다.

주권자가 네게 분을 일으키거든 너는 네 자리를 떠나지 말라 공손함이 큰 허물을 용서 받게 하느니라 내가 해 아래에서 한 가지 재난을 보았노니 곧 주권자에게서 나오는 허물이라 우매한 자가 크게 높은 지위를 얻고 부자들이 낮은 지위에 앉는도다 또 내가 보았노니 종들은 말을 타고 고관들은 종들처럼 걸어 다니는도다(전 10:4-7).

본문이 거론하는 대상은 통치자(함모셀)입니다. 다스리는 사람입니다. 정치적인 리더십을 행사하는 사람입니다. 주권자입니다. 권세가입니다. 한 나라를, 한 사회를, 한 공동체를 이끄는 사람입니다. 그런 사람의 문제가 무엇입니까? 통치하려고만 하지 소통하려고 하지 않습니다. 정치하려고만 하지 공의를 펼치지는 못합니다. 자기 지위를 지키려고만 하지 섬기지는 않습니다. 그런 사람 앞에서 우리가 할 수 있는 처신이란 조용히 있는 것밖에 없습니다(참조, 벧전 2:18-21). 그러다 보니 무슨 일이 벌어집니까?

세상사가 뒤집혀져버립니다. 어리석은 사람일수록 높은 자리에 앉게 되고 존귀한 사람일수록 낮은 자리로 밀려나는 세상이 됩니다. 그러다 보니 세상에서 들리는 소리는 온통 원망과 원성입니다. 이처럼 전도자의 눈에 비친 세상은 어처구니없는 세상입니다.

전도자의 고발은 여기에서 그치지 않습니다. 세상살이하면서 남에게 "함정을 파는 자"가 있다고 고발합니다(전 10:8a), "담을 허무는 자"가 있다고 고발합니다(전 10:8b). 이웃을 괴롭히는 일에 힘을 쏟는 자들이 있다는 것입니다. 자기 이익을 위해서라면 물불을 가리지 않는 자들이 있다는 것입니다. 그뿐만이 아닙니다. 전도자의 눈에 비친 세상에는 일에만 몰두하다가 자기 몸을 다치고 상하게 하는 자들이 있습니다(전 10:9). 연장이 무딘데도 그 날을 갈지 않은 채 쓰기만 하는 사람이 있습니다(전 10:10). 부릴 줄도 모르면서 뱀을 가지고 술수를 부리려는 사람이 있습니다(전 10:11). 왜 이런 일이 벌어집니까? 욕심 때문입니다! 욕심과 아집에 사로잡혀 살기 때문입니다.

1975년에 만들어졌던 한국영화에 「바보들의 행진」이라는 영화가 있습니다. 최인호 작가가 쓴 소설을 하길종 감독이 연출했었던 영화인데, 대학생들이 방황하는 일상을 카메라 렌즈에 담은 이야기입니다. 이렇게 저렇게 방황하던 주인공이 군에 입대하는 열차에 몸을 싣는 것으로 줄거리가 끝나는 영화인데, 이 영화에 등장했던 두 주인공의 이름이 병태와 영자이었습니다. 이 영화 이후로 한 때 우리 사회에서는 병태와 영자 시리즈가 유행했던 적이 있었습니다. 세속에 떠밀려 살아야 했던 자들을 가리켜 병태라고, 영자라고 불렀었습니다. 1970년대는 우리 근대사에서 힘들었던 시대입니다. 당시 작가는 이 영화로 1970년대라는 시대를 바보들이 행진하는 시대였다고 비꼬았다는 생각이 듭니다. 바보들의 행진! 그런데 그런 바보들의 행진이 전도서 10:4-11에도 나옵니다. 왜 전도자는 10:4-11에서 세상살이에서 눈에 띄는 우매한 자들을 이렇게, 저렇게 나열하고 있는 것일까요?

인문(人文)이란 사람살이의 무늬입니다. 사람살이의 자취입니다. 그런데 만약 그 무늬나 자취가 어리석은 자들이 만들어낸 열매로만 그친다면 인문에는 희망이 없습니다. 하나님 신앙하기를 포기하고 인간만세를 주창하는 인문이라면 그런 인문은 세상을 치유하는 처방이 될 수 없습니다. 해 아래 세상에서 전개되는 사람살이만으로는 이 세상은 제대로 서지 못합니다. 전도자의 눈에 비친 이 세상의 센 자들, 높은 자들, 가진 자들은 해 아래 세상을 구원하는 궁극적인 해답이 되지 않습니다. 전도자의 도전이 여기에 있습니다. 전도서 10:4-11이 전도자의 시대를 우매한 자들의 시대로 단정하고 있는 이유가 여기에 있습니다.

숨겨진 진실(10:12-15)

살면서 제일 많이 하는 것 중 하나가 말(言)입니다. 사람이 태어날 때 제일 먼저 하는 일이 무엇인지 아십니까? 입을 열어 "앙!" 하고 외치는 일입니다. 그때부터 사람은 죽기까지 쉬지 않고 말합니다. 자라고 성장하고 학교 다니고 직장 다니면서 배우고 익힌 말하기는 죽음의 자리에 가서야 비로소 닫힙니다. 말할 줄 알아야 사람 구실을 하고, 말이 되어야 소통이 되며, 말하기 듣기를 통해서 이런저런 관계가 형성됩니다. 그만큼 말은 인간살이의 바탕입니다. 세상살이의 바탕에는 말이 있습니다. 전도서 10:12-15가 다루는 주제가 바로 이 말입니다.

지혜자의 입의 말들은 은혜로우나 우매자의 입술들은 자기를 삼키나니 그의 입의 말들의 시작은 우매요 그의 입의 결말들은 심히 미친 것이니라 우매한 자는 말을 많이 하거니와 사람은 장래 일을 알지 못하나니 나중에 일어날 일을 누가 그에게 알리요 우매한 자들의 수고는 자신을 피곤하게 할 뿐이라 그들은 성읍에 들어갈 줄도 알지 못함이니라(전 10:12-15).

"지혜자의 입의 말들은 은혜로우나 우매자의 입술들은 자기를 삼키나니!", "지혜로운 사람은 말을 해서 덕을 보고, 어리석은 사람은 제 입으로 한 말 때문에 망한다"(새번역)! 전도자는 지금 은혜로운 말과 자기를 삼키는 말을 대조해서 살피고 있습니다. 전도자가 전도서 10:12에서 하는 말은 마치 잠언의 지혜자가 하는 말처럼 들립니다.

유순한 대답은 분노를 쉬게 하여도 과격한 말은 노를 격동하느니라 지혜 있는 자의 혀는 지식을 선히 베풀고 미련한 자의 입은 미련한 것을 쏟느니라 … 지혜로운 자의 입술은 지식을 전파하여도 미련한 자의 마음은 정함이 없느니라 … 사람은 그 입의 대답으로 말미암아 기쁨을 얻나니 때에 맞는 말이 얼마나 아름다운고 … 의인의 마음은 대답할 말을 깊이 생각하여도 악인의 입은 악을 쏟느니라(잠 15:1-2, 7, 23, 28).

전도자도 잠언처럼 말합니다. 하지만 전도서 10:12-15에서 전도자의 관심은 지혜자의 말에 있지 않습니다. 전도자의 관심은 지금 우매한 사람의 입에서 나오는 말에 있습니다. 전도서 10:12-15가 지혜로운 사람의 말에 대해서는 반 절(節) 짤막하게 거론하지만(전 10:12a), 나머지는 온통 우매한 사람들이 하는 말에 대해서 다루고 있는 것을 살펴야 합니다.

지혜자의 말과 우매한 자의 말 사이에는 어떤 차이가 있습니까? 지혜로운 사람의 말은 다른 사람에게 은혜(헨)를 끼칩니다. 여기에 언급된 "은혜"라는 말은 히브리어로 "헨"입니다. "헨"이란 은총입니다. 위로부터 내리는 선물이 "헨"입니다. 세상 것으로 채울 수 없는 하늘의 보물이 "헨"입니다. 지혜자의 말은 다른 사람에게 힘을 줍니다. 북돋워줍니다. 축복합니다. 사랑을 나눕니다. 그런데 어리석은 사람의 말은 다른 사람에게 상처를 줍니다. 마음을 상하게 합니다. 다치게 합니다. 무너뜨립니다. 급기야 제 입으로 한 말 때문에 스스로 망하게 됩니다.

전도자는 지금 우리에게 왜 우리 입에서 나오는 말이 지혜로워야 하는지를 말하려고 합니다. 왜 우리에게 하나님으로부터 오는 지혜가 필요한지를 설명하려고 합니다. 그러기 위해서 전도자는 일상에서 매 순간 경험하는 지혜와 우매의 차이에 대해서 입을 엽니다. 사람이 태어나서 죽을 때까지 일상에서 맞이하는 가장 많은 것이 서로 주고받는 말이라고 하지 않았습니까!

말이 문제입니다. 입에서 나오는 말이 문제가 됩니다. 말에는 숨겨진 진실이 있습니다. 말이라고 해서 다 말이 아니라는 소리입니다. 그래서 전도자는 말을 해서 덕을 보는 사람이 있고 제 입으로 한 말 때문에 망하는 사람도 있다고 지적합니다(전 10:12-14). 입으로는 소리치면서도 자기 집으로 가는 길조차 못 찾는 사람이 있다고 지적합니다(전 10:15a). 말이 많다 보니까 일을 해도 피곤하기만 한 사람도 있다고 지적합니다(전 10:15b). 그래서 세상에서 들리는 소리는 온통 시끄러운 소리뿐이라고 지적합니다.

천자문에 "언사안정"(言辭安定)이라는 말이 나옵니다. '말씀 언(言)', '말씀 사(辭)', '편안할 안(安)', '정할 정(定)'. "언(言)은 안(安)하고 사(辭)는 정(定)하다!" 말(言)은 알아듣기 쉽게 해야 하고, 화법(辭)은 바르고 조리가 있어야 한다는 뜻입니다.[5] 말은 제대로 해야 하고, 화법은 바르게 해야 된다는 것입니다.

사람살이에서 기본적인 것은 말입니다. 그 말이, 그 언사(言辭)가 안정되어 있어야 합니다. 말(言)은 입에서 나오는 소리를 가리킵니다. 사(辭)는 말의 구성력, 곧 화법을 가리킵니다. '말씀 언(言)'이 입말이라면, '말씀 사(辭)'는 글말입니다. 말과 글은 바르게 하면 은혜가 되지만, 바르게 하지 못하면 사람을 삼키는 도구가 되고 만다는 것입니다.

재미있는 것은 '말씀 언(言)'자의 생김새입니다. '말씀 언'이란 글자는 원래 '입 구(口)'와 '매울 신(辛)'에서 온 글자였는데, '매울 신(辛)'자에는 '죄'나 '형벌'의 의미가 새겨져 있기에 '말씀 언(言)'이라는 글자에는 '입으로 죄를 지어 벌을 받지 않도록 조심하다'는 뜻이 담겨 있다는 것입니다.[6] 조심해야 할 것은 '말씀 사(辭)' 자도 마찬가지입니다. '말씀 사(辭)' 자에도 '매울 신(辛)'과 '다스릴 란(亂)' 자가 들어 있습니다. 맵게 다스린다는 뜻이 '말씀 사(辭)'자에 담겨 있다는 것입니다.

누가 지혜로운 사람입니까? 말을 바르게 쓰는 사람입니다. 누가 어리석은 사람입니까? 말을 못되게 사용하는 사람입니다. 말이 지혜로워야 합니다. 말을 통해서 지혜로운 사람인 것을 드러내야 합니다. 우리 입에서 나오는 말이 축복을 전하는 도구가 되어야 합니다. 은혜를 나누는 도구가 되어야 합니다. 구원에 이르는 지혜를 얻는 통로가 되어야 합니다.

어떻게 해야 우리 입에서 나오는 말이 은혜를 나누는, 축복을 전하는, 구원에 이르는 도구가 될 수 있습니까? 말(word)이 말씀(Word)의 통제를 받아야 합니다. 사람의 말이 하나님의 말씀에 읽매여야 합니다. 말씀이 말을 다스려야 합니다. 성경의 글말이 사람의 언사를 다잡아야 합니다.

하나님의 말씀이 사람의 말글을 울 쳐야 합니다. 그 진실을 사도바울이 이렇게 외칩니다. 구원에 이르는 지혜는 바로 예수 그리스 안에 있는 믿음이라고!

> …성경은 능히 너로 하여금 그리스도 예수 안에 있는 믿음으로 말미암아 구원에 이르는 지혜가 있게 하느니라(딤후 3:15).

구원에 이르는 지혜! 그렇습니다. 지혜로운 자의 말은 구원에 이르는 지혜가 되어야 합니다. 그래야 세상이 우리를 힘들게 하여도, 해 아래 세상살이가 헛되지 않게 되고, 세상사를 복되게 헤쳐 가는 길이 열리게 됩니다. 말을 변화시켜야 합니다. 파괴적인 말은 버려야 합니다. 세우는 말을 해야 합니다. 무심코 던진 한마디로 다른 사람의 인생을 파괴시키는 것이야말로 우매한 사람의 짓거리입니다. 그러니 이렇게 기도하십시다. 주여! 우리의 입에서 나오는 말이 우매자의 말이 아니라 지혜자의 말이 되게 하소서!

> 주 여호와께서 학자의 혀를 내게 두사 나로 곤핍한 자를 말로 어떻게 도와줄 줄을 알게 하시고 아침마다 깨우치시되 나의 귀를 깨우치사 학자같이 알아듣게 하시도다(사 50:4).

아무데나 없는(no where), **바로 지금 여기에 있는**(now here)(10:16-20)

해 아래 세상에서 벌어지는 일의 정점에는 정치가 있습니다. 정치하는 사람들이 있습니다. 전도자의 말로 하면 왕과 그 대신들이 그 당시 세상사의 정점에 있습니다. 그것을 오늘 우리 식으로 말하면 정치하는 사람들이 오늘 우리 세상사의 꼭짓점에 있습니다.

세상에서 벌어지는 일들은 한두 가지가 아닙니다. 정치, 경제, 사회, 문화, 예술, 스포츠, 종교 등 여러 분야가 있습니다. 그런데도 그 많은 부문 가운데서도 매일 매스컴에 오르내리는 기사는 단연 정치 분야입니다. 사회를 이끌어가는 여러 지도자들 가운데서도 정치 지도자들이 가장 많이 세간의 이목을 끕니다. 왜 그럴까요?

국가의 행정, 입법, 사법부에서 일하도록 선출되거나 선임된 자들은 이름 하여 공직자들입니다. 국가를 위해서, 사회를 위해서 봉사하도록 부름 받은 사람들이 바로 공직자입니다. 내 이익을 위해서 땀 흘리는 사람들이 아니라 사회를 위해서, 나라를 위해서, 공익을 위해서 땀 흘리는 자들이 공직자입니다. 그런 공직자들에게 거는 기대가 있습니다. 공직자들은 보다 깨끗해야 합니다. 보다 정직해야 합니다. 보다 공의로워야 합니다. 보다 공평해야 합니다. 보다 겸손해야 합니다. 보다 투명해야 합니다. 전도서 10:16-20은 바로 그런 전도자 당시의 공직자들에 대한 이야기입니다.

왕은 어리고 대신들은 아침부터 잔치하는 나라여 네게 화가 있도다 왕은 귀족들의 아들이요 대신들은 취하지 아니하고 기력을 보하려고 정한 때에 먹는 나라여 네게 복이 있도다 게으른즉 서까래가 내려앉고 손을 놓은즉 집이 새느니라 잔치는 희락을 위하여 베푸는 것이요 포도주는 생명을 기쁘게 하는 것이나 돈은 범사에 이용되느니라 심중에라도 왕을 저주하지 말며 침실에서라도 부자를 저주하지 말라 공중의 새가 그 소리를 전하고 날짐승이 그 일을 전파할 것임이니라(전 10:16-20).

전도서 10:16-20이 다루는 주제는 왕입니다. 전도서에는 왕과 관련되어 나오는 이야기가 여러 곳 나옵니다(전 4:13-16; 5:9; 8:2-4; 9:13-16). 그 가운데서도 전도서 10:16-20은 왕국에 대해서 가시 돋친 말을 던집니다. 왕 때문에 비뚤어진 사회, 왕과 그 신하들 까닭에 어지러워진 사회의 실상을 고발하고 있습니다. 전도자가 고발하는 왕국의 실상은 어떤 것입니까?

"왕은 어리고 대신들은 아침부터 잔치하는 나라여 네게 화가 있도다!"

전도서 10:16은 왕이 어리다는 지적으로부터 출발합니다. 원문이 다루는 대상이 "어린 사람"(나아르)인 것은 분명합니다. 그런데 여기 이 단어(나아르)는 새로 출생한 아이(출 2:6)나, 젊은이를 지칭하기도 하지만(창 34:19), 때로는 하인이나 종을 뜻하기도 합니다(창 37:2; 출 33:11). 게다가 이 말은 전도서 10:17의 고귀한 "귀족들의 아들"(벤-호림)과 대칭을 이루는 단어입니다. 전도서 10:16의 소년은 10:17의 귀족들의 아들과 짝을 이루고 있다는 것입니다. 전도서 10:17의 "귀족들의 아들"은 기풍 있게 처신하는 사람으로 읽을 수 있습니다. 그렇다면 10:16의 "어린 사람"은 "어린아이 같은 사람", "어린아이처럼 구는 사람"을 나타내게 됩니다.[7] 그래서 본문은 다음과 같이 읽을 수 있습니다.

> 화가 있을 것이다, 그 땅의 왕이 어린아이처럼 굴고
> 그 대신들은 아침부터 잔치에 빠져 있는 나라에게는.
> 복이 있을 것이다, 그 땅의 왕이 기풍 있게 처신하고
> 그 대신들이 제 때에 잔치하는 나라에게는.
> 그들은 강해지기 위해서 먹지 취하기 위해서 먹지 않는다(전 10: 16-17, 사역).

전도서 10:16, 17은 서로 대칭을 이루는 구문입니다. 16절은 "화가 네게 있으라"고 시작합니다. 17절은 "복이 네게 있으라"고 시작합니다. 그러면서 16절은 아침부터 먹고 노래하며 잔치하는 대신들이 있는 나라를 꼬집고, 17절은 제때에 먹고 마시기에 취하지 않으며 힘을 비축하는 대신들이 있는 나라를 묘사합니다. 이런 대조를 들려주면서 전도자는 우리에게 어느 나라가 과연 저주를 받을 나라인지, 어떤 나라가 복을 받은 나라인지를 깨달으라고 제시합니다.

세상 지도자들을 향한 전도자의 이런 고발은 선지자 이사야가 고발하였던 주전 8세기 유다의 실상을 상기시킵니다.

아침에 일찍이 일어나 독주를 마시며 밤이 깊도록 포도주에 취하는 자들은 화 있을 진저 그들이 연회에는 수금과 비파와 소고와 피리와 포도주를 갖추었어도 여호와께서 행하시는 일에 관심을 두지 아니하며 그의 손으로 하신 일을 보지 아니하는도다 그러므로 내 백성이 무지함으로 말미암아 사로잡힐 것이요 그들의 귀한 자는 굶주릴 것이요 무리는 목마를 것이라(사 5:11-13).

이사야 5장에 나오는 이사야의 고발은 술에 취해서 사는 지도자들에 대한 이야기입니다. 집에 집을 더하고, 밭에 밭을 늘려나가, 땅 한가운데서 홀로 살고자 자기 세(勢)를 과시하는 자들에 대한 이야기입니다(사 5:8-9). 하나님이 바라셨던 정의(미쉬파트)를 포학(미쉬파흐)으로, 공의(체다카)를 부르짖음(체아카)으로 바꿔버린 자들에 대한 이야기입니다(사 5:7). 한 마디로 자기 즐거움에 빠져 살기에 바빠서 하나님의 뜻을 펼치는 일에는 관심이 없는 자들에 대한 이야기입니다. 그런 사람들이 권좌에서 설치는 까닭에 해 아래 세상에서는 뭇 백성들이 어처구니없는 고생을 하게 됩니다. 때를 구분하지 못하는 지도자들 때문에 하늘 아래 온 나라가 신음에 빠지게 됩니다. 지도자 한 사람 때문에 땅에 거하는 온 시민이 고통을 당하게 됩니다. 이사야 당시의 이야기만은 아닙니다. 전도자 당시의 이야기만은 아닙니다. 오늘 우리 시대에 대한 이야기입니다.

우매한 사람은 땅에 매여 사는 자입니다. 땅의 방식에 매여 사는 사람들입니다. 기쁨을 얻고자 잔치를 베풀고 즐거움을 찾고자 포도주를 마시면서 만사를 돈으로 해결하려는 사람들입니다(전 10:18). 그들은 결코 스마트하게 일을 하지 못합니다(전 10:19). 그러면서도 세상을 향해서는 윽박지르고 있습니다. 그러다 보니 세상은 보통 사람들이 숨죽이면서 살 수밖에 없는 마당으로 전락하고 말았습니다(전 10:20).

어떻게 살아야 합니까? 세상이 힘들게 하여도 지혜롭게 살아야 합니다. 세상사가 거칠게 하여도 지혜 안에서 살아야 합니다. 지혜로운 사람은 하늘의 뜻을 따라 사는 사람들입니다. 어둠의 행실을 벗어버리고 예수 그리스도로 옷을 입고 육신의 일을 꾀하지 않는 사람들입니다(롬 13:12-14). 지혜자를 향한 하늘의 뜻이 무엇인지를 평생 새기면서 사는 사람들입니다.

그가 왕위에 오르거든 이 율법서의 등사본을 레위 사람 제사장 앞에서 책에 기록하여 평생에 자기 옆에 두고 읽어 그의 하나님 여호와 경외하기를 배우며 이 율법의 모든 말과 이 규례를 지켜 행할 것이라(신 17:18-19).

왕위에 오른 자를 향한 신명기의 소망은 왕이 정치가가 되는 것이 아니었습니다. 왕이 먼저 바른 신앙인이 되고, 바른 제자가 되고, 바른 증인이 되는 것을 기대하였습니다. 그래야 그런 왕이 있는 나라가 하나님의 뜻을 이루는 사회가 될 수 있다고 보았습니다. 이런 신명기의 소망은 예수님께서 펼치신 산상수훈의 팔복(마 5:3-10)으로 고스란히 이어집니다. 예수님께서는 어떤 사람을 향해서 복 있는 자라고 선포하셨습니까?

한 나라를, 한 사회를, 한 단체를, 한 공동체를 이끄는 사람들은 무엇보다도 마음이 가난해야 합니다. 애통할 줄 알아야 합니다. 온유해야 합니다. 의에 주리고 목말라야 합니다. 긍휼히 여길 줄 알아야 합니다. 마음이 청결해야 합니다. 평화를 이루는 사람이 되어야 합니다. 의를 위하여 기꺼이 박해를 받는 사람이 되어야 합니다(마 5:3-10). 그래야 한 시대를 주님의 나라로 세울 수 있습니다. 그래야 한 사회를 하나님의 나라로 세울 수 있습니다. 그래야 시대의 지도자로 부름받은 자들은 복이 있는 사람으로 대접받게 됩니다.

이런 지도자들이 이 세상 어디에 있겠느냐고 묻지 마십시오. 도대체 예수님의 팔복(마 5:3-10)을 정치이념으로, 정치철학으로, 정치프로젝트로 따르려는 사람들이 어디에 있겠느냐고 묻지 마십시오. 이익과 이권을 챙기는 오늘 이 시대의 지구촌에서는 정의와 공평의 사신이 되려는 지도자는 세상 어디에도 없다고 말할 수도 있습니다. 그렇습니다. 현실적으로는 그런 지도자들이란 "아무 데나 없는"(no where) 자들이라고 말할 수 있습니다. 그렇다면 바로 "여기에 있는"(now here) 예수 그리스도의 사람들이 이 나라, 이 민족, 이 교회를 섬기는 자로 쓰임 받아야 합니다.

그러므로 여러분, 전도서 10:16-20에 나오는 전도자의 지적을 들으면서 어리석은 짓만 일삼는 우매한 "그들"만 탓하시렵니까? "그들" 탓에 세상사가 뒤집혀져버렸다고 원망만 하시겠습니까? 아니면, 그런 전도자의 고발을 들으면서 하나님의 뜻을 이 땅에 펼쳐가는 그 한 사람이 바로 "우리"가 되어야 하겠다고 새롭게 다짐하시겠습니까! "그들"을 문제 삼지 마십시오. 문제는 바로 "우리"입니다. "우리"에게 문제가 있습니다. 그러니 다짐하십시다. 어느 곳에 있든지 리더의 길을 가십시오. 어느 길을 가든지 지도자의 길을 가십시오. 어느 때를 살든지 지혜자의 길을 가십시오.

---

1) Shields, *The End of Wisdom*, 208-209.
2) Fox, *A Time to Tear Down*, 301; Seow, *Ecclesiastes*, 312.
3) 허형만, "사람은 날지 않으면 길을 잃는다", 「교수신문」 제 712호(2013년 12월 16일), 11면.
4) 신영복, 『강의』, 36-37.
5) 언사안정(言辭安定)은 『예기』 (禮記) 「곡례」 (曲禮) 편에 나오는 "말의 씀씀이를 조용하고 올바르게 하다" (安定辭)라는 구절을 다시 쓴 것이다. 김근, 『욕망하는 천자문』 (서울: 삼인, 2003), 215-217.
6) 김근, 『욕망하는 천자문』, 215.
7) Shield, *The End of Wisdom*, 218; Seow, *Ecclesiastes*, 328-329; Fox, *A Time to Tear Down*, 309.

전 도 서 강 해 설 교

12

"네 떡을 물 위에 던져라"

본문 전도서 11:1-8   요절 전도서 11:1-2

    미국 하버드(Harvard) 대학에는 '씽크 빅'(Harvard Thinks Big)이라는 시리즈 강좌가 있습니다. Harvard Thinks Big! "하버드는 크게 생각한다"는 뜻이겠지요. 하버드 대학 학부생들을 상대로 강당에서 진행되는 일종의 교양강좌입니다. 그 강좌 중에 질 레포(Jill Lepore) 교수의 '인생의 의미'(The Meaning of Life)라는 강연이 있습니다.[1] 질 레포는 역사학자입니다. 이 강연은 재미있게도 시대마다 유행하였던 보드게임(board game)을 통해서 사람들이 추구하는 행복이 어떤 것인지를 역사적으로 추적하고 있습니다.

    서구 사람들이 즐기는 놀이 가운데 보드게임이 있습니다. 놀이판에 주사위를 던지거나 놀이패 등을 돌려서 말이 목적지에 먼저 도달한 자가 이기는 게임입니다. 우리의 윷놀이와 비슷합니다. 이 말판놀이 가운데 '인생 게임'이라고 불리는 것이 있습니다. '인생 게임' 놀이는 1790년 영국 런던에서 처음 시작되었습니다. 처음에 소개될 때 그 타이틀은 「인간의 인생 게임」(The Game of Human Life)이었습니다. 이 게임은 영원한 구원을 향해서 나아가는 기독교인의 여정을 놀이로 재현한 것이었습니다. 처음 나왔을 때 이 게임은 먼저 죽는 자가 이기는 방식이었습니다. 말판의 출발점이 태어남이었고, 그 종착역이 죽음이었기 때문입니다. 먼저 죽는 자가 승자가 되는 아이러니를 없애고자 그다음에 나온 '인생 게임'은 첫 출발은 탄생이지만 그 종착역은 영원한 하늘궁전에 들어가 영생을 얻는 단계로 수정되었습니다. 누가 먼저 영원한 행복의 나라(하늘궁전)에 도착하는지가 게임의 승패를 판가름하였습니다. 그때는 놀아도 신앙적으로(!) 놀았다는 소리입니다.

그런 신앙적 놀이가 세속적 놀이로 확 바뀌게 된 것은 1960년부터입니다. 미국의 밀톤 브레들리(Milton Bradley)라는 사람이 게임의 규칙이나 방식을 확 바꿔놓았습니다. 밀톤 브레들리가 1960년에 고안한 「인생 게임」(The Game of Life)은 주사위를 던지는 대신 룰렛을 돌립니다. 게임 초반에는 룰렛을 돌려서 나온 숫자에 따라 직업이나 진로를 선택합니다. 그다음부터는 룰렛을 돌려서 나온 숫자만큼 자신의 말을 움직여갑니다. 그러면서 이벤트마다 이기면 돈(cash)으로 보상을 받게 됩니다. 돈을 많이 딴 자가 이기는 게임입니다. 처음 '인생 게임'이 나왔을 때는 구원을 얻는 자가 이기는 방식이었는데, 이제부터는 돈을 많이 딴 자가 이기는 방식으로 게임의 규칙이 달라졌습니다. 인생의 최대 행복은 캐시(cash), 돈을 벌고 모으는 데 있다고 보았던 것입니다.

그러던 말판놀이가 2007년에 들어서면서 또 한 번 완전히 달라집니다. 2007년에 출시된 보드게임은 그 명칭부터가 도전적입니다. 「인생 게임, 꼬이고 돌고」(The Game of Life: Twists and Turns)! 이 게임에서는 현찰 대신

신용카드를 사용합니다. 룰렛도 버튼을 누르면 자동으로 숫자가 나오는 방식입니다. 태어나서 죽기까지 가는 여정도 아니고 돈을 많이 따는 방식도 아닙니다. 인생의 영역을 네 부분(배우는 곳, 버는 곳, 사랑하는 곳, 사는 곳)으로 구분해놓고 그 장소들을 여기저기 돌면서 얼마나 많은 포인트를 쌓는지가 승부를 결정짓는 기준이 됩니다. 돈을 많이 벌어야 행복했던 지난 세기 방식을 청산하고 얼마나 많이 인생체험을 했는지가 삶의 행복 여부를 결정짓는다고 보는 것입니다. 그러면서 대놓고 소비자들에게 제안합니다. 인생을 사는 방법은 1,000가지도 넘는데 그중에서 당신은 어떤 인생을 즐기시겠습니까?

전도서의 주제도 바로 이것입니다. 무엇이 우리 인생의 행복입니까? 전도서는 전도서의 독자들에게 이렇게 말을 겁니다. 당신은 어떤 인생을 살고 있습니까? 어떻게 살아야 당신의 인생이 복되고 풍요로워질 수가 있습니까? 전도서 11장은 무엇이 우리 삶을 아름답게 하는지를 묻는 말씀입니다. 나를 위해서 살고, 나를 위해서 땀 흘리는 인생들에게 그것이 진정 바른 인생살이이겠느냐고 묻고 있는 말씀입니다.

문화의 오역(11:1-2)

전도서 11장의 첫 단락은 11:1-6입니다. 그 첫 단락의 첫 소절이 11:1-2입니다. 전도서 11:1-2는 짤막하지만 사뭇 도전적입니다. 도전적일 뿐만 아니라 번역하기에, 해석하기에 논란이 큰 본문입니다. 이 구절의 번역과 관련해서는 두 갈래의 입장이 있습니다. 우선, 본문은 이렇게 시작합니다.

너는 네 떡을 물 위에 던져라 여러 날 후에 도로 찾으리라 일곱에게나 여덟에게 나눠 줄지어다 무슨 재앙이 땅에 임할지 네가 알지 못함이니라(전 11:1-2).

전도서 11:1-2는 전도서 11장에서 만나는 첫 번째 단락입니다. 이 구절이 애매한 것은 "너는 네 떡을 물 위에 던져라"고 지시하기 때문입니다. 물 위에 떡을 던진다는 소리가 무엇을 가리키는지가 분명하지 않습니다. 왜 떡을 물 위에 던져야 합니까?

우선 알 것은, 1절이 명령이라면 2절은 그렇게 명령한 까닭을 밝히는 본문이라는 것입니다. "네 떡을 물 위에" 던져야 하는 까닭은 결국 "무슨 재앙이 땅에 임할지 네가 알지 못하기" 때문이라는 것입니다. 그렇다면 1절에서 떡을 물 위에 던지면 여러 날 후에 도로 찾게 된다는 것은 무엇을 말하는 것입니까? 새번역은 이 구절을 이렇게 옮겨놓고 있습니다.

> 돈이 있으면, 무역에 투자하여라. 여러 날 뒤에 너는 이윤을 남길 것이다. 이 세상에서 네가 무슨 재난을 만날지 모르니, 투자할 때에는 일곱이나 여덟로 나누어 하여라(전 11:1-2, 새번역).

새번역은 전도서 11:1-2를 경제적으로(?) 읽었습니다. 새번역의 전도서 11:1-2에는 재무관리를 돕는 전문가다운 충고가 담겨 있습니다. 마치 계란을 한 바구니에 담지 말라는 서양 속담과도 같습니다. 재산을 관리할 때는 포트폴리오를 짜라는 것입니다. 한 곳에 집중하지 말고 분산해서 투자하라고 충고하고 있다는 것입니다. 새번역은 전도서 11:1-2를 이런 식으로 파악하고 있습니다. 전도서 11:1-2를 무역에 투자하는 삶으로 읽어가고 있습니다.

이런 번역은 전도서 11:1-2가 해상무역을 거론하고 있다는 해석을 반영합니다.[2] 이 경우, 1절의 물 위에 던져야 하는 떡은 식량이거나 해상무역에서 거래되는 물품을 가리키는 은유입니다. 그럴 때 2절은 해상무역에서 모험을 줄이는 방식을 암시한다는 것입니다.

새번역의 전도서 11:1-2는 떡을 물 위에 던진다는 말이 자선을 지시하는 가르침과는 맞지 않다고 판단한 결과입니다. 그래서 전도서 11:1-2를 해상무역에 관한 지침으로 해석하는 전통을 수용하였습니다. 하지만, 원문의 "던져라 네 떡을 물 위에"(샬라크 라흐메카 알 프네-함마임)라는 말을 "돈이 있으면, 무역에 투자하여라"라고 번역한 것은 지나치게 풀어서 번역한 시도입니다. 본문은 어디까지나 "떡"(레헴)을 말하지 "돈"을 말하지 않습니다. 구약성경에서 히브리어 동사 "샬라크"(보내다[칼], 던지다[피엘], 파송하다[히필])가 투자하라는 경우로 쓰인 예도 없습니다. 게다가 새번역의 11:1b의 "여러 날 뒤에 너는 이윤을 남길 것이다"라는 번역은 원문의 의도를 상거래 쪽으로 몰고 간 결과입니다. 사실, 개역개정의 "여러 날 후에 도로 찾으리라"도 원문의 정서를 완전히 살리지는 못했습니다. 원문은 그냥 "여러 날 후에 네가 그것을 찾게 되리라"(키-베로브 하야밈 티므차엔누)입니다. "도로 찾으리라"가 아닙니다. 그냥 "찾으리라"입니다. 거기에는 이윤을 남긴다는 뜻이나 물에 던진 것을 회복하게 된다는 의미가 전혀 들어가 있지 않습니다.[3]

새번역은 전도서 11:1을 자본주의 시대의 문화 환경에서 읽어간 결과입니다. 자본주의 문화에서 전도자의 "떡"을 해석한 결과입니다. 그러니까 일종의 문화의 오역인 셈입니다. 여러분, 전도자가 살던 시대는 우리에게 익숙한 자본주의 환경과는 다르다는 사실을 기억하셔야 합니다. 전도자의 시대는 상거래나 투자무역 등을 경제활동의 근간으로 삼는 오늘날의 후기 자본주의 시대와는 크게 차이가 납니다. 전도서에서 가장 많이 반복되는 말이 무엇입니까? 헛되다는 소리입니다. 전도서에서 전도자는 한평생 부귀와 영화를 누린 사람입니다. 한평생을 권좌에서 지낸 사람입니다. 그렇게 한평생을 산 뒤에 뒤늦게 깨달으며 털어놓는 참회록이 전도서의 분위기인 것을 감안하셔야 합니다.

앞에서 살핀 전도자의 고백을 되새겨보십시오. 전도자가 한평생 부족한 것이 없이 살고 나서 부자가 된들 무엇 하냐고, "돈 좋아하는 사람은,

돈이 아무리 많아도 만족하지 못하고, 부를 좋아하는 사람은, 아무리 많이 벌어도 만족하지 못하니, 돈을 많이 버는 것도 헛되다"(전 5:10, 새번역)라고 소리치지 않았습니까? 또 전도자가 인생살이에서 가장 소중한 것으로 꼽는 것이 "네 헛된 평생의 모든 날 곧 하나님이 해 아래에서 네게 주신 모든 헛된 날에 네가 사랑하는 아내와 함께 즐겁게 살지어다. 그것이 네가 평생에 해 아래에서 수고하고 얻은 네 몫이니라"(전 9:9)라고 말하지 않았습니까? 그렇게 산 사람이 전도서의 말미에 가서 새삼 무역에 투자하라고 충고하고 있다는 것은 전도서의 맥락과는 어울리지 않습니다. 해 아래 세상에 매여 살다 보니 모든 것이 헛되게 되었다고 외치는 사람이 "이 세상에서 무슨 재난을 만날지 모르니, 투자할 때에는 일곱이나 여덟로 나누어 하여라"고 말하고 있다는 것은 전도서의 전체 분위기와도 잘 어울리지 않습니다.

알 수 없는 세상이지만(11:3-6)

전도서 11:1-2를 바로 새기기 위해서는 그 말씀에 이어지는 11:3-6을 먼저 살펴보아야 합니다. 전도서 11:1-2를 잘 읽어보십시오. 그 말씀이 무엇으로 끝나고 있습니까? "무슨 재앙이 땅에 임할지 네가 알지 못함이니라"라고 끝나고 있습니다. 그러니까 전도서 11:1-2는 세상살이를 알지 못하는 까닭에 "네 떡을 물 위에 던지라"라고 말하고 있다는 것입니다. 바로 이 "네가 알지 못함이니라"(전 11:2b)가 전도서 11:3-6에서는 시리즈로 쏟아지고 있습니다. 그러니까 전도서 11:2b는 일종의 돌쩌귀입니다. 11:1-2a의 말씀을 받쳐주면서도 그 뒤에 이어지는 11:3-6을 여는 지렛대 구실을 합니다.

따지고 보면 11:2 전체가 그 앞과 뒤를 연결하는 돌쩌귀 구실을 합니다. "떡을 물 위에 던진다"는 것을 "일곱이나 여덟에게 나눠준다"는 것으로 설명하면서도 "도로 찾으리라"는 말씀을 "무슨 재앙이 땅에 임할는지 알지 못하기 때문"이라고 풀이합니다. 지나치지 말아야 할 것은 11:1에 새겨진 어떤 확실한 지침이 11:2에 가서는 조심스러운 말투로 바뀌고 있다는 점입니다. 무엇을 조심합니까? 왜 조심합니까? 어떻게 될지 알지 못하기 때문이라는 것입니다. 이 "알지 못한다"는 말에 주목하셔야 합니다.

11:1을 바로 묻고 풀기 위해서는 11:2, 3-6이 거론하는 "알지 못한다"는 말부터 새겨보아야 합니다. 전도서 11:3-6이 거론하는 알지 못하는 세상살이를 먼저 살펴보아야 전도자가 왜 "네 떡을 물 위에 던져라"라고 말하고 있는지가 드러난다는 것입니다. 그래야 떡을 물 위에 던진다는 것의 의미가 무엇인지가 밝혀진다는 것입니다.

> 일곱이나 여덟에게 나눠 줄지어다 무슨 재앙이 땅에 임할는지 네가 알지 못함이니라(전 11:2).

> 구름에 비가 가득하면 땅에 쏟아지며 나무가 남으로나 북으로나 쓰러지면 그 쓰러진 것에 그냥 있으리라 풍세를 살펴보는 자는 파종하지 못할 것이요 구름만 바라보는 자는 거두지 못하리라 바람의 길이 어떠함과 아이 밴 자의 태에서 뼈가 어떻게 자라는지를 네가 알지 못함 같이 만사를 성취하시는 하나님의 일을 네가 알지 못함이니라 너는 아침에 씨를 뿌리고 저녁에도 손을 놓지 말라 이것이 잘 될는지 알지 못함이니라(전 11:3-6).

전도서 11:2와 11:3-6은 이 말, "알지 못한다"는 구절에서 하나의 단락으로 묶여집니다. "네가 알지 못함이니라"는 말이 전도서 11:2-6에 세 번이나 나옵니다(11:2, 5, 6). 이 "알지 못한다"는 말이 11:2-6을 하나로 이어 읽게 만듭니다.

이 구절은 우리가 알지 못하는 것이 무엇인지를 가르쳐줍니다. 우리는 무슨 재앙이 닥칠지 알지 못합니다(2b절). 바람의 길이 어떠한지, 아이 밴

자의 태에서 뼈가 어떻게 자라는지, 알지 못합니다(5a절). 만사를 성취하시는 하나님의 일을 알지 못합니다(5b절). 아침에 뿌린 씨가 잘 될지, 아닐지, 알지 못합니다(6절).

우리가 아는 것이 있다면 경험으로 터득한 지식에 지나지 않습니다. 먹구름이 오면 비가 온다는 것, 나무가 한 번 쓰러지면, 어느 쪽으로 쓰러지든지, 쓰러진 곳에 그냥 그대로 있을 뿐, 위로 자라지 못한다는 것을 압니다(3절). 하지만, 그런 경험적 지식이 있다고 해서 파종하기 전 풍세만을 살피고 있다면 씨앗을 심는 때를 놓치고 맙니다. 그런 경험적 지식이 있다고 해서 추수 때 구름이 걷히기를 기다리다가는 아무것도 거두어들이지 못합니다(4절).

우리는 알지 못하는 것이 너무 많습니다. 아니, 알 수 없는 세상 이치 속에서 살아갑니다. 우리가 아는 것은 다만 눈으로 보고, 귀로 들은 것뿐입니다. 그러나 그런 경험적 지식으로는 사물의 근본을 알아챌 수는 없습니다. 세상사의 이치를 터득할 수는 없습니다. 경험이란 사람에 따라 다르고, 시간에 따라 다르고, 장소에 따라 달라지지 않습니까!

중요한 것은 전도자가 본문에서 "네가 알지 못한다"고 나열하고 있는 것이 크게 보면 두 가지라는 사실입니다. 하나는 "무슨 재앙이 임할는지 네가 알지 못함이니라"(전 11:2b)이고, 다른 하나는 "만사를 성취하시는 하나님의 일을 네가 알지 못함이니라"(전 11:5b)입니다. 하나는 재앙에 대해서 알지 못한다는 것이고, 다른 하나는 하나님에 대해서 알지 못한다는 것입니다.

"무슨 재앙이 땅에 임할는지 네가 알지 못함이니라!" 이 전도서 11:2b가 말하는 "재앙"(라아)은 영어로 "evil"입니다. '악'입니다. 이 단어를 들여다보십시오. 전에도 한 번 말씀드리지 않았습니까? 영어의 악(evil)을 뒤집어서 읽으면 '산다'(live)가 된다고 하지 않았습니까? 무슨 이야기입니까? 삶이 뒤집혀지는 것이 악이요 재앙이라는 것입니다. 일상이 헝클어지는 것이 재앙이요 재난이라는 것입니다. 삶이 선순환구조라면, 재앙은 역순환구조라는 것입니다.

문제는 무슨 재앙이 땅에 임할는지 알지 못한다는 데 있습니다. 이 문제는 앞(전 9:11-12)에서도 다룬 바가 있습니다. 그러나 관점이 다릅니다. 앞에서는 재앙의 시기를 알지 못한다는 것이 문제였다면, 여기에서는 무슨 재앙인지를 알지 못한다는 것이 문제가 됩니다. 그러니까 전도서 11:2, 3-6은 우리에게는 '아는 것보다 알지 못하는 것이 더 많다'라는 말로 들어야 합니다. 전도자가 11장에서는 "무슨 재앙이 땅에 임할는지 네가 알지 못함이니라"라고 말하고 있기 때문입니다. 전도서 9:11-12에서는 "홀연히" 닥치는 "재앙의 날"의 "시기와 기회"를 몰라서 불안해했다면 전도서 11:2b는 "무슨 재앙이" 닥칠지 우리는 알지 못한다고 읊조리고 있습니다.

게다가 전도서 11:3-6은 하나님이 하시는 일도 알지 못한다고 지적합니다. 무슨 뜻입니까? 우리는 아는 것보다 알지 못하는 것이 훨씬 더 많은 세상에서 살아가고 있다는 것입니다.

네 떡을 물 위에 던져라(11:1)

우리는 아는 것보다는 알지 못하는 것이 더 많은 세상에서 살고 있습니다. 그런데도 한 가지 확실한 것이 있습니다. 지금까지 말씀드린 전도서 11:2, 3-6은 알지 못하는 세상 이치에 대해서 푸념하는 말씀입니다. 이런 안타까움을 배경으로 삼고 외친 말씀이 전도서 11:1입니다. 전도서 11:1이 밝은색이라면 11:2-6은 어두운색입니다. 그만큼 전도서 11:1이 두드러지게 보입니다. 그렇게 알지 못하는 세상살이이지만, 그래도 아는 것이 하나 있다는 투로 전도서 11:1은 소리치고 있습니다. 무엇을 소리칩니까? "네 떡을 물 위에 던져라 여러 날 후에 도로 찾으리라!"

이것이 바로 전도서 11:1이 11:2-6과 구별되는 대목입니다. 전도서 11:1은 우리가 알고 있는 것 한 가지를 털어놓는 구절입니다. 전도서 11:2-6은 우리가 알지 못하는 것 여러 가지를 꼽고 있는 구절입니다. 우리가 알고 있는 것이 무엇입니까? 우리가 가진 떡을 물 위에 던지면, 여러 날 후에 도로 찾게 된다는 것입니다! 하나님이 우리에게 우리가 던진 것을 먼 훗날 되찾게 해주신다는 것입니다. 물 위에 떡을 던지십시오. 언제, 어떻게 찾게 될지는 모르지만, 물 위에 떡을 던지십시오. 아무 기대 말고 베푸십시오. 그것이 이 시대를 살아가는 하나님의 사람의 모습이어야 합니다.

"네 떡을 물 위에 던져라!" 떡은 하나님의 손에서 나오는 것입니다(전 2:24). 떡은 하나님의 선물입니다(전 3:13). 떡은 선하고 아름다운 것입니다(전 5:18). 떡은 수고하고 애써 얻은 열매입니다. 떡은 일상의 바탕입니다. 떡은 생명의 원천입니다. 떡을 얻기 위해서 땀을 흘립니다. 떡을 얻기 위해서 눈물을 흘립니다. 떡을 얻기 위해서 온갖 수고를 마다하지 않습니다. 본문은 우리에게 그런 떡을 물 위에 던지라는 것입니다.

너는 네 떡을 물 위에 던져라 여러 날 후에 도로 찾으리라(전 11:1).

떡을 던진다는 말은 베푼다는 뜻으로 읽어야 합니다. 즉, 이 말은 우리가 가진 것을 나누고 베풀며 살라는 충고로 들어야 합니다. 이웃을 구제하고 돌보는 생활에 삶의 가치가 있다고 가르치고 있는 충고로 들어야 합니다.

무엇을 던지라고 말합니까? 네 떡을 던지라고 말합니다. 떡은 일용할 양식입니다. 팔레스타인 땅에서 주식은 빵입니다. 개역은 원래 이 구절을 네 식물을 물 위에 던지라고 하였습니다. 식물이나 떡이나 빵은 모두 그 땅에 사는 사람들이 먹는 주식을 가리키는 말입니다. 떡을 베푼다는 것은, 그러니까 우리 삶에서 가장 필요한 것을 나누고 베풀 줄 알아야 한다는 소리입니다. 내게 소중한 것이 시간이라면, 시간을 베푸는 것입니다. 내게 소중한 것이 달란트라면, 달란트를 나누어야 합니다. 내게 소중한 것이 건강이라면, 몸으로 봉사해야 합니다. 내게 소중한 것이 돈이라면, 돈으로 구제하는 것입니다.

네 떡을 물 위에 던져라는 가르침은 인생의 가치가 어디에 있는지를 점검하게 합니다. 우리들은 모두 움켜쥐려고만 합니다. 대학 나오고, 직장생활 하는 등의 모든 것들이 다 많이 가지고, 많이 누리고, 많이 쌓으려는 목적을 이루려는 데 있습니다. 한때 매스컴에 카이스트 대학생들이 연이어 네 명이나 자살하는 소동이 보도되었었습니다. 당시 총장이셨던 분이 주도했던 대학개혁이 한창이었을 때 일어났던 사건입니다. 그래서 항간에서는 카이스트 개혁에 대한 학생들의 반발이 그런 끔찍한 자살로 이어지게 되었다고 총장을 비난하기도 하였습니다.

저는 젊은이들이 벌이는 자살소동을 접하면서 교육의 문제를 다시 끄집어내게 되었습니다. 사람을 만들지 못하고 상품을 만드는 교육이 그런 비극을 생산하게 되지 않았을까 되짚어보았습니다. 지혜를 얻지 못하고 지식만 쌓게 하는 교육제도가 그런 문제를 불러일으키지 않았을까 되새겨보았습니다. 인생의 가치를 오로지 빨리 배우고, 빨리 학위를 따고, 빨리 안정적인 직업을 누리는 것에 두게 하는 교육환경이 젊은이들을 안타까운 자살로 몰고 가지 않았을까 반성해보았습니다. 시련에 제대로 대처하는 능력을 갖추지 못한 젊은이들이 우리 주변에 있다는 문제가 어디 젊은 사람들만의 문제이겠습니까?

본문은 우리에게 네가 가진 소중한 것을 물 위에 던지라고 이야기합니다. 많이 배워서 남에게 주라고 이야기합니다. 많이 벌어서 남에게 주라고 이야기합니다. 많이 모아서 남에게 주라고 이야기합니다. 그렇습니다. 이제 우리는 인생살이의 방향을 바꾸어야 합니다. 나만을 향하던 삶에서 나를 통해서 이웃을 세우는 삶으로 바꾸어야 합니다.

본문은 우리에게 떡을 어디에다가 던지라고 이야기하고 있습니까? 물 위에 던지라고 이야기합니다. 왜 물 위입니까? 깊은 물 위에다가 무엇을 던져보십시오. 흔적이 남습니까? 아무 흔적도 남지 않습니다. 그렇다면 물 위에 떡을 던지라는 말은 무엇을 가리킵니까? 이것은 베풀고 나누는 삶이 때로는 무모하게 비칠 수도 있다는 것을 뜻합니다. 구제하는 삶이 때로는 아무 소용없는 짓으로 비쳐지기도 한다는 것입니다. 이웃을 돕는 삶이란 바다에 무엇인가를 던지듯, 아무 흔적도 남기지 않는 짓으로 생각될 수 있다는 것입니다. 그런데도 전도자는 오늘 우리에게 긴히 충고합니다. 너는 네 떡을 물 위에 던져라. 여러 날 후에 도로 찾으리라!

세브란스 병원은 2010년에 제중원(濟衆院) 창립 125주년과 에비슨 박사 탄생 150주년을 기리는 전시회를 가졌습니다. 세브란스 병원의 모태는 1885년 4월 10일에 개원한 제중원('사람을 구하는 집')입니다. 고종 황제의 명으로 잠시 광혜원으로 명명되기도 했지만, 개원 2주 뒤 곧 다시 제중원으로 이름이 바뀌었습니다. 제중원은 의료선교사로 왔던 알렌이 세웠습니다. 에비슨 박사는 1893년 11월 1일부터 제중원의 4대 원장으로 봉직했습니다. 그와 동시에 1916년부터 1934년까지 연희전문학교의 교장을 겸직하였습니다. 오늘날 연세대학교의 기틀을 마련한 선교사입니다. 1900년 5월 그가 미국의 거부 루이스 H. 세브란스를 만나서 조선 땅에 근대식 의료선교를 위한 병원 설립을 위한 기금으로 3만 5천 달러를 지원받았습니다. 1904년 9월 남대문 밖에 한국 최초의 현대식 종합병원이 들어섰습니다. 그러면서 제중원이던 병원 이름이 세브란스 기념병원으로 바뀌게 됩니다. 그때 세브란스가 큰돈을 기부하면서 이런 말을 남겼습니다. "받는 당신보다 주는 내 마음이 더 기쁩니다!"[4]

생각해보십시오. 1900년 당시의 조선 땅은 척박하기 그지없던 곳입니다. 조선은 망해가고 일제의 식민지가 되어가던 시점입니다. 그런 곳에 병원을 세우기 위해서 세브란스가 당시 3만 5천 불(오늘날의 화폐가치로는 이 돈이 얼마가 될까요?)을 내놓았습니다. 물 위에 떡을 던진 것입니다! 세브란스가 자기 재물을 땅에다가 쌓지 않고 하늘에다가 쌓아둔 것입니다. 120년 전 한 사람이 자기 떡을 물 위에 던졌더니, 하늘 곳간에 두었더니, 120년이 지난 오늘날 세브란스병원은 세계 최고의 병원 가운데 하나로 우뚝 서게 되었습니다.

> 너희를 위하여 보물을 땅에 쌓아 두지 말라 거기는 좀과 동록이 해하며 도둑이 구멍을 뚫고 도둑질하느니라 오직 너희를 위하여 보물을 하늘에 쌓아 두라 거기는 좀이 동록이 해하지 못하며 도둑이 구멍을 뚫지도 못하고 도둑질도 못하느니라(마 6:19-20).

내 떡을 물 위에 던졌더니 여러 날 후에 도로 찾는다는 말씀의 뜻이 바로 여기에 있습니다. 내가 던지면 언젠가는 세워집니다. 내가 베풀면 무엇인가가 세워집니다. 내가 나누면 누군가가 그 혜택을 입습니다. 베풀고 나누지만 그것이 언제, 얼마나, 누구에게 열매를 맺게 될 것인지 알지 못합니다. 알 필요가 없습니다. 기대할 필요도 없습니다. 그러나 반드시 도로 찾게 해주신다는 것을 믿으셔야 합니다.

물 위에 내 떡을 던지는 행동은 용감한 행동입니다. 그러나 그 떡을 언젠가는 찾게 되는 것은 믿음의 영역입니다. 던지는 것은 내가 할 일이지만, 찾게 되는 것은 하나님이 하시는 일입니다. 기억하십시오. 내 떡을, 내 시간을, 내 정성을, 내 건강을, 내 삶을 베풀고 나누는 일에 던지십시오. 여러 날 후에 도로 찾게 됩니다. 그날이 언제일지는 알지 못합니다. 그러나 일곱에게나 여덟에게, 할 수 있는 대로, 여럿에게, 많이 나눠주십시오. 우리가 가진 "떡"이 언제 사라질지 우리가 알지 못하기 때문입니다. 아직 가지고 있을 때 베푸십시오. 내 생명으로 이웃을 섬기십시오. 그것이 전도자의 소망이요 전도자가 걸고 있는 기대입니다.

떡의 전쟁 (11:7-8)

전도서 11:7-8은 지금까지 살핀 전도서 11:1-6과는 사뭇 다른 내용입니다. 말씀의 내용도 다르고, 말씀의 주제도 다르고, 말씀의 분위기도 다릅니다. 전도서 11:7-8은 그 뒤에 이어지는 젊은이에게 주는 충고의 서막이 되기도 합니다. 그러나 여기에서는 이 말씀을 전도서 11:1-6의 맥락에서 읽으려고 합니다. 네 떡을 물 위에 던져라, 여러 날 후에 도로 찾으리라는 전도서 11장의 화두에서 전도서 11:7-8을 읽으려고 합니다. 본문이 우리에게 말하는 것은 무엇입니까?

> 빛은 실로 아름다운 것이라 눈으로 해를 보는 것이 즐거운 일이로다 사람이 여러 해를 살면 항상 즐거워할지로다 그러나 캄캄한 날이 많으리니 그 날을 생각할지로다 다가올 일은 다 헛되도다(전 11:7-8).

"빛은 실로 아름다운 것이라 눈으로 해를 보는 것이 즐거운 일이로다!" 전도서 11:7은 문자적으로는 "빛은 아름답다, 눈앞에서 해를 보는 것은 좋은 것이다"(마토크 하오르 베토브 라에이나임 리르오트 에트-핫샤메스)입니다. 새번역은 "빛을 보고 산다는 것은 즐거운 일이다. 해를 보고 산다는 것은 기쁜 일이다"라고 옮겼습니다. 주목할 것은 빛(하오르)을 "즐거운"(마토크) 대상으로 간주하고 있다는 점입니다. 원문의 "마토크"는 "달콤한"이나 "향기로운"이란 뜻도 지닙니다. 왜 빛을 가리켜 즐거운 것이라고 말합니까? 본문에서는 "빛"이 "눈앞에서 해를 보는 것"이라는 말로 풀이되어 있습니다. 눈앞에서 해를 보는 것, 해를 보고 사는 것, 곧 빛을 보는 것은 참으로 유쾌한 일이라는 것입니다. 얼마나 유쾌한지 그것은 하나님이 "빛이 있으라" 하시고 보시기에 "좋았던"(토브) 창조의 날과 유사합니다(창 1:3-4).

구약성경의 창조신앙은 생명이란 해를 보고 사는 기간을 가리킵니다.

해를 등지는 것은 반(反)생명입니다. 눈으로 해를 보는 것, 눈앞에서 해를 보는 것이 생명입니다. 눈을 감고 해를 보지 못하는 것은 죽음입니다. 전도자는 이런 창조신앙의 생사(生死) 이미지를 새삼 강조합니다. 산다는 것은 눈앞에서 해를 쳐다보는 것입니다. 다가오는 "캄캄한 날"(문자적으로는 "어두운 날," 예메이 학호셰크)은 눈을 감게 되기에 해를 보지 못합니다.

눈으로 해를 보는 것은 즐거운 일입니다. 살아 있다는 것은 기쁜 일입니다. 다가오는 캄캄한 날에는 해를 보며 살 수가 없습니다. 전도서 9장에서 전도자는 해 아래 세상에서 즐겁게 사는 길을 기쁘게 먹고 기꺼이 수고하는 삶에서 찾았습니다(전 9:7-9). 그런데 전도서 11장에서 전도자는 해 아래 헛된 세상을 아름답게 다듬어가는 또 하나의 비결이 있다고 소개합니다. 하나님이 주신 떡을 기쁨으로 먹고 마시며 수고하는 삶과 더불어 하나님이 내게 주신 떡을 베풀고 나누는 삶을 실천할 때 삶은 진정 아름다운 여정이 된다는 것입니다.

그런데 이 아름다운 삶을 언제, 어떻게 누릴 수 있습니까? 내 손의 떡을 이웃을 향해 베풀 때 누릴 수 있습니다. 그런데 그 일은 아직 살아 있을 때에 해야 합니다. 눈으로 해를 보며 살아가고 있을 때에 해야 합니다. 죽어서 할 수 있는 것이 아닙니다. 캄캄한 날이 오면 결코 내 손의 떡을 물 위에 던지는 감격을 체험할 수 없습니다. 어두운 날에는, 죽은 다음에는 내가 던진 떡이 먼 훗날 아름다운 모습으로 세워지는 감동을 누릴 수가 없습니다.

여기에서 정진호 교수가 말했던 떡의 전쟁이 일어납니다. 떡을 차지하기 위해서 벌이는 전쟁이 아니라 내 손에 있는 떡을 내려놓기 위한 갈등과 다툼이 나의 내면에서 일어납니다. 떡이란 살아 있을 때 먹는 양식이 아닙니까! 양식을 먹는다는 것은 살아 있음의 표시 아닙니까? 이스라엘 자손이 과거 40년간 광야를 유랑하면서 사람은 떡으로 사는 것이 아니라 하나님의 말씀으로 산다는 것을 뼈저리게 체험하였었지만, 그렇다고 해서 사람이 먹지 않아도 된다는 것은 아니었습니다. 진정 하나님의 사람으로 산다는 것이란 세상의 떡이 아닌 하나님이 주시는 떡으로 살아야 된다는 것을 일깨워주신 말씀이었습니다. 육신의 떡이 아니라 영적인 떡으로 살아야 된다는 것을 깨우쳐주신 말씀이었습니다.

사람은 누구나 먹어야 삽니다. 쌀을 주식으로 삼든, 밀을 주식으로 삼든, 사람은 누구나 먹어야 합니다. 광야유랑 시절 이스라엘은 하나님이 내리시는 만나와 메추라기를 먹으면서 광야여정을 헤쳐갔습니다. 아무것도 먹지 않은 것이 아닙니다. 만나라는 신령한 양식을 먹었습니다. 그들에게는 날마다의 생존이 말 그대로 하나님의 말씀대로 따라서 살아야만 되었습니다. 예수님도 우리에게 "오늘날 우리에게 일용할 양식을 주시옵고"(마 5:11)라고 기도하라고 가르치시지 않았습니까? 떡은 생존에 필수적인 양식입니다. 그런데 어떻게 이 떡을 세상을 향해 던질 수가 있습니까? 내 떡을 다른 사람에게 주고 나면 나는 무엇을 먹고 삽니까?

내 손의 떡을 세상을 향해 던진다는 것은 진정 떡의 전쟁입니다. 내 손의 떡을 내려놓고 하나님이 주시는 떡을 붙들어야 하기 때문입니다. 내 손에 먹으려고 쥔 떡이 육신의 떡이라면, 하나님이 먹으라고 주시는 떡은 생명의 떡입니다. 그러니까 전도자가 전도서 11장에서 살면서 해야 될 가장 소중한 일을 나누고 베푸는 삶에서 찾는다는 것은 결국 내 삶의 모두를 나 중심에서 하나님 중심으로 바꾼다는 뜻이 됩니다. 나를 중심으로 짜 놓은 인생시간표를 내려놓고 하나님 중심으로 짜이는 시간표를 붙든다는 뜻이 됩니다. 그것이야말로 진정 구원의 의미입니다. 삭개오가 바로 그렇게 변화된 사람입니다.

> 뭇 사람이 보고 수군거려 이르되 저가 죄인의 집에 유하러 들어갔도다 하더라 삭개오가 서서 주께 여짜오되 주여 보시옵소서 내 소유의 절반을 가난한 자들에게 주겠사오며 만일 누구의 것을 속여 빼앗은 일이 있으면 네 갑절이나 갚

겠나이다 예수께서 이르시되 오늘 구원이 이 집에 이르렀으니 이 사람도 아브라함의 자손임이로다(눅 19:7-9).

아! 삭개오가 예수님께 무엇이라고 고백했습니까? "주여 보시옵소서, 내 소유의 절반을 가난한 자들에게 주겠사오며 만일 누구의 것을 속여 빼앗은 일이 있으면 네 갑절이나 갚겠나이다!", "내 소유의 절반을 가난한 자들에게 주겠사오며!" 삭개오는 뒤늦게 예수님을 만나서 자기 손의 떡을 물 위에 던졌습니다.

삭개오는 자기 눈으로 해를 보는 동안에 진정 삶의 기쁨이 무엇인지를 회복하였습니다. 삭개오의 이 변화가 오늘도 떡의 전쟁에 나서는 우리 각자에게 일어나야 합니다. 눈으로 해를 보는 즐거움을 누리는 동안에 내 손의 떡을 물 위에 던지는 감격을 체험해야 합니다. 내게 주신 소유로 세상을 섬기는 결단이 살아 있는 동안만 할 수 있는 것임을 체험해야 합니다. 살아 있는 동안에, 호흡하는 동안에 찬양을 해야 하듯이(시 150) 내 손의 떡을 물 위에 던지는 일도 내가 살아 있는 동안에, 내가 호흡하는 동안에 하여야 합니다. 찬양은 무릇 살아 있는 자만이 외칠 수 있는 특권이 아닙니까! 찬양이란 말의 주어를 바꾸는 것 아닙니까? 내가 이룬 삶이 아니라 하나님이 이루어주신 삶을 고백하는 것이 진정 찬양이 아닙니까! 내 손의 떡을 물 위에 던지는 것도 마찬가지입니다. 내 손의 떡을 물 위에 던짐으로 인생살이의 주어가 나에서 하나님으로 바꾸어지는 은총을 누려야 되지 않겠습니까! 그러므로 다짐하십시다. 내 손의 떡을 내려놓은 일에는 용기가, 하나님의 떡을 붙드는 일에는 믿음이 있어야 됩니다.[5]

소유에서 존재로(11:7-8)

전도서 11:7-8을 묵상하면서 다시 한 번 "너는 네 떡을 물 위에 던져라"

는 말씀에 마음을 두었습니다. 그 말씀에 붙들렸습니다. 처음에 본문이 말하는 "떡"은 우리의 생존을 책임지는 일용할 양식이었습니다. 전도자는 바로 이런 양식을 이웃에게 과감하게 베푸는 삶을 살라고 충고하였습니다. 좀 더 묵상해보니 본문이 말하는 "떡"은 단순한 양식이 아니었습니다. 그것은 우리 삶 전체이었습니다. 떡을 물 위에 던지라는 말씀에서 삶을 나눔의 통로로 삼아야겠다는 깨달음을 얻었습니다. 삶을 베풀고 나누는 도구로 삼을 때 인생살이의 차원이 달라진다는 감격이 물밀 듯이 밀려왔습니다. 그 감격을 품고서 더 묵상하였습니다. 그러는 도중에 예수님이 말씀하신 또 다른 "떡"이 생각났습니다.

예수님께서 유대를 떠나 갈릴리로 가시기 위해서 사마리아를 거쳐 가시던 때였습니다. 길을 가시다가 야곱의 우물이라 불리는 우물가에 앉으셨습니다. 때는 오정쯤이었습니다. 그때 한 사마리아 여자가 물을 길으러 왔습니다. 예수님이 그 여인에게 물을 좀 달라고 말씀하셨습니다. 제자들은 마침 먹을 것을 구하러 동네에 들어가서 그 자리에 없었습니다. 예수님과 사마리아 여자가 마실 물을 놓고 말씀을 주고받았습니다. 여자가 말합니다. 왜 유대인이 사마리아 사람에게 물을 달라고 하십니까? 예수님이 대꾸하십니다. "네가 만일 네게 물 좀 달라 하는 이가 누구인줄 알았더라면 네가 그에게 구하였을 것이요 그가 생수를 네게 주었으리라"(요 4:10). 그 말에 여자가 놀랍니다. 아무 두레박도 없이 어떻게 나에게 생수를 줄 수 있겠느냐고 따졌습니다. 그 말에 예수님이 어떻게 대답하셨습니까? "내가 주는 물을 마시는 자는 영원히 목마르지 아니하리니 내가 주는 물은 그 속에서 영생하도록 솟아나는 샘물이 되리라"(요 4:14). 그 말씀에 여자가 고백합니다. "주여 그런 물을 내게 주사 목마르지도 않고 또 여기 물 길으러 오지도 않게 하옵소서"(요 4:15).

여인의 입에서 마침내 "주여!"라는 고백이 터져 나왔습니다. 이제는 여인과 예수님의 대화 주제가 시시한 물 한 그릇이 아닙니다. 여인은 예수님과 하나님을 예배하는 장소를 놓고 토론을 벌입니다. 우물가에서 시작된 대화가 하나님을 향한 예배로 발전되었습니다. 세속적이던 대화가 신학적인 대화로 발전되었습니다. 여인은 예수님과 말씀을 나누면 나눌수록 예수님이 자기 조상들 때부터 이야기하던 '선지자'인 느낌을 강하게 받습니다. 여인에게는 메시아를 기다리는 신앙이 있었습니다. 예수님에게 평소 궁금해하던 것을 쉴 새 없이 묻다가 마침내 외칩니다. "메시야 곧 그리스도라 하는 이가 오시면 모든 것을 우리에게 알려 주시리이다"(요 4:26). 예수님이 내가 그라고 대답하시자 드디어 여인은 자기 물동이를 버려두고 동네로 들어가서 온 동네 사람들에게 크게 외칩니다. "내가 행한 모든 일을 내게 말한 사람을 와서 보라 이는 그리스도가 아니냐!"(요 4:29).

그런 일이 있었을 때에 먹을거리를 구하러 동네로 갔던 제자들이 돌아왔습니다. 그들 손에는 예수님이 잡수실 양식이 들려 있었습니다. 예수님에게 자기들이 구해 온 양식을 드시라고 권했습니다. 그때 예수님이 이렇게 말씀하십니다.

> 그 사이에 제자들이 청하여 이르되 랍비여 잡수소서 이르시되 내게는 너희가 알지 못하는 먹을 양식이 있느니라 제자들이 서로 말하되 누가 잡수실 것을 갖다 드렸는가 하니 예수께서 이르시되 나의 양식은 나를 보내신 이의 뜻을 행하며 그의 일을 온전히 이루는 이것이니라(요 4:31-34).

예수님이 제자들에게 무엇이라고 말씀하십니까? "내게는 너희가 알지 못하는 먹을 양식이 있다!", "나의 양식은 나를 보내신 이의 뜻을 행하며 그의 일을 온전히 이루는" 것이다! 예수님이 지금 무슨 양식을 드셨습니까? 예수님이 지금 무엇으로 배부르다고 말씀하십니까?

여기에 두 종류의 떡이 소개됩니다. 제자들이 예수님에게 권하는 떡은 우리가 먹어야 사는 양식입니다. 일용할 양식입니다. 반면, 예수님이 제자들에게 말씀하시는 떡은 우리가 실천해야 할 사명입니다. 전도하는 일입니다. 요한복음 4장에서 우리는 떡에 배부른 예수님이 아니라 사명에 배부르신 예수님을 발견합니다.

"나의 양식은 나를 보내신 이의 뜻을 행하는 것이다"라는 예수님의 말씀은 우리가 여태껏 묵상하던 "떡"에 또 다른 의미 하나를 더 추가합니다. 떡을 물 위에 던진다는 것은 하늘나라의 사명을 이 세상에서 감당한다는 뜻이 됩니다. 진정 생명의 떡은 하나님의 뜻을 이루는 일입니다. 예수님이 사마리아 여인에게 구원의 복음을 전하시자 사마리아 여인이 그 복음을 듣고 구원을 얻었습니다. 무슨 이야기입니까? 한 생명을 얻는 일이 바로 양식입니다. 한 생명을 구하고자 전도하는 일이 양식입니다. 한 생명을 온전히 회복하고자 헌신하는 선교가 양식입니다. 이 일을 온전히 이루는 것이 참 생명의 양식입니다.

예수님은 이 구원의 사명을 물 위에 던지셨습니다. 이 사명을 이루시기 위해서 자기 전 생명을 세상에다가 던지셨습니다. 우리는 떡을 던지지만, 예수님은 떡보다 더 소중한 것을 물 위에 던지셨습니다.

지금 우리는 사순절을 보내고 있습니다. 사순절은 예수 그리스도가 우리 죄를 사하시기 위해서 지셔야 했던 십자가의 고난을 묵상하는 절기입니다. 예수님은 우리를 살리기 위해서 자기 몸을 십자가 위에 던지셨습니다. 자기 몸을 십자가의 형틀 위에 던지셨습니다. 그랬더니 2천 년의 세월이 지난 뒤에 우리 같은 죄인들이 구원받아 하나님의 자녀가 되는 은혜를 얻었습니다. 예수님이 자기 몸을 십자가 위에 드렸더니, 예수 그리스도로 말미암아 2천 년이 지난 뒤에 우리 같은 사람도 하나님의 자녀가 되었습니다.

네 떡을 물 위에 던지라는 가르침은 인생의 가치를 소유가 아닌 존재에 두게 합니다. 소유가치에 매달려 살던 인생을 내려놓고 예수님의 사람이라는 존재가치로 살라는 음성이 거기에는 담겨 있습니다. 예수님을 알고, 예수님을 따르고, 예수님처럼 나누고, 베풀고, 주기 위해서 살아가는 삶이야말로 진정 슬기로운 삶입니다. 이런 삶을 살아가야 합니다. 이런 삶을 살자고 가르쳐야 합니다. 전도서 11:7-8을 이렇게 읽을 때 전도서 11:7-8은 그 뒤에 이어지는 젊은이를 향한 충고의 발판이 됩니다. 우리의 다음 세대가, 우리의 자녀들이, 자기에게 가장 소중한 것을 이웃과 베풀고 나누며, 함께하는 삶을 살 수 있도록 가르치시지 않겠습니까! 그것이 바로 전도자가 기대하는 지혜로운 세상살이입니다.

---

1) Jill Lepore, "The Meaning of Life," 「Harvard Thinks Big」, HUTVNetwork.com (2012. 3. 14).
2) F. Delitzsch, *Commentary on the Song of Songs and Ecclesiastes* (Engl. trans., Edinburgh: T. & T. Clark, 1877), 391-393; Gordis, *Koheleth: The Man and His World*, 330; 민영진, 『전도서·아가』, 219-220.
3) Shields, *The End of Wisdom*, 223-224.
4) 박창일, 『세브란스 르네상스의 비밀, 최초 병원 제중원에서 세계 최고를 향해 가는』 (서울: 헬스조선, 2010), 18-19.
5) 정진호, 『떡의 전쟁』 (서울: 홍성사, 2005), 87.

전 도 서 강 해 설 교

13

"흔들리지 않고 피는 꽃이 어디 있으랴"

본문 전도서 11:7-12:8   요절 전도서 12:1-2

도종환 시인의 시 가운데 「흔들리며 피는 꽃」이라는 시가 있습니다. 시인이 교직에서 해직된 후 개인적으로 이런저런 좌절과 시련을 견디던 시절에 쓴 시입니다. 아름다운 세상을 꿈꾸었기에 쏟아내던 말을 거두고 "시의 어깨 위에 얹었던 무게를 조금 내려놓는" 시를 써보자고 생각하던 무렵에 쓴 시입니다.[1] 거친 현실을 사회과학적으로 들여다보기보다는 정서적으로 되새겨보자고 다독거리던 무렵에 쓴 시입니다. 시란 "인간의 삶에 대한 정서적 접근"에서 시작하는 것을 김소월 시인한테서 다시 배워야겠다고 생각하던 무렵에 쓴 시입니다.

흔들리지 않고 피는 꽃이 어디 있으랴

이 세상 그 어떤 아름다운 꽃들도
다 흔들리면서 피었나니
흔들리면서 줄기를 곧게 세웠나니
흔들리지 않고 가는 사랑이 어디 있으랴

젖지 않고 피는 꽃이 어디 있으랴
이 세상 그 어떤 빛나는 꽃들도
다 젖으며 젖으며 피었나니
바람과 비에 젖으며 꽃잎 따뜻하게 피웠나니
젖지 않고 가는 삶이 어디 있으랴

(도종환, 「흔들리며 피는 꽃」)

도종환 시인의 말에 따르면 시인은 이 시를 쓰고 나서 많은 질타를 받았습니다. 그의 시가 느슨해졌다고, 긴장감이 떨어졌다고, 안이해졌다고, 역사의식이 사라졌다고 질타를 받았습니다. 당시 시인은 자기를 향해서 분을 참지 못하던 이들에게 이렇게 대꾸하였습니다. "흔들리지 않고 피는 꽃이 어디 있습니까? 흔들리다가는 제자리로 돌아오는 거지요. 제자리로 돌아와서 꽃을 피우는 거지요. 그러나 꽃을 피우고 나서도 또 흔들리게 되어 있습니다. 꽃만 그럴까요? 우리도 그렇습니다. 젖으며 젖으며 따뜻한 빛깔의 꽃을 피우는 거지요. 그러나 늘 젖어 있기만 한 꽃은 없는 거지요. 문학도 삶도 크게 다르지 않은 거지요."[2)]

흔들리지 않고 피는 꽃이 어디 있겠습니까? 방황하지 않는 인생이 어디 있겠습니까? 전도서 11:9-12:8은 전도자가 젊은이들을 향해서 던지고 있는 말씀입니다. "청년이여 네 어린 때를 즐거워하며…"로 말문을 엽니다(전 11:9). "너는 청년의 때에 너의 창조주를 기억하라…"로 말문을 이어갑니다(전 12:1). 전도서 11:9-12:8은 전도자가 젊은이들을 대상으로 설파하고 있는 인생강의입니다. 흔들리지 않고 피는 꽃이 어디 있겠습니까마는,

그래도, "꽃은 젖어도 향기는 젖지 않는다"는 것을 일깨워주려고 합니다. 전도서 11:9-12:8은 단순히 젊은이를 향한 말 걸기만은 아닙니다. 전도서 11:9-12:8은 지금까지도 그랬듯 전도자가 파고드는 인간의 삶에 관한 성찰입니다. 다만 그 성찰의 열매를 유독 젊은이들과 나누려고 하는 말씀입니다. 본문의 독자가 '청년'인 것은 이 때문입니다.

존재, 이어짐(11:7-8)

오늘 본문은 전도서 11:9-10부터 시작합니다. 이 단락은 "청년이여 네 어린 때를 즐거워하라"는 말로 운을 뗍니다. 이 말은 문자적으로는 "즐거워하라 젊은이여 너의 어린 시절을"(세막흐 박후르 베얄두테이카)입니다. 지금까지 전도자는 전도자의 말을 듣는 대상을 '너'라고 불러왔습니다. 그러던 전도자가 전도서 11:9에 들어서면서는 자기 말을 듣는 대상을 '젊은이'(박후르)로 규정합니다.

그러나 전도자가 젊은이에게 주는 충고를 되새기기 위해서는 지난 시간에 살핀 전도서 11:7-8을 되돌아보아야 합니다. 전도서 11:7-8을 디딤돌로 삼아야 전도서 11:9-10을 바로 새길 수가 있습니다. 실제로 새번역 성경은 전도서 11:7-12:8에다가 '젊은이에게 주는 충고'라는 소제목을 달았습니다. 개역개정판 성경이 전도서 11:9-12:8을 한 단락으로 삼고 거기에 '젊은이에게 주는 교훈'이라는 소제목을 단 것과는 차이가 납니다. 전도서 11:7-8을 젊은이에게 주는 충고(전 11:9-12:8)의 들머리로 삼아야 된다는 것입니다. 그래서 이 시간에 다시 한 번 전도서 11:7-8을 살펴봅니다.

빛은 실로 아름다운 것이라 눈으로 해를 보는 것이 즐거운 일이로다 사람이 여러 해를 살면 항상 즐거워할지로다 그러나 캄캄한 날이 많으니 그 날을 생각할지로다 장래 일은 다 헛되도다(전 11:7-8).

지금까지 전도자는 해 아래 세상살이를 덧없는 것이라고 외쳤습니다. 살고 보니, 살아 보니, 살고 나니, 해 아래 세상살이는 허무하다고 소리쳤습니다. 허무하다는 말 속에는 전도자가 오래도록 삶의 어두운 면만 관조하였다는 사실이 전제되어 있습니다. 그랬던 전도자가 전도서의 끝자락에 와서는 빛을 보고 산다는 것의 소중함을 거론합니다.

어두운 것만 바라보는 사람은 어두운 것밖에 이야기할 것이 없습니다. 인생살이의 그늘만을 쳐다보는 사람은 늘 그늘진 삶밖에 이야기할 것이 없습니다. 사람을 볼 때에도 마찬가지입니다. 부족한 점만 보는 사람은 늘 불평하게 됩니다. 잘하는 것만 보는 사람은 늘 칭찬하게 됩니다. 무엇을 보느냐가 중요합니다. 무엇을 크게 보느냐에 따라서 평가가 달라집니다.

전도서 11:7-8이 우리에게 보라고 요청하는 것이 무엇입니까? 빛을 보라고 합니다. 해를 보라고 합니다. 전도서 11:7은 "빛은 실로 아름다운" 것이라고까지 설명합니다. 이 말은 그냥 "빛은 달콤하다"(마토크 하오르)입니다. 영어로 표현하자면 이 구절은 "Sweet is the Light!"입니다. "빛은 달콤하다"는 것입니다. 이상하지 않습니까, 빛을 달콤하다고 설명하는 것이? 전도서 11:7에서 "빛"은 "눈으로 해를 보는 것"과 평행하는 단어입니다. 여기 "빛"이란 죽음의 날에 반대되는 "살아 있음"(being alive)을 가리키는 말이라는 것입니다.[3] 죽은 자는 햇빛을 보지 못하지 않습니까(전 6:5; 시 58:8)!

전도서 11:7-8에서 "빛"은 "눈으로 해를 보는 것"입니다. 빛이 달콤하다는 말은 눈으로 해를 보는 것이 즐겁다는 소리입니다. 눈으로 해를 보기는 어렵습니다. 눈이 부셔서 제대로 바라볼 수 없습니다. 그런데도 본문은 눈으로 해를 보는 것이 즐거운 일이라고, 그것은 마치 꿀처럼 달콤한 것이라고 말합니다. 왜 그렇게 말합니까? "눈으로 해는 보는 것"이야말로 살아 있음의 징표이기 때문입니다. 새번역은 이런 뜻을 살려서 전도서 11:7을 이렇게 번역해놓았습니다. "빛을 보고 산다는 것은 즐거운 일이다. 해를 보고 산다는 것은 기쁜 일이다!" 그러면서 이렇게 첨부합니다. "오래 사는 사람은 그 모든 날을 즐겁게 살 수 있어야 한다. 그러나 어두운 날이 많을 것이라는 것도 기억해야 한다. 다가올 모든 것은 다 헛되다"(전 11:8, 새번역).

어떻게 하면 해를 바라보며 사는 날 동안 즐겁게 살 수 있습니까? 세상에는 두 종류의 인생이 있습니다. 해를 등지고 사는 사람이 있고 해를 향해서 사는 사람이 있습니다. 해를 등지고 사는 사람 앞에는 늘 그림자가 펼쳐져 있습니다. 해를 향하고 사는 사람에게 그림자는 자기 앞에 있지 않고 자기 뒤에 있습니다. 그래서 빛은 즐거움의 대상입니다. 자기 그림자를 가려주기 때문입니다. 해를 보고 사는 것의 기쁨이 여기에 있습니다. 삶의 본질이 낙관적이라는 것입니다. 긍정적이라는 것입니다. 적극적이라는 것입니다. 해를 바라보며 살아야 한다는 것입니다.

하지만 해를 보고 산다고 해서 해에 빠져 살라는 것은 아닙니다. 고대 이집트에서는 해를 바라보다가 해에 빠져서 살았던 자가 있었습니다. 주전 14세기 중반 고대 이집트 왕국을 다스렸던 아문호텝(Amunhotep) 4세라는 왕입니다. 그는 태양이 주는 황홀함에 빠져 살았습니다. 둥근 태양이 떠오르면 만물이 새로워지고, 둥근 태양이 하늘에 떠 있어야 만물이 생동감 있게 살아가는 모습에 매료되었습니다. 그래서 태양의 둥근 빛(solar disk)을 신으로 모셨습니다. 그런 태양을 아텐(Aten)이라고 불렀습니다. 그러면서 '아텐을 향한 찬양시'도 남겼고, 태양신 숭배에 맞춰 사회를 개혁하였습니다. 아텐 신만을 섬기라고 주장하였습니다. 자기 이름까지도 아크헤나텐(Akhenaten), 곧 '아텐을 섬기는 자'라고 바꾸기까지 했습니다.

이스라엘 신앙은 이런 것과는 다릅니다. 빛이 아무리 좋아도, 빛을 숭배하지는 않습니다. 태양을 보면서 태양을 있게 하신 하나님을 찬양합니다. 바로 시편 104편입니다.

내 영혼아 여호와를 송축하라 여호와 나의 하나님이여 주는 심히 위대하시며 존귀와 권위로 옷 입으셨나이다 주께서 옷을 입음 같이 빛을 입으시며 하늘을 휘장 같이 치시며 물에 자기 누각의 들보를 얹으시며 구름으로 자기 수레를 삼으시고 바람 날개로 다니시며 바람을 자기 사신으로 삼으시고 불꽃으로 자기 사역자를 삼으시며 땅에 기초를 놓으사 영원히 흔들리지 아니하게 하셨나이다(시 104:1-5).

태양을 보면서 살되, 태양을 만드신 분을 바라보아야 합니다. 해를 바라보면서 살라는 전도자의 말은 창조주 하나님을 바라보며 살라는 말로 새겨들어야 합니다. 해를 보며 산다는 것은 주를 보며 산다는 뜻이라는 것입니다. 해바라기라는 말 속에 주(主)바라기가 들어 있다는 것입니다. 주를 바라는 자들이 되십시오. 그럴 때 인생은 달콤하게(sweet!) 바꾸어질 수가 있습니다. 가나의 혼인 잔치가 바로 그랬지 않았습니까!

갈릴리 가나 혼인잔칫집에 예수님의 어머니 마리아가 예수님과 함께 참석하신 적이 있습니다. 그런데 포도주가 떨어졌습니다. 모두가 당황하였습니다. 마리아가 예수님을 쳐다보았습니다(요 2:3). 아직, 자기 때가 이르지 않았다고 말하는 예수님을, 그래도 바라보았습니다(요 2:4-5). 그랬더니 예수님께서 사람들을 시켜 항아리에 물을 항아리의 아귀까지 채우게 하였습니다(요 2:7). 그랬더니 물이 변하여 포도주가, 최상급의 포도주가 되지 않았습니까(요 2:10)! 요한복음 기자는 그 사건을 가리켜 예수님이 행하신 첫 표적이라고 하였습니다(요 2:11). 예수님이 계신 곳에서 일어나게 될 사건이 어떤 것인지를 알려주는 은유가 된다는 것입니다.

이 표적을 좀 더 품어봅니다. 무슨 소리가 들립니까? 빈 항아리 같은 우리 삶에 예수님이 말씀하신 것으로 가득 채우면 우리 삶은 즐거움을 나누어주는 그릇이 된다는 것입니다. 이 진리를 체험해야 합니다. 물이 변하여 포도주가 되는 진리를 소유해야 합니다. 쓰디쓴 인생살이가 달콤한 인생살이로 변화되는 은혜를 덧입어야 합니다. 그럴 때 이런 간증이 터져 나옵니다. "눈으로 해를 보는 것이 즐거운 일이로다!" 살면서 주님을 바라보는 것이 즐거운 일이로다! 여러분의 삶 속에 이런 고백이 드리워지게 되기를 소망합니다. 삶의 방향을 주님에게로 향하십시오. 거기에서 우리의 인생길이 쓰디씀에서 달콤함으로 변화되는 역사가 일어납니다.

그렇지만 인생살이가 항상 즐겁기만 한 것은 아닙니다. 전도자는 지극히 현실적인 사람입니다. 살면서 즐거워하라고 말하면서도, 인생살이에는 캄캄한 날이 많을 것이라고 소리치고 있습니다. 빛을 바라보며 살라고 하면서도, 캄캄한 순간이, 어두운 순간이, 답답한 순간이 많을 것이라고 지적하고 있습니다. 이런 현실이라면, 어떻게 해야 전도서 11:8이 말하는 대로 여러 해를 살면서도 즐거워할 수가 있겠습니까?

평생 농목에 헌신하시는 목사님이 "있음"이라는 글을 잡지에 기고하셔서 동감하며 읽었습니다.[4] 사람을 가리켜 부르는 말로 '-이'가 있습니다. "이이는 왜 이래, 저이는 왜 저래"라고 하지 않습니까? 이 '-이'는 이어져 있는 것을 뜻하는 말이라는 것입니다. 사람은 태어나기 전에는 어머니와 탯줄로 이어져 있었습니다. 태어나면서 그 탯줄을 끊고 세상에 나오게 됩니다. 그래서 사람이 태어난 뒤 세상에서 살면서 해야 할 일은 끊어졌던 것을 이어주는 일이어야 한다는 것입니다. 무엇을 이어주는 일입니까? 사람과 사람을 이어주는 일입니다. 사람과 자연을 이어주는 일입니다. 사람과 하나님을 이어주는 일입니다. 사람이 하나님과 이어지게 될 때 사람은 자연과도 이어지게 되고, 사람과도 이어지게 된다는 것을 기억하십시오.

존재란 있음입니다. 존재란 이어짐입니다. 존재란 혼자 있는 것이 아닙니다. 존재란, 있음이란 이어지고 있음입니다. 끊어졌던 관계가 이어져야 합니다. 전도자가 전도서 11:7-8에서 젊은이들에게 하고 싶은 말이 이것입니다. 삶이 충실해지려면 이어져야 한다는 것입니다. 창조주 하나님과 이어져야 한다는 것입니다. 그런 존재를 살아가는 인생이 되게 하려고 눈으로 해를 보는 것이 즐거운 일이라고 다그쳐 말합니다.

그렇습니다. 이어지면 삽니다. 이어지면 기쁨이 옵니다. 가나의 혼인 잔치에서도 예수님의 어머니 마리아는 포도주가 떨어진 잔칫집의 어려운 형편을 예수님과 이어주는 역할을 하였습니다. 주님과 이어지는 존재가 되면 우리 생명이 살아납니다. 주님과 이어져야 삽니다. 그래야 삶에 기쁨이 솟구칩니다. 주님이 우리를 깨워주시기를 바랍니다. 주님이 우리를 일으켜 주시기를 바랍니다. 즐겁게 산다는 것은 내 힘으로는 안 됩니다. 주님이 우리를 붙들어주셔야 합니다.

흔들리지 않고 피는 꽃이 어디 있으랴(11:9-10; 12:1-2)

이제 전도자가 본격적으로 젊은이를 향한 인생강연에 나섭니다. 존재란 이어짐이라는 것을 설파한 후에 미래를 책임질 젊은이들에게 어떻게 오늘을 살아야 할 것인지를 다짐하는 강연에 나섭니다. 전도서 11:9-10이 바로 그 대목입니다.

전도서 11:9-10은 전도서 12:1-8과 함께 전도서의 결론에 해당됩니다. 전도서는 "헛되고 헛되며 헛되고 헛되니 모든 것이 헛되도다"라는 말로 시작했습니다(전 1:2). 그 전도서의 맨 마지막 말도 "헛되고 헛되도다 모든 것이 헛되도다"입니다(전 12:8). 전도서의 첫말과 마지막은 세상살이를 가리켜 헛되다고, 덧없다고 외치는 소리입니다. 전도서 12:8 이후에 나오는 구절들은 전도서의 후기(後記)로 여겨집니다.

기억할 것은 모든 것이 헛되다고 외치는 전도자의 고백이 그 결론에 이르러서는 젊은이에게 주는 충고로 마감하고 있다는 사실입니다. 전도서 11:9나 전도서 12:1이나 젊은이를 대상으로 한 전도자의 음성으로 채워져 있습니다. 전도서의 결론이 젊은이에게 주는 충고로 마감한다는 것은 퍽 인상적입니다. 왜 하필 글의 말미에 전도자가 젊은이를 입에 오르내리는 것일까요? 전도서는 일종의 회고록입니다. 고백록입니다. 인생살이의 긴 여정을 밟은 후에 지난날을 되돌아보면서 털어놓는 아쉬움이 전도서 곳

곳에 서려 있습니다. 그런 아쉬움을 젊은이들에게 되풀이하지 않게 하려고 전도서의 마무리는 청년에게 주는 충고로 이루어져 있습니다. 전도서 11:9-12:8은 이런 배경에서 살펴보아야 합니다. 그 충고의 첫 대목이 전도서 11:9-10입니다. 이 대목은 이렇게 시작합니다.

> 청년이여 네 어린 때를 즐거워하며 네 청년의 날들을 마음에 기뻐하여 마음에 원하는 길들과 네 눈이 보는 대로 행하라 그러나 하나님이 이 모든 일로 말미암아 너를 심판하실 줄 알라 그런즉 근심이 네 마음에서 떠나게 하며 악이 네 몸에서 물러가게 하라 어릴 때와 검은 머리의 시절이 다 헛되니라(전 11:9-10).

"청년이여 네 어린 때를 즐거워하며!", "즐거워하라"(사마흐)고 주문합니다. 청년의 날들을 "기뻐하라"(야타브)고 가르칩니다. 청년시절에 "마음에 원하는 길들과 네 눈이 보는 대로 행하라(할라크)"고 지시합니다. 젊은 날을 즐기라는 것입니다. 마음이 원하는 길을 따라가 보라는 것입니다.

청년은 '현존하는 미래'입니다. 장년이나 노년에 비해서 많은 미래가 청년에게는 있습니다. 전도서 11:10에 따르면 "어릴 때와 검은 머리의 시절"(하얄두트 베핫샤하루트)을 사는 사람이 청년입니다. 원어에서 "어릴 때"는 이제 막 성장하기 시작한 때를 가리킵니다. 원어에서 "검은 머리의 시절"은 새벽을 가리킵니다. 그러니까 청년은 인생의 새벽을 사는 사람입니다. 미래를 위해서 오늘 준비하는 사람입니다. 장차 거둘 열매를 위해서 오늘 씨를 뿌리는 사람입니다. 누구를 위해서 살 것인가, 무엇을 위해서 살 것인가, 어떻게 살 것인가를 놓고 오늘을 살아가는 사람입니다.

그런데 이상합니다. 자기가 헛된 일생을 살아왔기 때문에 그렇게 말하는 것일까요? 전도자가 청년들을 향해서 "청년이여 네 어린 때를 즐거워하라"(전 11:9)고 소리치고 있습니다. 청년의 때에 준비하라가 아닙니다. 청년의 때에 실력을 키우라가 아닙니다. 청년의 때에 꿈을 가지라고 아닙니다. 청년의 때에 즐기라는 것입니다. 왜 즐거야 합니까? 인생을 '엔조이'하라는 말입니까? 무엇이 젊은 때에 즐거워하는 것입니까? 젊은이가 누려야 할 즐거움이란 무엇입니까?

여기에서 우리는 다시 한 번 전도서 11:9a를 세밀하게 읽어보아야 합니다. 전도자가 지금 무엇을 말하고 있습니까? 전도서의 시문 분위기를 되살려 본문을 음미해봅시다.

기뻐하라 젊은이여 너의 어린 시절에
즐거워하게 하라 네 마음으로 너의 푸른 시절에
걸어라 네 마음의 길에서, 네가 보는 눈으로(전 12:9a, 사역)[5]

잘 들어보십시오. "네 어린 때를 즐거워하라"가 아닙니다. "너의 어린 시절에 기뻐하라"(세막흐 박후르 베얄두테이카)입니다. "네 청년의 날들을 마음에 기뻐하라"가 아닙니다. "너의 푸른 시절에 네 마음으로 즐거워하게 하라"(이티브카 립베카 비메이 벡후로테카)입니다. "마음에 원하는 길들과 네 눈이 보는 대로 행하라"가 아닙니다. "네 마음의 길에서, 네가 보는 눈으로 걸어라"(할레크 베다르케 립베카 우베마르에 에네이카)입니다. 어디에 주목하셔야 합니까? "…안에"(베)라는 글자입니다. 전도서 11:9a의 원문은 "…안에"라는 글자를 매 소절마다 반복하고 있습니다. "너의 어린 시절에", "너의 푸른 시절에", "네 마음의 길에서"(문자적으로는 네 마음의 길 안에서), "네가 보는 눈으로"(문자적으로는 네 눈으로 보는 것 안에서)가 바로 그런 표현들입니다. 무슨 소리입니까? 젊은 시절에는, 젊은 시절일수록, 하는 일을, 맡은 일을, 주어진 생활을 기쁨으로 누리라는 것입니다. 무엇을 하든, 어디에 있든, 젊은 시절이란, 한마디로, 선택의 때라는 것입니다. 기회의 때라는 것입니다. 청년시절은 "검은 머리의 시절"이라는 것입니다(전 11:10). 그러니 즐겁게, 기쁨으로, 마음을 다하여 젊은 때에만 할 수 있는 것을 누리라는 것입니다.

결코 전도서 11:9-10을 젊음을 즐기라는 소리로 듣지 마십시오. 본문이 말하려는 것은 청년이란 현존하는 미래이기에 그에게 주어진 기회 앞에서 책임 있게 젊은 시절을 보내라는 것입니다. 젊은이에게는 모든 기회가 열려 있습니다. 젊은 시절에는 무슨 일이든 할 수 있습니다. 젊은이에게는 여러 가지 가능성이 있습니다. 그래서 청년의 때는 선택의 계절입니다. 다만, 그런 선택에 대해서 종내는 하나님의 심판이 있다는 것을 알아야 합니다. 그래서 전도자가 이렇게 말합니다.

> 그러나 하나님이 이 모든 일로 말미암아 너를 심판하실 줄 알라 그런즉 근심이 네 마음에서 떠나게 하며 악이 네 몸에서 물러가게 하라 어릴 때와 검은 머리의 시절이 다 헛되니라(전 11:9b-10).

"그러나 하나님이 이 모든 일로 말미암아 너를 심판하실 줄 알라!" 원문은 "그러나"보다는 "그리고"로 읽어야 합니다. "(기뻐하라 젊은이여 네 젊은 시절에…) 그리고 하나님이 네가 하는 모든 일에 심판하신다는 것을 알아라"(베다 키 알-콜-엘레 예비아카 하엘로힘 바미쉬파트)입니다. 젊은 때에는 무엇이든 기쁨으로 해도 되지만, 다만 그에 대한 하나님의 심판이 있다는 것을 알아야 된다는 것입니다.

무슨 이야기입니까? 선하게 살라는 것입니다. 젊은 시절을 축하하고, 젊은 때에 하는 일을 즐겁게 누리되 악하지 않게 해보라는 것입니다. 전도서 전체에서 볼 때 전도자는 자기가 청년시절 창조주 하나님을 온전히 신앙하지 못했던 것을 아쉬워합니다. 오늘 본문의 전도자가 한때 왕이었던 자라고 간주한다면, 그 왕은 재위시절 하나님을 온전히 따르지 않았었던 사람이었다는 것입니다. 처음에 왕이 될 때에는 하나님을 향하는 마음을 갖고 있었으나, 왕이 되고 나서는 하나님을 애써 등지면서 외면해 버린 당사자가 되고 말았던 것입니다(참조, 왕상 11:9-10). 솔로몬의 선택도 하나님을 바라보는 삶이 아니라 하나님을 등지며 사는 쪽이었다는 것을 기억하셔야 합니다. 그래서 전도자가 이렇게 충고합니다. 젊은이여, 젊을 때에, 젊은 날에 네 삶을 누려라. "다만, 네가 하는 이 모든 일에 하나님의 심판이 있다는 것을 알아라"(전 11:9, 새번역).

흔들리지 않고 피는 꽃이 어디 있겠습니까? 흔들리지 않고 길을 가는 사람이 어디 있겠습니까? 흔들리지 않고 세상살이를 다스려가는 인생이 어디 있겠습니까? 흔들릴 수 있습니다. 삶이란 어쩌면 흔들리며 가는 것인지도 모릅니다. 다만, 어디에서, 어떻게 흔들거리며 가든, 언젠가는 하나님의 심판을 받게 될 날이 있다는 것을 잊어서는 안 됩니다. 전도자가 인생을 다 살고 나서 헛되다고 탄식하는 이유가 여기에 있습니다. 그는 하나님의 심판이 있다는 것을 깨닫지 못했습니다. 하나님이 계시다는 것을 알지 못했습니다. 하나님이 심판하신다는 진리를 배우지 못했습니다. 살면서 많이 누리고, 많이 가지고, 많이 즐겼는지는 몰라도, 살고 난 뒤에 자기 모습을 보니까, 그만 헛되기 그지없는 것이었다고 탄식하는 것입니다.

헛됨에서 성숙함으로 가려면 어떻게 해야 합니까? 삶의 주인이 하나님이신 것을 알아야 합니다. 주인 되신 주님이 사람이 한 일을, "그 은밀한 것"(롬 2:16)까지도 심판하신다는 것을 알아야 합니다. 창조주 하나님을 신앙하는 믿음이 있어야 합니다. 믿음이 인생을 성숙하게 하기 때문입니다. 아무리 방황한다고 하더라도, 아무리 시련이 크다고 하더라도, 그 마음에 예수 그리스도가 계신다면, 젊은 시절의 방황과 시련은 오히려 인생을 성숙하게 하는 거름이 됩니다.

> 또한 너는 청년의 정욕을 피하고 주를 깨끗한 마음으로 부르는 자들과 함께 의와 믿음과 사랑과 화평을 따르라 어리석고 무식한 변론을 버리라 이에서 다툼이 나는 줄 앎이라(딤후 2:22-23).

전도자의 말을 들으면서 청년을 향한 사도 바울의 권면에 귀를 기울여 봅니다. 젊은이일수록 누구를 삶의 벗으로 삼아야 합니까? "주를 깨끗한 마음으로 부르는 자들"을 길벗으로 삼아야 합니다. 인생의 참된 즐거움은 예수 그리스도 안에서만 얻을 수 있습니다.

베다니 촌에 나사로, 마르다, 마리아가 살고 있었습니다. 이들은 예수님을 사랑하던 형제입니다. 마리아는 향유를 주께 붓고 머리털로 주의 발을 씻기던 사람입니다. 그 오라비 나사로가 병이 들어 죽게 되었습니다. 그래서 서둘러 사람을 예수님께로 보냅니다. 그런데 예수님은 나사로가 병이 들었다는 소식을 들었으면서도 이틀을 더 지체하시다가 베다니로 가시게 되었습니다. 베다니는 유대 땅입니다. 예루살렘 인근입니다. 당시 유대 사람들은 예수님을 배척하였습니다. 예수님이 유대 땅으로 가시자고 하니까 제자들이 두려워하였습니다. "랍비여 방금도 유대인들이 돌로 치려하였는데 또 그리로 가시려 하나이까"(요 11:8). 그랬기에 예수님이 베다니의 나사로의 집에 가기까지에는 시간이 지체되었습니다. 그러다 보니 나사로가 숨을 거두었다는 소식이 들렸습니다. 그때 예수님이 무엇이라고 말씀하셨습니까?

우리 친구 나사로가 잠들었도다 그러나 내가 깨우러 가노라(요 11:11).

예수님이 지금 뭐라고 말씀하십니까? "우리 친구 나사로가 잠들었도다 그러나 내가 깨우러 가노라!" 예수님은 지금도 잠들어 있는 우리를 깨우러 오십니다. 예수님은 지금도 흔들리고 있는, 좌절과 절망 중에 있는, 어디로 가야 할지를 정하지 못하고 있는, 어떻게 인생길을 걸어가야 할지를 모르고 있는 우리 청년들을 깨우러 오십니다. 예수님이 우리 안에 계실 때 우리는 깨어 일어날 수 있습니다. 그래서 전도자가 마침내 이렇게 외칩니다.

너는 청년의 때에 너의 창조주를 기억하라 곧 곤고한 날이 이르기 전에, 나는 아무 낙이 없다고 할 해들이 가깝기 전에 해와 빛과 달과 별들이 어둡기 전에, 비 뒤에 구름이 다시 일어나기 전에 그리하라(전 12:1-2).

청년의 때에 해야 할 가장 소중한 일이 무엇이라고 말합니까? 창조주를 기억하는 일입니다. 청년(靑年)이란 푸른 시절입니다. 색깔 중에 초록색(green)은 소망을 뜻합니다. 건강함을 지칭합니다. 아직 푸르고 성성할 때에 "너의 창조주를 기억하라"는 것입니다. "곤고한 날이 이르기 전"에, 사는 것이 즐겁지 않다고 할 나이가 되기 전에, 해와 빛과 달과 별들이 어두워지기 전에 창조주 하나님을 기억하라는 것입니다. 세속의 가치와 세속의 즐거움에 빠져서 바쁘게 보내는 자들에게 하나님의 뜻을 이루는 보람이 어떤 것인지를 일깨워주어야 합니다. 그래야 젊은 날의 인생이 건강해집니다. 그래야 인생이 즐거워집니다.

늙지 말고 익어가십시오(12:3-7)

인생이 항상 젊은 것은 아닙니다. 인생은 마냥 젊지만은 않습니다. 청년 시절은 머지않아 사라져 버리고 맙니다. 인생에는 "그 날"이 있습니다. 전도자의 말로 하면 "곤고한 날들"(예메이 하라아)입니다. 곤고한 날이란 언제입니까? 전도서 12:3-7에 그것이 소개되어 있습니다.

그런 날에는 집을 지키는 자들이 떨 것이며 힘 있는 자들이 구부러질 것이며 맷돌질 하는 자들이 적으므로 그 칠 것이며 창들로 내다보는 자가 어두워 질 것이며 길거리 문들이 닫혀 질 것이며 맷돌 소리가 적어질 것이며 새의 소리로 말미암아 일어날 것이며 음악하는 여자들은 다 쇠하여질 것이며 또한 그런 자들은 높은 곳을 두려워할 것이며 길에서는 놀랄 것이며 살구나무가 꽃이 필 것이며 메뚜기도 짐이 될 것이며 정욕이 그치리니 이는 사람이 자기의 영원한 집으로 돌아가고 조문객들이 거리로 왕래하게 됨이니라 은줄이 풀리고 금 그릇이 깨지고 항아리가 샘 곁에서 깨지고 바퀴가 우물 위에서 깨지고 흙은 여전히 땅으로 돌아가고 영은 그것을 주신 하나님께로 돌아가기 전에 기억하라 (전 12:3-7).

이 구절을 새번역은 참 알아듣기 쉽게 옮겨 놓았습니다.

그 때가 되면, 너를 보호하는 팔이 떨리고, 정정하던 두 다리가 약해지고, 이는 빠져서 씹지도 못하고, 눈은 침침해져서 보는 것마저 힘겹고, 귀는 먹어 바깥에서 나는 소리도 못 듣고, 맷돌질 소리도 희미해지고, 새들이 지저귀는 노랫소리도 하나도 들리지 않을 것이다. 높은 곳에는 무서워서 올라가지도 못하고, 넘어질세라 걷는 것마저도 무서워질 것이다. 검은 머리가 파뿌리가 되고, 원기가 떨어져서 보약을 먹어도 효력이 없을 것이다. 사람이 영원히 쉴 곳으로 가는 날, 길거리에는 조객들이 오간다. 은사슬이 끊어지고, 금 그릇이 부숴지고, 샘에서 물 뜨는 물동이가 깨지고, 우물에서 도르래가 부숴지기 전에, 네 창조주를 기억하여라. 육체가 원래 왔던 흙으로 돌아가고, 숨이 그것을 주신 하나님께로 돌아가기 전에, 네 창조주를 기억하여라(전 12:3-7, 새번역).

전도서 12:3-7이 말하는 것은 나이 들어가는 과정입니다. 젊은이가 노인이 되어가는 과정입니다. 성경 어디에도 이 본문처럼 나이 들어가는 과정을 섬세하게 묘사한 곳은 없습니다. 전도서 12:3-7을 새겨보십시오. 무엇이 나이 들어가는 모습입니까? 언제 나이가 들었다고 느끼게 됩니까? 힘이 없어지는 때입니다. 힘을 쓰지 못할 때입니다. 눈이 어두워져서 잘 보이지 않습니다. 귀가 먹어서 잘 들리지 않습니다. 잠도 적어 새벽에 일찍 일어납니다. 음식을 먹어도 맛이 안 납니다. 무릎 관절이 닳아져서 잘 걷지도 못합니다. 계절로 말하면 겨울입니다. 한마디로 '곤고한 시절'입니다. '아무 낙이 없다고 할' 시절입니다. 문자적으로는 "악한 시절"입니다(전 12:1b). 이제 나이 많이 들어 살아온 날보다 살아갈 날이 적게 남아 있는 때입니다. 그러다가 마침내 몸이 흙으로 돌아가고 숨이 그것을 주신 하나님에게로 돌아가는 죽음의 날이 오게 됩니다.

전도자는 청년들에게 이런 곤곤한 시절이 오기 전에, 바로 청년의 때에, 반드시 해야 할 일이 있다고 목소리를 높입니다. 그것이 무엇입니까? 바로 창조주를 기억하는 일입니다(전 12:7). 왜 창조주를 기억하는 일이 청년시절에 꼭 있어야 할 인생의 즐거움입니까?

전도서 12:1, 7에 나오는 "창조주"란 말은 원어에서는 "너를 창조하신 분"(보르에이카)입니다. 창조하다는 단어는 창세기 1:1, "태초에 하나님이 천지를 창조하시니라"에 나오는 말과 똑같은 단어입니다. 본문이 하나님을 창조하신 분으로 부르고 있다는 것에 주목하십시오. 하나님이라고 하지 않았습니다. 여호와라고도 부르지 않았습니다. 너를 창조하신 분이라고 부르고 있습니다. 무슨 뜻입니까? 청년이라는 인생의 에너지를 만드신 분이 하나님이라는 것입니다. 청년시절의 즐거움을 만드신 분이 하나님이라는 것입니다. 아니, 인생의 근본을 만드신 분이 하나님이라는 것입니다.

청년이 청년의 때에 반드시 깨달아야 할 진리가 여기에 있습니다. 바로 근본을 아는 일입니다. 현상만 보지 않고 바탕을 아는 일입니다. 잎사귀만 보지 말고 뿌리를 알아야 한다는 것입니다. 그래야 인생살이가 헛되다는 탄성에서 벗어날 수 있다는 것입니다. 모래 위에 인생을 세워서는 안 됩니다. 반석 위에 인생이라는 건축물을 세워가야 합니다.

> 그러므로 누구든지 나의 이 말을 듣고 행하는 자는 그 집을 반석 위에 지은 지혜로운 사람 같으니 비가 내리고 창수가 나고 바람이 불어 그 집에 부딪치되 무너지지 아니하나니 이는 주추를 반석 위에 놓은 까닭이요 나의 이 말을 듣고 행하지 아니하는 자는 그 집을 모래 위에 지은 어리석은 사람 같으니 비가 내리고 창수가 나고 바람이 불어 그 집에 부딪치매 무너져 그 무너짐이 심하니라(마 7:24-27).

전도자가 청년에게 젊은 시절에 "너의 창조주를 기억하라"고 하는 말은 인생의 새벽에 신앙의 기초공사를 바로 해야 한다는 소리로 들어야 합니다. 집을 지을 때 기초는 맨 먼저 놓는 것이 아닙니까? 집을 다 짓고 나서 기초를 세우는 공사는 불가능합니다. 모든 집짓기는 기초부터 시작해야 합니다. 젊은이에게 전도자가 너의 창조주를 기억하라고 하는 말은 인생의 기초를 놓을 때에 모래가 아닌 반석 위에 놓아야 한다는 소리입니다. 하나님을 알아야 인생의 허무함을 극복할 수 있습니다. 해 아래 세상만 붙들어서는 인생살이의 쓸쓸함을 회피할 길이 없습니다. 해 위에 계시는 창조주 하나님을 경외해야 합니다. 그래야 건강한, 건실한 인생살이를 살아가게 될 것이라는 소리입니다.

그러나 여러분, 전도서 11:9-12:8의 말씀을 청년에게 주는 말로만 듣지 마십시오. 본문은 전도자와 같은 동년배로 살아가는 자들에게 노인으로 살지 말고 청년으로 살라는 음성으로도 들립니다. 공직에서 은퇴하였지만, 청년으로 살아가자는 소리가 본문에 새겨져 있습니다. 전도서 11:9-12:8을 다시 한 번 읽어보십시오. 오늘 본문의 독자는 결코 청년만은 아닙니다. 어쩌면 노인 된 자가 자기 자신에게 하는 쓴소리일 수 있습니다. 전도서 11:9-12:8은 그 말씀을 듣는 자들에게 지금이라도 청년으로 살아가라고 충고하는 소리로도 들립니다.

노인에게 가장 큰 염려는 웰 다잉(well-dying)입니다. 죽음의 두려움을 극복하는 길입니다. 어떻게 죽음의 두려움을 극복할 수 있습니까? 성경적으로 말하면 "사람을 살리는 길에는 대속의 죽음이 반드시 있어야" 합니다.[6] 따져보면, 모리아 산에서 이삭이 아브라함 대신 죽음의 제물이 됨으로 아브라함에게 사는 길이 열렸습니다(창 22). 예수 그리스도가 십자가에서 대신 죽으심으로 우리에게 죽음을 이기는 길이 열렸습니다. 중요한 것은 아브라함이 모리아 산에서 경험했던, 예수 그리스도가 십자가의 골고다에서 보여주셨던, 하나님의 준비하심이 우리가 죽는 자리에게도 지속

된다는 믿음입니다. 크리스천에게 "여호와 이레"의 은총은 죽음의 자리에서도 지속된다는 것을 믿으셔야 합니다. 이런 믿음이 있어야 인생을 제대로 살 수 있습니다. 이런 믿음이 있어야 늘 청년으로 살아갈 수 있습니다. 그래서 전도자가 하는 말에 귀를 기울이십시오. "너는 청년의 때에 너의 창조주를 기억하라!"

노년을 젊게 살기 위해서는 머리로 끊임없이 연산 작용을 해야 합니다. 노인들이 모여 있는 곳에서 가장 많이 하는 놀이가 무엇입니까? 치매에 들지 않으려고 무슨 노력을 합니까? 전도서 12:1, 7을 이런 배경에서 들어보십시오. 창조주 하나님을 기억하게 하는 찬송을 불러야 합니다. 창조주 하나님을 기억하는 말씀을 암송해야 합니다. 창조주 하나님을 증거하는 간증을 해야 합니다. 창조주 하나님을 기억하고자 끊임없이 고백하고, 찬양하고, 암송하고, 증거할 때 우리는 청년의 때를 살아갈 수가 있습니다. 그러므로 곤고한 날이 이르기 전에, 힘이 없어 누워 있기 전에, 창조주 하나님을 힘차게 기억하는 삶을 살아가시기를 바랍니다. 전도서 12:1을 다시 읽어보십시오. 무엇이라고 말씀하고 있습니까?

너는 청년의 때에 너의 창조주를 기억하라 곧 곤고한 날이 이르기 전에, 나는 아무 낙이 없다고 할 해들이 가깝기 전에(전 12:1).

흙은 여전히 땅으로 돌아가고 영은 그것을 주신 하나님께로 돌아가기 전에 기억하라(전 12:7).

이 말씀과 더불어 다음 말씀을 읽어보십시오.

몸은 죽여도 영혼은 능히 죽이지 못하는 자들을 두려워하지 말고 오직 몸과 영혼을 능히 지옥에 멸하실 수 있는 이를 두려워하라(마 10:28).

몸이 늙어가는 것보다 영혼이 메말라가는 것을 두려워하십시오. 그러므로 인생살이의 곤고한 날이 오기 전에, 우리 몸이 죽을 날이 가까웠다고 아쉬워하기 전에, 우리 영혼이 창조주 하나님을 힘껏 기억하고, 노래하고, 암송하고, 고백하는 은혜가 여러분 모두에게 넘치시기를 바랍니다. 거기에 진정 하나님이 선물로 주신 인생을 풍성하게 누리는 즐거움이 있습니다. 그러니 늙지 말고 익어가십시오.

---

1) 도종환, 『꽃은 젖어도 향기는 젖지 않는다: 도종환의 나의 삶, 나의 시』 (서울: 한겨레출판, 2011), 244.
2) 도종환, 『꽃은 젖어도 향기는 젖지 않는다』, 245-246.
3) Shields, *The End of Wisdom*, 228; Whybray, *Ecclesiastes*, 161; Fox, *A Time to Tear Down*, 317.
4) 차홍도, "있음", 「농촌과 선교」 65호 2011년 4월, 44-45.
5) 예컨대 New King James Version은 전도서 11:9a를 다음과 같이 옮긴다.
 "Rejoice, O young man, in your youth,
 And let your heart cheer you in the days of your youth;
 Walk in the ways of your heart,
 And in the sight of your eyes;"
6) 김이곤, 『죽음을 극복하는 길』 (서울: veritas press, 2013), 184-192.

전 도 서 강 해 설 교

14

"신념에서 신앙으로"

본문 전도서12:9-14 **요절** 전도서 12:9-10

『백만장자의 마지막 질문』이라는 책이 있습니다.[1] '삼성그룹을 창건했던 고 이병철 회장이 묻고 철학자 김용규가 답하는 신과 인간에 관한 근본적 통찰'이라는 부제가 달려 있는 책입니다. 이 질문은 원래 1987년 고 호암 이병철 회장이 숨을 거두기 직전 가톨릭교회의 정의채 신부에게 보낸 것입니다. 당시 그 질문은 네 쪽 자리 종이에 적혀 있었습니다. 거기에는 신중하면서도 논리정연하고, 숨 가쁘면서도 오랫동안 숙고해 온 질문 24개가 단아하게 적혀 있었습니다.

그 질문들을 대하면서 이런 생각이 들었습니다. 어쩌면 이병철 회장도 죽음 앞에서는 인생살이의 허망함을 느꼈던 것 같다! 삼성을 창건했던 이병철 회장도 자기가 세상에서 이룬 업적이 바람을 잡으려는 것과 다를 바

없게 되었다고 느꼈었던 것 같다! 그랬었기에 죽기 직전 "신은 과연 존재하는가?"에서 시작하여 "종말은 언제 오나?"에 이르는 24개 질문을 남기게 되지 않았을까!

이병철 회장이 남긴 질문에서 처음 두 질문은 하나님의 존재에 관한 물음입니다. 그의 말로 표현하면, 첫 번째가 "신의 존재를 어떻게 증명할 수 있나? 신은 왜 자신의 존재를 똑똑히 드러내 보이지 않는가?"이고, 두 번째가 "신은 우주만물의 창조주라는데 무엇으로 증명할 수 있는가?"입니다. 그는 하나님의 존재에 관한 증명에 목이 말랐었습니다. 해 아래 세상에서 기업체를 일구고 사업을 하였지만, 그가 남긴 마지막 질문은 하나님이 해 위에 실제로 존재하시느냐는 것이었습니다. 하나님의 살아계심에 목이 말랐던 사람! 이병철 회장이 묻는 질문을 읽으면서 그런 안타까움이 제 마음속에 스며들었습니다.

전도서 12:9-14는 그런 안타까움에 대한 대답입니다. 전도서 12:9-14는 전도서의 후기(後記)로 불립니다.[2] 전도서 말미에서 만나는 소리는 에필로그(epilogue)라는 것입니다. 그러나 이 후기는 단순한 첨가가 아닙니다. 전도자의 한평생을 누군가가 평가하려는 의도가 거기에 담겨 있습니다. 전도자가 했던 말을 제3자의 시각에서 따져 보려는 의도가 거기에 담겨 있습니다. 보기에 따라서는 전도서 12:9-14는 '추신'(追伸, postscript)의 기능을 담당하기도 합니다. 어떻게 보든 전도서 12:9-14가 전도자를 가리켜 시종일관 3인칭으로 부르고 있다는 사실은 분명합니다.

지금까지 우리는 전도자의 고백을 한 장씩, 한 단락씩 살펴보았습니다. 전도서는 대부분 전도자가 그 아들에게, 그 후손에게, 그 젊은이들에게 털어놓는 세상살이에 관한 충고로 되어 있습니다. 그렇던 전도서가 그 마무리 자락에 와서는 전도자가 하는 말이 아니라, 전도자에 관한 말을 쏟아놓고 있습니다. 누군가가 전도자를 평가하고 있다는 것입니다. 누군가가 전도자의 말에 토(吐)를 달아 전도서의 후기로 정리해놓았다는 것입니다.

전도서 12:9-14에 수록된 이 평가는 세 단락으로 구분됩니다. 하나는 전도자가 '무엇을 말했는가'(what he said)이고(전 12:9-10), 다른 하나는 전도자가 '어떻게 그것을 말했는가'(how he said it)이며(전 12:11-12), 나머지 하나는 전도자가 '왜 그렇게 말했는가'(why he said it)입니다(전 12:13- 14).[3]

전도자, 그가 말한 것(12:9-10)

전도서 12:9는 전도서의 말씀에서 하나의 전환점입니다. 전도자의 말이기보다는 전도자에 관한 말을 소개합니다. 그 소개 속에 전도자가 여태껏 털어놓았던 고백에 대한 평가가 담겨 있습니다.

전도자는 지혜자이어서 여전히 백성에게 지식을 가르쳤고 또 깊이 생각하고 연구하여 잠언을 많이 지었으며 전도자는 힘써 아름다운 말들을 구하였나니 진리의 말씀들을 정직하게 기록하였느니라(전 12:9-10).

원문에서 전도서 12:9는 "그리고 그밖에"(베요테르, And furthermore)라는 말로 시작합니다. "부언하자면, 전도자는 지혜로운 자이었기에"(베요테르 쉐하야 코헬레트 하캄)로 시작합니다. 지혜로운 사람이었기에 백성에게 지식을 가르쳤고 늘 "귀를 쫑긋 기울였으며"(이젠), "깊이 연구하였습니다"(히케르)라고 말합니다.

지금까지 전도자는 현실에 저당 잡힌 세상살이를 가리켜 헛된 것이라고 질타하였습니다. 전도자는 한평생 부귀와 영화를 누린 사람이었습니다. 전도서는 그를 누구라고, 그 실명을 소개하지는 않습니다. 그를 가리켜 전도자(코헬레트)라고만 불렀습니다. 확실한 것은 그가 많이 누리고, 많이 가지고, 많이 거느리며 살았던 사람이었다는 것입니다. 그를 가리켜 "다윗의 아들 예루살렘의 왕"이라고 부르지 않았습니까? 전도서 2:1-11은 전도자의 자화상을 부요하게, 부족할 것이 없이 살았던 사람으로 묘사하지 않았습니까? 그런 전도자에 대해서 평가했다면 아마 이랬을 것입니다. "그는 왕이었습니다. 그는 권세가였습니다. 그는 재산이 많았습니다. 그는 말이 많은 사람이었습니다. 그는 늘 잔소리하는 사람이었습니다. 그러나 그는 비관적인 사람이었습니다. 그의 입에서는 늘 헛되다는 말이 쏟아져 나왔습니다."

그렇게 평해야 할 전도자를 가리켜 전도서 12:9-10은 지혜자라고 평가하고 있습니다. 큰 스승이었다고 평가하고 있습니다. 전도자에 대한 이런 평가는 일반적인 기대와는 어긋납니다. 지혜자가 누구입니까? 어떤 사람이 지혜자이길래 전도자를 가리켜 지혜로운 사람이었다고 평할 수 있습니까?

구약성경에서 지혜란 삶을 제대로 사는 능력을 말합니다. 그러기에 전도서 12:9가 거론하는 지혜자란 삶을 제대로 산 사람이라는 뜻이 됩니다. 전도자는 그의 인생을 제대로, 바르게, 복되게 살아온 사람이었다는 것입니다. 이런 평가를 우리 식대로 표현하자면, 전도자는 한마디로 인생을 멋지게 산 사람이었다는 소리가 됩니다. 심지어 전도서 12:10은 전도자가 여태껏 했던 말을 가리켜 "아름다운 말"(디브레 헤페츠)이었다고 평가합니다. "진리의 말씀"(디브레 에메트)이었다고까지 평가합니다. 어째서 전도자의 말이 아름다운 말의 범주에 듭니까? 전도자는 시종일관 인생살이에 대해서 비관적으로 읊조리지 않았습니까? 세상살이에 대해서 부정적으로 평가하지 않았습니까? 무슨 이유로 모든 것이 허무하다고 외쳤던 전도자의 절규가 아름다운 말로 간주될 수가 있습니까?

전도서 안에 은쟁반에 담긴 과일 같은 말이 없는 것은 아닙니다. 전도자는 "모든 일에는 다 때가 있다"고 말했습니다(전 3:1). "하나님이 모든 것을 지으시되 때를 따라 아름답게 하셨고 또 사람들에게는 영원을 사모하는 마음을 주셨느니라"고 하였습니다(전 3:11). "한 사람이면 패하겠거니와 두 사람이면 맞설 수 있나니 세 겹줄은 쉽게 끊어지지 아니하느니라"고 하였습니다(전 4:12). "형통한 날에는 기뻐하고 곤고한 날에는 되돌아보아라 이 두 가지를 하나님이 병행하게 하사 사람이 그의 장래 일을 능히 헤아려 알지 못하게 하셨느니라"고 하였습니다(전 7:14). "네 헛된 평생의 모든 날 곧 하나님이 해 아래에서 네게 주신 모든 헛된 날에 네가 사랑하는 아내와 함께 즐겁게 살지어다 그것이 네가 평생에 해 아래에서 수고하고 얻은 네 몫이니라"고 하였습니다(전 9:9). "너는 네 떡을 물 위에 던져라 여러 날 후에 도로 찾으리라"고 하였습니다(전 11:1). "너는 청년의 때에 너의 창조주를 기억하라 곧 곤고한 날이 이르기 전에, 나는 아무 낙이 없다고 할 해들이 가깝기 전에"고 하였습니다(전 12:1). 전도자가 했던 이런 말들은 정녕 아름다운 말씀, 진리의 소리에 듭니다.

그러나 전도서의 말이 아름다운 것은 그 말이 세상살이를 반면교사(反面教師)로 삼았기 때문입니다. 전도자의 말이 진리의 말씀일 수 있는 것은 그것이 허무함을 넘어서서 열매 맺는 삶으로 나아가는 지렛대 역할을 하기 때문입니다. 전도자는 허무함을 통해서 삶의 보람이 무엇인지를 이야기하고자 했습니다. 순간을 통해서 영원을 이야기하였습니다. 아주 작은 부분을 통해서 전체를 말하려고 하였습니다. 평범한 사물에서, 늘 경험하는 모순과 역설에서, 인간의 생애와 하나님의 세상을 말하려고 하였습니다.

이런 진리를 일깨워주고자 전도서는 처음부터 글의 틀을 치밀하게 짰습니다. 전도서의 여는 말(전 1:1-11)은 전도서의 주제를 모든 것이 헛되다고 삼았습니다. 그 뒤를 이어 삶의 의미를 찾으려는 전도자의 탐구가 나오고(1:12-6:12), 그 뒤에는 헛된 세상에서 어떻게 하나님을 위하여 살까를 고민하면서 지혜로운 사람과 어리석은 사람을 비교하였습니다(7:1-11:8) 그러고 난 다음 늙어감에 대해서 깊이 생각하고 나서(11:9-12:7) 모든 것이 헛되다는 처음 주제로 돌아가서 말을 맺었습니다(12:8). 이렇게만 보더라도 전도서는 참 치밀하게 짜여 있는 글인 것을 알게 됩니다. 말 그대로 전도자의 말씀은 "아름다운 말"(디브레 헤페츠, 전 12:10)에 해당된다는 것입니다.

감리교단에서 45년간 목회사역에 헌신하시다가 은퇴하신 목사님께서 그동안 강단에서 선포하셨던 말씀을 다섯 권의 설교집으로 묶어 출간하셨습니다. 그 출간을 기념하여 감사예배를 드렸습니다. 그 예배 순서 중에 그 목사님의 큰 아드님이 아버지에 대한 자기 생각을 털어놓는 시간이 있었습니다. 그분은 우리나라에서 유명한 대학교의 교수님이십니다. 오십 줄에 들어선 아들이 팔순을 훌쩍 넘기신 아버지의 삶을 여러 회중들에게 나누었습니다. 그 이야기가 저의 마음에 크게 다가왔습니다. "저의 아버님은 평생 언행일치의 삶을 사셨습니다. 강단에서 외치셨던 말씀과 아버지로 살면서 자식들에게 보여주신 삶이 한 치도 다르지를 않았습니다!" 그 이야기를 들으면서 저 스스로에게 물어보았습니다. 과연 나의 아들들은 나를 어떻게 평가할 것인가?

여러분, 여러분은 어떤 사람이었다는 평가를 듣기를 원하십니까? 전도서 12:9-10을 새기면서 제게 든 생각이 이것입니다. 누군가가 저의 삶을 평가할 때 그는 진정 멋지게 산 사람이었다고, 그는 하나님 앞에서는 신실했고, 세상에서는 지혜로운 사람이었다는 평가를 듣기를 원합니다.

요즈음 우리 시대는 기독교인에 대한 평가가 참 냉혹합니다. "저 사람은 다 괜찮은데, 한 가지 흠이 있어. 교회 다닌단 말이야…" 그런 식입니다. 왜 이런 소리가 우리 귀에 들립니까? 우리 교인들이 멋지게 살지 못하기 때문입니다. 제대로 살지 못하기 때문입니다. 바르게 살지 못하기 때문입니다. 복되게 살지 못하기 때문입니다. 지혜롭게 살지 못하기 때문입니다.

전도서 12:9-10은 이런 쓴소리를 이 땅의 크리스천들에게 던지고 있습니다. 우리는 지혜자로 살아야 한다는 것입니다. 믿는 대로 살고, 살면서 믿는 삶을 실천해야 한다는 것입니다. 은퇴했다고 해서 물러나는 것이 아니라, 끝까지 하나님의 사람다워야 한다는 것입니다. 생각하며 살아야 하고, 힘써 아름다운 말을 구해야 하며, 진리의 말씀을 정직하게 기록해가야 한다는 것입니다. 한마디로, 크리스천은 지혜자이어야 한다는 것입니다.

공부하는 인간(Homo Academicus)(12:11-12)

사람은 하나님의 작품입니다. 하나님의 작품이기는 동·식물도 마찬가지입니다. 그런데 사람만이 요람에서 무덤까지 공부합니다. 사람이 되기 위해서는 배워야 하고 배웠기 때문에 사람다운 삶을 살아갑니다. 사람은 누구나 배워야 합니다. 언제나 배워야 합니다. 어디에서든 배워야 합니다. 사람은 공부하는 존재(Homo Academicus)입니다. 세계 어디를 가나 사람들은 치열하게 공부합니다.

얼마 전 KBS 1TV '공부하는 인간 제작팀'이 『공부하는 인간』이라는 책을 출간하였습니다.[4] 공부에 관한 이론서라기보다는 서로 다른 개성과 프로필을 가진 진행자 4명을 선발해서 그들로 하여금 한국, 중국, 일본, 인도, 이스라엘, 프랑스, 영국, 미국 등 세계의 공부 현장을 찾아가 사람은 왜 공부하는지, 공부를 무엇이라고 정의하는지, 공부는 어떻게 하는지, 공부와 문화역사가 어떻게 상호작용하는지 등을 묻고 파악한 결과를 다큐멘터리 형식으로 취재해서 보고한 내용입니다.

그 취재에 따르면 동양과 서양은 공부하는 방법에서는 차이가 나지만 공부하기는 마찬가지입니다. 예컨대 동양은 듣고 서양은 질문하는 방식으로 공부합니다. 동양의 교실은 조용합니다. 서양의 교실은 시끄럽습니다. 지식을 향한 자세가 다르기 때문입니다. 진리를 보는 눈이 다르기 때문입니다. 동양은 마음 안에서 진리를 찾는다면 서양은 토론 속에서 진리를 찾는다는 것입니다. 그래서 인류문명을 이해하는 또 하나의 문화코드로 공부를 꼽기도 하였습니다.

재미있는 것은 유대교를 가리켜서 공부하는 종교라고 부르고 있다는 점입니다. 유대인들은 공부하듯 기도하고, 기도하면서 공부한다는 것입니다. 예루살렘 통곡의 벽 앞에 가보면 토라를 읽거나 토라의 한 구절을 놓고 다양한 해석을 내놓으면서 열띠게 토론하고 논쟁하는 모습을 어렵지 않게 볼 수 있습니다. 그것이 유대교를 믿는 방식이기 때문입니다. 학습을 통해서, 경전공부를 통해서 하나님에게 다가가는 종교가 유대교라는 것입니다. 우리가 읽는 전도서 마지막에도 그런 공부에 대한 이야기가 나옵니다. 그런데 의외입니다. 공부에 대하여, 공부하는 것에 대하여 자못 회의적입니다. 전도서 12:11-12입니다.

> 지혜자들의 말씀들은 찌르는 채찍들 같고 회중의 스승들의 말씀들은 잘 박힌 못 같으니 다 한 목자가 주신 바이니라 내 아들아 또 이것들로부터 경계를 받으라 많은 책들을 짓는 것은 끝이 없고 많이 공부하는 것은 몸을 피곤하게 하느니라(전 12:11-12).

전도서 12:11-12에서 우선 주목할 것은 지혜자의 말씀을 가리켜 "찌르는 채찍들" 같고, "잘 박힌 못" 같다고 하는 소리입니다. 본문은 복수형입니다. 지혜자가 아니라 "지혜자들"(하카밈)입니다. 회중의 스승이 아니라 "회중들의 스승들"(바알레 아수포트)입니다. "지혜자들의 말씀들"(디브레 하카밈)입니다. 이 복수형은 전도자의 말이 여러 지혜자들의 말을 수집한 결과임을 암시하거나 아니면 전도자의 말이 한 번 하고 만 것이 아니라 여러 차례, 여러 번 외쳤던 말이라는 것을 암시합니다. 그런데 이 말씀들을 가리켜 "찌르는 채찍들"(다르보노트) 같고 "잘 박힌 못"(마스메로트 네투임) 같다고 설명하고 있습니다.

"찌르는 채찍들"은 끝이 뾰쪽한 막대기(goad)를 가리킵니다.[5] 이 용어에 대해서는 이런저런 설명들이 많이 있습니다. 분명한 것은 그것이 칼이나 창처럼 그 끝이 날카롭게 다져진 막대기를 가리킨다는 사실입니다. 끝이 뾰쪽하기는 "잘 박힌 못"도 마찬가지입니다. 더구나 이 "잘 박힌 못"(마스메로트 네투임)은 "소몰이 꼬챙이"(cattle-prods)를 가리키는 말로 간주됩니다.[6]

전도자의 말이 "찌르는 채찍들"이나 "잘 박힌 못"과 같다는 것은 전도서의 말씀이 해 아래 세상에 매여 사는 자들에게는 그 양심을 찌르는 말씀이 된다는 뜻입니다. 세상살이를 오로지 수지타산에 맞춰 사는 사람들에게는 그 영혼을 아프게 하는 말씀이 된다는 뜻입니다. 쾌락에 젖어 살고 죄악에 빠져 사는 사람들에게는 그 인생을 아프게 하는 회초리가 된다는 뜻입니다. 아니, 해 아래 세상에만 매여 사는 자들을 허무한 인생에서 활기찬 인생으로, 하나님을 잊고 사는 인생에서 창조주를 기억하는 인생으로 돌아서게 하는 따끔한 꾸짖음이 된다는 뜻입니다. 그 따끔한 말씀들이, 그 따끔한 회초리가, 모두 "한 목자"이신 여호와 하나님께서 주신 말씀이라는 것입니다(전 12:11; 참조, 시 23; 80).

그렇게 말하면서 전도서 12:12는 말을 이렇게 이어갑니다. "책들을 짓는 것은 끝이 없고 많이 공부하는 것은 몸을 피곤하게 하느니라!" 새번역은 이 구절을 "책은 아무리 읽어도 끝이 없고, 공부만 하는 것은 몸을 피곤하게 한다"라고 옮겼습니다. "책을 짓는 것은 끝이 없다"는 말을 "책은 아무리 읽어도 끝이 없다"로 옮겼습니다. 이 같은 차이는 원문(하소트 세파림 하르베)이 "많은 책을 만드는 것"일 수도 있고, "책을 많이 읽는 것"일 수도 있기 때문에 일어났습니다.[7] 그러나 어떻게 번역하든 뜻은 비슷합니다. 공부나 학습을 비관적으로 본다는 것입니다. 거기에다가 본문은 "많이 공부하는 것은 몸을 피곤하게 한다"라고까지 말합니다. "많은 공부, 그것은 몸의 수고이다"(라하그 하르베 예기아트 바사르)라는 것입니다.

문자적으로만 보면 전도서 12:12는 공부에 대해서 비관적으로 평하는 구절입니다. 전도서 12:12를 어떻게 받아들여야 합니까? 공부를 내팽개치자는 소리로 받아들여야 합니까? 공부란 쓸데없다는 소리로 받아들여야 합니까? 이 말씀은 바로 새겨야 합니다. 사람이 만든 학문은 인생의 궁극적 해답은 못 된다는 뜻입니다. 인간의 이성, 지성만으로는 인생살이를 온전하게 이룰 수 없다는 것입니다. 그런 공부란 끝이 없다는 것입니다. 그런 공부란 몸을 피곤하게 한다는 것입니다.

이스라엘의 쿰란(Qumran)에 가면 유대교가 얼마나 공부를 중요하게 여기는지를 눈으로 확인할 수 있습니다. 쿰란은 사해두루마리(Dead Sea Scrolls)가 발견된 지역입니다. 사해 북서쪽에 있는 건조한 평원입니다. 말이 평원이지 그것은 광야의 또 다른 모습입니다. 사방이 메말라 있습니다. 햇볕은 무척 뜨겁습니다. 풀 한 포기 제대로 자라기 어려운 지대입니다. 사방에 크고 작은 동굴들이 널려 있습니다.

1947년 거기에서 베두인(Bedouin) 목동 둘이 잃어버린 염소를 찾아다니다가 우연히 사해두루마리를 발견하였습니다. 염소를 찾아 한 동굴 안으로 들어갔다가 가죽 두루마리가 담겨있는 항아리를 발견하였습니다. 그 일로 '사해두루마리'라고 명명하게 된 고귀한 자료들이 세상의 빛을 보게 되었습니다. 그 뒤 수십 년 동안 쿰란 인근에 널려 있는 수많은 동굴들에 대한 탐사가 이어졌습니다. 많은 두루마리들이 발굴·해독되었습니다. 그 대표적인 것들이 총 11개의 동굴에서 발견된 약 900개에 달하는 사해두루마리입니다. 이 두루마리는 구약성경을 필사한 것도 있고, 구약성경에 해석을 달아놓은 것도 있으며, 쿰란에 거주하던 공동체를 위해서 따로 작성한 글도 있습니다. 학자들 중에는 쿰란에서 니온 성경사본을 정리해서 쿰란 성경으로 펴내기도 하였습니다.

재미있는 것은 11개의 동굴에서 수많은 두루마리들이 나왔는데, 그 가운데서도 유독 한 동굴에서만 전체 두루마리의 2/3에 달하는 분량이 쏟아져 나왔다는 사실입니다. 학자들은 그 동굴을 쿰란의 네 번째 동굴이라고 부르자고 했습니다. 왜 쿰란의 여러 동굴 가운데서도 그 네 번째 동굴에서만 그토록 많은 두루마리들이 쏟아져 나오게 된 것일까요? 학자들은 그 이유를 그 네 번째 동굴이 도서관 역할을 했다는 데에서 찾습니다. 쿰란에 성서도서관이 있었다는 것입니다! 쿰란이 단순히 에세네파 사람들의 주거지가 아니었다는 것입니다. 쿰란은 유대인들을 하나님의 사람으로, 하나님의 일꾼으로 양성하는 신학교이기도 했다는 것입니다. 왜 그처럼 열심히 성경사본을 필사했습니까? 하나님의 말씀을 밤낮으로 공부하고 토라를 공부하는 것이 구원을 받는 길이라고 여겼기 때문입니다. 그런 까닭에 유대교를 가리켜서 공부하는 종교라고 부를 수 있다는 것입니다.[8] 무엇을 공부해야 합니까? 해 위에 계시는 하나님을 신앙하는 삶을 배우고 익혀야 합니다. 많은 책이 아닙니다. 한 책을 공부해야 합니다. 한 책의 사람이 되어야 합니다. 바이블의 사람이 되어야 합니다.

신념에서 신앙으로(12:13)

이제 전도서 12:13은 어떻게 사는 것이 보람된 삶인지를 말하려고 합니다. 어떻게 사는 것이 멋있는 인생입니까? 전도서 12:13이 그것을 다시 한 번 일깨워줍니다.

> 일의 결국을 다 들었으니 하나님을 경외하고 그의 명령들을 지킬지어다 이것이 모든 사람의 본분이니라(전 12:13).

"일의 결국을 다 들었으니!" 새번역은 이 구절을 이렇게 옮겨놓았습니다. "할 말은 다 하였다. 결론은 이것이다!" 원문은 "말의 결론은 이것이다"(소프 다바르)입니다. 말을 맺겠다는 것입니다. 히브리어 "다바르"는 우리말에서는 '일'도 되고 '말'도 됩니다. 저는 이 구절을 "말의 결론은 이러하다"로 읽으려고 합니다. 본문에서 "결국"이나 "결론"으로 번역된 단어(소프)는 앞에 나온 "끝"(케츠, 전 12:12)이란 말과 동의어이지만, 그 기능은 대체로 책이나 문장을 끝맺을 때 사용하는 표현으로 간주됩니다.[9] 전도서 12:9-14가 전도자가 여태껏 했던 말에 대한 평가를 결론적으로 내리고 있다는 소리입니다. 그 결론이 무엇입니까? 전도서 12:13을 다시 한 번 읽어 봅니다.

> 이제 말을 맺는다. 모든 것이 다 들려졌으니 하나님을 경외하고 그 명령을 지

키라 이것이 사람의 모든 것이기 때문이다(전 12:13, 사역).

"모든 것이 다 들려졌으니"(하콜 니스마)! 본문은 수동태입니다. 제3자의 입장에서 전도자의 말에 대한 평가입니다. 우리가 모든 것을 다 들었다기보다는 우리 귀에 모든 것이 선포되었다는 뜻입니다. 모든 것이 다 쏟아져 나온 뒤에 첨가하려는 맺음말이 무엇입니까? "하나님을 경외하고 그 명령을 지키라"(에트 하엘로힘 예라 베에트 미초타브 쉐모르)는 것입니다. 그것이 "사람의 모든 것이기 때문"(키-쩨 콜-하아담)이라는 것입니다. 사람의 본분은 하나님을 경외하고 그의 명령을 지키는 데 있다는 것입니다.

사람의 본분은 하나님을 경외하는 것입니다. 전도자의 말 하면 떠오르는 것이 "헛되고 헛되니 모든 것이 헛되도다"는 말입니다. 전도자는 이런 표현을 말끝마다 후렴구처럼 반복하였습니다. 그렇지만 그것이 전도자에 대한 바른 이해는 아닙니다.

전도자도 여러 차례 하나님을 경외해야 할 삶에 대해서 이야기했습니다. 하나님께서 행하시는 일에는 사람이 보탤 수도 없고 뺄 수도 없기에 하나님을 경외해야 한다고 이야기했습니다(전 3:14). 사람의 망상은 내려놓고 하나님이 두려운 줄 알고 살아야 한다고 이야기했습니다(전 5:7). 하나님을 경외하는 사람만이 세상살이를 극단에 치우쳐 살지 않게 된다고 이야기했습니다(전 7:14-18). 하나님을 경외하며 사는 자들에게는 모든 일이 결국 선하게 된다고 이야기했습니다(전 8:12). 무슨 이야기입니까?

전도자의 소리만 들어보면 전도서의 전도자에게는 두 마음이 있었다는 것입니다. 하나는 해 아래 땅에 저당 잡힌 삶을 사는 자의 마음입니다. 인생은 허무하고, 허탄하고, 허망한 종착역에 이르고 만다고 외치는 마음이었습니다. 다른 하나는 해 위에 계시는 하나님을 바라면서 사는 자의 마음입니다. 그런 인생이라야 보람되고, 의미 있고, 감사한 삶에 이르게 된다고 외치는 마음이었습니다. 전도서에서 들리는 이 두 소리는 사도 바울이 고백했던 "오호라 나는 곤고한 사람이로다 이 사망의 몸에서 누가 나를 건져내랴"(롬 7:24)는 탄식을 저절로 떠올리게 합니다. 사도 바울에게도 두 마음 사이에서 갈팡질팡하지 않았습니까! 어떻게 해야 이 갈팡질팡하는 비참한 형편에서 벗어날 수가 있습니까?

전도서의 에필로그는, 전도서의 추신은, 전도자가 가졌었던 두 마음 가운데서 인생을 보람되게 사는 이치가 무엇인지를 일러주는 쪽에 손을 들어줍니다. 그래서 전도자가 이전에 했었던 말을 받아서 하나님 경외가 인생의 해답이라고 힘주어 말합니다. 하나님을 신앙하는 삶이 인생의 정답이라는 것입니다. 하나님을 높이고 그 말씀을 따르는 삶이 사람살이의 바탕이라는 것입니다.

전도서의 맺음말이 하나님을 경외하며 살라는 주문이라는 것은 놀랍습니다. 하지만 전도서는 해 아래 세상에 매여 있는 사람들에게 어떻게 해야 해 위에 계시는 하나님을 바라보게 되는지에 대해서는 말하지 않았습니다. 전도서가 남긴 이 질문에 대한 해답은 성경 전체의 맥락에서 살펴야 합니다. 전도자의 질문, 복음서의 해답이라는 깨달음이 주어지는 것도 이 때문입니다. 우리는 어떻게 해야 하나님을 경외하는 사람됨의 본분을 회복할 수 있습니까?

> 만일 너희 속에 하나님의 영이 거하시면 너희가 육신에 있지 아니하고 영에 있나니 누구든지 그리스도의 영이 없으면 그리스도의 사람이 아니라 또 그리스도께서 너희 안에 계시면 몸은 죄로 말미암아 죽은 것이나 영은 의로 말미암아 살아 있는 것이니라 예수를 죽은 자 가운데서 살리신 이의 영이 너희 안에 거하시면 그리스도 예수를 죽은 자 가운데서 살리신 이가 너희 안에 거하시는 그의 영으로 말미암아 너희 죽을 몸도 살리시리라(롬 8:9-11).

예수 그리스도가 우리 안에 계시면 우리 인생은 흙으로 돌아가는 몸이 아니라 하나님의 영으로 생명을 얻는 존재가 됩니다. 예수 그리스도는 하나님 없이 헛되게 사는 인생을 기쁘고 의미 있게 사는 인생으로 부르십니다. 예수 그리스도 안에서 살 때 우리는 세상을 이기게 됩니다. 예수님 안에서 인생살이의 새 이정표를 받아 쥔 자들은 더 이상 해 아래 땅에 매인 자로만 머무를 수는 없습니다.

우리 크리스천은 우리를 사랑하시기에 그 전부를 우리에게 주신 예수 그리스도 아래에서 살아야 합니다. 이 진리를 한 주석가는 이렇게 표현하였습니다. "'해 아래에서' 살지만 말고 하나님의 아들 아래에서 사십시오" (We are not just living 'under the sun'. We are living under the Son).[10] "Sun" 아래에서 살지 말고 "Son" 아래에서 살자는 것입니다. 거기에 전도자가 외쳤던 헛된 인생을 극복할 수 있는 길이 열린다는 것입니다.

요즈음 매스컴에 두 과학자 이름이 오르내리고 있습니다. 한 사람은 스티븐 호킹(Stephen W. Hawking)입니다. 그는 목 이하의 신체를 전혀 쓰지 못하는 장애인입니다. 휠체어를 타고서 강연하는 천재과학자입니다. 그가 한 말이 매스컴에 실렸습니다. "천국이나 부활은 죽기를 두려워 한 사람이 꾸며낸 거짓말이다!" 그런데 또 한 사람, 이 사람은 한국의 스티븐 호킹이라고 불리는 과학자입니다. 서울대학교 지구환경과학부 교수인 이상묵 교수입니다. 이상묵 교수도 목 이하의 사지를 전혀 움직이지 못하는 장애인입니다. 2006년 7월 2일 미국 캘리포니아 데스벨리(Death Valley)에서 지질탐사를 나갔다가 자동차가 뒤집히는 사고를 당해 거의 죽었다가 살아났습니다. 하지만 죽음의 자리에서 목숨을 건진 이후 그는 고개만 간신히 가누는 전신마비 장애자가 되었습니다. 그가 자기 인생을 되돌아보는 이야기를 펴냈습니다. 『0.1그램의 희망』입니다.[11] 그 책을 대하다 보면 이런 말을 듣게 됩니다. "사람은 누구나 신을 필요로 한다!"

사람의 본분이 무엇입니까? 하나님을 경외하는 것입니다. 신념에서 신앙으로 변화하는 것입니다. 신념은 내가 붙드는 것입니다. 신앙은 나를 붙드는 것입니다. 하나님이 계시다는 것을 두려운 마음으로(경외!) 긍정하는 것입니다. 하나님 앞에서 한없이 겸손해지는 것입니다.

우리는 기도할 때 무릎을 꿇습니다. 왜 그렇습니까? 하나님을 경외하기 때문입니다. 예배할 때 차림새를 단정하게 합니다. 왜 그렇습니까? 그분을 존경하기 때문입니다. 하나님을 경외하고, 그 말씀을 순종하는 것이 사람이 마땅히 해야 할 의무입니다. 신념에 매이지 말고 신앙에 매이시기를 바랍니다. 내 주장에 매이지 말고 하나님의 말씀에 매이시기를 바랍니다. 거기에서 인생이 진정 제대로, 바르게, 복되게, 멋있게 되는 길이 펼쳐지게 됩니다.

천망회회(天網恢恢)(12:14)

이제 우리는 전도서의 맨 마지막 문장 앞에 서 있습니다. 무슨 글이든, 글을 쓰다가 보면 첫 문장을 쓰기가 어렵다는 것을 느낍니다. 첫 문장만 쓰기 어려운 것은 아닙니다. 마지막 문장을 쓰기도 참 어렵습니다. 전도서의 마지막 문장이 무엇입니까? 전도자의 말이건, 전도자에 관한 말이건 우리는 지금 전도서의 마지막 문장 앞에 서 있습니다. 그 마지막 말이 무엇입니까? 전도서 12:14가 바로 그것입니다.

하나님은 모든 행위와 모든 은밀한 일을 선악 간에 심판하시리라(전 12:14).

전도서 12:14의 원문을 전도서의 시문 형식에 따라서 다시 옮겨보았습니다.

왜냐하면 모든 행동을
하나님이 심판으로 가져가시기 때문이다
감추어진 모든 것을
그것이 선한 것이든 악한 것이든(전 12:14, 사역).

전도서 12:14는 12:13에 이어서 해석해야 합니다. 전도서 12:13이 사람의 본분을 하나님을 경외하는 삶에 두었기에 그 이유를 제시하는 말씀이 전도서 12:14에 나옵니다. 그래서 원문은 "왜냐하면"(키)으로 시작합니다. 우리말 성경에는 나오지 않지만 원문은 "왜냐하면 모든 행동을 그 하나님이 심판으로 가져가시기 때문"(키 에트-콜-마아세 하엘로힘 야비 베미쉬파트)이라고 전합니다. 여기에서 "하나님"은, 원문을 직역하면, "그 하나님"(하엘로힘)입니다. 이 "그 하나님"은 전도자가 말했고, 에필로그가 다짐했던 하나님입니다. 그 하나님이 우리가 한 모든 짓을, 우리 인생에 감춰진 모든 것을, 그것이 선한 것이든 악한 것이던, 마침내 심판으로 가져가신다는 것입니다. 해 아래 인생살이는 죽음으로 끝나는 것이 아니라 심판으로 끝난다는 것입니다. 죽음 뒤에는 심판(미쉬파트)이 있다는 것입니다. 우리 인생은 누구나 하나님이 재판하시는 그 재판정에 서게 된다는 것입니다.

전도자도 하나님의 심판에 대해서 말한 적이 있습니다. 하나님이 의인과 악인을 언젠가는 심판하시는 때가 있을 것이라고 말했습니다(전 3:17). 청년시절에는 무엇이든 해볼 수 있는 권리가 있지만 거기에 대해서는 하나님의 심판이 있다는 것을 알라고 말했습니다(전 11:9). 그러나 전도자가 하나님의 심판을 그 입에 올리게 된 것은 의인이 악한 자 대우를 받고, 악한 자가 의로운 사람 취급을 받는 왜곡된 현실을 지적하기 위한 댓글 성격의 말이었습니다.

그랬던 전도자와는 달리 전도서 12:14는 단호하게 세상의 마지막에는 하나님의 심판이 있다고 소리칩니다. 전도서 12:14는 세상살이에는 정의가 없다는, 세상살이는 공평하지 않다는 전도자의 의문에 대한 에필로그의 해답이라는 것입니다.[12]

전도서의 끝말이 하나님은 모든 행위와 모든 은밀한 일을, 그것이 선한 것이든, 악한 것이든, 다 심판하신다는 말로 맺는다는 것은 최후의 심판(eschatological judgment)의 성격과도 잘 어울립니다. 세상역사의 마지막에 최후의 심판이 있듯이 전도서의 마지막 말도 하나님의 심판이라는 것입니다. 인생살이는 몸이 흙으로, 영이 하나님에게로 돌아가는 것으로 끝나는 것이 아니라 하나님의 법정에 서는 것으로 끝난다는 것입니다. 죽음이 세상살이의 끝이 아니라 하나님의 심판이 세상살이의 마지막이라는 것입니다. 그러니 바로, 바르게, 제대로 살라는 것입니다. 은밀하다고 해서, 혼자만 한다고 해서, 보는 사람이 없다고 해서 제멋대로 살지 말라는 것입니다.

여러 해 전 충주호 리조트를 다녀온 적이 있습니다. 신학대학원 학생들이 퇴수회로 모이고 있어서 화요일 오후 수업을 마친 후에 부랴부랴 자동차를 몰고 갔습니다. 저녁 집회를 마친 뒤에는 사방이 어두웠지만 다시 서울로 올라와야 했습니다. 캄캄하고 한적한 시골의 지방도로를 따라오다가 고속도로 입구에서 그만 실수로 하이패스 길에 들어서고야 말았습니다. 이런저런 생각을 하면서 오다가 그냥 무심코 하이패스 길에 들어선 것입니다.

제 자동차에는 하이패스가 달려 있지 않았습니다. 순간 당황하였지만, 기왕 고속도로에 들어섰으니 내친김에 서울까지 죽 달려왔습니다. 하이패스로 들어섰다고, 고속도로 통행권을 고속도로 입구에서 받지 않았다고 어느 누구 하나 중간에 제 차를 제지하지 않았습니다.

서울로 들어가는 양재 톨게이트가 제 눈앞에 보였습니다. 어떻게 해야 하지? 나한테는 지금 고속도로통행권이 없는데 그냥 다시 하이패스로 나가버릴까? 그러다가 이내 통행권을 받는 부스가 있는 차선에 들어서서 부스에 앉아 있는 직원에게 말했습니다. "감곡에서 실수로 하이패스 차선에 들어섰기에 지금 저에게는 통행권이 없습니다." 직원이 제 차를 부스 앞 통행로 중앙 중립지대에 정차하게 하였습니다. 그때 알았습니다. 내가 통행권을 받지 않고, 무단으로 하이패스를 지나치던 순간 CCTV에 찍힌 내 자동차번호가 전국의 모든 톨게이트에 자동으로 전송되었다는 사실을 말입니다. 나는 몰랐지만(아니, 나만 몰랐지요) 내 차량이 일종의 수배대상으로 찍혀 있었다는 것입니다! 직원이 다가와 제게 이렇게 말을 건넸습니다. "이 차량번호가 맞습니까?" 나는 "예"라는 대답과 함께 현금으로 4,300원을 지불해야 했습니다. 카드는 받지 않았습니다. 제가 불법을 저질렀기에, 반드시 현금으로 통행료를 내야만 된다는 것이었습니다.

통행료를 지불하고 톨게이트를 빠져나오면서 이런 생각이 들었습니다. 우리 삶의 매 순간이 하나님의 CCTV에 찍히고 있구나! 내가 지금 은밀하게 한 짓이라도 하나님의 나라로 가는 톨게이트에 들어섰을 때 고스란히 드러나게 되는 것이구나!

무엇이 우리 삶의 본질입니까? 어떻게 사는 것이 인생살이의 본분입니까? 그날, 하나님이 우리의 모든 행위와 우리의 은밀한 짓을 심판하실 것이기에, 이날, 우리는 하나님의 말씀을 지키면서 하나님을 기쁘시게 하는 삶의 길을 걸어가야 한다는 것입니다.

"천망회회"(天網恢恢)라는 말이 있습니다. 도덕경 73장에 나오는 말로 삶은 하늘의 그물 안에 있다는 소리입니다. "하늘의 그물은 굵고 거칠지만 결코 놓치는 법이 없다"(天網恢恢 疎而不失)는 것입니다. 누가 하나님의 자녀입니까? 누가 하나님의 사람입니까? 하나님의 정의를 기대하는 사람입니다. 의의 최후 승리를 신뢰하는 사람입니다. 하나님의 최후심판을 믿는 사람입니다. 내일에 있을 하나님의 심판을 알기에 오늘 "정의를 흐르는 물 같이, 공의를 마르지 않는 강물 같이 흐르게 하는"(암 5:24) 삶을 이루어가는 사람입니다. 어두움에 감춰져 있던 것이 드러나는 "심판 날"(마 12:35-37)에 하나님으로부터 칭찬을 받게 되는 사람입니다(고전 4:5). 그러니 오늘을 어떻게 사시겠습니까?

내가 그리스도와 함께 십자가에 못 박혔나니 그런즉 이제는 내가 사는 것이 아니요 오직 내 안에 그리스도께서 사시는 것이라 이제 내가 육체 가운데 사는 것은 나를 사랑하사 나를 위하여 자기 자신을 버리신 하나님의 아들을 믿는 믿음 안에서 사는 것이라(갈 2:20).

어떻게 사시겠습니까? 어느 길로 가시겠습니까? "하나님의 아들을 믿는 믿음 안에서 사는" 길을 가서야 하지 않겠습니까! 예수 그리스도의 복음은 "하나님이 예수 그리스도로 말미암아 사람들의 은밀한 것을 심판 하시는 그 날이" 있음을 잊지 않게 합니다(롬 2:16). "그 날"이 있습니다. "그 날"이 옵니다. 우리가 매 주일 고백하는 사도신경도 "그 날"에 대한 믿음을 항상 다짐하게 하지 않습니까!

삶의 매 순간, 아무리 한적하고, 아무리 은밀하고, 아무리 다급하고, 아무리 힘들고 어렵다고 해도, 하나님을, 하나님의 뜻을, 하나님의 말씀을 존중하는 믿음 안에서의 길을 날마다 걸어가십시오. 거기에서 해 아래 세상은 하나님의 영광을 드러내는 무대가 될 것입니다. 고난과 죽음을 이기신 예수 그리스도의 승리가 우리 삶을 헛된 것으로부터 하나님을 찬양하는 삶으로 이끌어갈 것입니다. 그것이 바로 그 날 최후의 심판이 있을 것이기에 오늘을 건강하게 살아가는 삶의 자세입니다.

---

1) 김용규, 『백만장자의 마지막 질문』 (서울: Humanist, 2013).
2) 예를 들어 Shields, *The End of Wisdom*, 47-109.
3) Ryken, *Ecclesiastes*, 274-278.
4) KBS 공부하는 인간 제작팀 지음, 『공부하는 인간』 (일산: 예담, 2013).
5) Shields, *The End of Wisdom*, 72; Seow, *Ecclesiastes*, 387.
6) Shields, *The End of Wisdom*, 73.
7) Seow, *Ecclesiastes*, 389.
8) 『공부하는 인간』, 172-180.
9) Seow, *Ecclesiastes*, 390.
10) Ryken, *Ecclesiastes*, 278-279.
11) 이상묵, 강인식, 『0.1그램의 희망- 삶의 매순간은 신성하다』 (서울: 랜덤하우스코리아, 2008).
12) Shields, *The End of Wisdom*, 103; Murphy, *Ecclesiastes*, 126.

전도자의 질문, 전도서의 해답

초판 1쇄 2014년 6월 23일

왕대일 지음

발행인 | 전용재
편집인 | 손인선

펴 낸 곳 | 도서출판 kmc
등록번호 | 제2-1607호
등록일자 | 1993년 9월 4일

(110-730) 서울특별시 종로구 세종대로 149 감리회관 16층
　　　　　(재)기독교대한감리회 출판국
대표전화 | 02-399-2008 팩스 | 02-399-4365
홈페이지 | http://www.kmcmall.co.kr

디자인·인쇄 | 코람데오 02-2264-3650~1

값 18,000원
ISBN 978-89-8430-652-3 03230

「이 도서의 국립중앙도서관 출판시도서목록(CIP)은 서지정보유통
지원시스템 홈페이지(http://seoji.nl.go.kr)와 국가자료공동목록시스템
(http://www.nl.go.kr/kolisnet)에서 이용하실 수 있습니다.
(CIP제어번호: CIP2014017069)」